RBA 环球
考古大系

RBA 环球考古大系

Maya cities
as they were

重返玛雅

西班牙 RBA 传媒公司 - 著

胡文雅 - 译

中国出版集团　现代出版社

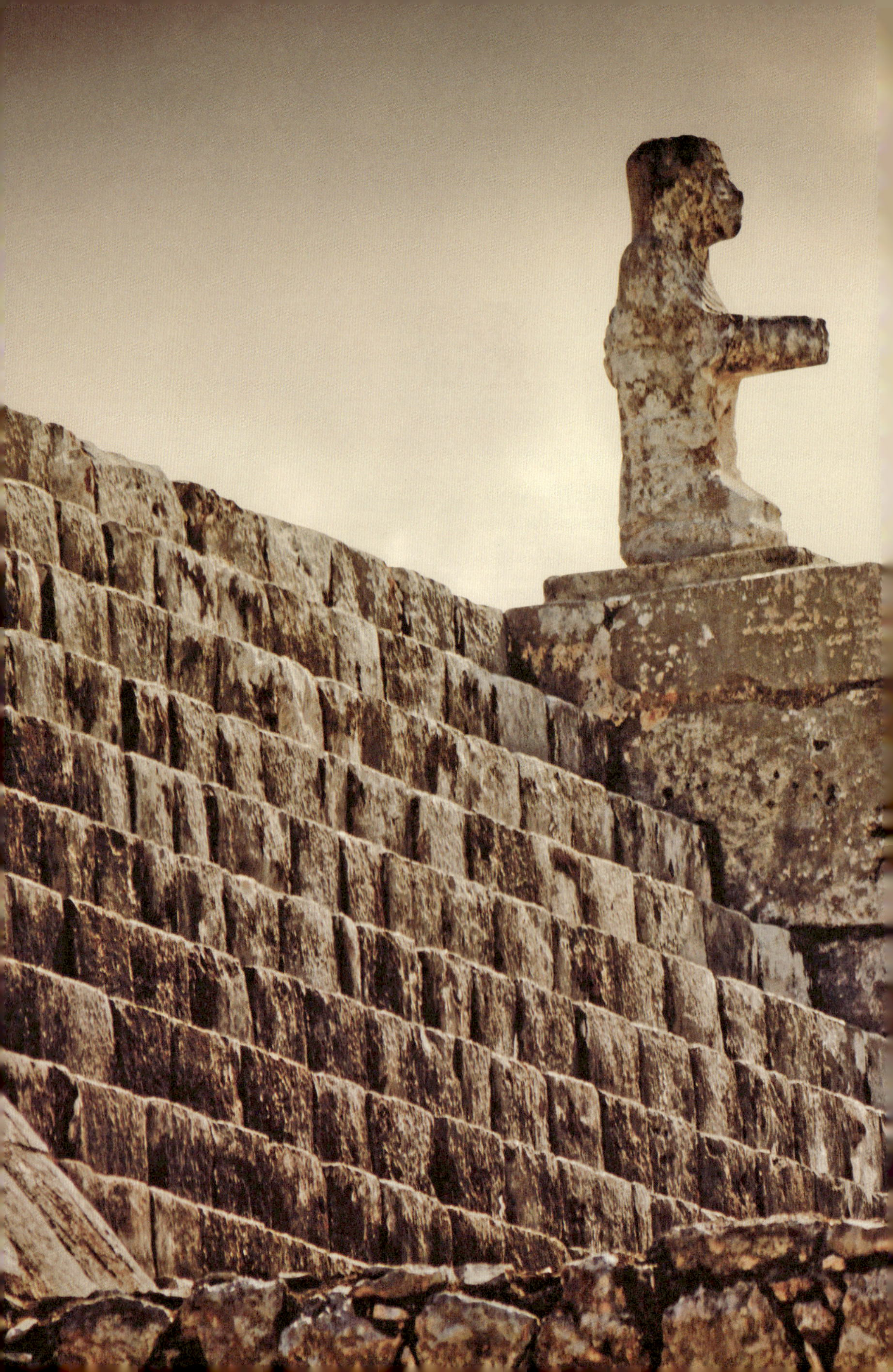

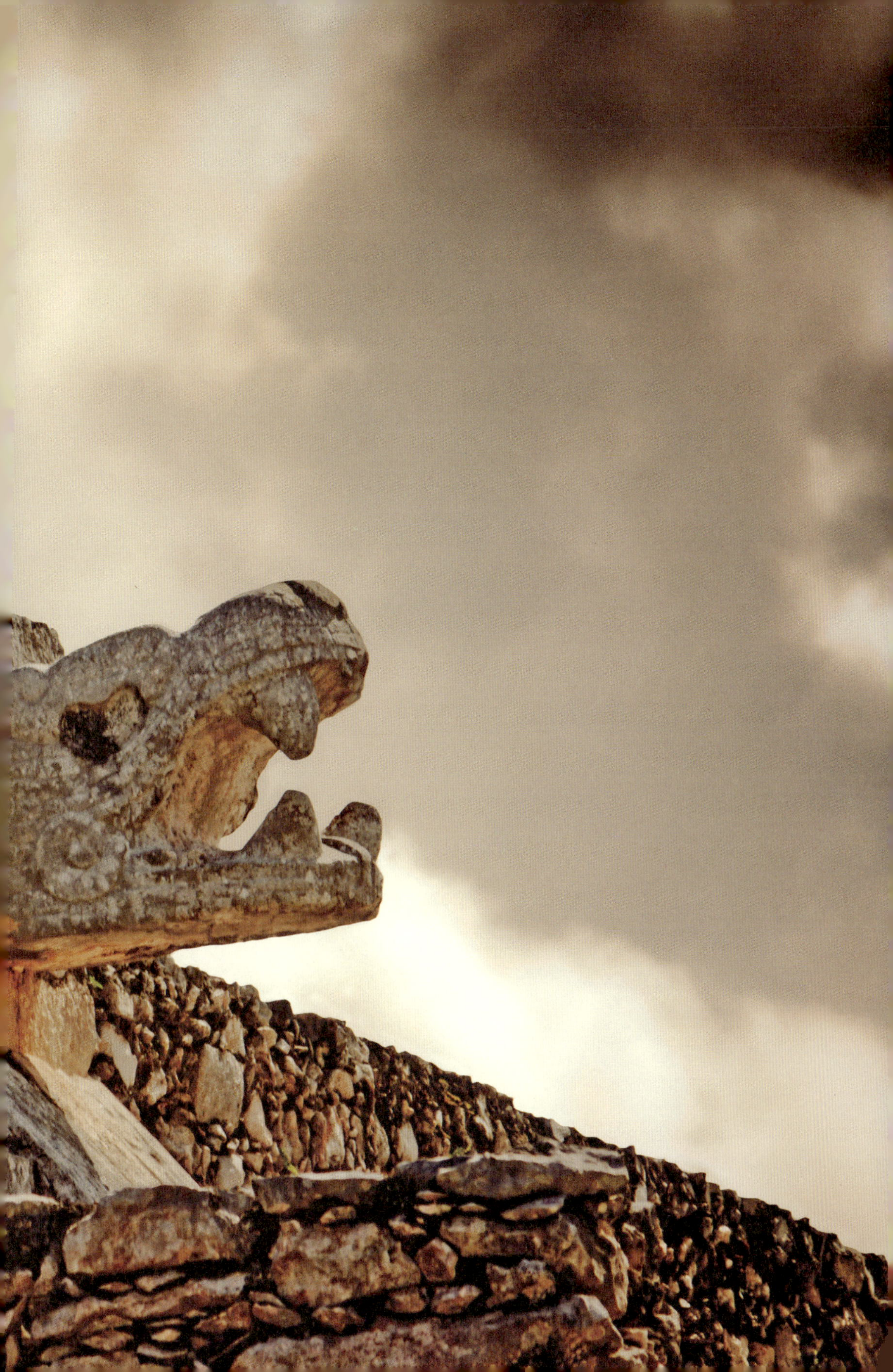

目录

引言	9
奇琴伊察	**17**
大广场	21
库库尔坎金字塔	22
羽蛇神的苏醒	30
揭开玛雅文明面纱的城市	34
勇士庙	40
主球场	50
美洲豹神庙	57
玛雅文明中的战争文化	62
老奇琴	67
蜗牛观象台	68
时间的计量	72
"教堂"	76
红房子	78
羽蛇神的传说	83
蒂卡尔	**87**
大美洲豹广场	91
大美洲豹神庙	94
面具神庙	106
声音之城漫长的静默	114
北卫城	119
中央卫城	128
水塘之都	136
大广场周边	143
"失落的世界"	144
神圣的蒂卡尔家族	154
七庙广场	157
铭文学揭示蒂卡尔历史	164
纵沟墙宫殿	167
科潘	**173**
大卫城	177
"祖先之山"	178
特奥蒂瓦坎的影响	190
铭文神庙	193
新大陆的雅典	200
圣山	205
科潘的政治结构	212

大广场周边	215
大广场	216
A号石碑	224
球场	228
象形文字阶梯	236
科潘的舞蹈仪式	245
帕伦克	249
巴加尔的权力	253
铭文神庙	256
王宫	265
被丛林吞噬的城市	272
红王后陵墓	278
关于国王的象形文字	285
十字建筑群	289
十字神庙	292
叶形十字神庙	302
坎托克石板	312
太阳神庙	314
香炉：神圣的化身	321
乌斯马尔	325
仪式中心	329
巫师金字塔	330
群鸟四合院	340
被重新发现的尤卡坦	347
修女四合院	356
普克之路：别具风格的城市	364
球场	367
玛雅拱及拱顶	372
总督宫区域	375
总督宫	376
大金字塔	383
取悦神明的自我牺牲仪式	390
附录	
坎昆玛雅博物馆	396
蒂卡尔遗址博物馆	399
科潘雕刻博物馆	402
阿尔贝托·鲁斯·吕利耶遗址博物馆	407
乌斯马尔遗址博物馆	413
漫步奇琴伊察	416

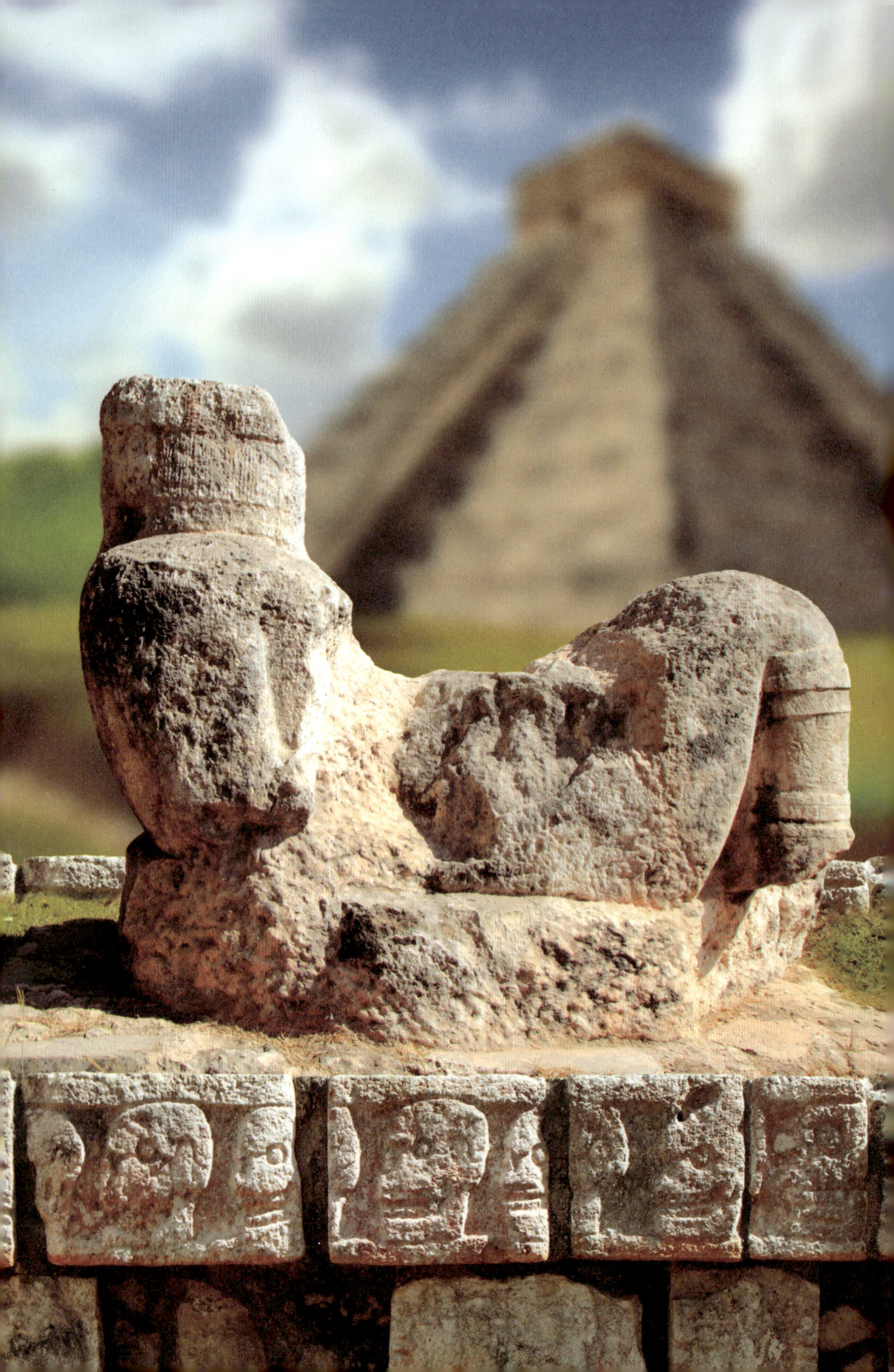

引 言

> 玛雅文化诞生于恰帕斯、尤卡坦、危地马拉、洪都拉斯和伯利兹的密林深处，是人类最迷人和最神秘的文化之一。尽管玛雅人选择的定居环境并不利于城市发展，但他们仍然创造了宏伟的盛世。

玛雅文化诞生于恰帕斯、尤卡坦、危地马拉、洪都拉斯和伯利兹的密林深处，是人类最迷人和最神秘的文化之一。尽管玛雅人选择的定居环境并不利于城市发展，但他们仍然创造了宏伟的盛世。公元3—10世纪，古典时期的玛雅人在南方建立了蒂卡尔（Tikal）、科潘（Copán）、基里瓜（Quiriguá）、帕伦克（Palenque）和彼德拉斯内格拉斯（Piedras Negras）等城市。这些城市由神圣而足智多谋的国王统治，今天我们知道他们为了扩张权力而长年征战。他们建造了精致的宫殿，并在那里发展了艺术和科学。直到9世纪中叶，出于尚不完全明确的原因，玛雅人遗弃了这些城市，在更偏僻的地方重新形成小型中心，或者向北方迁徙。从此权力中心转移至尤卡坦半岛。玛雅人在那里建立了新的城市群，许多城市的建筑特征与墨西哥中部的建筑相似。其中最重要的一座城市是奇琴伊察（ChichénItzá），其建筑和雕塑让人联想到1500公里之外的墨西哥中部城市图拉（Tula）。

引言

▲ 发现于蒂卡尔的"失落的世界"5C-49号建筑的彩色花瓶。画面上共有三个人物，其中一人在向统治者献上一只美洲豹作为贡品。
🏠 危地马拉国家考古与民族学博物馆，危地马拉城

◀ 小型雕塑，半仰卧的恰克摩尔（chacmol），位于城市大广场库库尔坎金字塔前方的头骨祭台上。

伊察政权维持了大约一百年，直到13世纪初，被其附属的玛雅潘政权（Mayapán）的统治者战胜。玛雅潘对该地区的控制持续至1441年，那一年，他们被以乌斯马尔（Uxmal）为首的城市联盟击溃。但是奇琴伊察的名望并没有就此消失，尽管沦为了一座弃城，对玛雅人来说它仍然是神圣的地方，尤其是那里的神秘溶井（天然地下湖），几百年间，玛雅人一直在此举行供奉和祭祀仪式。

尤卡坦的黄金时期

托尔特克人迁入尤卡坦半岛，与玛雅原住民交往，并逐渐与当地的文化、习俗相融合。在托尔特克人的大力推动下，尤卡坦半岛的许多城市蓬勃发展。

奇琴伊察霸权

800—1100年是奇琴伊察作为玛雅北部低地霸权的鼎盛时期，直到玛雅潘在权力天平中占了上风。但它作为伟大朝圣地的属性一直持续至16世纪末。

人口众多的乌斯马尔

乌斯马尔是尤卡坦半岛上一座非常重要的玛雅城市，大约于1007年被托尔特克人征服。它的居民数量曾经多达25000人，直到1194年开始与玛雅潘交战。1450年左右，它彻底成为弃城。

玛雅潘的崛起

玛雅潘是附近一座美丽的玛雅-托尔特克城市，其建筑与奇琴伊察的建筑非常相似。这座城市大约从987年开始受到托尔特克的影响，后来成为玛雅潘联盟的首都。在科科姆家族（Cocom）的领导下，玛雅潘的力量发展壮大，甚至统治了该地区。

"奇琴"这个名字的意思是"井口"，"伊察"指435年前后建立这座城市的伊察人（意为"水巫师"）。435—900年，普顿人（Putún）、琼塔尔人（Chontal）和伊察人到达尤卡坦北部，建立了具有普克（Puuc）建筑元素与文化元素的"老奇琴"（Chichén Viejo）。在第一次废弃和衰落之后，奇琴伊察于900年前后迎来了大量的新伊察居民，其建筑风格受到托尔特克（toltecas）的影响。

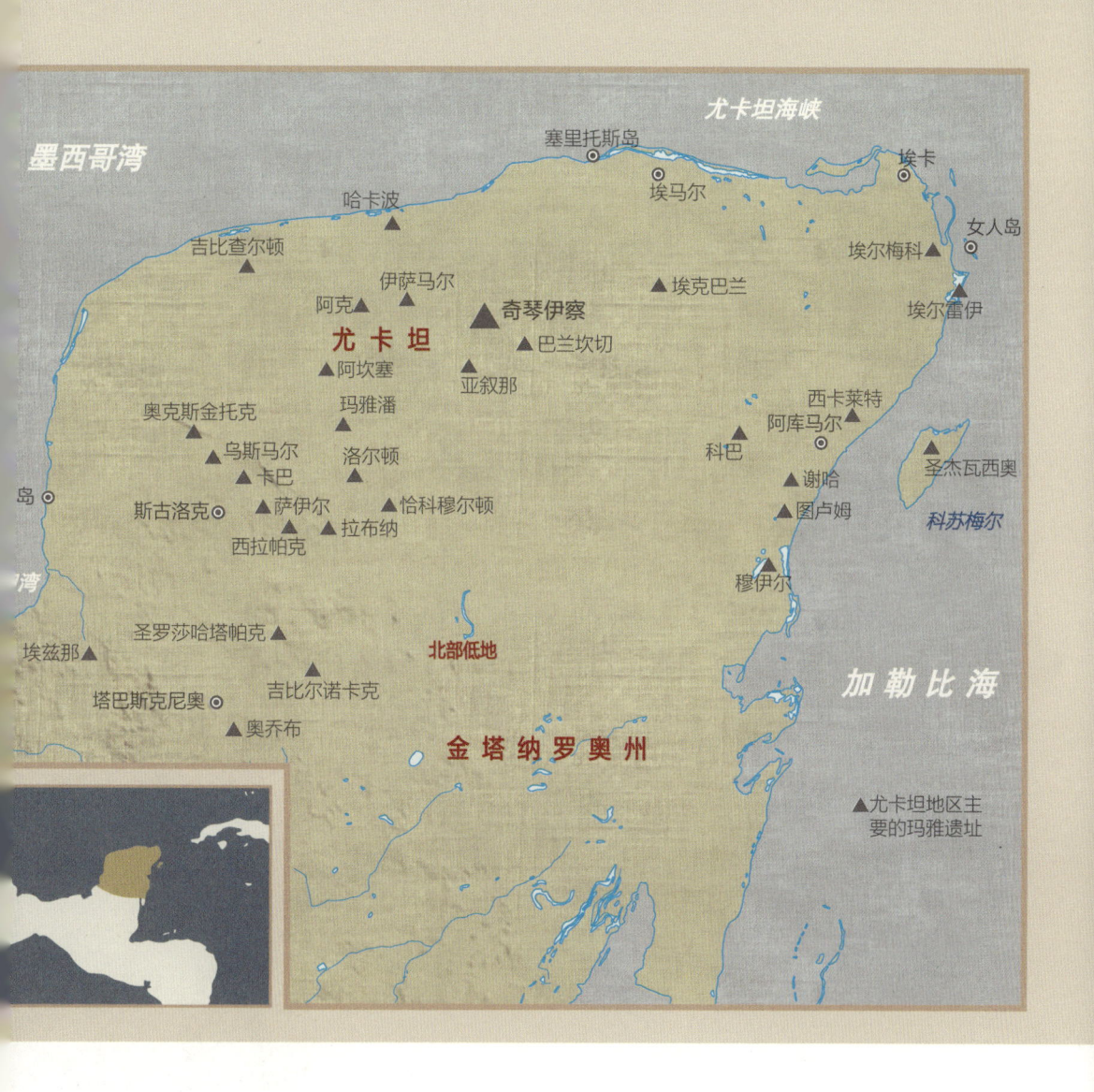

从老奇琴到鼎盛时期

我们在奇琴伊察可以发现两种建筑风格，它们分别代表了两个不同的时期。较早的时期是古典期终末期（600—800/900年），其遗迹是更具本土特色的普克风格。第二个时期是后古典时期早期（900—1200年），被称为玛雅—托尔特克时期，与普顿族群从坎佩切地区（Campeche）来到奇琴伊察的时间吻合。

奇琴伊察较为古老的区域被称为老奇琴，集中在城市南

▼作为库库尔坎的神圣象征，华美的蛇的形象在尤卡坦城市奇琴伊察随处可见。

■ 引言

侧，是赫托洛克溶井（Cenote Xtoloc）的所在地。老奇琴的建筑虽然不像后来的北侧区域建筑那样高大张扬，但其美丽而丰富的普克风格装饰引人入胜。那里的环境宜人，有适耕土地和丰富的建筑石料资源，因此5世纪时，有些农民小型群体开始在饮用水溶井周围定居。正是在这个时期，出现了以最具魅力的建筑闻名的第一组奇琴伊察建筑——"修女院"建筑群（Grupo de las Monjas）。西班牙征服者之所以如此命名它，是因为这座建筑让他们联想到修道院，此外，他们还把一座庙宇命名为"教堂"（Iglesia）。这座庙宇繁复的石刻上满是雨神恰克（Chaac）的形象，雨神恰克长而弯曲的鼻子，表现出极致的"恐惧留白"。随着城市人口的增长，新建筑陆续出现，比如奥萨里奥神庙（Osario，也叫大祭司墓）、鹿庙（Templo del Venado）、蜗牛观象

▲ 科潘统治者雕像形状的香炉盖。
⌂ 科潘雕刻博物馆

伊察政权

伊察人发源于今天的坎佩切州，大约公元1世纪，他们对尤卡坦半岛开展缓慢但势不可当的政治与文化殖民。伊察移民的到来对日后的玛雅文明产生了巨大的影响。

▲ 玛雅雕像，半人半神，发现于乌斯马尔。

600—918年
普克风格时期
奇琴的第一个鼎盛时期，是受普克艺术影响的老奇琴建筑时期。在这一时期的尾声，奇琴第一次被遗弃。

435—600年
城市的建立
伊察人是发源于坎佩切或塔瓦斯科（Tabasco）的玛雅族群，他们在奇琴伊察建城，建立了城市的基础和最早的定居点。

◀ 由阿德拉·布雷顿（Adela Breton）在1900年左右修复的美洲豹神庙壁画。玛雅壁画的特点是色彩丰富，具有明显的叙事功能，在以人为主角的场景中，人的装扮总是符合其身份和社会角色的。

987—1194年
玛雅潘联盟

乌斯马尔、玛雅潘和奇琴伊察三座城市建立以奇琴伊察为首的军事联盟。

约1250年
奇琴成为弃城

奇琴被遗弃，但是它作为宗教朝圣中心的职能一直持续至16世纪。

918—987年
托尔特克移民潮

钱波通人（Champotón）抵达奇琴伊察，他们属于托尔特克文化并受墨西哥影响，将库库尔坎崇拜带到了奇琴。

1194—1200年
奇琴的没落

联盟内城市之间发生冲突，奇琴伊察战败，玛雅潘称霸。

▶ 35号石碑，1983年发现于玛雅城市亚斯奇兰（Yaxchilán），图像表现了自我献祭的场景。

> 引言

台（plataforma del Caracol）、红房子（Casa Colorada）及其附属平台。若干年后，这些建筑加入了墨西哥元素，比如蛇形垂带和红房子旁的小球场。以上建筑群通过名为"萨克贝"（Sacbeob，意为白色道路）的道路网络连通。

900—1200年，由于新移民带来了托尔特克文化，并开始兴建城市北侧区域，奇琴伊察进入辉煌时期。在名为"大广场"的区域，一系列建筑拔地而起，包括作为瞭望台全方位俯瞰大广场的库库尔坎金字塔（Pirámide de Kukulkán）、勇士庙（Templo de los Guerreros）、美洲豹神庙（Templo de los Jaguares）和令人印象深刻的千柱建筑群（Palacio de las Columnas Esculpidas）。这些柱子之上曾经有屋顶，如今已经废弃，它们是由库库尔坎的信徒引入的新建筑元素的良好例证。他们的建造工程还包括头骨祭台（Zompantli）、金星平台（Plataforma de Venus）、中美洲面积最大的主球场（Gran Juego de Pelota）及其附属建筑——南北神庙和美洲豹神庙，那里的雕刻再现了盛大的比赛场景，一场持久的光明与黑暗的对决。蜗牛观象台始建于普克时期，但在墨西哥时期进行了翻修，拥有迷人的圆形外观。此外，北侧地区有一条萨克贝通向圣井，几百年间，人们一直在那里举行献祭。

这些建筑体现了普克风格与墨西哥风格的共存和完美平衡。门廊支柱几乎都是蛇形的；壁柱上的图案装饰明显受到墨西哥风格的影响，同时还出现了令人印象深刻的雨神恰克大面具，而这是普克风格的标志。

等级社会

在玛雅社会中，神圣世袭的首领被称为哈拉赫-乌伊尼奇（halach uinic），和祭司、贵族等统治者一起生活在宫殿中。精英阶层还包括司库、书吏、建筑师和战士，当地的壁画、浮雕和陶瓷忠实地再现了这些职业。农民、纺织匠和手工艺者则居住在周围的村庄里，他们进城的目的是去市场或者根据精确的历法参加各种宗教庆祝活动。玛雅人使用两种历法：太阳历和宗教仪式历。太阳历是最精确的历法，将一年分为18个月，每个月20天，加上5个禁忌日（uayeb，意为"无名"）。宗教仪式历，即卓尔金历（tzolkin），用于占卜，一年有260天，分为20个月，每个月13天。两种历法结合产生一个52年的周期，相当于西方的"世纪"。宗教主宰着玛雅人的日常生活，他们庞大的众神体系与自然力量的支配紧密相关。事实上，作为圣城和朝圣中心，宗教活动是奇琴伊察特别重要的一项活动，甚至在城市消亡后仍然保留了这一职能。圣井见证了它的宗教职能，人们向井中投黄金、玉石、贝壳、木头以及人类牺牲品来献祭神明。

文明的没落

987年，尤卡坦最重要的三座城市乌斯马尔、玛雅潘与奇琴伊察结成了玛雅潘联盟。虽然在起初的几十年间，该联盟由奇琴伊察控制，但是联盟内部存在冲突。随着时间的推移，首领之间的分歧导致联盟破裂以及联盟成员之间的战争。伊察派受到的影响最大，战败后，他们前往危地马拉北部的佩滕（Petén）避难。

玛雅潘开始称霸。虽然由战士、祭司和商人组成的奇琴伊察精英阶层延续着对库库尔坎神的崇拜，也保存了令人印象深刻的阶坡式风格建筑，但是这座城市还是走向了没落。奇琴伊察于13世纪被废弃，只保留了朝圣中心的功能。

16世纪初西班牙人到达尤卡坦半岛的海岸时，玛雅城市群已经被废弃，大多数人生活在乡村地区。因此，没有人怀疑这些乡村拥有伟大的过去，取得过众多艺术与科学成就。然而奇琴伊察的圣地声望犹存，所以尤卡坦的征服者——西班牙人弗朗西斯科·德·蒙特霍（Francisco de Montejo）提议在奇琴伊察建立州府，尽管这个想法后来未能实现。

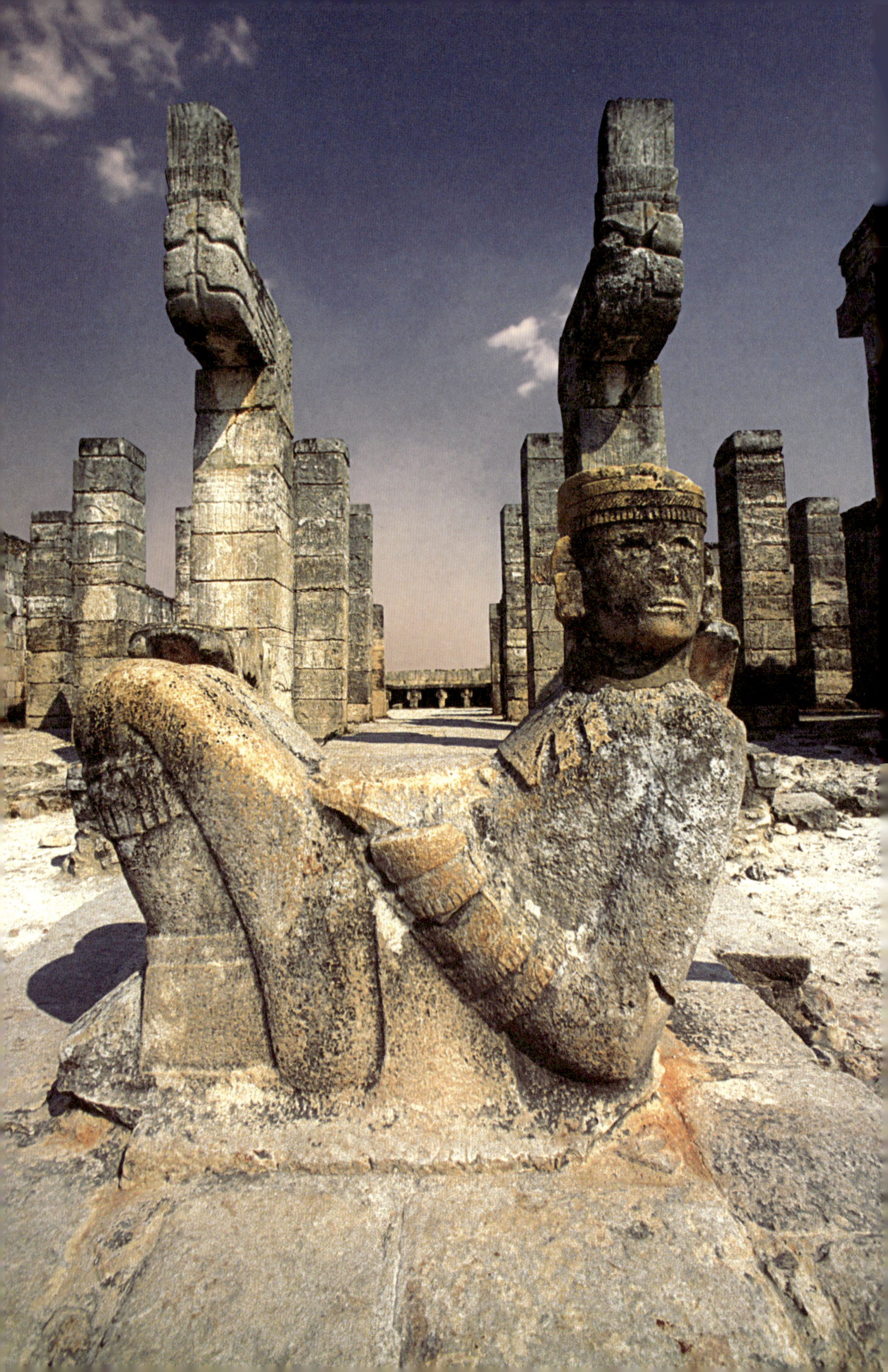

奇琴伊察

奇琴伊察是墨西哥尤卡坦半岛的主要考古遗址之一。这座城市由"水巫师"伊察人于公元 5 世纪建立,过去和现在都是一座圣城,也是玛雅人的朝圣中心。

羽蛇神之城

"奇琴伊察"在尤卡坦当地语言中的意思是"在伊察的水井口",它曾经是中美洲的大都会。这座城市供奉库库尔坎神,即伟大的羽蛇神。杰出的玛雅数学家、建筑学家和天文学家设计了这座不朽的建筑群,其形式和象征意义上的完美令人惊叹,而他们也因此在这座圣城留下了属于自己的印记。这组建筑分布在大广场上,以雄伟的库库尔坎金字塔为最高点,广场周围环绕着郁郁葱葱的尤卡坦植被。这些建筑是对一个突然消失的文明的生动记忆。

① 库库尔坎金字塔，又名城堡
② 圣井（Cenote Sagrado）
③ 勇士庙
④ 千柱建筑群
⑤ 雕刻柱宫殿（Palacio de las Columnas Esculpidas）
⑥ 市场
⑦ 头骨祭台
⑧ 主球场
⑨ 美洲豹神庙
⑩ 观象台，又名蜗牛观象台
⑪ 石板雕刻神庙（Templo de los Tableros Esculpidos）
⑫ "教堂"
⑬ "修女院"建筑群及其附属建筑群
⑭ 红房子，又名奇昌乔布（Chichanchob）
⑮ 奥萨里奥神庙，又名大祭司墓

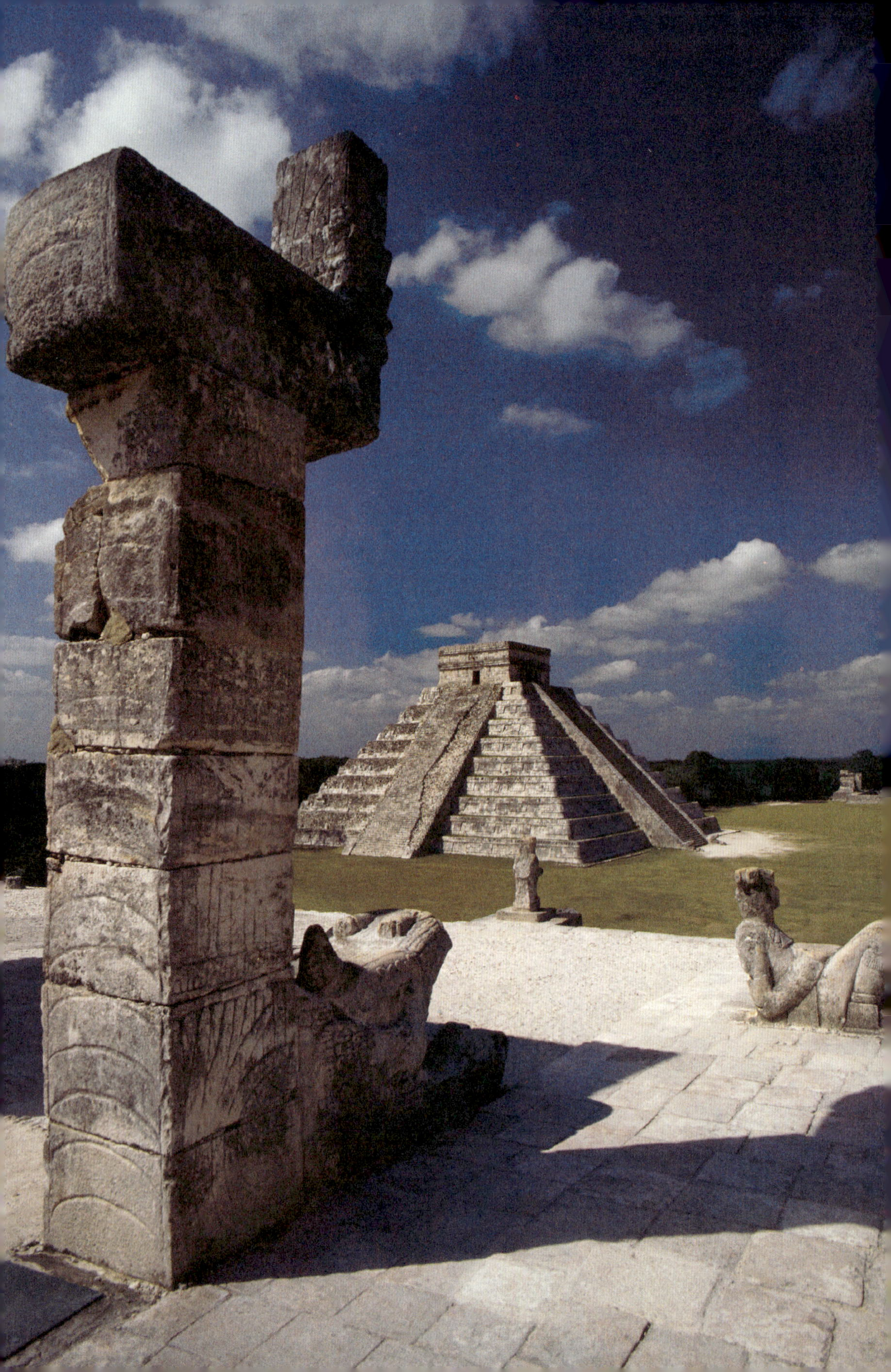

大广场

尽管玛雅人的圣书《契伦巴伦之书》和踏上这片土地的第一批西班牙人撰写的编年史中都有关于奇琴伊察的记载，但是人们对尤卡坦半岛上这座长久以来极其重要的城市依然知之甚少。奇琴伊察的大广场上矗立着雄伟的库库尔坎金字塔，西班牙人将之命名为城堡。从广场出发，有一条白色的铺砌道路（萨克贝）通往当地最重要的溶井。这口井原名"钦古"（Chenkú），后来被称为圣井或祭祀井。井底发现了珠宝、祭品和骸骨（大部分为儿童），这或许让圣井成为奇琴伊察许多文学作品的灵感源头。

宏伟的金字塔前屹立着一列列壮观的柱廊，它们曾经光彩鲜艳；还有几座华丽的庙宇雄姿犹存，比如通向市场的勇士庙；而广场是城市的灵魂和集会中心，那些古老的岩石上回荡着往日的喧嚣。

在广场的另一端，可以观看中美洲规模最大的球赛。球场栩栩如生的浮雕向人们讲述了比赛如何演变为一场宇宙之战，太阳和月亮伴着一颗沉重的橡胶球的节奏在球场上舞蹈。球场南北各有一座美丽的庙宇，石壁上的故事诉说至今。抬头望向东墙之上，可见一个特别的看台，其建筑式样尽数体现了新奇琴建筑的墨西哥印记：门廊、蛇形柱、恰克摩尔和无处不在的羽蛇神，在玛雅人的土地上以库库尔坎的名字重生；当然，还有头骨祭台，这个巨大的平台上布满了头骨石刻，正用空洞的眼睛注视着我们；以及用于展示俘虏头颅的祭坛。

▎奇琴伊察

库库尔坎金字塔

这座金字塔是奇琴伊察最重要、最壮观的建筑。金字塔位于城市大广场的主广场，在城市布局中的位置彰显了它重要的宗教、政治与象征作用。实际上，1250年奇琴伊察被遗弃之后，仍然有朝圣者前往金字塔向神明，尤其是对尤卡坦农民非常重要的雨神恰克献祭。

库库尔坎金字塔的魅力让所有来访者为之震撼。16世纪，也就是西班牙人统治初期，虽然奇琴伊察早已沦为弃城，但是许多人见到宏伟的金字塔之后，记录了对它深刻的印象。西班牙迭戈·德·兰达主教（Diego de Landa）在《尤卡坦半岛纪事》一书中写道，玛雅人"非常崇拜他们的神，所以建造了许多精美的建筑，尤其是这座最大的建筑……此建筑物（金

▶库库尔坎金字塔，又名城堡，雄踞在奇琴伊察的大广场上。其结构与选址符合非常精确的天文计算。

◀近处为一根蛇形柱和一尊恰克摩尔雕像（雨神恰克的半仰卧像）。远处为库库尔坎金字塔。

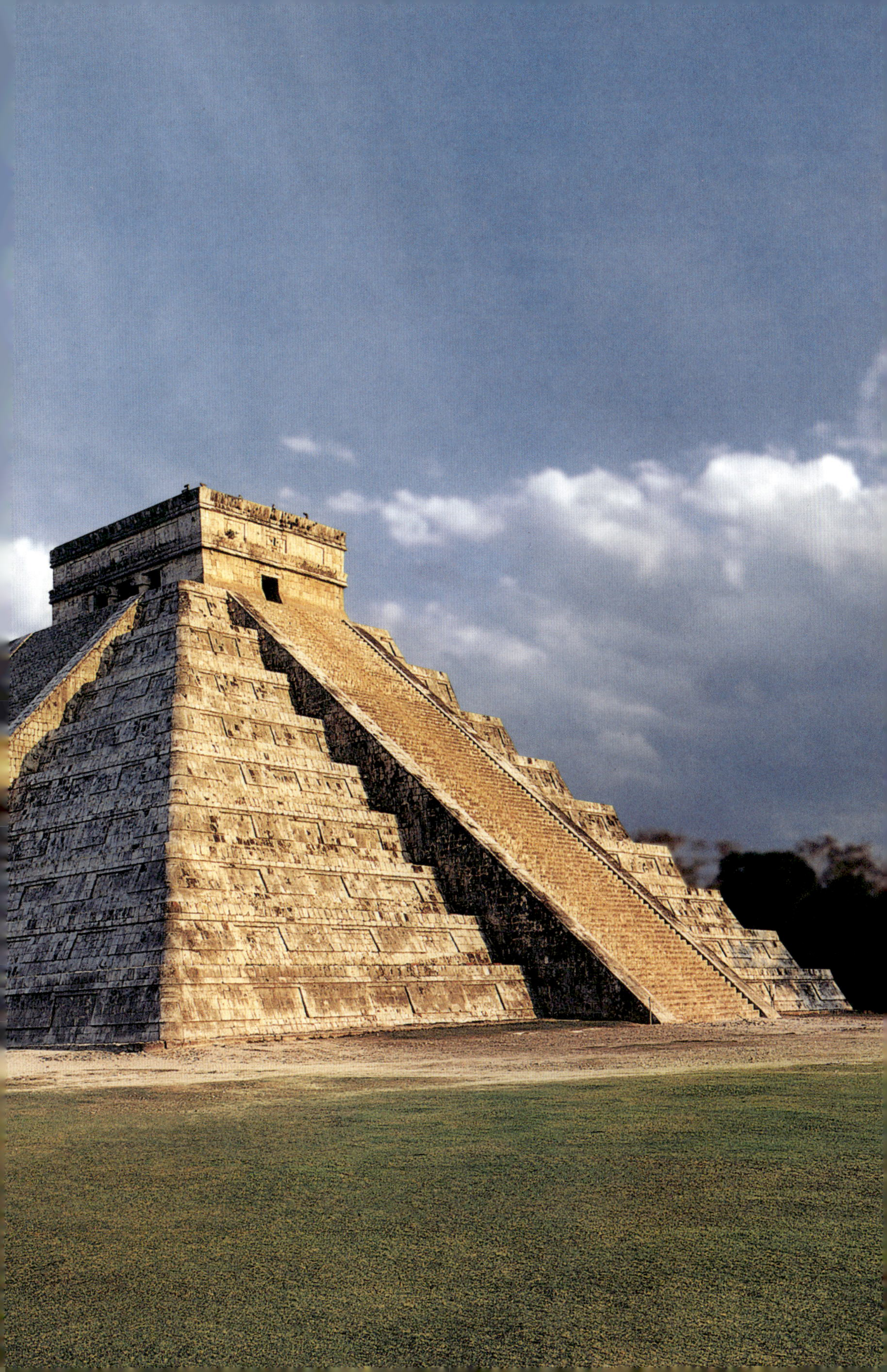

奇琴伊察

字塔）有四个阶梯，分别朝向东西南北四个正方位，每面各 32 英尺（1 英尺约为 30.48 厘米）宽，各包括 91 级台阶……"

迭戈·德·兰达主教对库库尔坎金字塔的着迷与后来的旅行者和探险家的感受非常相似，特别是在 19 世纪末至 20 世纪初，人们开始清理、研究和修复奇琴伊察时，有大量访客来到这座城市。

库库尔坎是一座雄伟的四面金字塔，顶部有一座矩形的庙宇。塔底部宽 55.5 米，高 24 米，四面各有一个 91 级台阶的阶梯。四面台阶完美地朝向东西南北四个方位基点。

完美的宇宙结构

塔身由 9 层堆叠筑成，高 24 米，顶部神殿高 6 米。九层基座对应玛雅冥

致敬羽蛇神

这个建筑学奇迹凝聚了玛雅人在几何、天文和象征方面的智慧，是为了向伟大的羽蛇神库库尔坎致敬而建，在中美洲的其他地方，羽蛇神也被称为奎扎科特尔（Quetzalcóatl）。

金字塔的顶部有一座庙宇。入口的蛇形柱子作为守门石。

① **冥界的九级** 金字塔共由9层堆叠筑成，高24米。九层基座呈斜坡形建造，饰以浮雕，对应玛雅神谱中冥界的层数。

② **四面阶梯朝向方位基点** 金字塔的朝向经过精心设计，基底宽55.5米，四面都有阶梯，完美地朝向四个方位基点。

神殿呈矩形，顶部是循环凹凸的垛口，象征着风神乌拉坎（Hurakan）。

金字塔的内部隐藏着一座几乎一模一样的"复制品"，只是规模小些。小金字塔的门厅里有一尊恰克摩尔雕像，后面还有一尊美洲豹形状的宝座。

第二座金字塔的内部还隐藏着更小的第三座金字塔，建造时间为550—800年，基座尺寸为30米×10米。

> 奇琴伊察

界西巴尔巴（Xibalbá）的层数，建造成坡形，每层都有矩形浮雕装饰。此外，神殿顶部四面各有五个城齿，共计二十个，对应玛雅历法中一个月（乌纳，uinal）的天数。就这样，金字塔建筑中融汇了玛雅的月、太阳历（又名哈布历）、宇宙的四个方向和冥界的九个层次。上述特征使城堡成为一个算术、几何与天文奇迹，形成了完美的宇宙结构。事实上，金字塔的结构体现了受玛雅宗教启发而产生的宇宙学象征。

登上任何一座玛雅金字塔都极具挑战性，因为每级台阶都很高，且踏步位置的宽度很窄。这迫使祭司们不得不弯腰攀登金字塔以保持平衡，这也是对神明和统治者表示尊敬的一种方式。

在城堡的四面阶梯中，北面阶梯最为主要。阶梯两边的垂带（阶梯侧面的饰带或导向结构）形状是巨型羽蛇身，底部是巨大的蛇头。

金字塔顶部的庙宇可以通过四面阶梯中的任意一个进入，北侧阶梯通往庙宇的主立面，设有醒目的雨神恰克的大面具，还有若干根蛇形柱作为守门石。蛇头构成了塔的基座，蛇身作为柱身，其巨大的响尾蛇尾部支撑着用人心果木制成的庙宇门楣。在庙宇内部支撑着石质拱顶的侧柱和壁柱上，装饰着符合战争美学装扮的人物。庙宇后方是一座眺望台，有三个门洞分别向西、向南和向东敞开，正对阶梯。这座庙宇顶部有规则循环凹凸的垛口，象征着风神乌拉坎。

库库尔坎金字塔的整个空间处处体现几何的完美，经过几十年艰苦的修复工作，今天的人们终于能够欣赏它的几何之美。即使在被奇琴伊察周边长势迅猛的丛林吞没时期，城堡也是最壮观的建筑。美国的探险家、外交官约翰·劳埃德·斯蒂芬斯（John Lloyd Stephens）讲述道，1840年他看到城堡时，从奇琴伊察的任何地方都可以眺望到它。巨大的蛇头，张着大嘴，露出巨大的长舌头，让他大受震撼。他认为坡面的装饰像是某种宗教信仰的标志，令其为之折服，尤其是金字塔上彩色的浮雕。他还发现庙门朝向四个方位基点。

隐藏的宝藏

　　第一座隐藏金字塔唯一的入口是北侧阶梯底部开凿的一道小门（如图示）。庙宇内部有一尊恰克摩尔雕像守卫着门厅，他的眼睛、牙齿和指甲上都镶嵌着骨头。神殿里有一尊美洲豹形状的宝座，美得令人屏息，它通身为深朱砂红色，镶嵌着绿色玉石，模仿美洲豹皮毛上的斑点和火石般的獠牙。人们还在这个神圣的地方发现了一只精美绝伦的马赛克圆盘，由绿松石和贝壳制成，带有蛇形图案。

▲▼羽蛇神与宝座　上图：金字塔主阶梯底部装饰的蛇头象征着库库尔坎，又名羽蛇神。阶梯下方的门是进入内部构造的入口。下图：美洲豹形状的宝座，红色涂饰，带有玉石镶嵌。

◀奇琴伊察全景。图上可见该城的三座主要建筑古迹：远处的城堡、勇士庙与近处的蜗牛观象台。

隐藏的复制品

城堡包含着许多惊喜，其中最大的惊喜是它内部严密的保护结构。20世纪30年代，人们在金字塔内部发现了另一座更古老、更小的金字塔，几乎是外层金字塔的复制品。其结构也由九层平台堆叠组成，再次让人联想到冥界的层数。它的高度为16米，仅朝北的一面有阶梯。顶部有一座庙宇，由一个门厅和一个单门神殿组成，二者都有拱顶覆盖。庙宇正面的雕饰带包括两根缠绕着蛇的柱子，还有一队反方向行走的美洲豹。此外还出现了若干只盾牌。

顶部挑檐采用三角形的希腊回纹饰，好像一条起伏的蛇。在阶梯的底部发现了一只箱子，里面放置多只木制圆盘，表面覆盖珊瑚、绿松石和贝壳镶嵌物，还有祭祀刀、项链和雕刻着不同人物的玉片。虽然该子结构具有墨西哥风格的某些图像元素，比如饰有垂带和恰克摩尔的阶梯，但不具备其他典型特征，比如蛇形柱和战争主题的浮雕。如今，通过在以前的主阶梯上方挖掘的一条地道，人们可以参观第二座金字塔。

库库尔坎金字塔持续为考古学带来惊喜。2015年，墨西哥国立自治大学地球物理研究所的研究人员借助断层扫描技术，证实了1997年以来的猜想：金字塔的地基下存在一个溶井。

次年，一项新发现浮出水面：城堡内部还有另一个金字塔子结构。（第三座金字塔目前还无法进入，据信它的建造时间早于前两座金字塔，在550—800年，其基座尺寸为30米×10米。）它建造于溶井之上，这表明建造者完全知道溶井的存在。根据三维电子断层扫描试验，其顶部似乎也有一座庙宇，高约3米，以及一段很可能保存完好的阶梯。为了进入第三座金字塔，20世纪30年代的考古学家曾经使用的通向第二座金字塔的隧道或许会重新开放。

◀一尊恰克摩尔守卫着金字塔内部复制品的门厅。

羽蛇神的苏醒

奇琴伊察是考古学、天文学研究者的天堂，因为库库尔坎金字塔指示四个方位基点，而观象台的孔洞指示夏至的日出、冬至的日落、金星以及其他星座的位置。然而最神奇而独特的现象，无疑是春分日和秋分日羽蛇神在金字塔阶梯上"复活"。

库库尔坎徐徐苏醒，沿着与其同名的金字塔侧面蜿蜒降临。这个精彩的节目每年上演两次，分别在春分日（3月20—21日）和秋分日（9月22—23日）。这种视觉效果仿佛一种经过设计的光影游戏，演示了库库尔坎神的复活，它从垂带的侧面蜿蜒而下，直到在地面上消失，许诺下一个春分日或秋分日再回来。玛雅人通过这种方式表现季节的更替、雨季和播种季节的到来。如今，每年的春分日和秋分日，成千上万名来自世界各地的游客聚集在大广场上，欣赏阳光投射出台阶的三角形阴影，巨蛇开始缓慢舞蹈，自庙宇顶部滑行至地面后消失的过程。要达到这种效果，金字塔的建造者一定是天文学、数学和建筑学领域的专家。

春分秋分、夏至冬至、日出日落在古代玛雅人的标志性建筑上留下了印记，他们用岩石筑就了永恒的日历。墙壁上的装饰和手抄古籍证明了他们对宇宙的迷恋。太阳和行星存在于玛雅人的日常生活中，尤其是金星，它在墨西哥晴朗的天空中十分显眼，并且是夜空中最明亮的星星。它被称为太阳的双胞胎，也称战神，它的移动对于寻找投入战斗的有利时机具有重要的指导意义。

▲嘴巴大张的库库尔坎是奇琴伊察许多遗址中反复出现的主题。所有受托尔特克影响的建筑物上都有警惕的羽蛇神头像。

◀精英阶层利用天文现象对玛雅城市的影响来说服民众。春分日、秋分日，执政者让人民聚集在大广场上，告诉他们库库尔坎将降临人间与他们交谈。左图是一个祭司或贵族佩戴的玛雅玉石胸饰，带有太阳神（Kinich Ahau）的形象。

一个引人注目的光影游戏

一年中有 4~5 天，在日落前的几个小时，巨蛇会在金字塔西北侧的阶梯上苏醒过来。九层平台上逐一出现金字塔投下的阴影，并在塔身描绘出七个三角形。这种光影大约持续 10 分钟，代表着巨蛇复活。它以同样蜿蜒的方式渐渐消失。金字塔的建造者显然经过严密的计算，使雕塑产生这一现象，每年由祭司向民众解释此现象背后的含义。

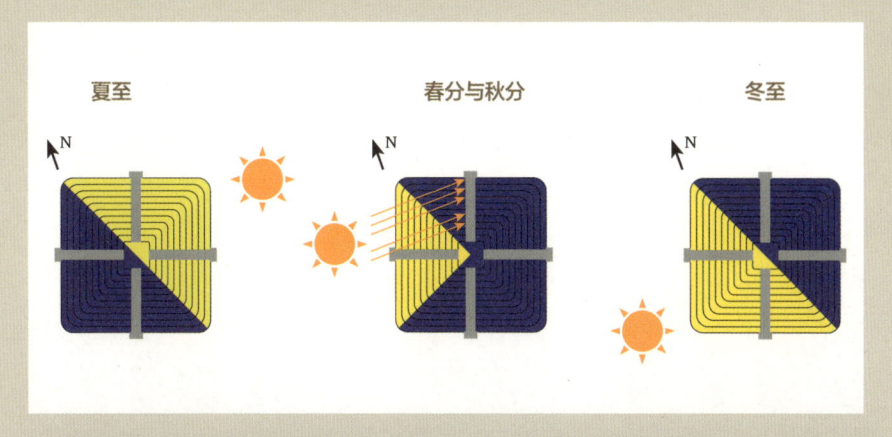

夏至　　　　　　　　　春分与秋分　　　　　　　　　冬至

圣井

尤卡坦半岛地质条件独特，水渗入石灰岩土壤中形成了许多地下水流、洞穴和溶井。井里是可饮用的活水，因此溶井周围有人定居。对于玛雅人来说，溶井本身就是圣地。他们认为溶井是冥界的入口，所以向它投掷祭品和牺牲品。

奇琴伊察有多个溶井，但是在古典时期与后古典时期被奉为圣井的只有大溶井，经由一条长约300米、覆盖着石灰或白色灰泥的道路连接至城堡所在的大广场。在玛雅语中，"奇琴伊察"的意思是"在伊察的水井口"，所指的正是这口圣井。

这座城市被遗弃后，圣井仍然是人们关注的焦点。16世纪，迭戈·德·兰达在《尤卡坦半岛纪事》一书中记录了在圣井举行的牺牲祭祀，包括活人祭祀。整个19世纪，这里激起了众多旅行者的好奇，并提出了各种不同的理论。其中考古学家爱德华·赫伯特·汤普森（Edward Herbert Thompson）最为著名，他于1904—1909年致力于疏浚溶井，将井底发现的物品出售给美国哈佛大学皮博迪考古与民族学博物馆。他的行为引起了争议，一方面，有

▼圣井 又名钦古、祭祀井，直径60米，深度13.5米。井水到地表的距离为22米。

认为他是个掠夺者;另一方面,确实证实了溶井的祭祀属性。1961—1968 年,墨西哥考古学家罗曼·皮尼亚·钱(Román Piña Chan)通过更加科学有序的干预重启了溶井的疏浚工作。

在圣井发现的所有祭品中,最奇特的要数金属祭品,因为中美洲居民鲜少使用金属。井里的金属祭品包括顿巴黄铜(巴拿马和哥斯达黎加珠宝匠使用的金、铜和银合金)铃铛、钳子以及斧头、明显出自哥斯达黎加与哥伦比亚金巴亚人(quimbaya)之手的人形小雕像,还有顿巴黄铜凉鞋和珠子——与两处相距甚远的墓葬发现的物品非常相似,即瓦哈卡州阿尔万山 7 号墓(1350—1521 年)和巴拿马孔泰 74 号墓(900—950 年)。

近期完成的一项详细研究证实,这些物品来自尤卡坦半岛之外的地方,使用了不同的制作技术,进化序列跨度超过 5 个世纪(甚至包括奇琴伊察失去霸权地位之后)。许多物品被投入溶井之前似乎被故意打碎或者损坏。或许这代表一种仪式上的死亡?

▼ 在奇琴伊察的圣井中发现的金银祭品。据估计属于后古典时期(1000—1250年)。

🏛 **墨西哥国立人类学博物馆,墨西哥城**

城堡下的水塘

奇琴伊察尽管历史悠久,但继续以它的神奇震惊世界。2015 年 8 月 14 日的一项意外发现称,在奇琴伊察中心区域的地下有一口隐秘的溶井,其上方正是为了致敬库库尔坎而建造的金字塔——神庙。墨西哥国立自治大学地球物理研究所的研究人员勒内·查韦斯·塞古拉(René Chávez Segura)是这项发现的负责人。1977 年,考古人员首次使用地理雷达进行探测,但是直到 2015 年,才在金字塔的地下有所发现。没人料到那是一口溶井,更不用说它的规模达到直径 25~30 米,深 20 米。现在人们不禁要问,上方三座金字塔的建造者是否知晓这口溶井,以及它在仪式与技术层面上的意义。

① 城堡金字塔,建于溶井正上方。
② 支撑金字塔的石灰岩基底。
③ 深20米的溶井。

揭开玛雅文明面纱的城市

19世纪，许多探险家到访了奇琴伊察，并对这座城市的遗址惊叹不已。约翰·劳埃德·斯蒂芬斯与英国建筑师弗雷德里克·卡瑟伍德（Frederick Catherwood）是最早通过插图书籍记录奇琴伊察的人。在他们之后的记录者还包括摄影师德西雷·沙尔奈（Désiré Charnay）与勒普朗根夫妇（Le Plongeon）等人。他们中有些人被指控为掠夺者，而另一些人则确实是掠夺者。

19世纪，美洲大地吸引了许多肆无忌惮的冒险家、势利的旅行家和蹩脚的考古学家。在他们看来，美洲是一个完美的奇特之地，尤其像玛雅这样未开发的地区。自19世纪40年代起问世的若干图文出版物让这些地区开始为公众所知。

1839至1843年，约翰·劳埃德·斯蒂芬斯与弗雷德里克·卡瑟伍德为恰帕斯和尤卡坦之旅留下了著作《中美洲、

遗址的吸引力

自19世纪下半叶起，奇琴伊察吸引了众多探险家和考古学家。他们的到来帮助人们了解当时未知的玛雅文明。

1839—1843年
斯蒂芬斯与卡瑟伍德探索奇琴伊察遗址，并在他们的图文书中讲述了探索经历。

1857—1861年
德西雷·沙尔奈带着相机第一次到访奇琴伊察等尤卡坦的玛雅遗址。

1873—
勒普朗夫妇探察，并拍体照片

▲ 根据弗雷德里克·卡瑟伍德的一幅画制作的描绘"修女院"建筑群的版画（1844年）。

◀ 英国探险家、考古学家、外交官艾尔弗雷德·珀西瓦尔·莫兹利（Alfred Percival Maudslay）被认为是第一个绘制奇琴伊察详细平面图的人，为进一步研究这座玛雅城市的遗迹做出了贡献。在这张拍摄于1889年的照片中，他正在位于玛雅遗址的办公室中工作。

尔弗雷德·珀西瓦尔·
达奇琴伊察，他是
理关于该遗址的研
地图的考古学家。

1900—1904年
维多利亚时代的女性探险家阿德拉·布雷顿绘制了一本关于玛雅遗址的水彩画册。

1904—1911年
爱德华·赫伯特·汤普森作为奇琴伊察所在地产的所有者，在艾尔弗雷德·托泽（Alfred Tozzer）的帮助下疏浚了圣井。

1938—1943年
俄裔美国铭文学家、考古学家塔季扬娜·普罗斯库里亚科夫（Tatiana Proskouriakoff）与卡内基研究所合作开展工作。

▲ 卡瑟伍德的绘画和斯蒂芬斯、沙尔奈的文字引起了英国女性阿德拉·布雷顿（如图）的好奇心，她于1900年到访奇琴伊察。布雷顿根据莫兹利绘制的平面图，为圣城玛雅绘制了许多张价值无法估量的水彩画。

恰帕斯与尤卡坦旅行记》（1841年）。这本书留下了对奇琴伊察的最早记载（不包括西班牙征服者的记载），斯蒂芬斯撰写了详细的文本，卡瑟伍德绘制了细致的插图，忠实地反映了19世纪中叶奇琴伊察的状态。

照片中的奇琴伊察

数年后，法国摄影师德西雷·沙尔奈决定效仿斯蒂芬斯与卡瑟伍德的旅行，并使用当时最新潮的发明——摄影来记录自己的探险。他在法国准备了必要的物品和资金后，于1857年横渡大西洋，并在美洲大地上停留至1861年。回国后，他在巴黎举办了一场非常成功的摄影展览。这是面向中产阶级的关于遥远的玛雅遗址和玛雅人的第一次展示。1880年,沙尔奈再次前往墨西哥,但是此时当地的政治环境发生了变化,墨西哥人民的民族情绪以及对本国历史遗产的保护使他的期待落空。他的活动引起了新政府的怀疑,甚至被指控是掠夺墨西哥的历史遗产。

法国人奥古斯塔斯·勒普朗根（Augustus Le Plongeon）夫妇也帮助欧洲人发现奇琴伊察。作为一名业余摄影师和考古学家,他提出了一些关于玛雅人起源的荒谬理论。他断定玛雅人起源于亚特兰蒂斯,并且是埃及文化的创造者。尽管他的想法在科学界没有得到响应,但是他拍摄的废墟和字形（其中许多现在已经消失或研究状况不佳）照片,成为关于奇琴伊察的宝贵知识财富。

英国探险家、外交官艾尔弗雷德·珀西瓦尔·莫兹利的贡献也很有价值,他于1888年抵达这座玛雅圣城,被认为是第一位系统采用科学挖掘方法的考古学家。

爱德华·赫伯特·汤普森曾担任美国驻尤卡坦半岛的领事,他被在圣井献祭少女的古老传说所吸引,于19世纪末来到奇琴伊察。为了不被打扰,他于1894年以75美元的价格购买了奇琴伊察遗址所在的土地,并使用极具破坏性的技术发掘了溶井,对该地区的整个地层造成了损坏。通过疏浚和专业潜水员的工作,他打捞出许多物品,并将它们运离墨西哥,送往美国哈佛大学皮博迪考古与民族学博物馆。这桩地产交易引发了一场重大的法律斗争。1926年,墨西哥政府没收了遗址地产,并起诉了汤普森。1945年,法院裁定这位美国人的继承人胜诉,该遗址成为家族财产的一部分。尽管汤普森那时已经去世,未能享受胜利果实,然而,其继承人最终与墨西哥国家人类学与历史研究所达成了协议,委托该研究所管理这片地产。

20世纪的研究

继汤普森之后的其他研究者,比如德国人爱德华·泽勒（Eduard Seler）、美国人艾尔弗雷德·托泽和墨西哥人伊格纳西奥·马基纳（Ignacio Marquina）,研究了奇琴伊察的建筑,并建立了时间和地层序列信息。1920年,墨西哥政府开始与美国华盛顿卡内基研究所合作,参与玛雅研究的还有俄裔美国学者塔季扬娜·普

▲ 法国探险家德雷·沙尔奈拍摄的红房子。他拍摄的奇琴伊察的照片有助于改变欧洲人对于中美洲的固有观念。因为19世纪中叶的欧洲人仍然将中美洲视为一个奇怪而陌生地方。

罗斯库里亚科夫和美国考古学者西尔韦纳斯·莫利（Sylvanus Morley）这样杰出的科学家，后者主持研究工作长达18年。

20世纪奇琴伊察考古研究面临的主要问题之一是早期勘查过程中使用了不专业的侵入性技术。直到90年代，玛雅的研究才更具系统性。德国考古学家彼得·施密特（Peter Schmidt）是这一新方向的负责人。在他的领导下，科学家们探索并修复了奥萨里奥建筑群和最早的一组建筑，使人们对奇琴伊察的了解更加全面。

勒普朗根的荒谬理论

　　1873 至 1885 年，勒普朗根在尤卡坦探险，他的主要目的是证明玛雅文化曾经传播至东南亚，以及这个美洲文明的旅行者来自亚特兰蒂斯。他推测玛雅人是从亚洲出发到达近东，并在那里建立了埃及文明。他的理论在科学家们看来无一可信，因为已经有确凿的证据表明玛雅文明远远晚于法老文明。他的论据之一来自名为《马德里手抄本》的玛雅手抄古籍的译文（后被证实是杜撰）。为了支持自己关于玛雅人起源和亚特兰蒂斯的荒谬想法，他声称该古书提及姆大陆的毁灭，而姆大陆就是亚特兰蒂斯。不过，他完成探险之后，许多物件损坏或消失，所以勒普朗根夫妇拍摄的废墟照片和玛雅文字的字形是帮助现在的人们了解玛雅文化的宝贵资源。

◀▲奥古斯塔斯·勒普朗根与妻子艾丽斯·狄克逊（Alice Dixon）拍摄了数百张立体照片（3D图片的先驱）。他们利用了奇琴伊察的神庙的阴影进行拍摄。左图是勒普朗根与在地上发现的雕像。

■ 奇琴伊察

勇士庙

从库库尔坎金字塔望向四周，首先映入眼帘的是气势磅礴的千柱建筑群。这是一个建于后古典时期（1200年）的大型空间，以许多圆柱和方柱为界，形成了一个边长约150米的方形广场。其四边环绕的门廊如今失去了昔日保护它们的屋顶。

主立面朝向大广场的勇士庙无疑是该建筑群中最重要和最壮观的建筑。它是一座带有明显的托尔特克风格的建筑，华丽且比例协调，一座宏伟的门廊为它增色不少，几次扩建之后，勇士庙的重要性越发彰显。

勇士庙左边矗立着梅萨斯（Mesas）神庙，又名大桌神庙，那里也有蛇形柱门廊和关于战士与统治者的浮雕。始于勇士庙右侧的北柱廊保留了明显的托尔特克美学印记：战士浮雕和一个非常引人注目的祭坛。后者采用阶坡式建筑工艺，饰有装扮华丽的人物，他们正在举行焚烧柯巴脂熏香的仪式。

▶军事精英的战争观念，是玛雅后古典时期艺术表达的主要动机之一。勇士庙是其战争美学的完美典范。

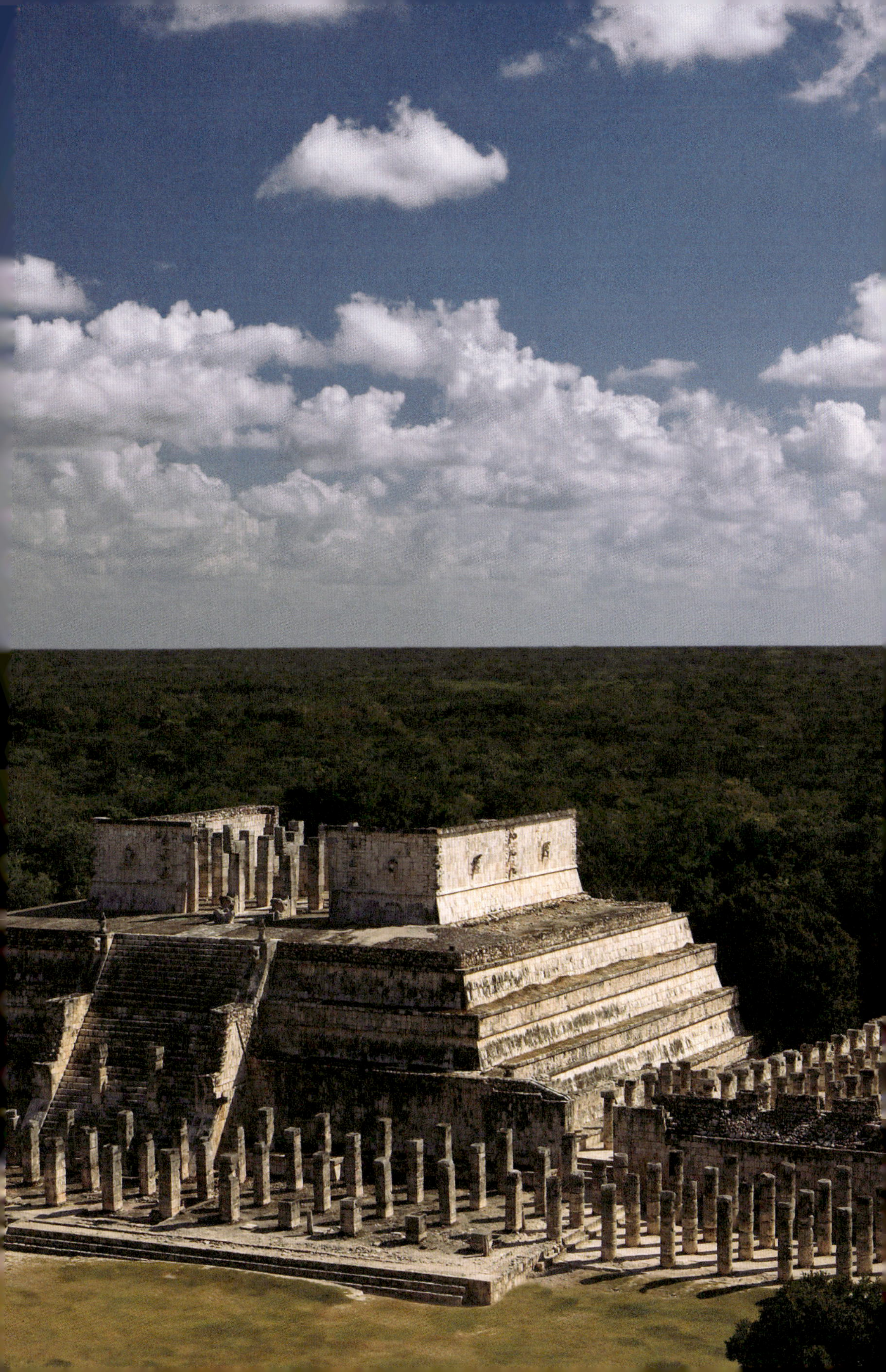

▍奇琴伊察

从庙宇正面的象形文字可知，北柱廊的尽头曾经是美洲豹战神的宫殿，如今已无迹可寻。接下来的东柱廊区域矗立着雕刻柱宫殿，那里也有一座祭坛和一尊恰克摩尔雕像。

西北侧和东侧的柱廊最为美丽壮观，想必是因为这两侧朝向奇琴伊察的关键中枢：城堡。在柱廊相关研究中发现了一个复杂的排水系统，长 65 米，是奇琴伊察城最大的排水系统，这再次说明了此地建筑的复杂性。

二合一神庙

作为中美洲建筑的特点，勇士庙还内嵌了一个美丽的惊喜。这座建筑曾经名为恰克摩尔神庙，是一个边长 24 米的方形平台，沿着斜坡有三组阶梯。通过西侧的阶梯可以登上建筑顶部的庙宇。门厅入口处有两根蛇形方柱。柱身保留着仪式性质的浮雕，其中祭司像上残留的颜色依稀可辨。门厅的屋顶由四根柱子支撑，柱子之间的路通向单门神殿。另有四根彩色柱子，其图案上可见戴着华丽面具的领主和祭司。

托尔特克印记

这组令人印象深刻的建筑名为千柱建筑群，是勇士庙的所在地。勇士庙与库库尔坎金字塔是奇琴伊察最壮观的建筑，二者的结构与设计直接参考了托尔特克建筑遗产。

勇士庙主立面左侧的庙宇叫作梅萨斯神庙，其门廊由蛇形方柱支撑，柱身同样饰有关于战士与首领的浮雕。

圆柱和方柱元素与古典玛雅传统无关，是由托尔特克人带来并纳入这样的建筑中的。新元素的引入扩大了社交和仪式用途的空间。

❶ **三层高楼** 勇士庙的装饰浮雕上有大量的武装人物和作战姿态的人物，它由此得名。这座庙宇建在一个边长40米的方形平台上，由三层主体堆叠层层加高。

❷ **上层庙宇** 最后一级平台的顶部是一座边长21米的方形小庙。入口两侧各有一条长相凶猛、张着大嘴的蛇，它们之间的路通向装饰华丽的门厅和神殿。

❸ **千柱建筑群** 始于勇士庙右侧的柱廊是千柱建筑群的一部分，其布局让人联想到希腊城市中心市集的柱廊。

奇琴伊察

阶坡：一种中美洲建筑风格

伊察人到达奇琴伊察时引入了阶坡工艺，即在一面倾斜的墙（坡）上叠加一层平台（阶）。阶坡交替工艺主要用于建造金字塔。由于年代久远，这种工艺的发源地不详，尽管墨西哥的奢华古城特奥蒂瓦坎（Teotihuacán）可能是最早应用它的地方（下图建筑是位于亡灵大道的神庙）。随着时间的推移，这一概念不断演变并产生了各种变体。除了这种建筑方法，伊察人还引入了柱子作为支撑元素，有时柱子被装饰成巨大的响尾蛇。此外他们还引入了对当时的玛雅人来说很陌生的门廊。

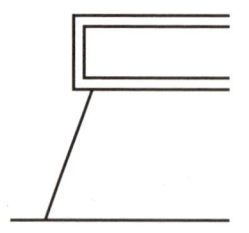

奇琴伊察勇士庙应用的阶坡工艺。

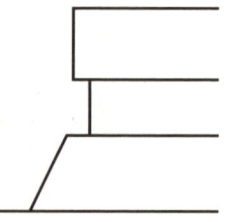

图拉的一座托尔特克庙宇应用的阶坡结构和轮廓图。

殿内两侧有几张长凳，中间是一个祭坛，墙上的壁画展示了众多人物，他们的人形权杖和华美的羽毛头饰是权力的标志。房间里的主角是一尊躺卧的恰克摩尔像，他戴的头盔上面装饰着一只可爱的青蛙和一条挂着人头战利品的环带，或许在暗指斩首献祭。这尊恰克摩尔雕像原本应该放置在入口处，就像城堡内部金字塔的那尊神像所放的一样。这是玛雅后古典时期受墨西哥中部托尔特克影响的又一体现。

全副武装的勇士

勇士庙代表了玛雅艺术传统与墨西哥中部风格的完美结合，它建在恰克摩尔神庙结构之上，并以大量表现全副武装的勇士的浮雕而得名。勇士庙坐落在一个边长40米的方形平台上，三层主体向上堆叠，每层有军事主题的浅浮雕装饰，内容涉及金星、羽蛇神与恰克摩尔，以及吞食人心的人。勇士庙的内部有一座与它几乎别无二致的建筑复制品，比如墨西哥美学的人形雕塑，被置于伏在地面的羽蛇头上作为旗手。平台顶部建有一座边长21米的方形庙宇。其入口同样由巨大的响尾蛇形柱守卫，环纹清晰，张着大嘴，作为库库尔坎神的象征令人印象深刻。两根柱子之间的路通向门厅，不同之处在于这个厅的方柱数量是十二根而不是四根，柱身装饰着神明与勇士。神殿两侧的长椅和后面的祭坛得以保留，由托尔特克战士装扮的小型人像柱支撑，还有一个相同装饰风格的起伏的拱顶。

千柱围绕

庙宇的立面遵循阶坡工艺，垂直的板面上饰有恰克摩尔的大面具，其标志性的卷曲的鼻子从墙面凸出，此外还有带有蛇和鸟类标志的贵族浮雕。这座建筑的顶部檐口曾经环绕着城齿装饰，现在已经消失了。在守卫入口的两条蛇之间，又一次出现了一尊恰克摩尔雕像用于守护庙宇。

勇士庙几乎被"千柱"（官方说法是200根柱子）围绕，形成一个类似希腊市集的场所，适合举办活动或部族仪式。门廊式的柱廊形成了舒适且实用的有顶盖的走廊，让去往勇士庙和繁华的市场的人们免受日晒雨淋，它们是奇琴伊察城中人们最常去的两个地方。

■ 奇琴伊察

▲ 放置在勇士庙遗址入口前的恰克摩尔雕像的功能或许是接受祭品，他手中的盘子用来存放祭品。

柱子之美

奇琴伊察城拥有大量的彩色浮雕和壁画，它们装饰着庙宇和宫殿里的壁柱和墙壁。勇士庙的方柱（方形截面的柱子）由 8 块或 11 块方石构成。方石之间使用石灰砂浆黏合，然后用灰浆抹平，使柱体表面光滑无瑕，好让雕塑家可以在上面勾勒出复杂的浮雕。最后，画家用色彩鲜艳的颜料为柱子四面赋予生命，基本上是充满象征意义的主题图形的重复。

浮雕的色彩

玛雅城市所处的自然环境是损害城市建筑材料与装饰材料的元凶。木板甚至灰泥上的彩色绘画和浮雕被高湿气候侵蚀了几个世纪，因此，对于考古学家来说，修复和维护如此精致巨大的遗址是一项壮举。伟大的奇琴伊察城里从前带有彩色装饰和绘画的壁柱和柱子，如今失去了鲜艳绚丽的色彩，成为一片萧索的森林。

▲勇士庙柱身浮雕装饰示例。柱子四面都雕刻着相同的主题：全副武装的战士。

柱子底部和上方雕出一个方框，里面的主要人物，通常是穿着华丽服装、戴着精美饰品的真人大小的祭司或战士。

柱子采用的石料是石灰岩，使用玛雅人的简单工具即可轻松加工，但是也很容易被侵蚀。这些石块在采石场进行切割，按照需求数量被运输至工地。石块有缺陷也无妨，因为运输到现场后，泥瓦匠会用灰浆把石块表面抹平整。

勇士庙的修复工作表明，古代玛雅艺术家对入口处柱子的处理比庙宇深处的柱子更精确，因为后者的位置光线条件不佳。部分浮雕的眼睛采用贝壳镶嵌，贝壳会在上色之前被放入眼睛的位置。上色遵循非常精确的标准，底色通常是红色的；框架涂成蓝色；物件和人物尽量接近原本的颜色。还需要经常维护浮雕以保持绚丽的色泽。对称的构图体现了艺术家对神奇的远古神话人物的自然创作手法，以及对反复出现的图像熟练的表达能力。

▶五颜六色的柱廊。勇士庙高耸的柱子如今失去了屋顶，柱身的战争主题图案上残留着10世纪和11世纪艺术家绘制的色彩。

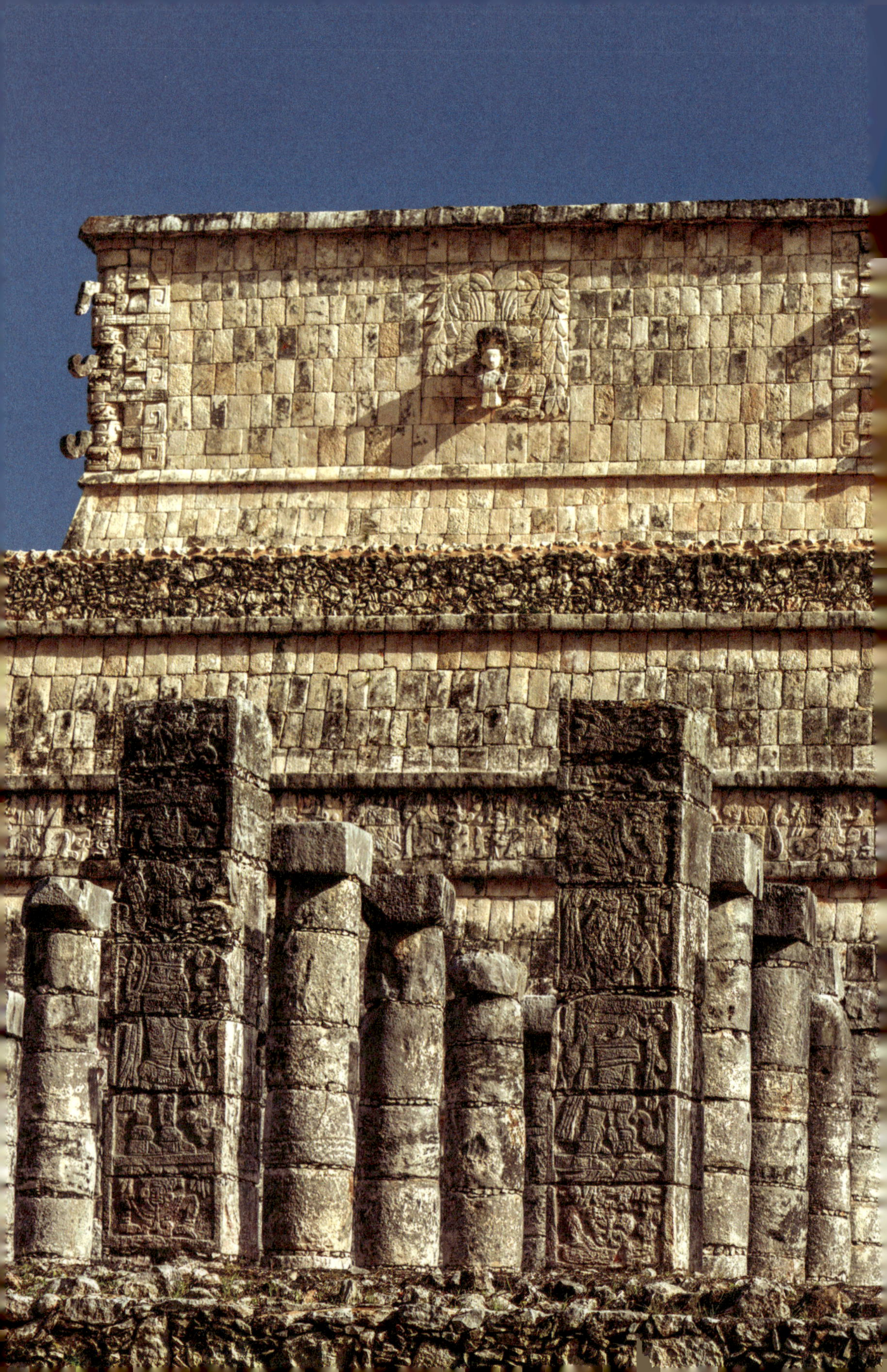

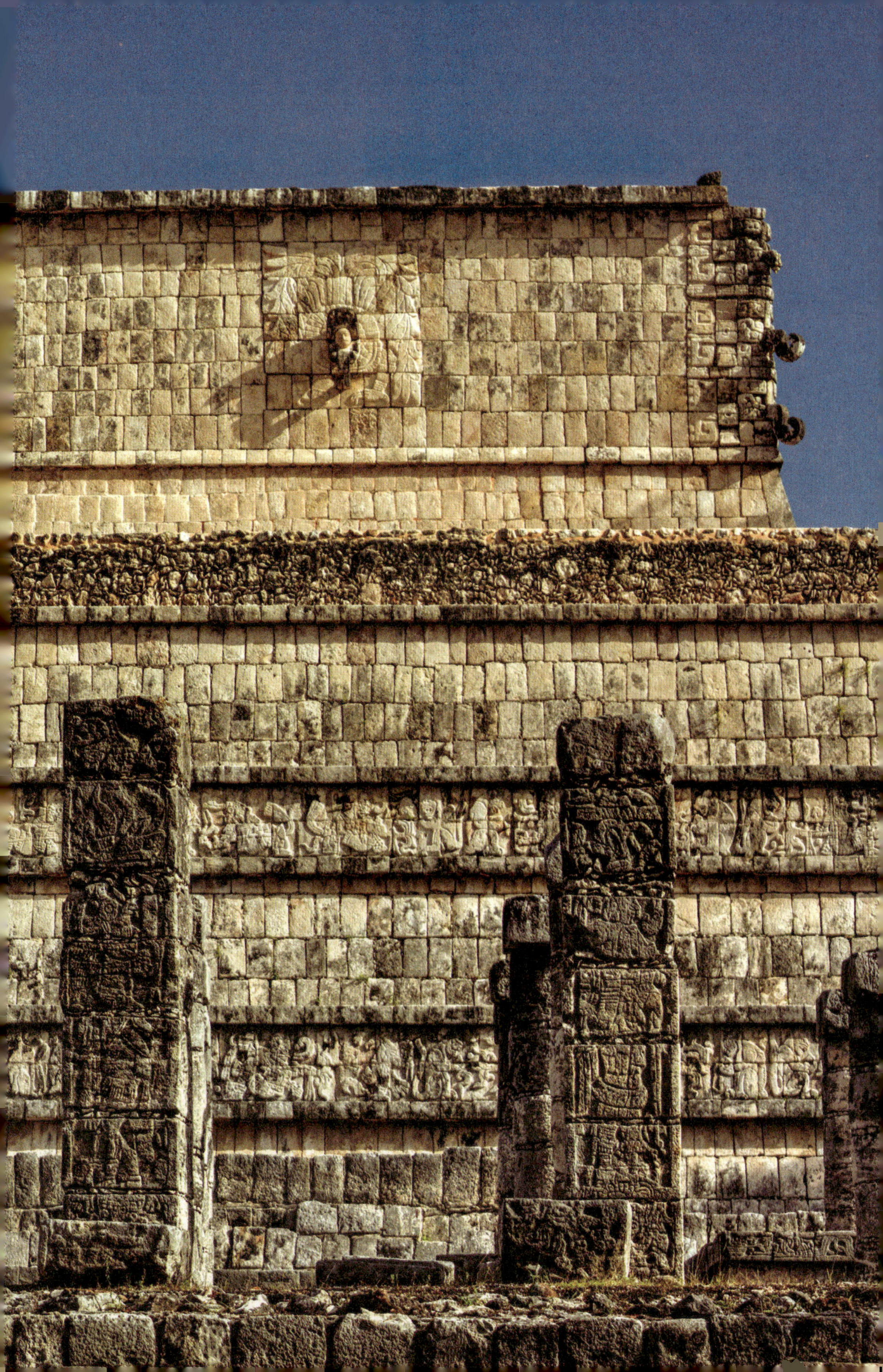

■ 奇琴伊察

主球场

奇琴伊察共有13个球戏场地，而主球场凭借长168米、宽70米的尺寸，不仅在这座城市的球场中独占鳌头，也是中美洲最大的球场之一。

两堵平行的墙分别建在长边的小平台上，作为球场的边界。墙壁中间位置各设一个石环，饰有两条雕刻精美的互相缠绕的羽蛇，象征冥界入口。一条黑色或绿色的线将球场地面一分为二，这条线由一种特殊而神奇的草构成。两堵墙的底部为斜面，那里的装饰浮雕清楚地描绘了比赛期间进行的斩首献祭。至于被献祭的是哪一方球员，仍是一个未解之谜。球场的南北两端各有一座庙宇，很可能是为了举办仪式而营造。东侧还有一座美丽的两层建筑，名为美洲豹神庙。球场两边的墙头是观众席，人们通过陡峭的阶梯攀登至那里。墙体之上还有几个私密的小包厢，供精英们更舒适地

▶奇琴伊察的这座球场是中美洲最大的球戏场地。其东侧有一座华丽的美洲豹神庙耸立在宽阔的围墙上。

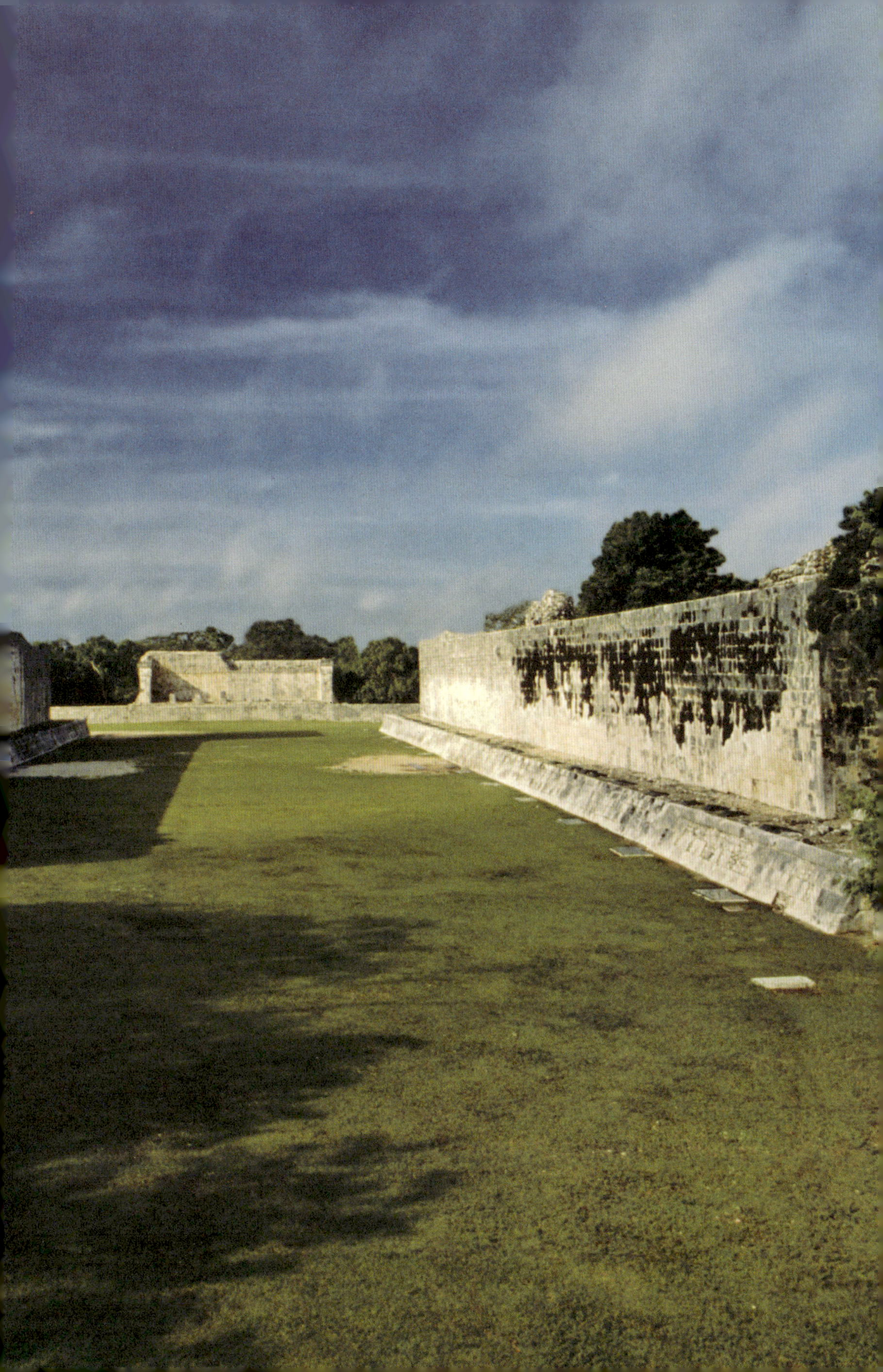

■ 奇琴伊察

运动与仪式

球戏既是一项运动,也是一项宗教仪式。伊察人通过球戏解决争端、揭晓赌局、做出重要的政治决定。同时,它也代表光明与黑暗、死亡与重生之间的对决,以及金星凌日现象。

①**美洲豹神庙——看台** 球场的一侧耸立着美洲豹神庙,那是伊察人精心挑选的仪式开始时的祭祀场所,也是统治者观看仪式的看台。赛场上,两支球队的成员用臀部、前臂或脚部击打象征太阳的球,阻止球落地,并努力让球穿过钉在侧面墙上的石环。

头骨祭台位于主球场的正后方。球戏的斩首仪式结束后,头骨就被存放在头骨祭台。

位于球场北端的北庙拥有大量的动植物装饰,表现出生育崇拜。北庙也被用作观看比赛的看台。

② **最大的球场** 主球场不仅是在奇琴伊察发掘出的13个球场中最大的一个，也是一个伟大的发掘。由于它宽度达到70米，而且拥有两个石环，不禁令人猜想或许可以同时举行两场比赛，或者每支球队拥有自己的石环。通过球场墙壁上的装饰浮雕，我们知道伊察人的球队双方各有7名成员。

②

球场的两面墙分别朝向东方和西方，比赛伴随着太阳的移动从日出到日落。

南庙是一座单层建筑，论装饰也不及北庙。南庙构成这座大型球场双T字结构一端的尽头。

运动与祭典

主球场的界墙目前虽然已经严重损坏，但是墙面的装饰浮雕展开了关于球戏及斩首献祭仪式的图形主题（右图展示了一块浮雕中间片段的现状和模拟修复）。浮雕上可见两支球队，每队有 7 名成员，穿着墨西哥风格的华丽服饰。双方被一颗带有头骨图案的球隔开。其中有一个人手提大刀和一颗砍掉的头颅，被斩首的人跪在一旁血涌如注。

血液以细蛇的形式表现，遵循中美洲肖像画的经典标准，蛇周围发芽的植物是生育的象征。对伊察人来说，头颅就像被砍掉的玉米棒，斩首后会像种子一样重生。浮雕上的球员是戎装打扮，包括带有彩色羽毛装饰的帽子、长条耳坠和鼻坠，臀部、肘部和膝盖上戴着护具。

浮雕表现了光明与黑暗之间的史诗之战，唯有奉上人牲才能取得胜利。

球场浮雕的所有符号在北庙得以延续。令人赞叹不已的还有北庙的角椽，上面装饰着树木、花卉、蝴蝶和鸟类。其中，树木长在地兽之上，飞鸟栖息在密林之中，构成一幅关于蜕变与共存的完美寓言图景。植物中还出现了睡莲，其根茎有致幻作用。作为这组装饰的结束，一个方格内可见精彩的库库尔坎（羽蛇神）半鸟半人的形象，他的面孔出现在蛇的上下颚之间，露出了分叉的舌头。庙宇内部的拱顶上布满了各种场景，其中以库库尔坎为主角的图像多达 44 个。

位于球场另一边的南庙也有同样的图形主题，将库库尔坎塑造为双重神明，把这个以击球决定生死的神圣比赛与一个恐怖的仪式联系起来。

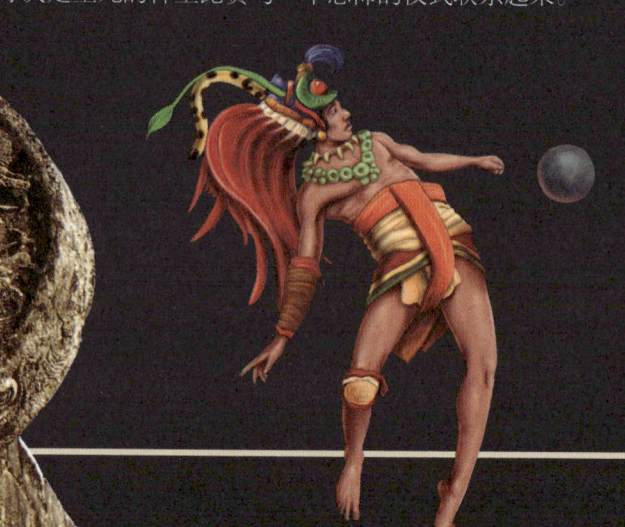

◀圣环：两个圣环分别位于球场两面墙壁7.5米高的地方。雕刻着蛇的圣环象征着冥界入口，球员需要让球穿过圣环。

❶ 球员 他们一身戎装打扮，戴着羽毛头饰和耳坠，臀部穿着护具。七位球员中最优秀的一位（如图）握着一件用于斩首的锋利武器。

❷ 橡胶球 画面中间有一颗大球，上面雕刻着一个带有羽毛的人类头骨。橡胶球象征着天空在光明和黑暗之间变换，圣言的恩赐由此涌现出来。

❸ 斩首 为了战胜黑暗并重现光明，人祭是不可或缺的。目前尚不清楚被斩首的是胜利者还是失败者，因为生命是死亡的重生。

❹ 蛇 被斩首的跪姿躯体不断涌出血液，但血液既是祭品也是重生，它被描绘为六条蛇和一棵花果繁盛的植物。

▎奇琴伊察

欣赏比赛，也供球员们做好上场前的准备。

球戏既是一项宗教仪式，也是一项非常流行的活动，吸引了狂热的民众为自己偏爱的球队押注。相关依据是，考古学家在1250个地点发掘出1500个球场，这表明球戏在哥伦布到达美洲之前的文化中的重要性。

尽管整个中美洲的球戏规则基本相同，但名称在各地区存在差异。玛雅人用一个模拟球声的词，称它"波塔波"（pok ta pok）。

比赛规则

每场比赛有两支队伍对阵，球员要让球保持在空中，用臀部击球，或者利用球场倾斜的墙壁让球弹起，但要避免手部与球接触。球是用从树液中提取的天然橡胶（实心橡胶）制成的，重约3.5千克。球的反弹速度很快，可能会对球员造成严重伤害，这使球戏成为一项危险的活动。为了防止发生意外，人们试图使用一种名为"轭"（yugo）的马蹄形护具覆盖臀部。考古学家发掘的轭大多数由石头制成，所以它们可能是奖杯或者仪式用品。球员穿戴的护具一般是用动物皮革或者棉垫制成的，保护前臂和膝盖的护具就是用这些材料制作的。球员还会佩戴头盔和手套。

或许存在两种比赛：一种带有宗教仪式色彩，就像石制建筑和陶瓷器皿上表现的那样，仅限国王与贵族参与，在特定的日期举行比赛，以献祭仪式作为结束；另一种是一项普通的球类运动，参与者是具有运动才能的男性。

球戏历史悠久，据信是由奥尔梅克人在公元前1200年左右发明的。不过，1995年在墨西哥恰帕斯州的帕索-德拉阿马达（Paso de la Amada）发现了可追溯至公元前1400年的球戏。16世纪西班牙人到达中美洲时，仍然有人进行球戏运动。欧洲编年史家留下的关于比赛规则的详细书面资料证实，在球场上要用臀部、肘部和大腿将球从一边击打到另一边，球的体积很大，运动员们戴着皮手套，在臀部、腿部和前臂穿戴棉垫以防止被球砸伤。球穿过石环或者在对方一侧落地时即可得分。

美洲豹神庙

主球场的东墙上耸立着一座美丽的建筑。尽管规模不算太大，但其建筑设计和丰富复杂的装饰使它跻身奇琴伊察最重要的建筑之列。为了建造这座神庙，必须要拆除球场原有平台的一部分，并新建一个金字塔形状的平台以支撑一间华美的庙宇和一个面向球场的特殊包厢。庙宇入口有两根醒目的大方柱，其形状为张着嘴巴的响尾蛇，就这样再次将羽蛇神与金星、斩首和球戏关联起来。

上层的方形建筑分为两个房间，支撑屋顶的柱子上有精美的彩色浮雕装饰，表现了身穿戎装接受检阅的战士。房间内部墙壁和天花板上色彩鲜艳的壁画充满活力，展示了日常场景、战争场面、风景和当地居民。庙宇外墙遵循阶坡样式，采用同样的石材创作浅浮雕装饰。

下层小庙

经由朝向广场的一面近乎垂直的楼梯，可到达这座壮观的主球场看台。这个看台还有一个较小的附属建筑，内设一座祭坛和一个醒目的猫科动物雕塑。下层附属建筑的建造时间晚于上层庙宇。它只有一个带拱顶的门廊式房间，内部布满了装饰。墙壁和柱身展示的战士戴着色彩夺目的绿咬鹃羽毛头饰，身穿蝴蝶胸甲，背着圆盘。装饰物还包括符合托尔特克美学的手持标枪的人像柱。构图中还可见：一个男性形象坐在美洲豹宝座上，与守卫上层庙宇入口的美洲豹外观一致；一位高级别战士身旁有一条羽蛇。

斗争与权力的象征

神明和杰出人物在美洲豹神庙的石刻上永垂不朽，成为权力的象征。这些人是获得了显要地位的伊察平民（玛雅语：acmen uinic）。他们的势力在奇琴伊察城第二历史阶段（987—1185年）达到鼎盛，来自玛雅潘的科科姆家族在这一时期占领

■ 奇琴伊察

了奇琴伊察。两个族群的碰撞在庙宇内部的体现，是关于这座即将落入玛雅潘之手的城市的壁画；在庙宇外部的体现则是库库尔坎的石制头像，虽然保留了古典时期的特征，例如八字胡、环形眼罩、尖牙，但也开始加入其他元素，比如鼻子变成了一朵四瓣的花，每片花瓣上生出的异色条纹与金星产生关联。

▶ 美洲豹神庙的后视图。首先看到的是附属小庙的门廊结构。神庙充当观看球戏的豪华包厢。

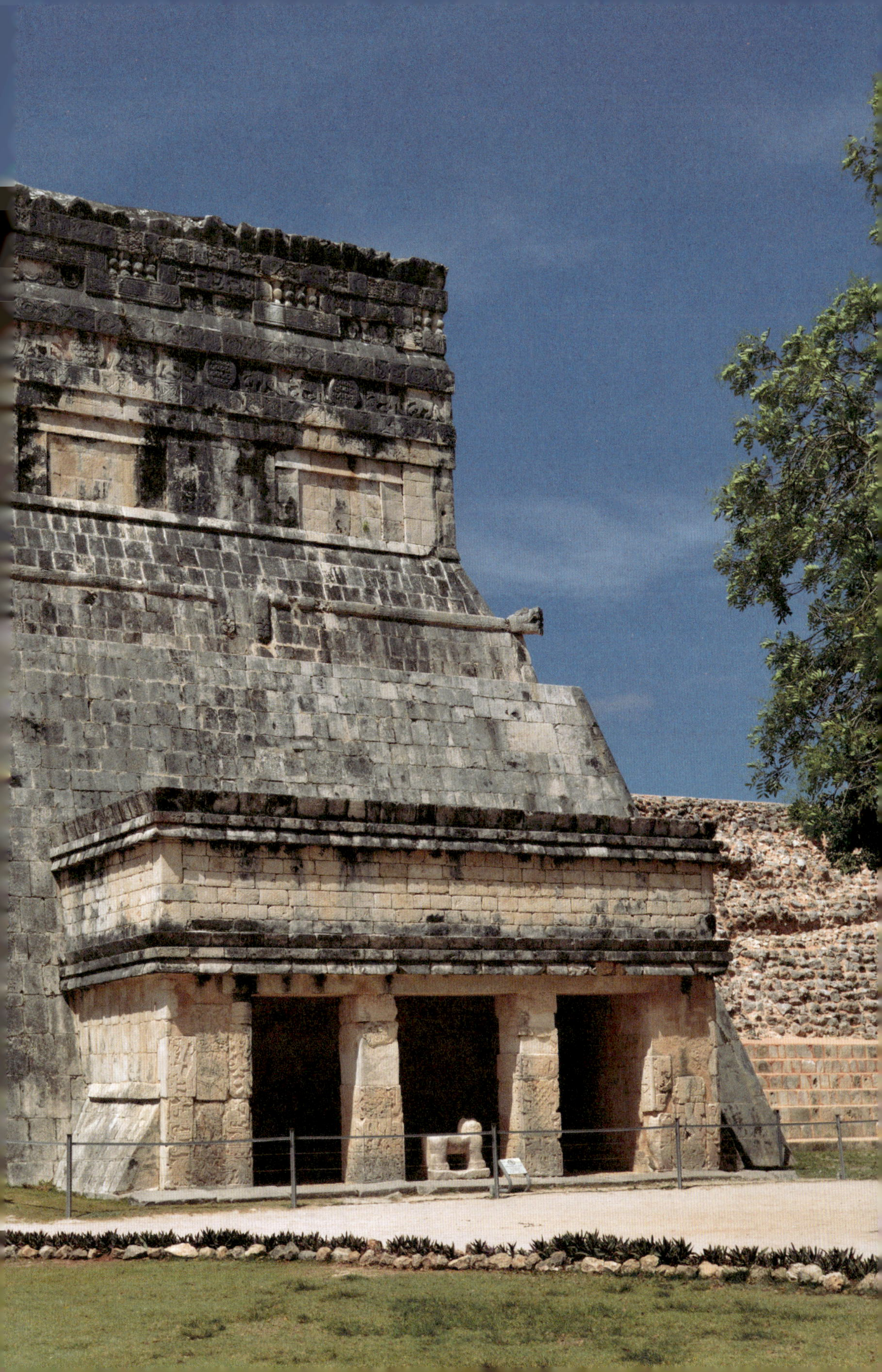

❶ **特殊的包厢** 位于主球场东墙上的美洲豹神庙是一个视野绝佳的球场包厢。尽管美洲豹神庙的规模不大，但它是奇琴伊察城的重要庙宇。

❷ 美洲豹雕饰带　立面顶部的挑檐上有两条相互缠绕的蛇，象征着运动和生命，并且构成了一个画框，里面是走向战争盾牌的美洲豹图案。美洲豹神庙就得名于这条雕饰带。

❸ 下层小庙　这是后来在主庙的结构上增加的一个附属建筑。只有一个门廊式的房间，室内用穿戴着华丽头饰与服装的战士画像装饰得美轮美奂。

附属小庙屋顶的承重柱装饰精美，柱身有表现战士的彩色浮雕。内部有表现日常场景、战争场面和风景的彩色壁画。

玛雅文明中的战争文化

学者们一度认为古典玛雅社会是一个和平的神权社会，然而这种田园诗般的概念随着发掘出的玛雅绘画和象形文字发生了变化，它们揭示了玛雅民族好战以及对待敌人极端残忍的一面。

1946年，美国摄影师贾尔斯·希利（Giles Healey）发现了墨西哥恰帕斯州博南帕克（Bonampak）考古区1号建筑第二个房间里隐藏的秘密。那是一幅表现血腥战斗场面的壁画，包含酷刑和斩首的画面。这些壁画震惊了科学界，因为它们揭示了玛雅人不为人知的暴力和残酷的一面。同一时期的铭文学发现也开始动摇人们关于"田园诗般的玛雅社会"的认知。铭文学家塔季扬娜·普罗斯库里亚科夫与海因里希·贝尔林（Heinrich Berlin）破译了提及统治者生活的象形文字，其中包括玛雅社群之间日益激烈和频繁的军事冲突的记载。

处于战争状态的城市通常设有随时准备战斗的"特遣队"。而贵族是最训练有素、装备最齐全的人群。纳科姆（nacom）是从优秀战士中选出的最高级别的军官，任期三年，除了统领军队还担任军事祭司。

▲ 准备作战。这尊塑像发现于哈伊那岛（la isla de Jaina）。像这样的战士被动员起来参战。战争受收获时间、气候和复杂地形等因素影响，它们决定了是否宣战以及战争计划等。
⌂ 墨西哥国立人类学博物馆，墨西哥城

巴塔布（batab）是指挥系统的二把手，在战场上负责接收和传达纳科姆的命令。奥尔加特（holcatte）是玛雅军队中表现突出的精英战士，他们形成一支强大的突击队。

武器装备

玛雅人使用木头、石头、燧石刃和黑曜石制造武器。常见的武器有马克胡特①（一种镶嵌着黑曜石片的双刃木剑）、大锤②、投石索④、吹箭筒⑤及弓箭。玛雅战士最钟爱的武器是尖端带有锋利黑曜石片的双刃长矛③。

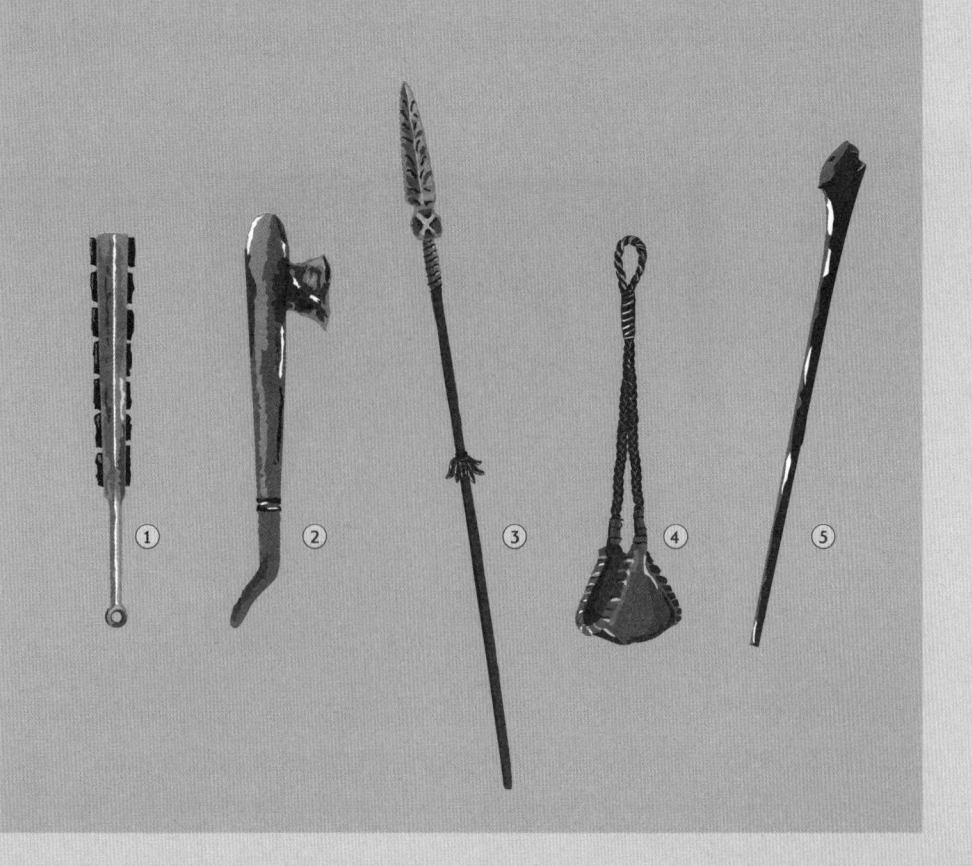

精英战士奥尔加特

奥尔加特以骁勇善战及在战场上冷酷无情而闻名。他们与军队中其他战士的区别在于把面孔和身体涂成黑色，并且梳着令人生畏的发型，正如上图的博南帕克壁画所示。玛雅军队中也不乏雇佣兵，他们为出价最高的领主提供服务。

俘虏的悲惨命运

酷刑和人祭是处置俘虏的常见手段，不过并非所有的俘虏都会被处死。碑文证据表明，有些国王在名为纳瓦（na'waj）的仪式上当众羞辱俘虏后赦免了他们。上图中的亚斯奇兰浮雕表现了其中一位国王面对俘虏首领的场景。

城市之间的战争

玛雅城市之间已知的第一次军事冲突发生在危地马拉北部的佩滕，交战双方是蒂卡尔与瓦哈克通（Uaxactun）。根据铭文学家塔季扬娜·普罗斯库里亚科夫与彼得·马修斯（Peten Mathews）破译的上述两个王国的石碑文字描述，瓦哈克通遭到了强大的邻邦蒂卡尔的入侵（上图为发掘于瓦哈克通的玛雅杯子）。

防御装备

玛雅人使用柔韧的长盾牌，其他族群使用更加坚硬的圆形小盾牌。他们用盐对棉花做硬化处理后制成透气轻便的盔甲，还穿戴皮制的护胫和护臂。首领的行头包括羽毛头饰、贝壳与宝石胸甲，如上图的陶瓷画所示。

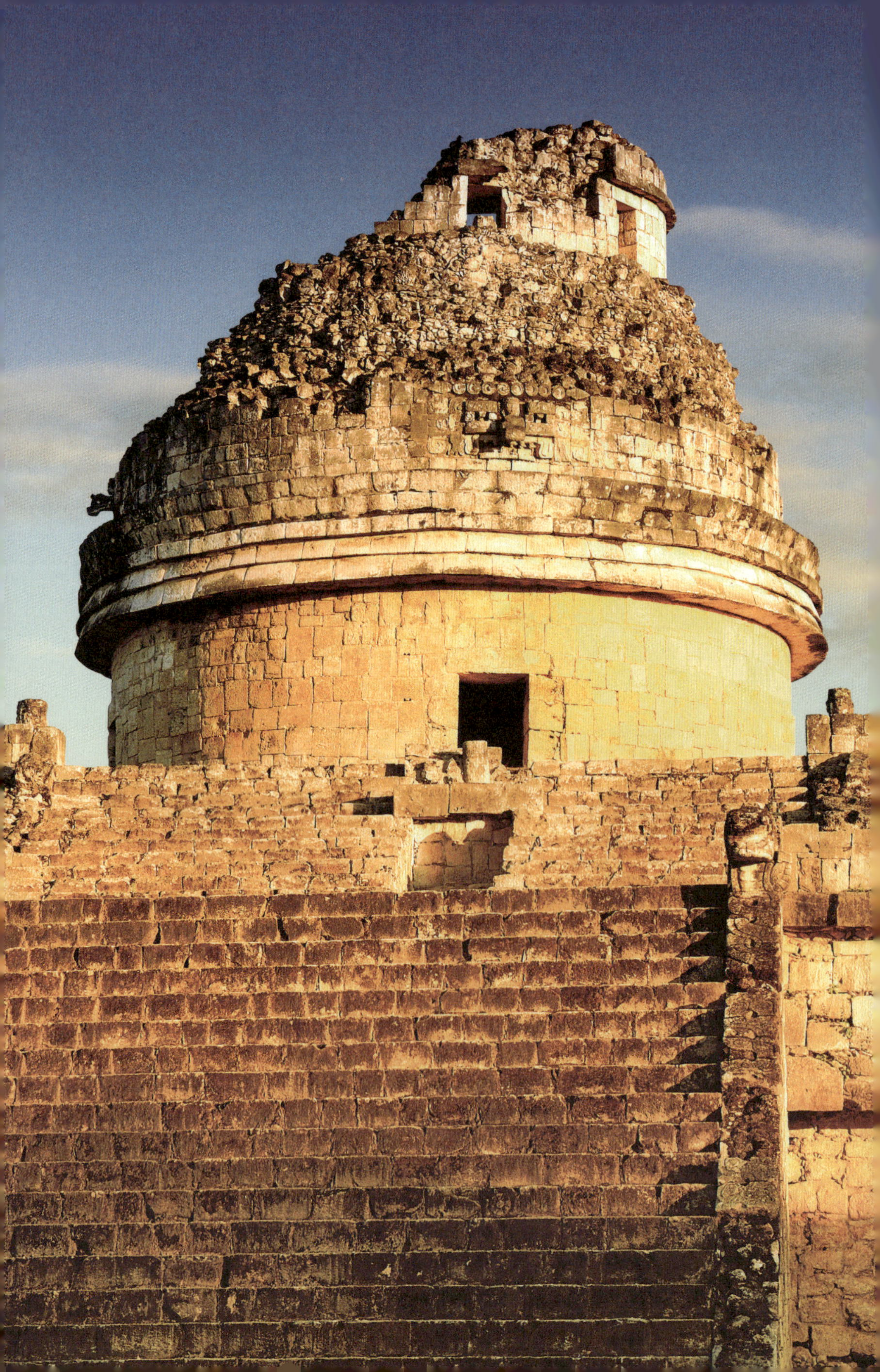

老奇琴

两种迥然不同的建筑风格在奇琴伊察和谐共存。建筑就像凝固的时间，向我们讲述了生活在两个不同社会中的人们的故事。那些更古老的建筑，即使在第二历史阶段（受到强大的托尔特克影响的时期）被修复或改建过，仍然构成一个优雅的整体，包括红房子的宁静和朴素之美，以及"教堂"和"修女院"附属建筑拒绝留白的"巴洛克主义"。老奇琴的建设者在赫托洛克溶井周围定居，因为溶井满足了他们对河流的渴望，让他们在闷热的尤卡坦半岛上安稳地生活。

不同于后来的托尔特克化的新奇琴，在老奇琴，我们可以看到一个土堤，它曾经是城墙或者有门的围墙，作为分隔贵族与农民的分界线。老奇琴拥有这座城市唯一的圆形建筑，即蜗牛观象台，它也是早期天文学家的住所。他们在漫漫长夜观测记录恒星和行星的运行，以预测吉凶和日食月食。老城区的核心建筑按照6—9世纪尤卡坦地区其他玛雅城市的普克建筑风格样式而营造。

得益于溶井，这座原始的城市开始发展，尽管它仍然是一个次要中心。据玛雅人说，这些巨大的地下湖由冥界的神明守护。第一历史时期结束时，这座城市第一次被遗弃。人们绝对不会料到日后奇琴伊察将成为一座强大的城市，占地面积达30平方千米，超过75条萨克贝（用石灰标记的白色道路）贯通全城，成为该地区经济和商业的中心。但是这一切确实发生了，第二拨伊察移民推翻了雨神恰克，并带来了占据新奇琴建筑的羽蛇神——库库尔坎。

■ 奇琴伊察

蜗牛观象台

观象台是奇琴伊察唯一的圆形建筑，矗立在一个长 67 米、宽 52 米的矩形平台上，因其内部楼梯的形状也被称为"蜗牛"。这座看台高 6 米，有四个圆角，西侧设有三段阶梯通往看台。第一段阶梯形成了一个小型基座，由此开始的第二段阶梯的踏步更窄，两侧装饰着样式优美的垂带，上面的图案是互相缠绕的蛇。第二段阶梯的顶部既是一个平台，也是一个广场，其上建有一个露台，可通过第三段也就是最后一段阶梯到达。第三段阶梯正对圆形建筑的入口，两侧也有蛇形装饰图案。露台四周点缀着令人不安的人头形火盆。

蜗牛观象台的圆形结构独一无二，这是玛雅人很少使用的一种建筑类型。这种影响似乎来自墨西哥中部和华斯台卡地区（Huasteca），那里的人们崇拜风神，他们供奉埃卡特

▶ 谈及这座圆形塔楼的功能，人们常说这是一个建筑之谜。根据最广泛接受的假设，这是一个用于观测行星和恒星的场所。

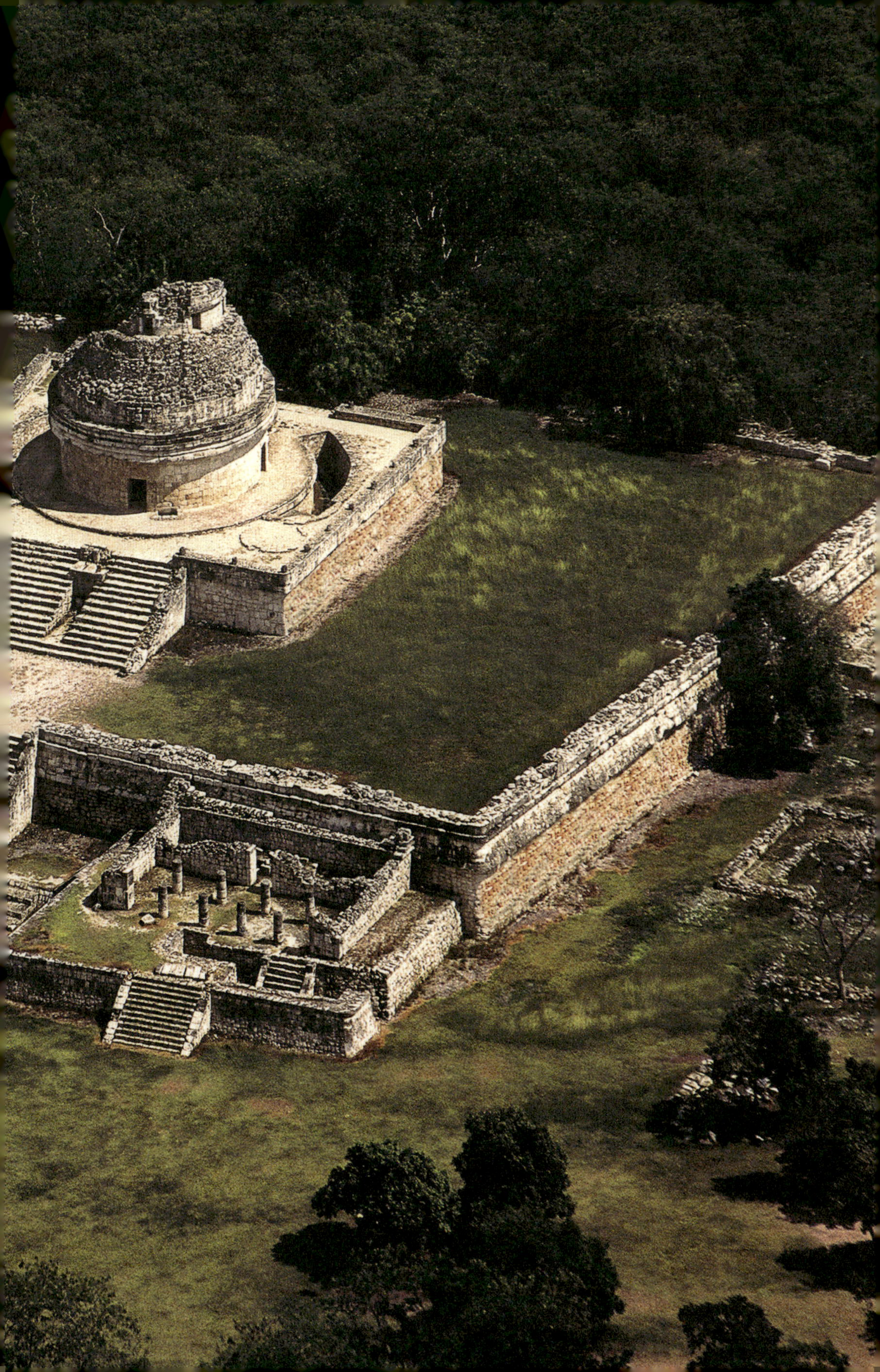

奇琴伊察

（Ehécatl）或羽蛇神的庙宇是圆形的。蜗牛观象台建成时曾经是该地区唯一的圆形建筑。后来出现了一些几乎完全一样的圆形建筑，比如位于邻近的玛雅潘的那座观象台。

圆形结构的内部直径为11米，支撑着两个堆叠的主体。后来为了加固这座建筑，玛雅人又在它的外围新建了一层结构，这层结构的直径为16米，附带一个高5米的台座。外立面装饰简单，每个门洞的上方饰有线脚和雨神恰克大面具，还有一幅坐姿人形画像，周围环绕着羽毛和蛇。

它有四个门洞，内部有两堵同心圆墙，形成一个回廊，中央有一部通向顶部的螺旋状楼梯。顶部建有一个拱顶小房间，其孔洞正对着方位基点，还可以观察各种天体，包括老人星（船底座 α）、北河二（双子座 α）以及玛雅人崇拜的金星。对于古代玛雅人而言，金星不仅是天文学领域的一个参照对象，在宗教领域也举足轻重，因为他是一个主要的神话人物，

最高的圆形建筑由两个主体堆叠构成，直径为11米。为了加固原先的结构，人们增建另一个直径达到16米的结构将它包围。

三段阶梯是到达观象台所在露台的必经之路。上面两段阶梯位于观象台的西侧，均饰有蛇形图案。

圆形拱顶小房间的孔洞完美地朝向四个方位基点，从那里可以观测的天体包括备受崇拜的金星。这些表现和这座建筑物的外形让人们相信它或许是一座天文台。

这座方形的附属建筑可能是一间蒸汽浴室，属于玛雅建筑最特别的元素之一。它具有三重功能：清洁、治疗和仪式，因为精神上的纯净一向与清洁身体的仪式互相关联。

① **罕见的圆形建筑** 这座建筑的独特之处在于它的圆形结构，这在玛雅建筑中非同寻常。其外形很可能受到了墨西哥中部文化的影响，因为那里供奉羽蛇神（风神）的庙宇是圆形的。

② **观象台的矩形平台** 观象台坐落在一个矩形圆角大平台（尺寸为 67 米 ×52 米 ×6 米）上，由于内部楼梯呈螺旋状，又名蜗牛。

③ **祭司的住所** 这座长 14 米、宽 9 米的建筑是为祭司兼天文学家修建的住宅。它的正面和内部一样朴实无华，内部有两排柱子，后面有一条长凳。

时间的计量

玛雅人的历法和时间计量系统极其复杂、精确，而且源远流长，从公元前 3114 年一直持续至我们这个时代的公元 2012 年。

玛雅人使用三种历法：卓尔金历、哈布历与长纪历。三者拥有一个共同的起始日期：公元前 3114 年 8 月 12 日。我们尚不清楚这一天指代什么事实或事件，不过鉴于其重要意义，一定关于一个重要的神话或宗教事件。

▲卓尔金历的20个日符。

卓尔金历是仪式历法，一年有 260 天。这种历法用于占卜命运，或为宗教或社会大事选择吉利的日期。取名也是它的用途之一。新生儿一般拥有两个名字，一个是父母取的名字，另一个是生日当天对应的卓尔金历名字。卓尔金历的每一天都对应某些特征，据说会对新生儿的性格产生影响。这种历法与月亮周期和妊娠相关。卓尔金历还为一些大事择时提供指导，比如耕种、收获、统治者加冕、狩猎、治愈疾病，当然还有开始一场战争的日期。

哈布历是计算太阳周期的历法，指示农业周期，一年有 365 天。两种历法结合产生一个 52 年的周期，相当于我们的世纪。

此外，玛雅人使用另一种名为长纪历的历法来记录重要的历史事件和天文观测。

双重周期性历法

玛雅人的仪式历（卓尔金历）和太阳历（哈布历）互相结合。每一天都有卓尔金历名称，由 20 个玛雅日名称加上确定仪式历顺序的 13 个数字组成；同时也有太阳历（哈布历）名称，由 18 个月加上一个 0 到 19 之间的数字组成。通过重叠的齿轮图示能够更好地理解这两个日历的组合。玛雅的数字系统是二十进制，这也体现在他们的时间单位上。长纪历最小的单位是金（太阳日）；下一个单位是 20 金（天）等于 1 乌纳（月）；接下来是 20 盾（年）等于 1 卡盾，即大约 20 年；400 盾等于 1 伯克盾，即大约 400 年。

▲古代玛雅人通过精美的手抄古籍记录了月球、金星和火星的轨迹，比如《德累斯顿古抄本》（11 世纪）上详细记载了日食等天体现象。

哈布历

太阳周期的计量哈布历一年的365天分为18个月，每月20天，加上年末一个叫作无名日或禁忌日的为期5天的短周期。

卓尔金历

这种仪式历由260天组成，以20个玛雅日的名称和数字1到13组合。

① **圆点和横线** 玛雅的二十进制计数系统使用圆点和横线书写。圆点代表序数1，横线表示5个圆点。玛雅人是最早使用零这一概念的人。

② **卓尔金历中的符号**

1. 依米什
2. 伊克
3. 阿克巴尔
4. 坎
5. 奇克产
6. 西米
7. 马尼克
8. 拉玛特
9. 穆鲁克
10. 奥克
11. 楚恩
12. 艾布
13. 本
14. 依什
15. 梅恩
16. 西布
17. 卡班
18. 艾茨纳布
19. 卡瓦克
20. 阿哈乌

③ **哈布历的周期**

1. 珀普
2. 乌奥
3. 斯普
4. 索茨
5. 泽科
6. 许尔
7. 亚克因
8. 莫尔
9. 钦
10. 亚克斯
11. 萨库
12. 塞赫
13. 马科
14. 坎克因
15. 穆安
16. 帕克斯
17. 卡亚布
18. 古姆古

两种日历的结合

哈布历和卓尔金历的结合周期每52年重复一次。这个周期相当于西方文化中的世纪。

74

位列玛雅最重要的神明。金星是战神，是太阳的兄弟，也是一种神谕，其位置影响着军事行动的成败。

顶部房间的小窗户位置对应一些重要的天体事件或现象，比如夏至日和冬至日的日出日落，以及春分秋分。鉴于上述细节，我们认为这座建筑是为了开展可能的天文活动而建造的。此外，独特的圆顶使它的外观也像是一个天体观测台。

观象台的总高度为16米，不含下方高11米的基座平台。这座建筑最初很可能是一个较小的结构，只有包括楼梯的第一个圆柱体。随着奇琴伊察作为朝圣中心城市崛起，人们扩建出第二个环形结构和一个更大的平台。此外还增建了几处规模较小的建筑，比如位于东南角的建筑，其楼梯上出现了后期流派的羽蛇图案垂带。

附近还有一座为祭司兼天文学家建造的庙宇或住宅，尺寸为长14米，宽9米。这座建筑内部有两排圆柱，后面有一条非常简朴的长凳。随后还增添了其他具有实用和仪式功能的设施，比如用于收集雨水的地下蓄水池和用于净化仪式的蒸汽浴室。

奇琴伊察

▲"教堂"繁复如"巴洛克"的普克风格印记犹存，这座不朽的建筑免于外来影响，是普克风格特征的集大成者：底部光滑的墙壁、几何回纹图案和转角处的大面具。

"教堂"

"修女院"建筑群中有一座建筑以其西班牙语名字"教堂"而为人们所知。

是一座独立的小型建筑，装饰极具普克特色，丝毫未受托尔特克——玛雅影响，因为他们若干年后才来到奇琴伊察。它壮丽的屋脊饰物保持至今，包三个华丽的伟大雨神恰克大面具，他独特的卷曲鼻子从墙面凸出。这座矩形筑仅含一间拱顶大厅，门洞周围筑有石制过梁。逐层升高的立面装饰上融合贝壳、海龟和螃蟹等海洋元素与简洁的三角形风格化的蛇，还有雨神恰克坚的、能够促进降雨的目光，这对于奇琴伊察这样的农业族群来说非常重要。

立面下部环绕建筑的回纹图案仿佛蜗牛的切面，接着是双重檐口之间一个雨神恰克大面具为主角的雕饰带，面具上鲜艳的色彩已经褪去。雕饰带上方是

组三角形回纹饰，模拟一条蜿蜒爬行蛇。这座建筑的顶部是一条挑檐，在之上矗立着一个饰有三个雨神恰克大具的顶冠，提升了建筑的高度与灵巧。所有的装饰采用同一种石料以马赛的形式完成，并涂以鲜艳的色彩，体了普克风格的特点。壮丽的中央饰带除了三个雨神恰克大面具，还有一个目的雕刻壁龛，内有坐在高台上的人神像。一些研究人员称，根据玛雅神，那是四个巴卡布（bacabob），被排在宇宙的四个方向负责支撑苍穹。

① **立面第一层的砖石结构** 由切割良好的光滑石块规则排列而成。这部分开了一个门洞，仅有坚固的石制过梁，没有其他装潢。

② **外墙装饰的第一部分** 是环绕建筑物的回纹图案，让人联想到蜗牛的样子。上方的双重檐口之间可见雨神恰克大面具。

③ **巴卡布** 是居住在大地内部的四位神明，肩负着支撑苍穹的艰巨任务。他们围绕中央饰带中间的雨神恰克大面具坐在台子上。

④ **蛇** 作为一种装饰元素，蛇广泛存在于"教堂"这座建筑上。其表现形式是由齿状斜纹组成多个倒三角形，仿佛一条盘曲的蛇。

⑤ **回纹饰** "教堂"是奇琴伊察最具代表性的普克风格建筑之一，且未受到外来影响。鼻子卷曲的雨神恰克大面具、回纹图案和带有象形文字的彩绘嵌板都是普克风格的特征。

⑥ **顶冠（屋脊饰物）** 是普克地区广泛使用的一种装饰方法，此处的作用是使建筑物的垂直高度更加突出。顶冠位于建筑前沿，墙面装饰着雨神恰克大面具和梯级状的回纹图案。

■ 奇琴伊察

红房子

这座美丽的建筑引人注目的原因有两个方面：一方面，它是老奇琴保存最好的结构之一；另一方面，它拥有两个石制顶冠。它坐落在一个长 22.4 米、宽 18 米、高 7 米的大型矩形基座之上。基座结构主体呈斜坡状，没有任何装饰，转角处呈圆形。经由西侧中间一部不含垂带的楼梯可以到达庙宇。

这座优雅的建筑因简约的造型而显得静谧而美丽。其小台座表面带有模仿植物纤维或木格纹的石饰。立面可见三个对称分布的入口，还有三部带有素色垂带的小楼梯。通过任一入口都可以进入门厅，而门厅是内部三个房间的分流站，房间的门分别对着入口以纳入自然光线。这些房间上方是典型的玛雅叠涩拱顶，随着砖石层层堆叠向内合龙。

立面的装饰朴素，近乎肃穆，只有几条线脚造成光影的变幻，体现了

▶红房子坡面平台的西侧设有一部9.6米宽的楼梯。右图展示了楼梯外观现状。

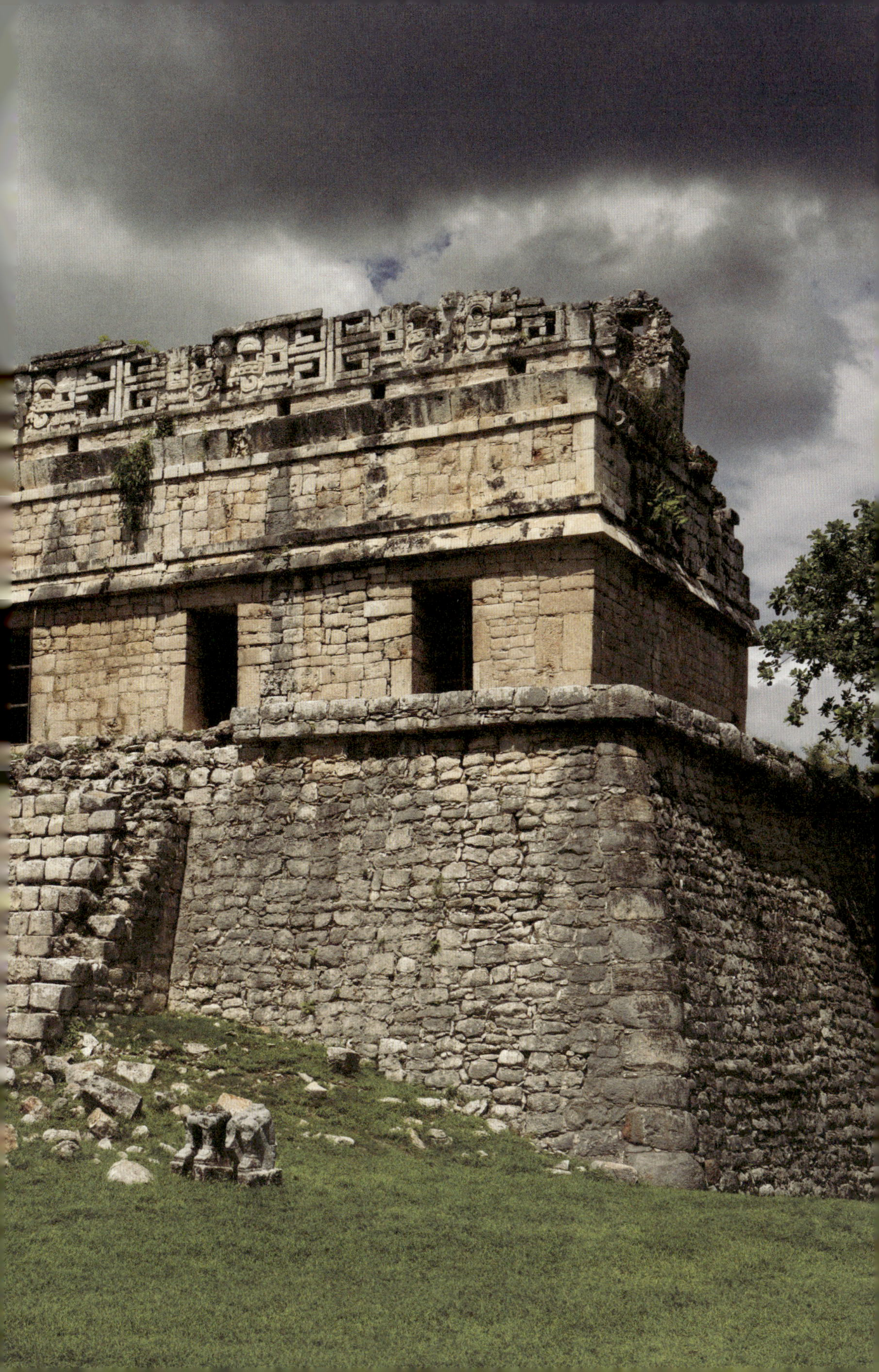

朴素的优雅

由于人们在这座庙宇的门厅内发现了残留的红色涂料,所以称它为红房子,但是它在玛雅语中的真实名称是奇昌乔布,意指"小洞",或许是因为顶冠上装饰的孔洞。

一个长22.4米、宽18米、高7米的巨大的长方体基座支撑着红房子结构。这个基座的主体是斜坡形的,未经装饰。

庙宇所在的小台座上有两条线脚,中间的条纹装饰带上分布着三组阶梯,分别通向庙宇门厅的入口。

❶ **一座三门庙宇** 高耸于平台上的红房子庙宇有三个门洞，每个门洞位于雨神恰克大面具的正下方，让光线进入庙宇内部用于宗教活动的三个房间。

❷ **两个时期的两个顶冠** 这座建筑营造于奇琴伊察的第一历史阶段，早于好战的阿兹特克文化影响。然而人们可能在第二历史阶段再次启用了这座建筑，所以增建了第二个顶冠，并在红房子后方修建了一座小型球场。

第二个顶冠上装饰的三个雨神恰克大面具的位置与庙宇的三个门洞对齐。

立面光滑而朴素，使用切割良好的石块建造，还有一块墙裙位于两个带有线脚装饰的挑檐之间。

优秀的石材营造技艺。庙宇上方竖立着两个非常美丽的顶冠。其中更古老的那个顶冠位于建筑物顶部中心，因回纹图案锦上添花。它前方是后来竖立的另一个顶冠，表面装饰着三个巨大的雨神恰克面具，墙面孔洞位置与庙宇入口门洞位置匹配。

20世纪中叶著名的俄裔铭文学家、考古学家塔季扬娜·普罗斯库里亚科夫在开始红房子的修复工作并试图复原这两个顶冠时，认为它们是真正的谜题，因为两个时期的装饰并存，这在她看来是难以置信的。最终，她的结论是这两个顶冠是同时竖立的。据她本人称，这个方案虽然"不尽如人意，但是看起来比其他任何说法都更加符合事实"。得益于考古技术的进步，研究人员发现这座建筑在奇琴伊察第二历史阶段被二次利用。

象形文字石碑

红房子的考古活动还发现了一些在尤卡坦北部玛雅城市极为罕见的物件，其中有一块带有象形文字铭文的石碑。石碑铭文是古典时期玛雅文化的特征。竖立的石碑上镌刻的人物和象形文字留下了关于统治者与城市的重要史实记录。今天的危地马拉和洪都拉斯境内的玛雅城市存在大量精美的石碑。然而在后来涌现的尤卡坦城市中，并未出现大量石碑或是赞美统治者及其王朝的象形文字。

20世纪90年代，彼得·施密特发现了红房子2号石碑。这块石碑当时支离破碎，有迹象表明它曾遭到故意破坏。石碑的高度大约为2.3米，根据铭文文字可以推测红房子的建造时间介于800至850年之间。众所周知，玛雅人在新建或者翻新建筑时喜欢重复使用旧材料，所以必须谨慎对待上述数据。在石碑浮雕部分还可以分辨出一只雕刻精美的鸟，它很可能代表了王室家族的缔造者。这只神秘的鸟是一只红色的金刚鹦鹉，也是火神转世的象征，白天降临大地，在距离奇琴伊察60公里的伊萨马尔神庙（Izamal temple）焚烧人们奉献的祭品。

羽蛇神的传说

羽蛇神代表着文明之神和中美洲人民的保护神。人们向羽蛇神献祭和放血，而羽蛇神则以生命和知识回报他们，并赐予他们美味的玉米作为食物。

根据托尔特克人的传说，羽蛇神是第一个具有人形的神。在他的统治下，图拉成为人间天堂般的城市，那里居住着最优秀的艺术家和匠人，生活富足而快乐。那里的岩石长出的宝石供路人随意采撷，甚至还长出彩色的棉花用于纺织。

关于泰兹卡特里波卡（Tezcatlipoca）和奎扎科特尔两位神明之间冲突的传说存在许多版本。但是所有的版本都认为，这场争斗的起因是奎扎科特尔的个人与事业成就引起了泰兹卡特里波卡的忌妒。后者通过用黑曜石制成的黑暗之镜，从天国第十三层观察到前者的幸福生活，于是策划了消灭前者的报复行动。他降临人间，赢得了前者的信任，欺骗说服前者喝下酒精度很高的龙舌兰酒，直到大醉。在酒精的作用下，前者失去意识，与妹妹奎扎尔佩特拉托（Quetzalpetlatl）发生了不伦关系。意识到发生了什么之后，他无法原谅自己，于是自我流放，忏悔罪行。奎扎科特尔与一大群忠实的追随者悲痛地离开图拉，前往墨西哥湾。他乘坐一艘用彩虹色蛇皮制成的筏子沿着墨西哥湾的海岸航行，决心做些什么补救自己造成的伤害。最终，他在一个美丽的海滩上岸。他相信只有用火才能净化自己，只有自己的死亡才能平息神明的愤怒。他搭起一个火祭坛，完成斋戒和忏悔，梳洗后穿上一件美丽的缠腰布，戴上绿松石面具跳进了篝火。

所有的追随者都默默地为他哭泣，但是篝火的火焰颜色突然间发生了变化，奎扎科特尔的心脏在一团光芒中升入苍穹。黎明到来时，人们认出他已化作天空中最美丽、最明亮的星——金星。

▲ 托尔特克人的神明奎科特尔在玛雅语中叫作库库尔坎。在奇琴伊察这座伟大的仪式之城，他的形象是一条长着羽毛的美丽的蛇，那里大多数建筑的角椽、浮雕和柱子上都有他的身影。对伊察人来说，他是这座城市的缔造者，也是丰收的保护神。

人还是神？

青年的阿卡特尔·托皮尔特辛（Ácatl Topiltzin）是一位优秀的托尔特克战士，曾经由于信奉好战的泰兹卡特里波卡神而战斗，并向神明献祭为了信仰而屠杀的俘虏的鲜血。然而，壮年后的托皮尔特辛发生了巨大的转变：他放下武器，停止献祭，转而寻找一条和平的道路。由此引发了一场内战，最终，他的对手胡马克（Huemac）登上王位，而他被驱逐出城。胡马克与托皮尔特辛之间的冲突标志着两种不可调和的政治和宗教态度。他们的影响如此深远，人们通过神话传说来为之记录，传说的内容是代表两种不同世界观的神明奎扎科特尔与泰兹卡特里波卡之间的战争。就这样，神话与现实的融合永世流传。

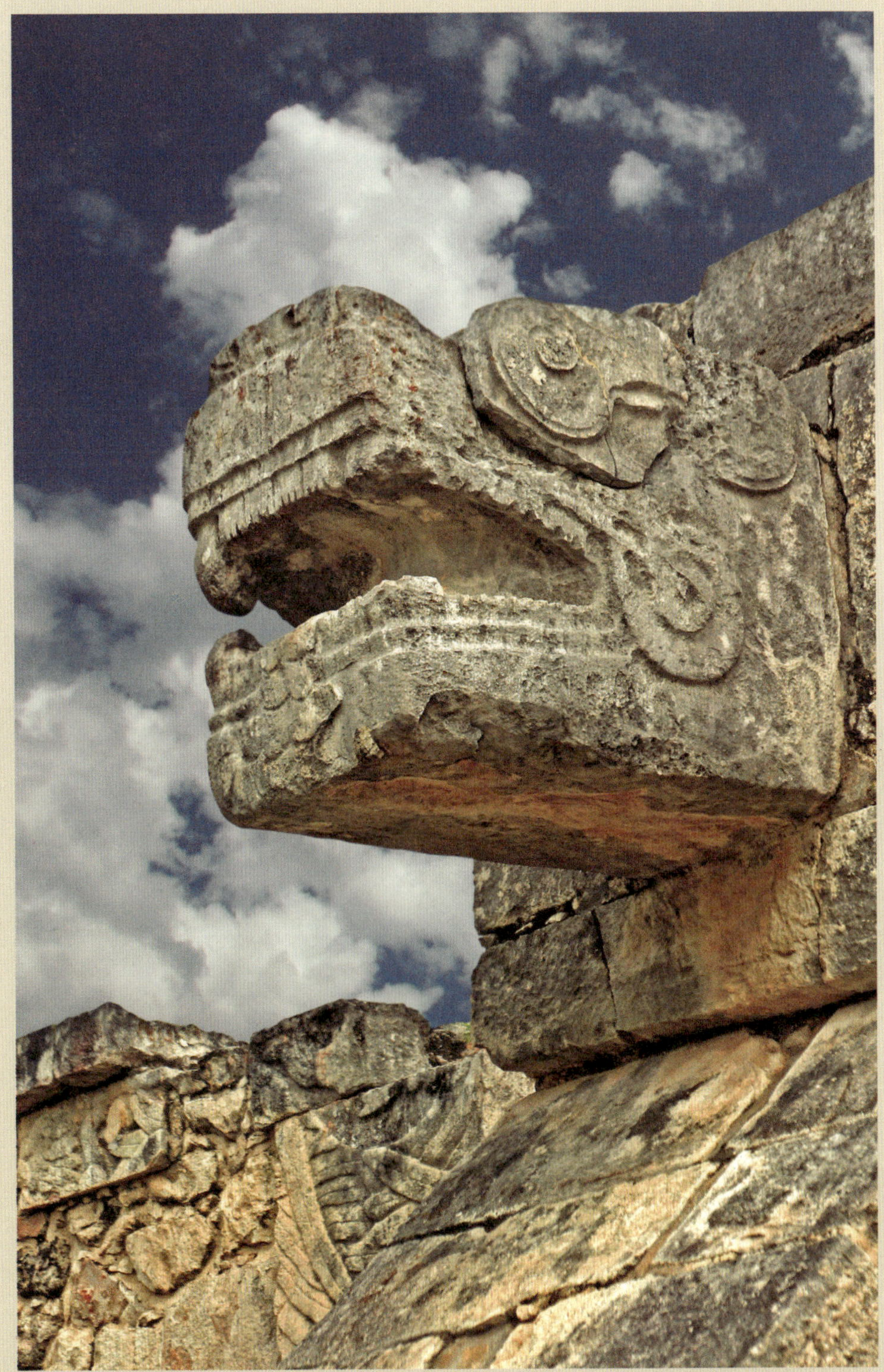

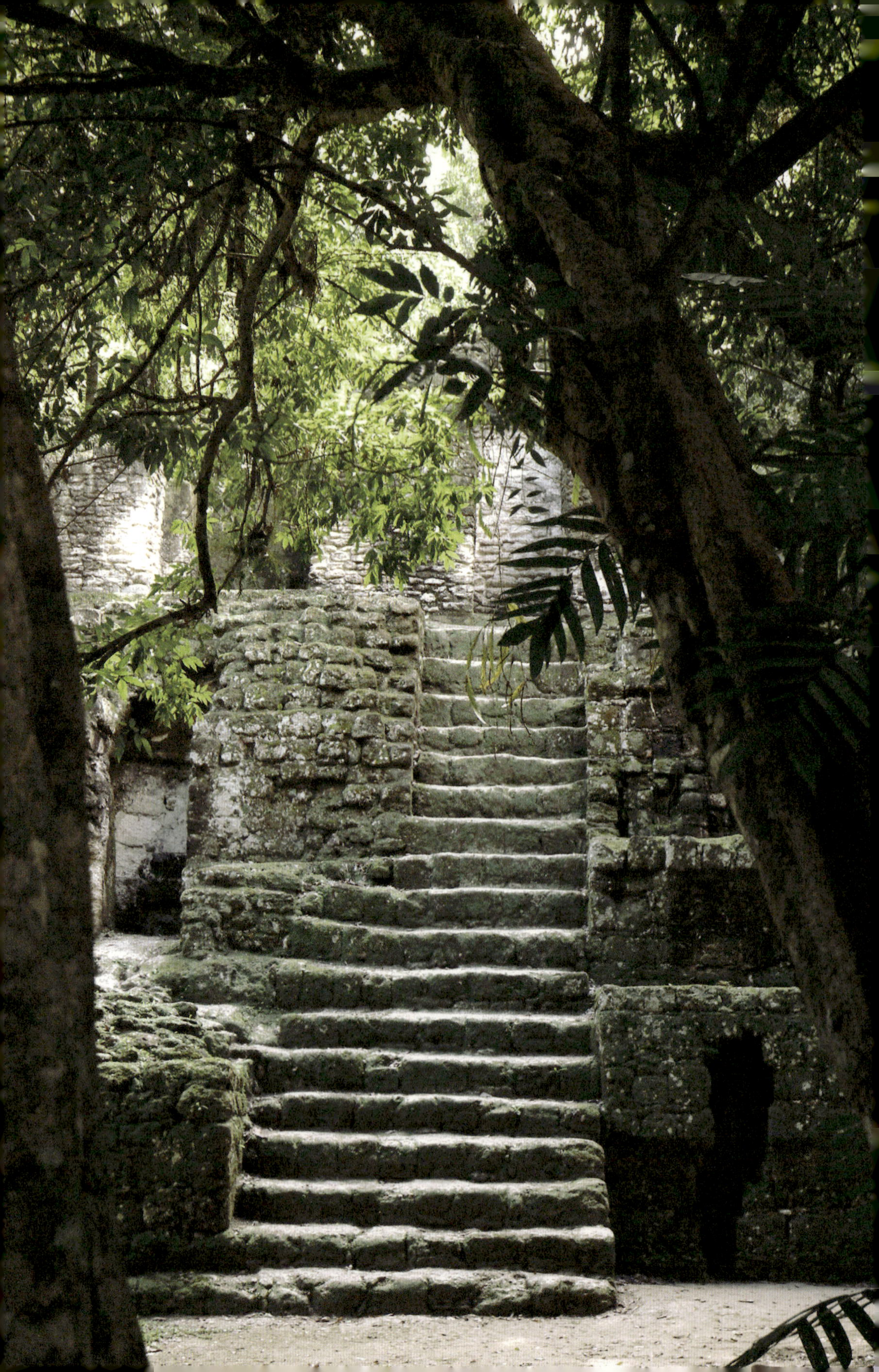

蒂卡尔

蒂卡尔城的历史绵延 1700 年，在城市建设、文化和商业方面累积了巨大的财富。尤其是在古典时期（200—900 年），蒂卡尔无可争议地统治了大部分玛雅社会。

蒂卡尔——王国的首都

蒂卡尔，古时叫作穆图尔（Mutul），以广阔的领地和恢宏的仪式中心而闻名，那里筑造了大量的广场、神庙、寝宫与天文建筑群。玛雅建筑师和工程师在短时间内完成了蒂卡尔的城市结构布局。他们设计了一个连接整座城市的道路系统和一个为居民供水的水利系统。

① 大广场
② 大美洲豹神庙（Temple of the Great Jaguar，又叫1号神庙）
③ 面具神庙（Temple de las Máscaras，又叫2号神庙）
④ 北卫城（Acrópolis Norte）
⑤ 中央卫城（Acrópolis Central）
⑥ 大祭司神庙（Templo del Gran Sacerdote，又叫3号神庙）
⑦ 窗宫（Palacio de las Ventanas，又叫蝙蝠宫）
⑧ N组双金字塔建筑群（Complejo de Pirámides Gemelas N）
⑨ 双头蛇神庙（Templo de la Serpiente Bicéfala，又叫4号神庙）
⑩ 失落的世界（Mundo Perdido）
⑪ 七庙广场（Plaza de los Siete Templos）
⑫ 南卫城（Acrópolis Sur）
⑬ 5号神庙（Temple V）
⑭ 纵沟墙宫殿（Palacio de las Acanaladuras）
⑮ 门德斯道（Calzada Méndez）
⑯ 马勒道（Calzada Maler）
⑰ 托泽道（Calzada Tozzer）
⑱ 莫兹利道（Calzada Maudslay）

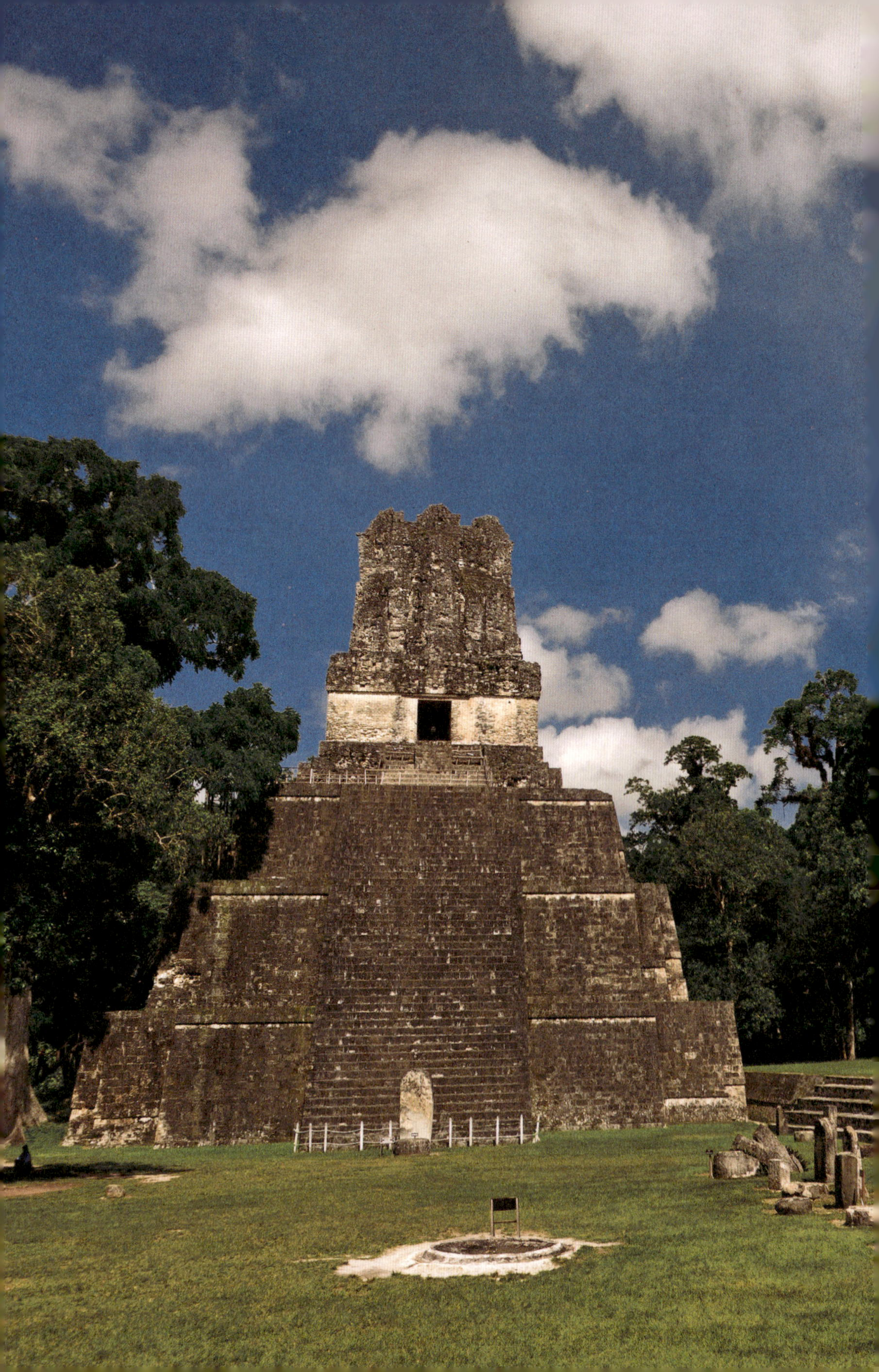

大美洲豹广场

大美洲豹广场（以下简称大广场）是蒂卡尔的核心区域和仪式中心，那里汇集了这座城市最重要的宗教建筑。我们今天所见的大广场是在哈萨乌·查恩·卡维尔一世（Jasaw Chan K'awiil I）统治时期设计和建造的。这位国王于682年登上王位。大广场四周被大美洲豹神庙、面具神庙、北卫城和中央卫城的屋顶平台所围绕，经由门德斯道、托泽道和马勒道与城市的其他区域连通。

古典时期终末期（600—900年），蒂卡尔经历了政治和军事复兴。这一时期的杰出统治者想要通过筑造样式新颖、规模空前的不朽建筑，在这座城市留下不可磨灭的权力印记。他们希望借助这些建筑延续记忆，以及缅怀家族成员。这些建筑改变了蒂卡尔的景观，特别是宗教景观，开辟了极其复杂的仪式新空间。大广场就是其中一个仪式空间，它成了其他玛雅城市效仿的典范。

新建的开放空间用于举办典礼与宗教仪式等神圣的活动，而祭司也通过它们与超自然的神明建立联系。广场除了具有祭神功能，还是城市空间的主要集散地。城市各区域都有广场和树木围成的空地，作为居民休闲、集会和商业活动的场所。宽阔的道路在蒂卡尔发挥着重要的作用，串联了城里的各个建筑群，经由大广场北侧的马勒道和东南侧的门德斯道可以进入大广场。

蒂卡尔大广场的基面是一个坚固的四层重叠结构，占地面积约为1公顷。这四层的总厚度为40厘米，建在地下60厘米深处的石灰岩层上。据推测，最早的一层结构建于前古典时期的公元前150年左右，最后一层结构建于古典时期的700年左右。

大广场建设的第一步，是在北卫城新建一座神庙，考古学家将它命名为33号神庙。这是哈萨乌·查恩·卡维尔一世统治时期的巅峰工程，也是他意识形态的神圣隐喻。此外，他还开创了一种全新的建筑类型：高大的阶梯金字塔，顶部设有一座单门庙宇。这种结构类型后来成为整个玛雅地区建筑的标志。

▲大美洲豹神庙（右）、面具神庙（左）和北卫城多座神庙（中）的建筑高度足以使它们不被茂密的丛林遮挡。

◀蒂卡尔的大广场上大约有70块石碑和许多祭坛。通过考古年代测定技术，现在人们知道这些石碑大多是从城市的其他区域运来的。

哈萨乌·查恩·卡维尔建造33号神庙的目的是在那里安葬他的父亲努恩·乌约尔·查克（Nuun Ujol Chaak）。他想让父亲的陵墓靠近自己的陵墓（1号神庙，也叫大美洲豹神庙）和妻子拉钱·乌内·莫（Lachan Une' Mo'）夫人的陵墓（2号神庙，也叫面具神庙）。这两座神庙是在相对较短的时间内落成的，也是大广场乃至蒂卡尔遗址最具代表性的建筑。

广场的南北两端是名为北卫城和中央卫城的大型建筑群。整个广场上大约有70块附带祭坛的石碑，上面刻着蒂卡尔的多位统治者名称。在480—500年之间竖起的3、6、7、8、9、13号石碑表现了一位人物，石碑两面有铭文；10号和12号石碑可以追溯至530年，二者几乎一模一样，石碑的一面是另一位人物，其余三面有象形文字，而869年雕刻和竖立的11号石碑是所有石碑中最新的一块。所有石碑都颂扬了国王的赫赫战功，也记述了仪式和典礼。

① **1号神庙**，又名大美洲豹神庙，由哈萨乌·查恩建造，作为自己的陵墓。神庙得名于其中一块门楣上雕刻的装饰图案。美洲豹是一种对于中美洲民族具有重要政治和宗教意义的猫科动物。

② **面具神庙**，又名2号神庙。虽然迄今尚未发现拉钱·乌内·夫人的陵墓，但可以肯定的是，这座金字塔是哈萨乌·查恩为了让妻子在这里长眠而建造的。相比1号神庙，这座金字塔更低矮但更宽阔。

③ **北卫城** 在哈萨乌·查恩建造1号神庙和2号神庙之前，北卫城曾经是蒂卡尔城的陵园。那里矗立着多座金字塔，顶部都有装饰精美的顶冠。部分金字塔上设有装饰着神明面具的楼梯。这是蒂卡尔最古老的区域之一。

④ **22号神庙** 它曾经是北卫城最重要的神庙，直到最后一座神庙，即33号神庙的落成。它与南侧的5号神庙完美对齐，并与23、24和25号神庙方向一致，形成一个建筑群。

⑤ **33号神庙** 它是整个蒂卡尔城考察和发掘程度最高的建筑。和许多其他玛雅建筑一样，它也是由不同时期的结构叠加筑成的。这座神庙包含三个时期的结构。它是西亚·查恩·卡维尔（Siyaj Chan K'awiil）和努恩·乌约尔·查克两位国王的陵墓所在地。

⑥ **中央卫城** 这是蒂卡尔城的一个住宅区兼行政区。这座城堡是国王和王室居住与生活的宫殿，周围被各种附属建筑环绕。此外还设置了一些办公室供政府官员处理王国事务。

⑦ **石碑与祭坛** 大广场中心和北卫城的露台上竖立着大约70块配备祭坛的石碑。这些纪念碑就像一本本刻在岩石上的历史书，通过肖像、字形和雕刻讲述国王的光辉事迹。

⑧ **马勒道** 这些大道（宽阔的白色路）是一种高于地面铺设平整的道路，连接了蒂卡尔城最重要的建筑。马勒道连接着大广场和双金字塔建筑群。其他几条道路的名称分别是门德斯道、托泽道、莫兹利道。

93

■ 蒂卡尔

大美洲豹神庙

682年5月3日，哈萨乌在父亲去世后继位成为蒂卡尔国王。这位统治者在文献中有时以阿可可、统治者A或者雨天等名字出现。在经历了与卡拉克穆尔（Calakmul）、卡拉科尔（Caracol）和多斯皮拉斯（Dos Pilas）等城市的长期军事冲突之后，他实现了蒂卡尔城的复兴。13年后，哈萨乌·查恩在和卡拉克穆尔的国王对战时取得了胜利，蒂卡尔由此恢复了独立。这些细节被刻在遍布城市的门楣和石碑上，以供后世铭记。

为了庆祝蒂卡尔的解放，哈萨乌·查恩建造了一批纪念性建筑，其中包括大美洲豹神庙（1号神庙）和面具神庙（2号神庙）。新的建筑美化了这座大都会，同时也打破了以往的殡葬传统。在哈萨乌·查恩统治之前，蒂卡尔历代国王一直被埋葬在北卫城，但他决定将这两座巨大的新神庙作为王室陵墓。较高的一座金字塔属

▶研究人员将蒂卡尔城所在的16平方千米的区域划分成网格，以便进行考古研究。大美洲豹神庙被列为这座城市的一号建筑（5D-1）。

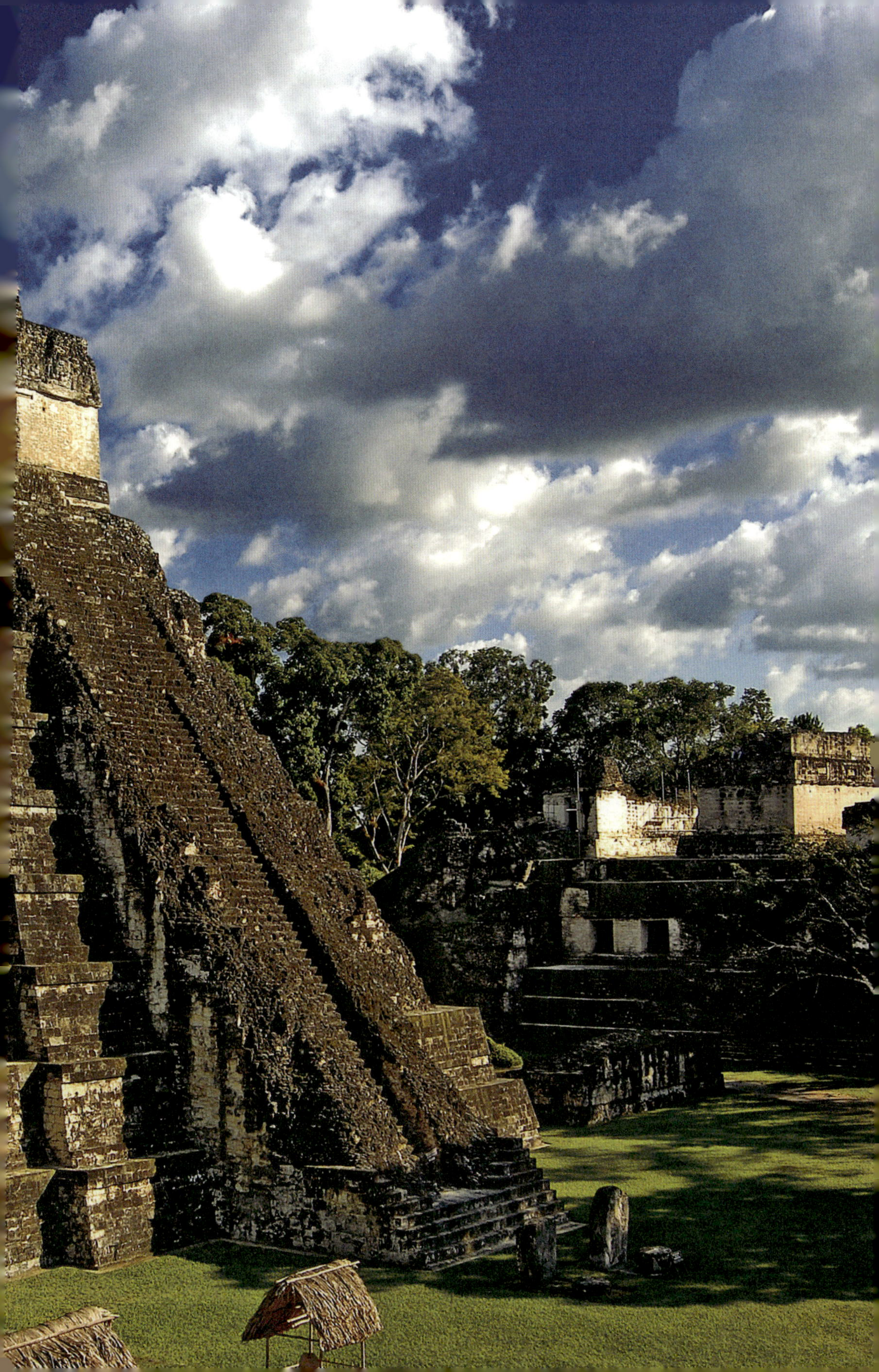

蒂卡尔

于他，另一座属于他的妻子拉钱·乌内·莫夫人。随着在金字塔内部发现陵墓，考古学家于1962年证实了墓葬的主人确系哈萨乌·查恩。

1号神庙是一座雄伟的金字塔建筑，也是蒂卡尔大广场的主角。九层梯级状平台和倾斜墙壁的设计后来成为典范，不仅在蒂卡尔城内被复制，也被复制到帕伦克（Palenque）、埃尔米拉多（El Mirador）、埃兹纳（Edzná）等地。和奇琴伊察、乌斯马尔等其他玛雅城市的主要金字塔一样，这座金字塔的九层阶梯（基座）代表玛雅冥界的层数。冥界的夜之众神将强加九项考验，亡灵必须经历并通过这些考验才能升入上层世界。玛雅人相信存在一个向下的世界，即九层的冥界或西巴尔巴（下界），那里是亡灵的归宿；一个中间世界，即人类居住的地方；一个向上的世界，即十三层的天界（上界）。因此，对古代玛雅人来说，九层的一号神庙成为死亡的象征。

金字塔的顶部可通过唯一的一部阶梯到达，狭窄的台阶和陡峭的坡度令人生畏。阶梯尽头是一座简单的神庙，只有一个入口，内部有三个带拱

玛雅的传统建筑

1号神庙表现了玛雅布（Mayab，尤卡坦半岛的玛雅语名称）地区的传统玛雅神庙的建筑特点，包括带有多个小平台的金字塔结构，平台线脚上有嵌饰和高度变化；可登上金字塔顶部的陡峭的楼梯；支撑神庙本身的结构性基座；只有一个门洞、三个内部房间的神庙，带有一个顶冠。

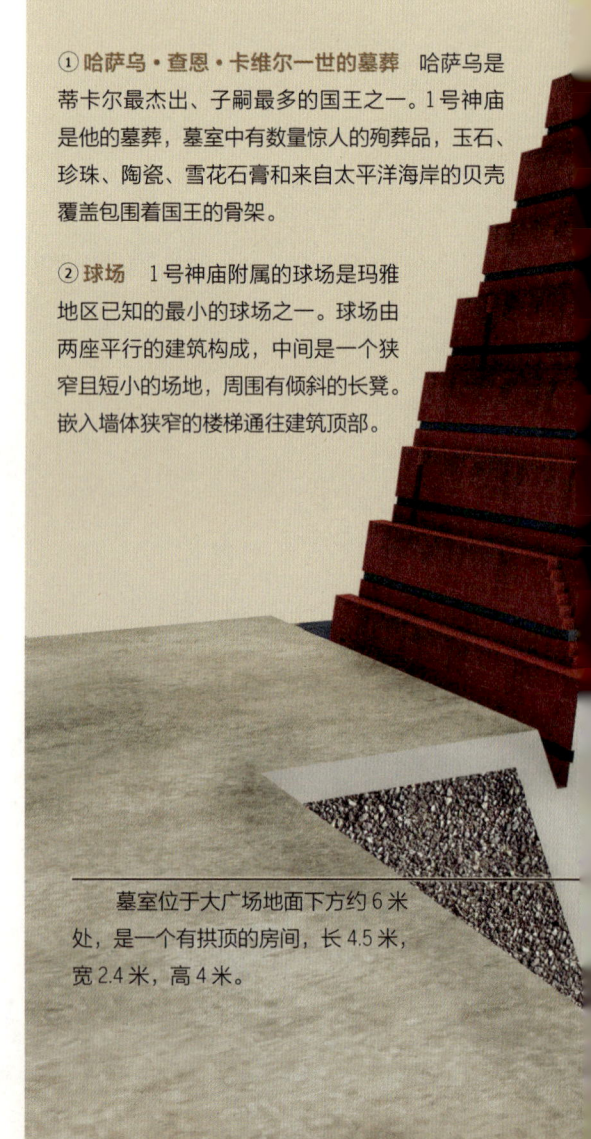

① **哈萨乌·查恩·卡维尔一世的墓葬** 哈萨乌是蒂卡尔最杰出、子嗣最多的国王之一。1号神庙是他的墓葬，墓室中有数量惊人的殉葬品，玉石、珍珠、陶瓷、雪花石膏和来自太平洋海岸的贝壳覆盖包围着国王的骨架。

② **球场** 1号神庙附属的球场是玛雅地区已知的最小的球场之一。球场由两座平行的建筑构成，中间是一个狭窄且短小的场地，周围有倾斜的长凳。嵌入墙体狭窄的楼梯通往建筑顶部。

墓室位于大广场地面下方约6米处，是一个有拱顶的房间，长4.5米，宽2.4米，高4米。

顶冠正面采用石块砌筑，形成了一个坐姿人物的形象，两侧有涡螺和蛇的图案。

神庙大门外的门楣上并无雕刻，采用佩滕地区盛产的人心果木制成。从这种树提取的汁液现在用于生产口香糖。

神庙内部有三个狭小的房间一字排开，墙壁之间由带梁托的高高的玛雅拱连接。

这座建筑是一个带有阶梯的实心结构，由不同时期的结构嵌套而成。玛雅建造者需要付出异乎寻常的努力，因为玛雅文明没有驮畜和轮子。

楼梯采用大石块深度拼合，并填充大量砂浆。其坡度要求祭司和统治者身体非常灵活，因为他们必须攀登至金字塔顶部。

②

根据陵墓中发掘出的骨雕上的图形信息，我们得以了解这个王朝的统治者们的重要事件日期，以及多位玛雅神明的生卒年月。

①

■ 蒂卡尔

永恒的眷属

在哈萨乌·查恩·卡维尔的统治下，蒂卡尔城的面貌焕然一新。他还打破了许多既定的教条，比如国王陵墓的地点。此前蒂卡尔的王族一直安息在北卫城，但这位国王要求将自己安葬在一个新地点——大广场。他在那里为自己建造了长眠的居所，即1号神庙，又名大美洲豹神庙。这位统治者还下令在自己未来的陵墓前修建2号神庙（面具神庙），作为妻子拉钱·乌内·莫夫人的安息之所。

这个新空间象征着蒂卡尔城的重生，因为那时这座城市结束了被占领的历史，取得了政治上的独立。此外，这也是一种宇宙学象征，表示这对神圣眷属创造并统治这片土地和居住在那里的生灵。1号、2号神庙象征这对神圣的眷属，外观高大修长的1号神庙代表丈夫，而低矮敦实的2号神庙则代表妻子。久而久之，国王和王后成为传说中神圣而永恒的造物主夫妇。

▶大美洲豹神庙（左）与面具神庙（右）不仅是这对神圣眷属的陵墓，也是对他们的隐喻。这对建筑完美相对，在大广场上留下了自己的印记。

顶的房间。墙壁非常厚，因为这些拱顶不是真正的拱顶，而是由层层砖石向内合龙形成的"玛雅拱"。这种类型的拱门及拱顶的筑造方法是将石块以梯级状均匀叠加在一个洞口的两侧，直到两侧在顶部汇合。

神庙入口上方有一块红色门楣，采用人心果木制成。这块门楣表面没有装饰，不过庙内房间的三块门楣上都装饰着赞颂哈萨乌·查恩的美丽的浅浮雕，展现了他被众多保护神围绕的画面。这座神庙顶部矗立着一个巨大的顶冠，石刻上的坐姿统治者身边环绕着涡螺和蛇。

这座金字塔神庙的高度接近50米，包括从大广场基面到神庙顶冠的高度。它的主立面朝向西方，面对2号神庙，注视着太阳西沉。日暮的景象使这座建筑物的墓葬功能更加突出。

拯救大美洲豹神庙

建立在危地马拉的佩滕省丛林中的玛雅城市不得不面对非常恶劣的环境，用石灰岩筑造的古迹遭到炎热高湿气候和暴雨的严重侵蚀。1956 年至 1969 年，美国的宾夕法尼亚大学对大美洲豹神庙实施了首次干预，包括修复主立面，以及清除吞没了这座建筑其余部分的植被。

后来，危地马拉文化部人类学与历史研究所和西班牙国际合作署于 1988 年签署了一项合作协议，旨在保护危地马拉的文化遗产。在此背景下，蒂卡尔 1 号神庙修复项目于 1992 年启动，并于四年后完成。修复项目组的成员是一群跨学科的科学家，为项目提供了全球视野。120 名专业工作人员不仅修复了

◀带有环形底座的碗和半球形碗盖，后者有一个鸟类图案提手。碗和碗盖表面均饰有特奥蒂瓦坎风格彩绘图案，采用红色、蓝色和黄色等鲜艳的色彩，并用黑色线条描边。这件文物出土于蒂卡尔北卫城 34 号神庙的 10 号墓葬。
🏛 西尔韦纳斯·G.莫利博物馆（Museo Sylvanus G. Morley），蒂卡尔

蒂卡尔

神庙的建筑，还对遗迹周围的植被、动植物和微生物进行了详细研究，以确定上述因素在神庙石料损坏过程中发挥的作用。经过分离并鉴定藻类、真菌和地衣的样本，工作人员证实它们就是侵蚀古迹的罪魁祸首。

项目组认识到了研究蒂卡尔国家公园的气候、动植物的影响对于项目成功开展的重要性。这项研究是 1 号神庙修复项目的第一阶段，包括建筑修复，但是不涉及考古研究，尽管关于神庙仍然疑团重重。不过修复工作还是从城市及其历史方面解释了神庙的环境。

哈萨乌·查恩·卡维尔：伟大的倡导者

关于这座神庙的建造者是哈萨乌·查恩还是他的儿子依金·查恩·卡维尔（Yik'in Chan K'awiil），一度存在争议。专家团队的最终结论是，哈萨乌·查恩为自己建造了陵墓，而且他还以复杂的创造性方案改造了城市空间，包括 2 号神庙、北卫城和中央卫城。

此外，1 号神庙修复项目也推翻了神庙建筑顺序是先建陵墓后建金字塔结构的观点。然而，关于金字塔建成后如何再打开通向墓室的地道，学者们评估了两种可能性，至今仍然悬而未决。一种可能性是哈萨乌·查恩将陵墓封闭起来，待他离世后，人们只需在建筑物西侧开一个门洞来安葬他；另一种是金字塔建造时没有为墓室留出空间，后来人们凿开墙壁以存放国王的灵柩。在玛雅文化中，生前为自己建造墓室的做法并不稀奇，因为在其他玛雅城市发现过空置的陵墓，它们随着城市的瓦解而被遗弃，没有机会投入使用。

1 号神庙修复保护项目最后阶段的工作包括更换状况不佳的石块，以及更深入的生态系统研究，其目的是识别和选择公园内原有的树木品种，作为保护建筑景观免受气候侵蚀的另一个要素。所选的 30 个物种既满足保护玛雅遗迹的最佳条件，也使遗迹更加完整，因为它们都是古代的蒂卡尔地区种植过的物种。

蒂卡尔与卡拉克穆尔的终极大战

玛雅古典时期，蒂卡尔和卡拉克穆尔两大城邦持续争夺该地区的霸主地位。二者的敌对起始于几个世纪之前，后来又持续了更长时间。562 年，两大城邦发生了

纳赫通：蒂卡尔的拥护者

纳赫通（Naachtún，又名马苏尔）是佩滕省东北部埃尔米拉多尔地区（El Mirador）的一座重要城市。它曾经是蒂卡尔和卡拉克穆尔之间的纽带和中立地带，直到这两个城邦之间爆发战争。卡拉克穆尔战败后，纳赫通不再保持中立，而是倒向了蒂卡尔一边。这一史实的证据包括纳赫通的石碑和蒂卡尔的5号祭坛，前者表现了蒂卡尔王后（一位蒂卡尔统治者的母亲）；后者的图案上，哈萨乌·查恩·卡维尔国王的身旁出现了一位纳赫通的国王。

▲ 蒂卡尔的5号祭坛图案表现了一种仪式，其中哈萨乌·查恩在向纳·通特·卡尤克（Na Tunte Kayuak）夫人的遗骸致敬，在场的还有纳赫通的国王。这块石刻祭坛是在3号神庙西边的N组双金字塔建筑群中发现的。

① 蒂卡尔的国王

② 纳赫通的国王

③ 在蒂卡尔备受尊敬的纳·通特·卡尤克夫人的骸骨

④ 字形　通过石刻上的字形，人们得以了解这幅场景的意义以及这位王后去世的时间：703年5月。

▪ 蒂卡尔

第一次严重冲突。自称得到"蛇王"庇护的卡拉克穆尔在第一个阶段的交战中占据优势。然而哈萨乌·查恩·卡维尔继位统治蒂卡尔后，彻底改变了局势。

695年8月5日是两个王朝决战的日子。这是玛雅布地区两个最重要的大都会的合法统治者之间的生死之战，一场成王败寇的血战。双方都违背了许多战争规则，比如生俘贵族、和盟友一起上阵。卡拉克穆尔这个派别获得了来自卡拉科尔、彼德拉斯内格拉斯、亚斯奇兰、多斯皮拉斯和埃尔纳兰霍（El Naranjo）等城市的兵力支援。而蒂卡尔也拥有纳赫通、瓦哈克通、帕伦克和科潘等盟友的援军。不过两派各自的盟友关系存在差异，卡拉克穆尔的盟友建立在亲族关系的基础上，蒂卡尔的盟友之间则没有这层关系。卡拉克穆尔高举着蛇王的旗帜，蒂卡尔挥舞着穆图尔（蒂卡尔的古称）的旗帜，双方展开残酷的战斗。这场战争以卡拉克穆尔那位被称为"火之爪"的国王的死亡而告终。蒂卡尔的胜利在整个地区产生了巨大的影响，由此开启了这座大都会及蒂卡尔王朝的政治、军事和经济新时代。从那时起，以哈萨乌·查恩为代表的君主让这座城市焕然一新。

战争记录

哈萨乌·查恩希望向后人展示他的战绩，于是委托蒂卡尔最好的雕塑家在1号神庙的几块门楣上记录了这段历史以流芳百世。门楣上的这位蒂卡尔国王以胜利者的形象出现，身旁围绕着多位保护神。

其中3号门楣最为出色，可见幻境中有一只巨大的美洲豹伸出强有力的爪子保卫国王（美洲豹是其家族的象征），哈萨乌·查恩坐在宝座上举行自我牺牲的仪式，以感谢众神赐予胜利。

2号门楣则表现了一个复杂的图形主题，带有特奥蒂瓦坎的影响。一条张着大嘴的巨蛇保护着哈萨乌·查恩，形成了他的头饰。门楣上的铭文为了纪念哈萨乌·查恩的祖先，来自特奥蒂瓦坎的统治者"掷矛猫头鹰"逝世13个日历周期（260年）。特奥蒂瓦坎元素在玛雅社会中是一种政治宣传的象征，因为这些元素提醒人们，统治者家族发源于当时中美洲最大的权力中心。

目前，这些美丽的门楣中有不少陈列在异国他乡的博物馆。它们是被19世纪

的探险家或收藏家从建筑上挖走的，当时并未留下准确的记录。美国华盛顿史密森尼学会博物馆（Museo del Instituto Smithsoniano de Washington）的一件展品就属于上述情况。这件展品高 28 厘米，宽 7.5 厘米，于 2014 年 3 月被记录为人心果木门楣的一部分。那是一幅雕刻于 700 年左右的侧面人像，具有古典时期终末期（650—900 年）蒂卡尔统治者的典型特征。关于这件展品的研究尚未完结，但是初步假设指向它来自蒂卡尔考古区的一座神庙。根据它的规模、风格和被学会收藏的年份（1907 年）来看，它可能来自大美洲豹神庙的 3 号门楣。

▲ 卡拉克穆尔的 7 号结构物是一座 7 世纪的公共建筑。上层区域有一座陵墓，其主人可能来自与哈萨乌·查恩魔下军队交战的贵族家庭。

◀ 发掘于卡拉克穆尔的覆面、项链与耳饰，用翡翠、贝壳和灰色曜石制成。玛雅人非常崇尚玉石。
🏛 圣米格尔堡考古博物馆（Museo Arqueológico Fuerte de San Miguel），坎佩切

哈萨乌·查恩·卡维尔的长眠之地

1962年，美国建筑师、考古学家奥布里·特里克（Aubrey Trik）在大美洲豹神庙内发现了一条地〔道〕他顺着这条地道到达一座陵墓并将其命名为116号墓葬。该墓葬原封不动，也就是说尸骨还被埋葬〔在原〕地，未经触碰或移动，并且有数量惊人的殉葬品。通过铭文研究，人们得知这是死于734年的哈萨乌·〔查〕恩·卡维尔的陵墓。宽阔的拱顶结构墓室建造在大广场地下，封闭墓室为隆重的葬礼画上句号。

在该墓葬中发现的尸骨属于一名成年男性，年龄大约55岁，身高170厘米。这位男性身体健康，〔唯〕一的病症是早期关节炎。他的头部表现出圆周塑形的痕迹，即用布带收紧包裹头骨，使头骨变得瘦长，〔这〕种做法在玛雅贵族中非常流行。此人仰面躺在一块铺着美洲豹皮的席子（植物纤维垫子）上。哈萨乌·〔查〕恩的寿衣装扮极尽华丽，贵族专属的装饰品熠熠生辉，包括头饰、吊坠、手镯、脚镯、耳饰、珍珠饰品〔以〕及一条由114颗玉珠串成的沉甸甸的项链。这条项链还出现在了16号和30号石碑的图案上。

哈萨乌·查恩·卡维尔永生路上的殉葬品奢华至极。随葬的翡翠物件中，最显眼的要数重达数千〔克〕的抛光玉珠和一个马赛克镶嵌的容器。此外还有各种海贝装饰品、大颗珍珠以及装满食物饮料等祭品〔的〕彩色陶瓷容器。殉葬品还包括华美的纺织品、美洲豹皮、黄铁镜子和骨制品（人骨和疑似美洲豹的动〔物〕骨）。其中37件骨制品上有雕刻装饰（利用裂缝制作的浅浮雕），包含铭文和以雨神恰克为主角的神话场景。

▼▶ 在哈萨乌·查恩·卡维尔的殉葬品中发现的骨制品，它以精美的细节描绘了划桨神用一艘仪式独木舟载着玉米神的画面。后者需要和两名划桨者一同穿越冥界的原始水域，其中一名划桨者戴着美洲豹头形状的头盔。这幅画面中的玉米神很可能就是哈萨乌·查恩本人，他正被载着前往人生旅程的终点。
🏛 危地马拉国家考古与民族学博物馆（Museo Nacional de Arqueología y Etnología），危地马拉城

刻在石头上的皇家印记

　　16 号石碑展示了 682 年至 734 年在位的古典时期终末期统治者哈萨乌·查恩·卡维尔，他是蒂卡尔政治历史上里程碑式的人物。国王身着精致的仪式服装，硕大的绿咬鹃羽冠十分夺目。这种鸟在中美洲社会是生育、富足和权力的象征。他正面佩戴面具和耳饰，穿着胸甲、装饰繁复的凉鞋，系着人头形扣子的腰带，戴着手镯脚镯，手持祭祀棒，还有装着柯巴脂熏香的口袋。石碑上的象形文字罗列了这位蒂卡尔国王的贵族头衔和仪式日期。

◀ 16 号石碑和 5 号祭坛是由德国探险家托伊贝特·马勒（Teobert Maler）于 1904 年在 N 组双金字塔建筑群中发现的。

▲ 彩色陶瓷杯，展示了一位达官贵人（可能是哈萨乌·查恩·卡维尔）坐在宝座上接受臣民参拜的画面。这是一件来自 116 号墓葬的殉葬品。
🏛 西尔韦纳斯·G. 莫利博物馆，蒂卡尔

■ 蒂卡尔

面具神庙

2号神庙又名面具神庙，位于蒂卡尔大广场，正对雄壮的1号神庙。它建于700年左右，也就是蒂卡尔城的第26任统治者、变革者哈萨乌·查恩·卡维尔时期。

虽然蒂卡尔大广场最具标志性的建筑是1号神庙，不过若是没有2号神庙，前者也许将失去布局和创造性方面的意义。2号神庙的建筑高度为37米，但据估计这一数字不止于此，因为神庙上方还有顶冠，总高度达到42米。现在立面上装饰的大面具不久前才完成修复。这座建筑被认为具有墓葬功能，是哈萨乌·查恩·卡维尔的正室妻子拉钱·乌内·莫夫人的陵墓，不过尚未发现她的灵柩；有考古学家指出，或许它的位置不在金字塔底部，而在地下更深处。

▶ 面具神庙的筑造时间可能早于大美洲豹神庙，因为这座神庙用于安放国王妻子的灵柩。通过2号神庙工程，玛雅建筑师得以改进建筑技术，获得更精确的建筑方法，防止日后建造1号神庙时可能出现的缺陷。

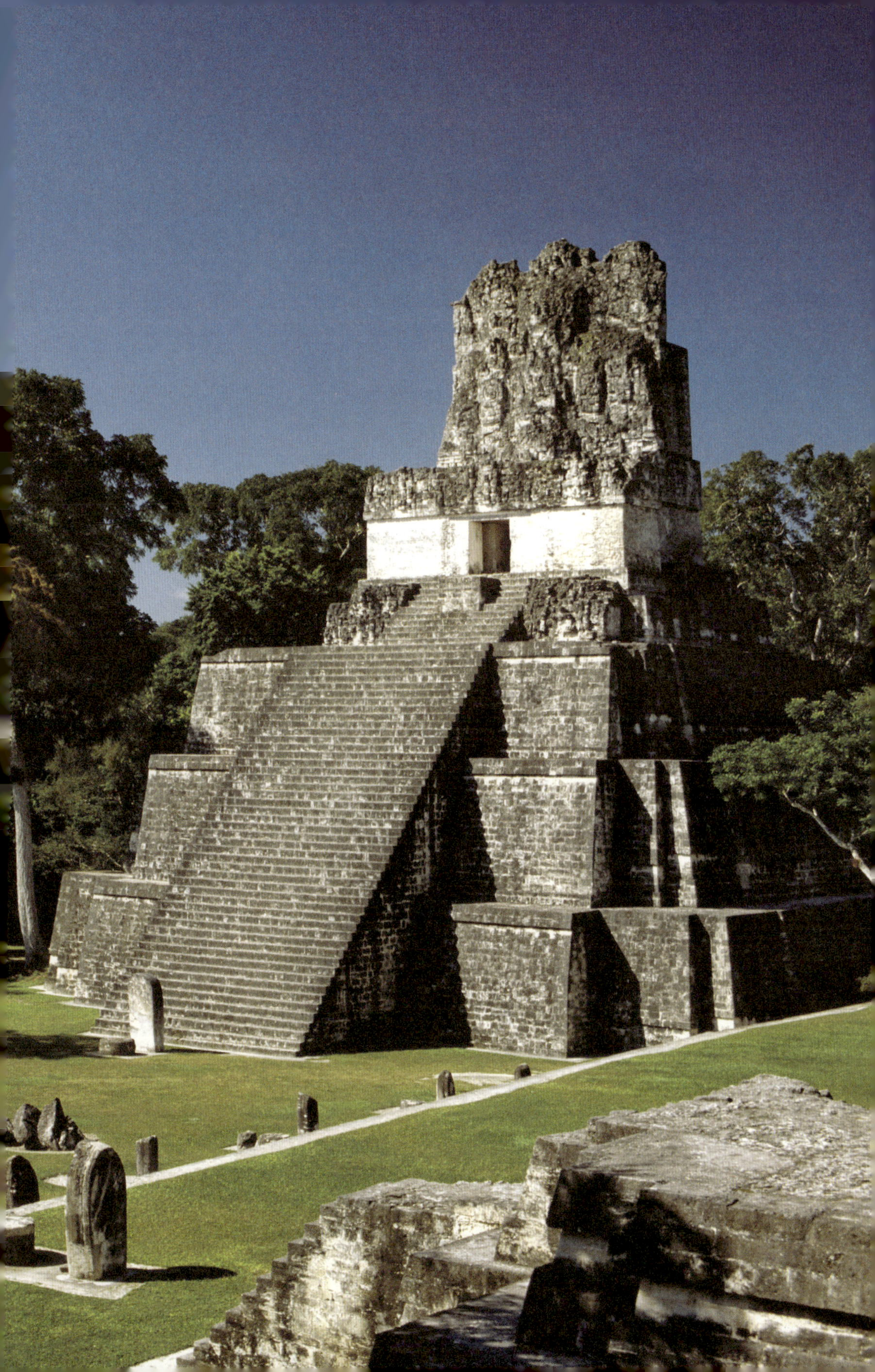

蒂卡尔

这座金字塔由四层基座构成，纵贯基座有一部宽敞的中央阶梯，基座之上有一个宽阔的平台。建筑顶部是一座神庙，只有一个入口，内部的三个房间有玛雅拱顶和木制梁。神庙的梁和门楣采用附近森林盛产的人心果木制成。其中一块门楣可见拉钱·乌内·莫夫人的侧面像，她穿戴着精致的服装与首饰。王后的华服上可以辨别出 K 神（风暴神）——一位代表着王室血统强大的神明，同时也代表玛雅仪式中召唤、变化和超越的力量。如今这块门楣位于纽约的美国自然历史博物馆（Museo de Historia Natural de Nueva York）。

神庙顶部有一个装饰精美的华丽的顶冠，不过现在已经很难分辨出几个世纪前那张戴着耳饰的巨大的面孔。在蒂卡尔考古研究启动之初，人们认为 1 号神庙和 2 号神庙是大致同时建成的，但是后来的勘探工作（包括地层研究）确定了 2 号神庙早于大美洲豹神庙。大广场的建筑师或许将这项工程作为试验品，因为这是首次在蒂卡尔建造如此高的建筑，技术人员必须确保它成功之后再开始建造卡维尔国王的永恒居所。

女性形象

面具神庙模仿了一位女性的形象，它是为拉钱·乌内·莫夫人，也就是哈萨乌·查恩·卡维尔的正室妻子、蒂卡尔第二十六任国王的王后而建造的。她的灵柩尚未被发现，不过可能在金字塔地下更深处有待勘探的地方。

位于 2 号神庙后方西广场上的神庙内有一处豪华的墓葬，随葬物品中有 50 个陶罐，包括彩色陶罐，还有一尊玉制美洲豹。

这座金字塔前面的石碑上没有装饰，也就是说，它的表面没有雕刻图案，其原始高度达到 3 米以上。石碑与前方出现的小型祭坛形成一个组合。

顶冠内部有多个中空的空间，以承受顶冠及其装饰物的重量。中间的装饰图案是一张戴着耳饰的庞大的面孔。

❶ **讲台** 位于神殿入口处的这个石块被用作讲台或观礼台。这个位置让站在金字塔台子上的祭司或国王和聚集在大广场的人群能够看到彼此。

❷ **神庙的唯一入口** 金字塔顶部的神殿只有一个大门，通往内部的三个房间，每个房间门的上方有木制门楣，部分门楣有雕刻装饰。房间的墙壁上装饰着数不清的雕刻或绘画，除了神庙、船只和动物图形，还有表现一位男性被处决的图画。

支撑神庙的平台饰有面具，还有一段独立于下方基座中央楼梯的小楼梯。

比起蒂卡尔城其他神庙的主体，这座巨大的三层金字塔的基座设计得更加宽阔低矮，或许是对女性身形的模仿。

■ 蒂卡尔

铭文神庙

　　位于1号和2号神庙东边的6号神庙也叫铭文神庙，拥有佩滕地区最大的象形文字雕刻。206个字分布在这座神庙庞大的顶冠和墙壁的线脚上。通过这些文字提供的信息，人们获知这座神庙没有墓葬功能。它分为两期建造，第一期建成于735年，哈萨乌·查恩·卡维尔的继承人依金·查恩·卡维尔统治期间；第二期由依金·查恩·卡维尔的儿子（28号统治者）建成于766年。

▲6号神庙位于蒂卡尔核心区域的东南侧，是由危地马拉军人在1951年发现的。这座神庙的第一支科考队成员有德国历史学家、人类学家和考古学家海因里希·贝尔林和艺术家安东尼奥·特赫达（Antonius Tejeda），后者绘制了最早的神庙字形图。

▶建筑高约28米，宽约17.8米，有三个门洞通向多个带拱顶的房间①，其中第一个房间的墙上有一排红色手印。

顶冠②上层有三个房间。最大的一个是下方的房间，高度超过7米，其内部被两堵墙分成三个区域。

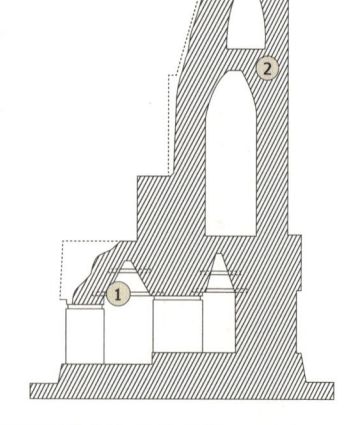

处决主题的图画

考古学家在蒂卡尔部分建筑的房间内发现了古典时期（200—900 年）和后古典时期早期（900—1200 年）的涂鸦。这是一种使用锋利的工具雕刻的图案，有时采用黑色染料上色。这些图案是彼此独立的人物，很少叙事。它们在"艺术家"的手下以不同的巧妙程度雕刻而成，或表现金字塔和神庙等建筑元素和结构，或表现船只、动物、各种姿态的男性和女性、神明和乐器，而不叙述具体的事实。

然而，2 号神庙存在一个例外。那里有一组图画清晰地呈现了一个事件，即所谓的"处决现场"，表现了一名囚犯被绑在平台上钉着的柱子之间。他的身体被一个戴着巨大头饰的人掷来柳叶刀或箭刺穿。画面上可见囚犯的左边有一位女性。德国探险家托伊贝特·马勒将这个女性形象解释为不幸的受害者的妻子。

这幅画引人注意的另一个原因是画中出现的武器有些神秘，因为没有证据表明玛雅人在创作涂鸦的那个时期是否使用弓箭。

连接到大广场的神庙和道路

中美洲城市的神庙通常位于一个大型基座顶部，形成一个多面体，因此被称为金字塔。蒂卡尔的神庙都属于同一种金字塔类型，由三个结构明确的部分构成：带有阶梯的大型基座、神庙建筑和巨大的顶冠。然而这些玛雅神庙特征元素在大小、高度以及装饰物的数量和类型上存在差异。基座的层数可能不同；阶梯或简单或饰有垂带；金字塔顶部的神庙可能建在一个平台上，也可能直接建在上层基座的顶部。立面饰有门楣、挑檐、雕饰带和大面具。顶部的小庙前通常设有入口楼梯，不过往往只能通过一个门洞进入内部的若干个房间。这些房间的木制门楣和侧柱通常带有装饰，部分墙壁上饰有神秘的绘画。

这些外形如同大山的神圣建筑的顶部，是精英阶层成员举行私人和公共仪式，或者祭司举行宗教仪式的场所。神庙仅限精英阶层使用，神庙前的那块开阔地（大广场）上设有石碑和祭坛，以便参加宗教庆典的朝圣者和信徒完成仪式、供奉和忏悔。鉴于蒂卡尔城邦存续的时间较长，并且吸引了大量居民和朝圣者，这座城市建造了许多神庙，其中一些神庙规模巨大，并与大广场连通。

■ 蒂卡尔

▲大祭司神庙由9层基座构成，高55米。那里保留了一块原来的门楣，上面的图案展示了一个穿着美洲豹皮的人物。他戴着一副面具，面具的额头位置可见一个代表某位神明的符号。通过托泽道与莫兹利道可以到达这座神庙。

比如紧邻主广场的大祭司神庙（又名3号神庙），位于主广场向西约200米处。这座神庙的建成时间是810年，据猜测是为了安放蒂卡尔最后一位统治者的遗骸而建造的，不过尚未找到其灵柩。

沿着托泽道继续向前，可以到达双头蛇神庙（又名4号神庙）。这座神庙是由蒂卡尔的第二十七任统治者依金·查恩·卡维尔于741年建造，他于734年12月12日登上王位。4号神庙的建筑高度达到66米，是整个玛雅地区发掘出的最高大的建筑。据估算，建造这座金字塔需要耗费超过20万立方米的石料和不计其数的人力。这些劳动力的来源可能包括蒂卡尔居民和附属城市的居民。

与托泽道方向相反的是门德斯道，它连接着大广场区域和6号神庙（也叫铭文神庙），因为那里有大段的象形文字，记录了依金·查恩·卡维尔国王统治时期的荣光。这段铭文的委托人身份不详，因为他的名字所在的片段几乎被侵蚀了，但是可以确定他是依金·查恩·卡维尔的儿子之一。这座金字塔的发现者是一名当地人，他的工作是为现场的美国宾夕法尼亚大学考古学家团队运送物资。金字塔前方竖立的21号石碑上面写明了依金·查恩·卡维尔的即位日期，而9号祭坛上面则记录了被俘虏的卡拉克穆尔的国王。

马勒道连接着大广场与北部的N组双金字塔建筑群以及H组建筑群。

5号神庙位于中央卫城的南侧，宫殿饮用水塘的另一边。这座神庙与大广场隔着水塘遥遥相望，其顶部是观赏蒂卡尔城大广场全景的绝佳位置，纪念性和仪式性的建筑群一览无余。它的高度为59米，安眠在它内部的人的身份至今仍然是一个谜。

科学界有段时间曾对这些巨大的金字塔的功能充满疑问。仅为顶部一个小型空间建造基座就毫无节制地消耗人力和经济资源，这似乎不合逻辑。后来这些金字塔被证实是祭庙，解开了科学界的疑团。蒂卡尔的国王们安息在这些名副其实的永恒的石屋中，他们的丰功伟绩和伟大家族被后世颂扬。

声音之城漫长的静默

等待了几个世纪，蒂卡尔城才终于被发现和修复。从 900 年（古典时期末期）蒂卡尔的衰落，到 17 世纪早期西班牙人的到访，再到 19 世纪被再次发现，这座声音之城一直隐匿而寂静。

早在 16 世纪，巴尔托洛梅奥·德·拉斯·卡萨斯（Bartolomé de las Casas）、安东尼奥·德·休达·雷亚尔（Antonio de Ciudad Real）和迭戈·洛佩斯·德·科戈柳多（Diego López de Cogolludo）等西班牙人就发现并报告了蒂卡尔的玛雅建筑。通过迭戈·德·兰达修士的文章，那时人们已经了解当地古代城市营建宏伟建筑的能力。1696 年，安德烈斯·德·阿文达尼奥（Andrés

▶《风景如画的美洲》（1884 年）一书中这张大美洲豹神庙的照片，证明了蒂卡尔建筑物清洁工程的工作量巨大。

被遗忘的城市

由于佩滕当局的重视，蒂卡尔城陷入寂静和被遗忘将近 800 年之后，终于在 19 世纪得以重生。欧洲探险家的研究为美国和危地马拉考古学家后来开展的工作奠定了基础。

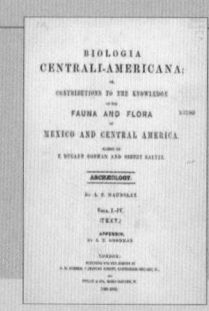

◀艾尔弗雷德·P. 莫兹利的考古学著作《中美洲生物学》八卷本中的第四卷。

1848 年
官方科考 由莫德斯托·门德斯、安布罗西奥·图特与绘图员欧塞维奥·拉腊完成。

1881 年
地形记录 古学家艾德·P. 莫兹了第一张地图。

114

玛雅考古先驱：艾尔弗雷德·珀西瓦尔·莫兹利

艾尔弗雷德·珀西瓦尔·莫兹利于1850年3月18日出生于英国伦敦的一个富裕家庭，是制造船用发动机公司（Maudslay, Sons & Field）的企业主。虽然他在学业上表现平平，但是在剑桥接受过自然科学、医学和考古学方面的训练。约翰·劳埃德·斯蒂芬斯在《中美洲、恰帕斯与尤卡坦旅行记》（1841年）和《尤卡坦旅行记》（1843年）中讲述的关于玛雅城市的故事令他着迷。然而，他来到危地马拉不是为了寻访玛雅城市，而是因为他的支气管炎。医生建议他去气候温暖的地方疗养，在去过澳大利亚、斐济和萨摩亚之后，他于1880年12月以游客身份到达危地马拉，准备拍摄斯蒂芬斯在书中提到的遗迹。到达危地马拉的第二年，他造访了蒂卡尔，并对长满杂草的巨大的金字塔感到震惊。他不顾杂草登上这些金字塔，欣赏了热带丛林的无限地平线，还惊喜地发现不远处存在更多金字塔，壮观程度与他所见的第一批金字塔不相上下。同年，他发现了亚斯奇兰——蒂卡尔曾经的盟友城市。

▲ 受到约翰·劳埃德·斯蒂芬斯笔下故事吸引的莫兹利，用优质的底片拍摄了石碑、图样、雕塑和建筑物。这张大广场的照片拍摄于1882年。他绘制了第一张蒂卡尔地图，使更多人能够访问这座庞大的玛雅艺术宝库。

▶ 莫兹利多次前往基里瓜、科潘、亚斯奇兰、奇琴伊察和帕伦克进行探险，并将他的见闻记录在《中美洲生物学》一书中。这是一部经典著作，也是所有玛雅学者的参考资料。

试 托伊贝特·艾尔弗雷德·M.表了一份关于……的报告，为后……深奠定了基础。

◀ 马勒与托泽合著的报告《佩滕、危地马拉、蒂卡尔三省勘探》的封面。

1914—1937年
卡内基研究所 西尔韦纳斯·G.莫利及其团队在卡内基研究所的资助下对蒂卡尔遗址进行了大规模发掘。

1956—1969年
蒂卡尔项目 宾夕法尼亚大学赞助持续13年的蒂卡尔研究。

1979—1982年
危地马拉国家级蒂卡尔项目 该项目受到危地马拉文化部人类学与历史研究所的赞助，以"失落的世界"为研究重点。

宾夕法尼亚大学的蒂卡尔项目

1956年，由美国宾夕法尼亚大学博物馆主导，启动了关于蒂卡尔的系统性研究。参与该项目的研究人员中，表现突出的有埃德温·舒克（Edwin Shook），前十年的项目负责人；威廉·科（William Coe），1964年接替舒克的职务；奥布里·特里克（Aubrey Trik），建筑修复负责人；乔治·吉耶曼（George Guillemin），1964年之后的建筑修复负责人。上述研究人员及其团队持续13年（1956—1969年）的工作贡献颇丰，其中最突出的贡献是关于城市核心地带的研究，他们分析了建筑物的建造顺序和功能。该团队还对周边地区进行了勘探，以了解精英阶层以外的普通人的日常生活方式，这在当时是一项开创性的研究。发掘工作集中在大广场、北卫城、中央卫城和N组双金字塔建筑群。他们还对发掘出的石碑、祭坛、墓葬、殉葬品和仪式供品进行研究。此外，该团队还修复了连接城市不同区域的道路。该项目使我们确定了蒂卡尔的城市活动开始时间（大约公元前800年）、发展时间和瓦解时间（900年）。这条时间线说明蒂卡尔有人居住的时间长达近两千年，通过其建筑、陶瓷和石雕能够追溯不同的时期。

▶ 蒂卡尔项目成功地绘制了地形图，这对后来的项目具有至关重要的意义。这张地图的覆盖面积达到16平方千米，包括4000多处已确定的结构，例如神庙、宫殿、住宅综合体、球场、市场和其他住宅建筑群。

▼ 在蒂卡尔国家级项目实施的前十年担任负责人的埃德温·舒克。

▶《危地马拉地理与历史学会年鉴》是一本汇编各种研究成果的季刊。1925年的这一册探讨了蒂卡尔人口减少的原因。西尔韦纳斯·G. 莫利和威廉·盖茨是该学会的荣誉会员。

de Avendaño）修士发表了第一段称赞蒂卡尔之美的描述，他说："我们经过的这些高山中，除了有些我可以辨认的住宅，还有各式各样的古代建筑，虽然它们很高，而我的体力有限，但我还是登上了这些建筑（尽管有些吃力）。它们的形状类似修道院，有小型回廊和许多用于居住的房间，回廊和房间都有屋顶。"

然而西班牙征服者第一次入侵蒂卡尔之后又遗弃了它。1848年2月26日，佩滕的地方长官莫德斯托·门德斯

（Modesto Méndez）上校率领的探险队"重新发现"了这个地方。

第一支探险队

门德斯上校与佩滕省省长安布罗西奥·图特（Ambrosio Tut）、绘图员欧塞维奥·拉腊（Eusebio Lara）一同前往蒂卡尔探险，后者绘制了这座城市的第一批插图，即5号神庙的草图。他们将自己的发现整理成实地调查报告发表在《危地马拉公报》上，吸引了欧洲和北美的探险家到访蒂卡尔。有些访客是因为对考古发现真正感兴趣而来，还有些人的目的是寻找有价值的物品出售给收藏家。不过，蒂卡尔的"重

▲ 奥布里·特里克正在考察北卫城48号墓葬中发现的象形文字。陵墓的铭文、位置、丰富的祭品和两副青少年的骨骸体现了死者的贵族身份和权力。

117

新发现"不仅吸引了寻求冒险的外国人，也吸引了一群玛雅原住民，他们于1852年至1880年在蒂卡尔定居。

虽然欧美考古学家对蒂卡尔城兴趣盎然，但早期的访客都是以个人身份到来的富有的冒险者和探险家。法国考古学家C.J. 德西雷·沙尔奈（C.J. Désiré Charnay）就是其中一位，他于1880年和1881年拍摄了蒂卡尔遗址。同一时期的1880年至1882年，英国外交官、考古学家艾尔弗雷德·珀西瓦尔·莫兹利开始对该地区进行第一次科学考察。他绘制了这座城市的第一张地图，断定了最重要的五座神庙的位置，尽管它们被杂草覆盖，并根据天体相对位置确定了上述神庙的方位。莫兹利给出的详细的数据引起了德国探险家托伊贝特·马勒的兴趣，他于1895年和1904年在蒂卡尔开展考察。

20世纪的项目

20世纪，美国哈佛大学皮博迪考古与民族学博物馆与华盛顿卡内基研究所在玛雅地区组织了勘探和研究活动，担任项目带头人的有研究员托伊贝特·马勒（Teobert Maler）、美国考古学家与人类学家齐利亚·纳托尔（Zelia Nuttall）、艾尔弗雷德·托泽、赫伯特·斯平登（Herbert Spinden）和威廉·盖茨（William Gates）。考古学家西尔韦纳斯·G. 莫利自1914年起研究玛雅文化，他赢得了地方当局的信任，而且作为外国机构从事研究工作方面也有更多便利。他的工作和长期差旅后来成为一个大型项目，即由美国宾夕法尼亚大学赞助的蒂卡尔项目。该项目于1956年启动统筹工作，并于1958年开始清除阻碍建筑研究的植被和碎石。四年后一切准备就绪，研究人员埃德温·舒克、威廉·科和乔治·吉耶曼进入蒂卡尔城的建筑内部。

在危地马拉文化部人类学与历史研究所的赞助下，危地马拉考古学家胡安·佩德罗·拉波特（Juan Pedro Laport）与马尔科·安东尼奥·贝利（Marco Antonio Bailey）于1979年至1982年领导了蒂卡尔国家级项目，聚焦失落的世界和南卫城。他们提出了加固建筑结构的新方法，强调建筑保护也是考古学职责的一部分，以及新时代进行跨学科合作的必要性。

北卫城

建立蒂卡尔的农民社群最初定居在今天被称为北卫城的地方，所以这里是蒂卡尔城历史最悠久的区域。不过我们现在看到的北卫城建筑建于公元前1世纪至公元1世纪，也就是蒂卡尔的鼎盛时期。建造这些纪念性建筑是为了赞颂统治者的伟大，巩固对先祖的崇拜，永远铭记他们的军事和政治成就。这些成就在石碑和祭坛上以图案和象形文字的方式记录下来，突显掌握蒂卡尔命运的统治者作为半神人的力量。总之，北卫城不仅是这座城市的发源地，而且逐渐成为祭神的场所和早期国王的万神殿，最终演变成皇家陵园。

北卫城占地面积1公顷，包括多座建筑，其中大多数是神庙，再次体现了这个区域的宗教和仪式功能。这些建筑位于一个基座平台上，平台顶部比大广场高出12米。正如玛雅建筑的惯常做法，大平台叠加在更早的建筑之上，其下方掩埋了上百座建筑的遗迹。平台南侧与大广场连接处是北卫城的主入口，那里有一列宽阔的阶梯。

如前文所述，今天所见的北卫城是其最后一个建设时期留下的面貌，然而地下深处还埋藏着十几个层层嵌套的老"版本"。其中许多结构是由美国宾夕法尼亚大学博物馆主导的蒂卡尔项目团队于1956年和1969年勘探到的。这些先驱研究人员的工作为人们提供了最早的关于蒂卡尔城的整体解读。

经过连续多年的工作，专家团队证实最早的建筑物规模较小，经过多次以完善和扩大规模为目的的改建，北卫城空间最终演变为一块神圣的区域和特定时间的朝圣地点。从前古典时期晚期到古典时期早期（公元前200—公元600年），北卫城建设工程的数量和规模如此之大，无法继续安葬更多蒂卡尔国王。

蒂卡尔项目执行时发掘出若干处陵墓，墓内包含玉石、黑曜石、燧石、贝壳、珊瑚、陶瓷等材料制成的殉葬品。但是无法确定所有墓葬主人的身份，只有部分最杰出的统治者身份得以确定。

◾ 蒂卡尔

考古学家在 26 号神庙的一个结构中发现了被认为是蒂卡尔王朝缔造者的亚克斯·埃卜·序克（Yax Ehb Xook）的墓葬（被命名为 85 号墓葬）。他们还在 33 号神庙发现了蒂卡尔城另一位伟大统治者西亚·查恩·卡维尔的遗骸。

三陵神庙

33 号神庙是北卫城最壮观的一座神庙。哈萨乌·查恩·卡维尔为了纪念他的父亲努恩·乌约尔·查克而下令建造了这座神庙。哈萨乌·查恩·卡维尔希望通过这座神庙让父亲占据北卫城的最佳位置，并在大广场附近长眠，因为他和妻子也将长眠在大广场附近。因此，他在与北卫城当时最重要的建筑——22 号神庙对齐的神圣轴线上建造了 33 号神庙。包括 22、33 号神庙在内的许多建筑都遵循了玛雅人的习俗，建在更古老的结构上，用新建筑掩埋旧建筑。这两座神庙都是三层叠加结构，并饰有巨大的彩绘灰泥面具。

▶ 玛雅人在北卫城修建了复杂而连续的平台，以支撑装饰着巨大面具的阶梯和宏伟的神庙，神庙的墙面饰有精美的彩色灰泥雕塑。

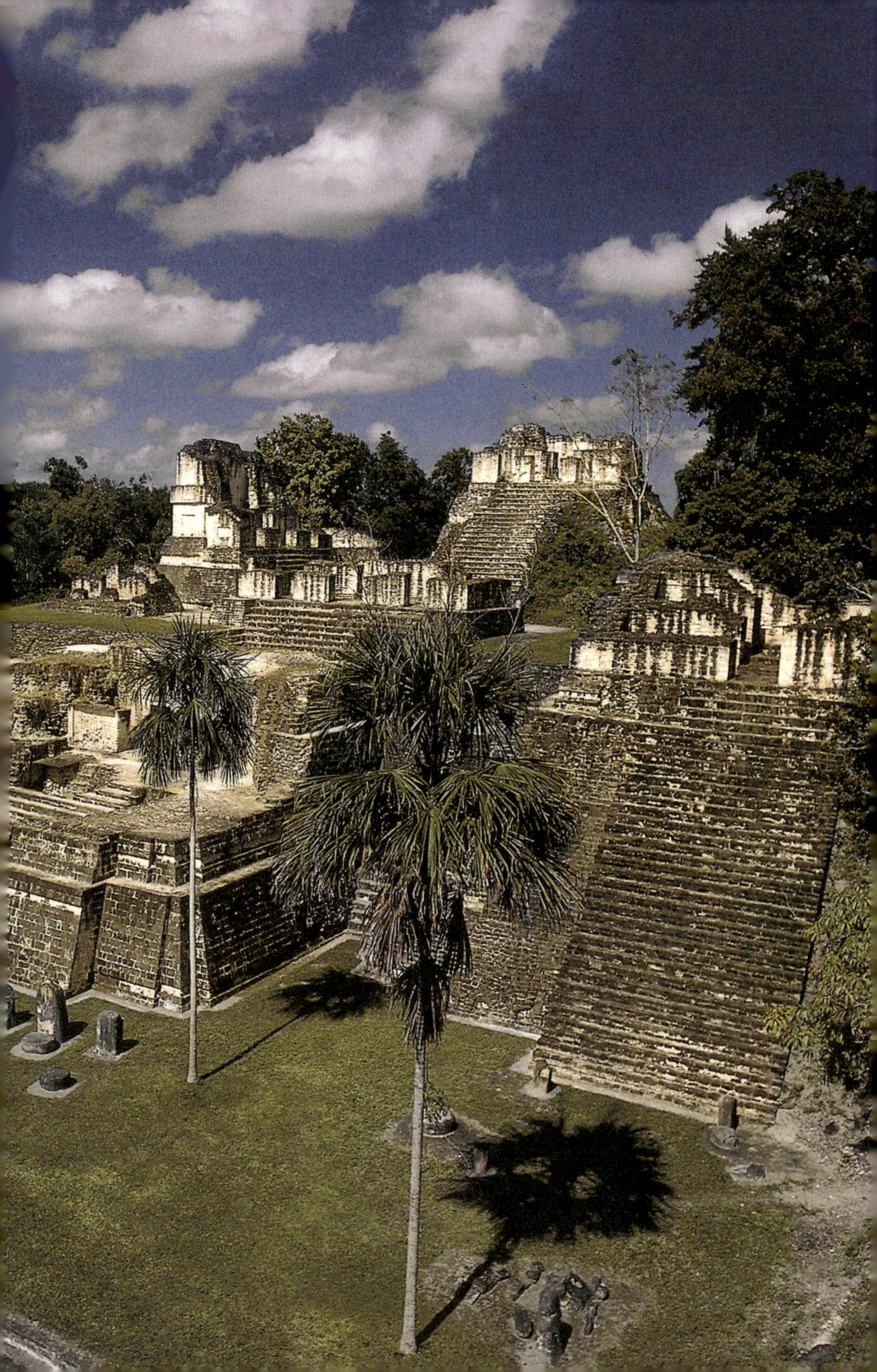

蒂卡尔

构成33号神庙的两个房间及金字塔最初测量的高度为33米，然而经过地下勘探，人们发现另有三座陵墓和两座神庙。这三处陵墓是在33号神庙地下不同高度的位置发现的。第一个结构年代最近，是23号墓葬所在的位置。这座墓葬中的尸骨被认为属于哈萨乌·查恩·卡维尔的父亲努恩·乌约尔·查克。在第二个结构中也发现了一座陵墓（24号墓葬），不过尚未确定逝者的身份。最古老的第三个结构内有48号墓葬，墙壁上布满彩色的象形文字。根据墙上出现的文字和日期，我们知道此处埋葬的是西亚·查恩·卡维尔（"暴风雨天空"）。他对蒂卡尔的统治持续到456年。他是蒂卡尔遗址被研究最多的人物之一，也是31号石碑的主角。

此外，在第二个、第三个结构发掘出两座装饰着华丽面具的宏伟神庙。还发掘出两个高度约3米的巨型面具，分别位于楼梯两侧，代表水神兼雨神恰克。他长着长鼻子，戴着巨大的耳饰。面具表面涂以红色和白色，保存状况良好，这是因为700年左右是2号神庙建造时期，它们被一层新面具覆盖。

❶ **以数字3为标志的神庙** 33号神庙由三层结构叠加筑成，金字塔及两个房间最初的高度为33米。这座神庙内发现了三处墓葬，有两处已被确认为皇家墓葬，其主人分别是努恩·乌约尔·查克（23号墓葬）和他的祖先西亚·查恩·卡维尔（48号墓葬）

34号神庙是蒂卡尔第15任国王亚克斯·努恩·阿伊因（Yax Nuun Ayiin）的永恒居所，大广场的4号、18号石碑上也雕刻着他的形象。

❷ **通行管控** 平台东侧的28号建筑拥有独特的外形。它由一间大厅和一列通向北卫城的楼梯组成。它不仅是一座神庙，还承担着安全检查功能。北卫城的访客必须经过这间大厅，在此接受检查，在必要时被禁止通行。

26号神庙内的85号墓葬属于蒂卡尔王朝的创建者——亚克斯·埃卜·序克。

在33号神庙落成前，22号神庙曾经是陵园中最重要的建筑。它与相邻的23号、24号、26号神庙分别占据四个方位。

发现于32号神庙的195号墓葬的主人是一位名叫"动物头骨"的统治者。他在593年至628年掌握蒂卡尔的命运。

■ 蒂卡尔

皇家陵园

北卫城占地面积 1000 平方米，包含上百座建筑，部分建筑位于地下，成为后来的新结构的基座。基座平台上的大多数结构可追溯至公元 100 年至 550 年。其中最重要的结构是被考古学家编号为 22 到 35 号的多座神庙。

① **22 号神庙** 此建筑群最北端的神庙。

② **23 号神庙** 与 22、24、26 号神庙形成一个广场。

③ **24 号神庙** 同 23 号神庙成对。

④ **26 号神庙** 位于中央的建筑物。

⑤ **29、30、31 号神庙** 结构类似的三座建筑。

⑥ **32 号神庙** 位于北卫城平台的东端。

⑦ **33 号神庙** 最高的一座建筑物。

⑧ **34 号神庙** 具有四幅雕像。

⑨ **35 号神庙** 尚待发掘。

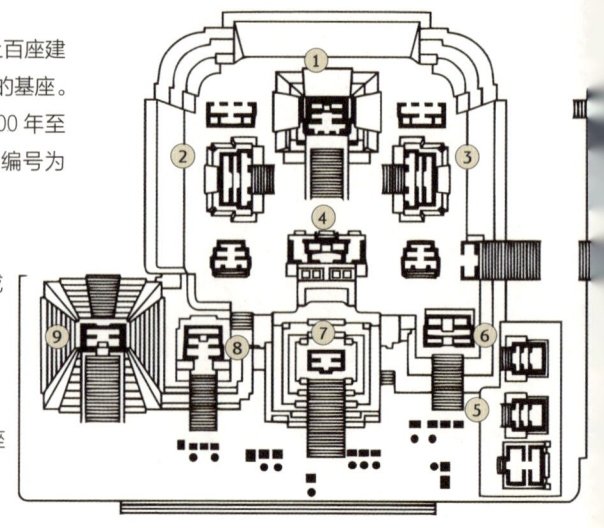

▲ 这些神庙大多筑造在古典时期早期的陵墓和已有的结构之上。此外，考古学家对岩石底部进行切割，发现了公元前 600 年的居住痕迹，证实了北卫城是蒂卡尔最早的定居点。

永恒的石刻颂歌

除了金字塔神庙和陵墓，北卫城还有石碑和祭坛，有的位于朝向大广场的露台，有的位于大广场，还有一部分在建筑物内部。其中最著名的三块石碑，即 26、31、40 号石碑属于第三种情况。在 34 号神庙中发现的 26 号石碑，也被称为红色石碑，其表面仍然可见色素沉着的痕迹。那是竖立在 34 号神庙前极具价值的历史资料，但是后来在某个仪式或庆典上被玛雅人自己摧毁了。31 号石碑也是如此，它以西亚·查恩·卡维尔为主角，凸显他作为强大的特奥蒂瓦坎王朝在蒂卡尔的继承者的身份地位。这位国王也是 40 号石碑上的主要人物。这块石碑是 1996 年 7 月 19 日在 29 号神庙中发现的，石碑上共有三个人物，西亚·查恩·卡维尔和他的父亲亚克斯·努恩·阿伊因陪伴在王位继承人克安·奇坦（K'an Chitam）的身旁。

◀北卫城拥有多个表现太阳神和雨神的大型面具雕塑。照片中的面具雕塑嵌在其中一座神庙的基座上，位于神庙主阶梯的一侧。雕塑上仍然可见多个涡螺，这种螺旋形装饰被玛雅人用于点缀神明和国王的雕塑。北卫城这些大面具的制作者是蒂卡尔早期居民，因表层的灰泥和后来覆盖其上的新结构而得以保存至今。

三元模式

北卫城的建设遵循三个结构为一组的设计布局，这与创世的神明有关。这种样式在于筑造三座金字塔神庙，围成一个中央广场，以纪念神话中的三石广场。在玛雅人的宇宙观中，三石广场是众神创造世界的地方。这种三元布局出现在蒂卡尔的多个区域，例如失落的世界和北卫城，在尤卡坦半岛南部和危地马拉北部的早期建筑中尤其常见。

1号、2号和33号神庙也构成一个三元布局，三者通过大广场连接起来。在哈萨乌·查恩·卡维尔规划新的仪式中心的那个时代，蒂卡尔的城市布局已经表现出明显的社会等级划分。精英与贵族阶层从事政治、宗教和治理活动；大多数人口从事农业；其余人口则从事商业、手工业等各行业。考古发掘中出现了来自其他地区的贝壳和石头，证明当时已经存在大型商业活动。

◀由两部分组成的陶器。这件文物出土于蒂卡尔北卫城34号神庙的10号墓葬，即亚克斯·努恩·阿伊因的墓葬。它表现的是老神（火神）化身为一位老者，坐在长长的人类骨骼上，双手捧着一个被斩首的头颅。容器内部未见焚烧的残留物。这件陶器显然是舶来品。

⌂西尔韦纳斯·G.莫利博物馆，蒂卡尔

颂扬特奥蒂瓦坎传统的 31 号石碑

玛雅石碑是用石灰岩制成的卓越的艺术品。石碑上雕刻着统治者和神明的肖像，附有的文字赞美了国王及其家族，也颂扬了国王统治下的光辉事迹。这些陈列在开阔空间的石碑是一种很好的政治宣传工具，用来表达对国王和神明的崇拜。石碑使统治合法化，确定了祖先的身份，记载了国王出生、加冕、死亡的日期，以及战争和重要协定的日期。

  31 号石碑凭借美丽的雕刻和完美的品相在蒂卡尔众多石碑中脱颖而出。在这块石碑上，我们仍然可以欣赏石作工艺，因为它位于 33 号神庙的第二层结构中，未遭到环境和人为的破坏。石碑正面和侧面描绘了三个人物形象，背面刻有象形文字。正面的人物是西亚·查恩·卡维尔（"暴风雨天空"），411 年至 456 年蒂卡尔的统治者；左右侧面的两个人物身着玛雅统治者服饰，手持盾牌、投矛器和箭。图像和文字信息说明这块石碑竖立于 445 年，目的是颂扬西亚·查恩·卡维尔和他的父亲亚克斯·努恩·阿伊因的成就。尽管这几位国王的家族来自特奥蒂瓦坎，但是他们试图在这块石碑上融合自己的北方传统与对古代蒂卡尔国王的认同，同时也维护了后者的声誉。他们试图通过肖像画连接过去和现在，在玛雅政治框架内维护"暴风雨天空"的地位，并融入他们到来之前声名远扬的蒂卡尔历史。

  石碑背面的文字分为三个部分。第一部分是从特奥蒂瓦坎影响蒂卡尔之前的王朝先祖到立碑时的仪式编年史。第二部分是关于这个来自特奥蒂瓦坎的家族掌权上台的事件。第三部分则记录了年代更近的事件，包括来自特奥蒂瓦坎、"暴风雨天空"的祖父——"掷矛猫头鹰"的逝世。

❶ **致敬先王先祖** 蒂卡尔国王西亚·查恩·卡维尔戴着复杂而精致的头饰。头饰上半部分的装饰物中出现了他的祖父，即特奥蒂瓦坎的统治者"掷矛猫头鹰"的盾牌。为了同时表示对玛雅血统的尊重，头饰下半部分出现了蒂卡尔的第十四任统治者查克·托克·伊查阿克（Chak Tok Ich'aak）的图像。

❷ **方鼻蛇** 方鼻蛇（又名宝石鼻蛇）是一个复杂的存在，具有多重含义和人形表现。它的身体通常为绳索状，在丧葬仪式上充当与祖先之间连接的纽带。帕伦克十字架神庙（templo de la Cruz de Palenque）的石板上也描绘了方鼻蛇神的形象。

❸ **永恒的巴兰** 石碑上出现了几处美洲豹豹尾（玛雅语：巴兰，balam），比如西亚·查恩左臂揽着神明的头部，以及头饰的底部。许多玛雅统治者在自己的名字或头衔中添加巴兰一词，因为美洲豹是整个美洲最受人崇拜和敬畏的猫科动物。

❹ **王室链条** 这位蒂卡尔统治者的右臂抬起，手握一根链条。链条上端有多个人形头像，而这些人形头像之上则是"掷矛猫头鹰"的标志性盾牌。通过链条突出表现了先祖的重要地位和蒂卡尔王位的世袭传承。

❺ **女性形象** 这位统治者的腰带两端各有一个华丽的女性形象，人们猜测左边的代表他的母亲，右边的代表他的祖母。这两张面孔以及西亚·查恩·卡维尔的肖像都是侧面像，符合古代玛雅传统的描绘人物的方式。

◀ **金星平台**（又名43号结构）位于"失落"的世界。该平台呈现的阶坡结构和双圆环装饰都是特奥蒂瓦坎传统的特征。

▶ 发现于1960年的31号石碑的正面。石碑背面有232个方块象形文字。这块石碑虽然底座断裂造成大约20个字损坏，但整体状况完好。

■ 蒂卡尔

中央卫城

蒂卡尔国家公园内有超过3000处人造结构，包括神庙、球场、祭坛、金字塔、宫殿、住宅群、道路和蓄水池。19世纪末，艾尔弗雷德·P.莫兹利绘制的第一张蒂卡尔城地图确定了部分结构的位置，其中出现了中央卫城的草图。

探险家托伊贝特·马勒则贡献了关于中央卫城最早的描述之一，他在1911年发表在皮博迪博物馆报告上的一项研究中描述了中央卫城。他提到这是一个迷宫般的建筑群，有多层建筑和多个房间，门洞上方有木门楣，部分门楣带有雕刻装饰。立面上有表现神话和历史主题的灰泥雕塑装饰，并配有象形文字。而最系统的发掘工作要归功于加拿大考古学家彼得·哈里森（Peter Harrison）及其团队。他们1962年至1967年对这座城堡中的

▶ 从中央卫城内部视角所见的一座王宫。这座城堡巨大的平台上排列着数十座低矮的建筑。中央卫城东西长215米，占地面积超过1.5公顷。

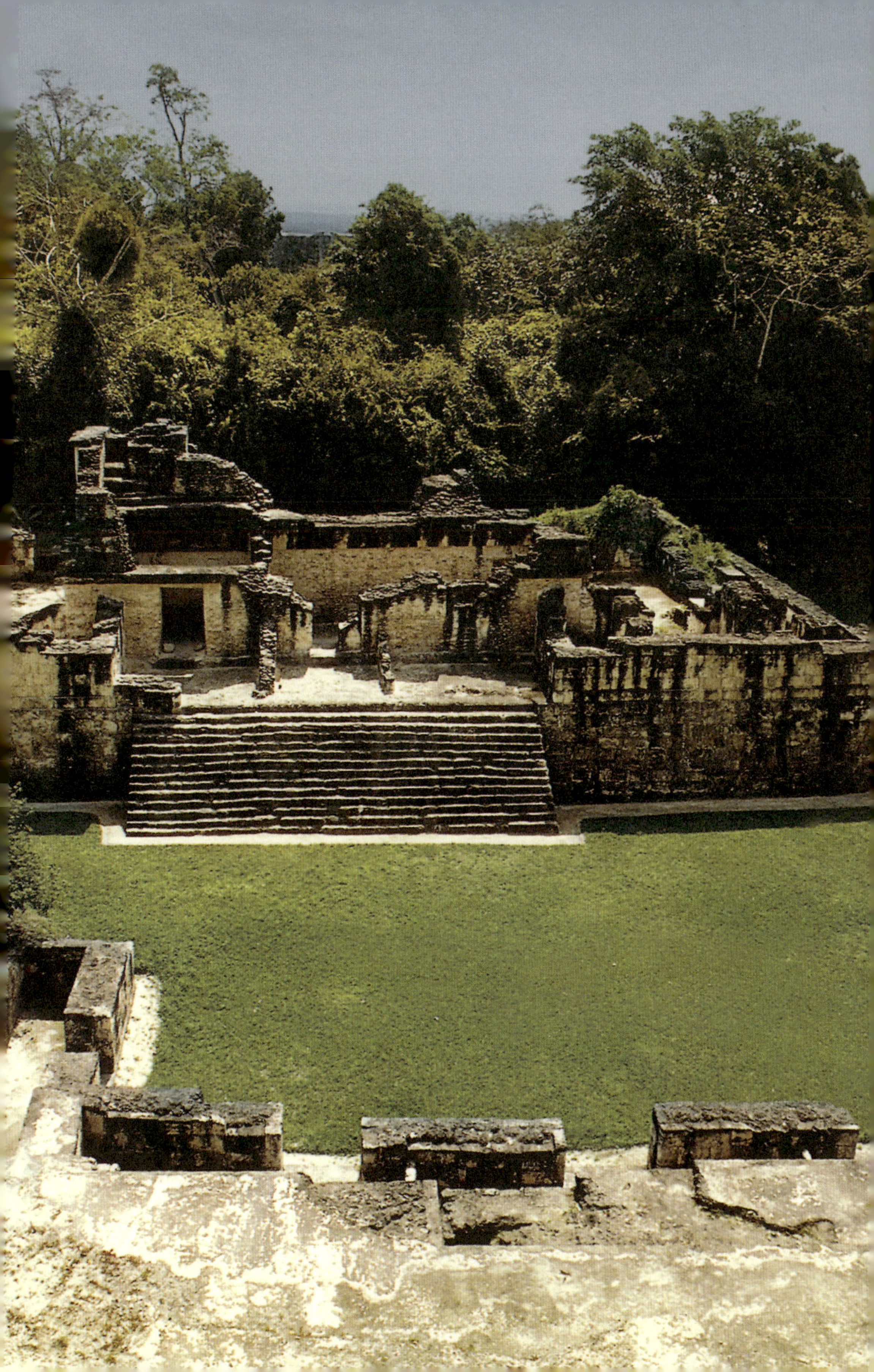

① **东部大庭院** 卫城的六个主要庭院的高度不同，体现了蒂卡尔城所在岩床的自然起伏。6号庭院是最大的一座庭院，因此得名东部大庭院。从4号庭院的北侧下几级台阶可以进入6号庭院。

② **优越的位置** 中央卫城的主要建筑因其高度和装饰而格外抢眼。较高的建筑有两三层，是贵族和王室成员的宅邸。此外，王室宫殿占据了中央卫城内的战略要地，并拥有通向主要广场的特别通道。

除了构成中央卫城建筑布局的六个大型庭院之外，宫殿各附属建筑的内部还有一些小型庭院。

从东侧西侧皆可进入这座建筑。两侧都有三个入口，通过宫殿所在高台上的楼梯可以到达入口。

③ **人形雕像** 人们在建筑物的雕饰带和外墙上将玛雅神话中的神明描绘成超自然的生物，以祈求神明的庇佑，并赞颂神明的威望。这些雕像是用风格化抽象线条塑造的各种动植物元素，并结合人形，显得更加逼真。

中央卫城的建筑类型特点是外形长而矮，且拥有多个入口。大多数建筑为一层到三层，内部有多个房间。

西侧这部楼梯下方有一处古典时期早期的藏匿地。那里发现了一份供品，除了一个内部带有精美的小雕像的陶罐，还有各种材质的物品。

蒂卡尔

皇家寝宫：马勒宫

5D-65 号结构是一座名为马勒宫的皇家寝宫。这座宫殿以探险家托伊贝特·马勒的姓氏命名，因为他在蒂卡尔停留期间（1895—1904 年）曾经住在那里。它位于中央卫城最高的 2 号庭院，建成年代大约为 700 年末，可能是由蒂卡尔的第二十九任国王亚克斯·努恩·阿伊因二世（Yax Nuun Ayiin Ⅱ，也称"统治者 C"）主持建造的。宫殿墙壁上的画面表现了仪式场景和一些肖像。

◀ 贵族宅邸中使用带盖彩色容器，来"失落的世界"5D 号结构的 62 号墓
🏠 危地马拉国家考古与民族学博物馆，危地马拉城

▶ 中央卫城是一个庭院、宫殿等高度异的建筑构成的宫"，这里是蒂卡尔室成员的住宅区域

中央卫城

① - ⑥ 庭院
⑦ 马勒宫
⑧ 五层宫殿
⑨ 亚克斯·努恩·阿伊因的宅邸
⑩ 查克·托克·伊查阿克的宅邸

▶ 精致的陶制杯子，表面布满雕刻细线装饰。其图案描绘了一些兽形和人物场景，包括一些神明场景；还有多条字形带，包括几处象形文字。它是在"失落的世界"5C-49 号结构附近的 5C-3 号楚尔通（chultún，水窖）中发现的。
🏠 危地马拉国家考古与民族学博物馆，危地马拉城

大约 25 个结构进行了勘探。

古典时期早期（200—600 年），蒂卡尔社会变得更加复杂，更加等级森严，这在城市布局中也有所体现。城市住宅区域和中心区域建造了许多宫殿，王室、贵族、

祭司、战士和高级官员纷纷迁居于此。中央卫城就是属于精英阶层的区域之一，那里建造了常设的豪华宫殿供王室居住。

蒂卡尔的中央卫城位于大广场南边，这座城市的政治权力就是在这里建立的。如果说北卫城是国王的陵园，那么中央卫城就是他们的住所和办公场所。关于中央卫城的最早的考古证据可以追溯至前古典时期晚期（公元前350—公元200年）。那时的早期建筑非常简朴，由砖石结构基座和植物建材构成。支撑这些建筑的柱子的痕迹成为这段早期历史的无声记忆，被更宏伟的后期建筑所掩盖。

后来，国王们选择在中央卫城建立王室住所。古

▼模塑三脚陶盘，表面饰有12只甲虫，内外各6只。这种装饰看似朴素简约，却是宫廷家居用品特有的装饰。
⌂危地马拉国家考古与民族学博物馆，危地马拉城

典时期早期（200—600年），中央卫城就出现了一个大型寝宫建筑群。该建筑群施工之前，蒂卡尔的居民首先需要平整岩石地形。这是一处海拔253米的高地，其东侧和南侧是一种岩石沟壑结构。人们利用这种自然地形落差修建了一座水库，为宫殿区域供水，后来被命名为宫殿水塘。据估计，到古典时期终末期（600—900年）的最后阶段，中央卫城有42处建筑结构。然而地面这些建筑只体现了500年的建筑史，它们的下方还埋藏着几个世纪前的建筑。

中央卫城的建筑多为东西朝向，多层建筑的每层面积保持不变。它们围绕着六个不同高度的庭院而建，几代统治者逐步扩大了建筑规模。

庭院与宫殿

中央卫城的六个主要庭院周围分布着建筑物，有些建筑物的内部还有小型庭院。大型庭院呈不规则四边形，并且依地势而建，或许是为了防止雨季发生洪水。

1号庭院71号结构的勘探工作出现了一个令人瞩目的意外惊喜，人们发现了一座可追溯至475年的精英阶层的墓葬。

2号庭院内坐落着马勒宫，除了部分墙壁的绘画，还保留着原有的石膏和木梁。马勒宫东边是五层宫殿，一直延伸至朝向宫殿水塘的沟壑边缘。2号庭院由50、51、52号结构组成，通过一系列复杂的外部楼梯连接到不同的高度。

58号宫殿隔开了2号庭院与3号庭院。其正面朝向3号庭院，是一座L形建筑。它拥有一张灰泥大面具作为装饰，表现的是一只伏在人脸上的鳄鱼，这种动物与亚克斯·努恩·阿伊因国王的形象相关。

位于3号庭院和5号庭院之间的是哈萨乌·查恩·卡维尔的宅邸（57号结构）。建筑外部有这位国王统治期间战胜卡拉克穆尔这一极其重要的事件的记录。雕刻图案是一位统治者，旁附的象形文字叙述了卡拉克穆尔的一位重要盟友被俘虏后的庆祝活动。文字表明这一事件发生的时间是695年，稍早于57号建筑的时间。

5号庭院位于卫城的北部，从那里可以欣赏考古学家首次进入中央卫城时看到的景象。附近的60号建筑功能未知，不过它的特别之处在于仅可从结构上层向下进入内部。

卫城东部的6号庭院（又名东部大庭院）内坐落着5D-46号结构。那是一座大型宫殿，从建筑外形上可见其内部布局之复杂。

皇家宅邸

中央卫城的建筑物内鲜少有墓葬，不过在46号建筑，也就是查克·托克·伊查阿克的住所内发现了四处墓葬。这座宫殿是平整岩石后直接筑在岩石上的，建于350年左右，作为查克国王及其家人的住所。在主楼梯下发现的一个陶瓷容器上的象形文字铭文证明这座建筑是国王的寝宫。西侧的另一部楼梯在5个世纪中保持原样，而东侧的那部楼梯经过多次改造。事实上，建筑的每一次变化恰好对应地下发现的每一个保存完整的人类墓葬。在西侧楼梯下发现了一份祭品，包含一个带有雕刻图案的陶罐，还有几个镶嵌着玉石、贝壳、黄铁、燧石和黑曜石的圆形饰品。将去世的亲人埋葬在家庭住所内部是该地区的玛雅文化习俗，就像阿尔万山的萨波特卡人（zapoteca）一样。因此，中央卫城区域内陵墓数量较少，进一步说明它的部分建筑被用作行政场所，或者作为高级官员和祭司的临时住所。

水塘之都

蒂卡尔曾经是一座巨型城市,在其 120 平方千米的土地上居住着大约 6 万名居民。城里有住宅区域、宫殿区域和神庙仪式中心,所有区域的日常生活和各种群体活动都需要水资源。既然蒂卡尔没有可以获取水的天然水源,那么它是如何解决城市用水问题的?

美国辛辛那提大学的人类学家、考古学家、学者弗农·斯卡伯勒(Vernon Scarborough)及其团队关于蒂卡尔的研究证明,古代玛雅人不仅是优秀的天文学家,而且是杰出的工程师,他们所掌握的技术的复杂程度远远超出现代人的想象。斯卡伯勒于 2010 年末对蒂卡尔的供水系统产生了兴趣,而加拿大考古学家彼得·哈里森

▼宫殿水塘①是这座城市最大的水库,主要为中央卫城的住宅和宫殿供水,较小的神庙水塘②则作为补充。

宫殿水塘大坝

早在古典时期（200—900 年），中央卫城的蓄水池就有一座用于控制水流的大坝。那是一组高约 10 米、宽约 80 米的高墙。蒂卡尔拥有一个复杂的储水和沟渠系统，以便旱季为权贵阶层所在的区域供水，而大坝就是这个水利系统的一部分。考古工作及后来的数据分析表明，宫殿住宅区域的水资源收集储备系统设有能够调节过滤水的闸门，所以蒂卡尔的玛雅人不仅开设了沟渠，而且还改善了水质作为饮用水。这座水坝是迄今在玛雅古城发现的水坝中最大的一座。这种古老的闸门目前只在阿拉伯半岛南部的也门遗址中发现过。

▲大坝最早的遗迹可以追溯至公元前 500 年至公元前 400 年。由于玛雅人没有金属工具、轮子、驮畜，整个水利工程都是依靠人力完成的。

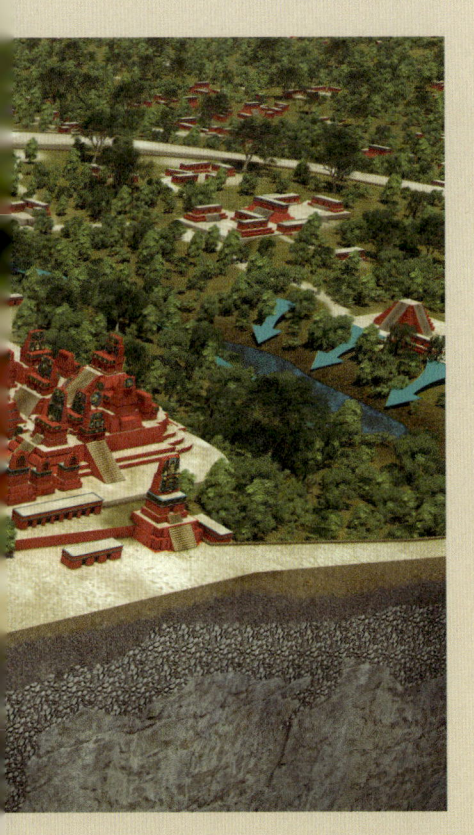

▼在北卫城阶梯侧面发现了两个 3 米高的面具，图为其中一个。面具表现的人物是雨神兼水神恰克，玛雅万神殿中最重要的神明之一。

集水系统

玛雅人定居的许多地方缺乏水源，因此他们不得不设计各种水利系统来获取水源。第一种方法是利用溶井取水，这是一种地下水腐蚀石灰基岩形成的大型溶坑。当水位接近地表时，他们挖井取水，或者采用一种名为"楚尔通"的瓶状水窖来储水。这种水窖的洞口与地面齐平，并且窄于底部，这样的结构可以防止水分蒸发而且便于集水。一些楚尔通中还发现了陶器残片，比如中央卫城的一个楚尔通内部有一个鸟形的小哨子。另一种获取水的方法是利用低洼地形专门建造水塘或水库来收集雨水，特别是对于人口稠密的地区。这类水塘在蒂卡尔已经发现了 14 处，它们建于古典时期（200—900 年），储水能力总计超过 15 万立方米。

① 楚尔通瓶状的地下蓄水池，也用于储存食物。

② 水井从蓄水池或地下水中取水，这是最简单的取水系统。

③ 水塘或水库是玛雅人最大的储水系统，表面往往采用石膏铺砌。

▲楚尔通的取水口 蒂卡尔人起初将楚尔通作为蓄水池使用，然而有些地窖被二次利用，作为墓室、蒸汽浴室、储藏食物的地窖以及地下宗教庙宇。大广场东南部有一个楚尔通，包含三个相通的地下空间。

则更早，他在20世纪60年代就对这个领域表现出了兴趣。哈里森研究过神庙水塘的大坝，但是未曾发表过自己的研究成果。

斯卡伯勒的团队在城市中心发现了三个大型蓄水池的痕迹，它们被雨林的植被所掩盖。第一个蓄水池位于中央卫城西侧，3号神庙前方；第二个蓄水池位于中央卫城南侧，是规模最大的一个；第三个蓄水池位于门德斯道旁，中央卫城和纵沟墙宫殿之间。最早引起研究人员注意的是这些水池的表面都有一层石膏护板，这说明它们是人造工程。

玛雅人把雨季的降水收集储存在这些大型水塘或者水库中，然后通过依地形的自然坡度而建的沟渠将水输送至城市的各个区域。此外，他们通过在水塘中放置沙砾作为过滤系统去除水中的杂质以获得饮用水。除了沟渠和过滤系统，研究人员还在中央卫城的水塘中发现了用于调节水流的闸门的痕迹。

一项伟大的工程

蒂卡尔所处的地理位置每年有四到五个月是旱季，因此产生了宜居方面的问题。由于位于密林深处且气候条件极端，玛雅建设者设法在雨季月份尽量多地收集雨水，以储存至旱季使用。为了实现这一目标，他们采取的措施之一是用石膏铺砌城市中心的地表，并设置一定的坡度，将径流导向大型水库。值得一提的是，玛雅人没有使用轮子和驮畜，他们所有的工具都是石制或木制的，因此，这项艰巨工程的成功有赖于两方面因素，一是玛雅人的聪明才智，二是由集权领导和组织的劳动力。

人们在三个水塘的岸边种植的灌木和果树，不仅提供了食物，还能够保护水库、改善蓄水能力。这是一个人工农业生态系统，在生产食物和其他有利用价值的物品的同时，还具有天然林的生态效益。

这三个主要蓄水池中，神庙水塘的地势最高，可储存超过2.7万立方米的水。与之相连的中央卫城的宫殿水塘，容量约为7.5万立方米，并且可以将部分水转移至第三个水塘，即门德斯道旁边的埃斯孔迪达水塘（la aguada Escondida）。后者连接着蒂卡尔城的中心区域和6号神庙（铭文神庙）。考虑到健康问题，这个复杂

的水库和沟渠网络必须要保持清洁，并且要防止周围树枝、树叶、果实等经常落入水池造成的阻塞。此外，蒂卡尔城还有专业人员对用石膏粉刷的水库表面进行持续的检查和维护，防止珍贵的水资源泄漏。

　　还有几个水塘分布在蒂卡尔城的其他区域，与城市中心的水塘类似，但规模更小。

▲玛雅工程师利用地形坡度修建了蓄水池，例如宫殿水塘。为了净化水源以获得饮用水，他们还用沙砾制作过滤系统。

▶32号石碑表现了一幅人物肖像，他身着特奥蒂瓦坎的服装，戴着典型的阿兹特克雨神兼水神特拉洛克（Tláloc）的环形眼罩。人们向他祈求生命之源。

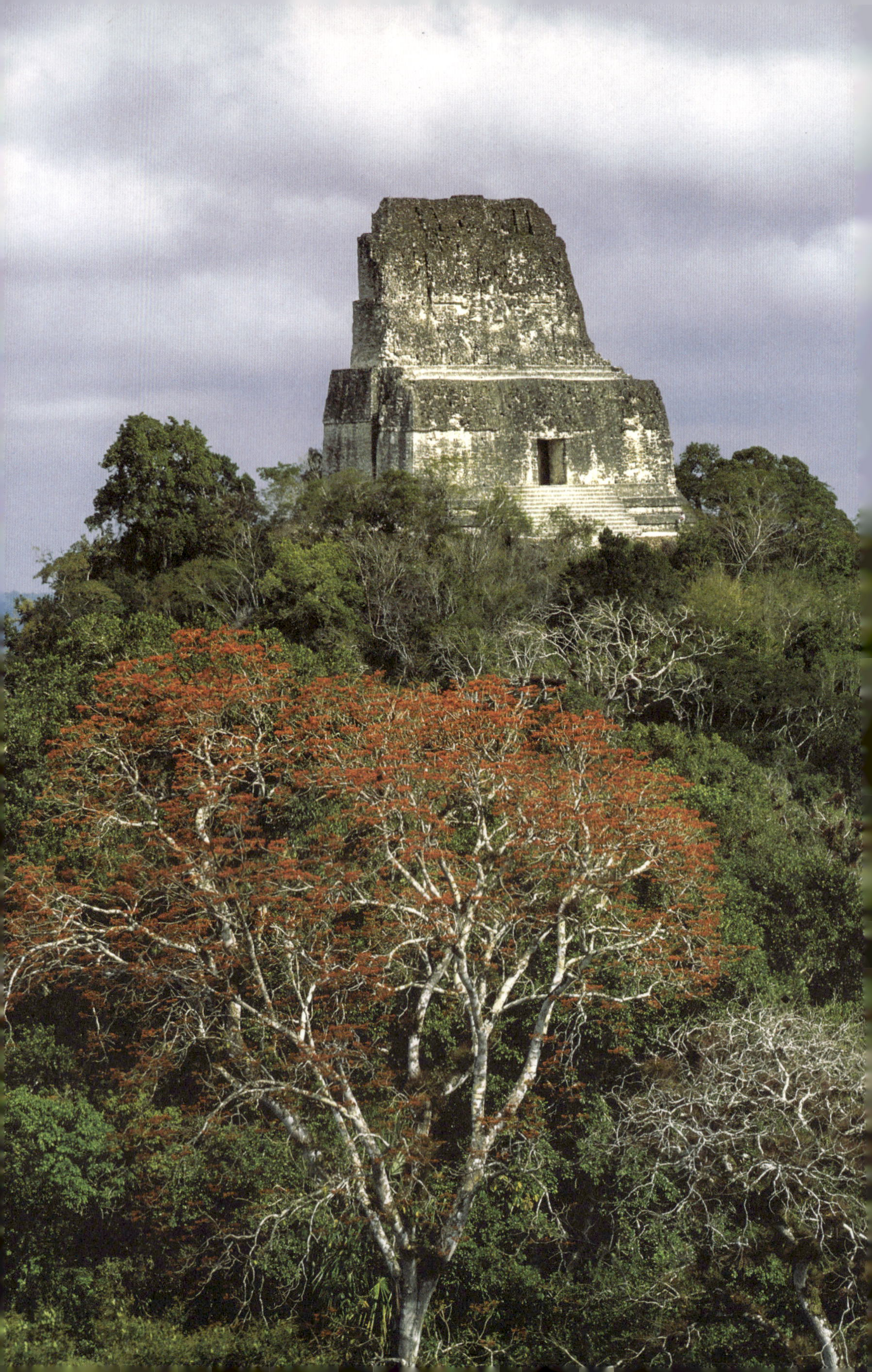

大广场周边

在蒂卡尔科考项目考古学家划定的网格上，蒂卡尔的仪式中心及其周边地区对应的位置是5C、5D和5E。仪式中心的西南端有一个区域叫作"失落的世界"，这是玛雅地区最古老的天文建筑群，以大金字塔为中心。此建筑群还包括东平台，那是一组狭长的大型建筑结构，支撑着天文纪念建筑群，例如骷髅神庙、一座观象台以及其他建筑。随着城市北部双金字塔建筑群的落成，天文功能北移，此建筑群停止使用。人们每20年建造一对金字塔，以纪念玛雅历法中一个卡盾周期的结束。

"失落的世界"东平台的另一侧是七庙广场。这是一个布局和谐而宁静的空间，四周环绕着大小不一的神庙和宫殿，其中最引人注目的是三座相邻的球场，这在整个中美洲绝无仅有。这七座神庙原本不是广场的组成部分，而是一个专门用于球戏的地方。

邻近的南卫城仍然是一个秘境，虽然经过清理维护已经可以参观，但是考古学家尚未对其进行勘探和研究。南卫城旁边耸立的5号神庙高达57米，拥有俯瞰大广场和北卫城的绝佳视野。

除了前文提到的中央卫城，蒂卡尔城还有供贵族甚至王室成员居住的其他宫殿和住宅建筑群。譬如坐落在蒂卡尔城中心东南方向，紧靠门德斯道与埃斯孔迪达水塘的G组建筑群（5E-11），那是为王室建造的居住区，一组独树一帜的宏伟建筑：纵沟墙宫殿。

■ 蒂卡尔

"失落的世界"

宾夕法尼亚大学的考古学家在这个区域工作了 13 年（1956—1969 年），并以这种方式为它命名，然而它原来的名称（如果有）无人知晓。和北卫城一样，"失落的世界"也是这座城市最早有人居住的区域之一，那是大约公元前 800 年的前古典时期中期。

蒂卡尔人为了观察宇宙和庆祝日历周期而建造了"失落的世界"，与之毗邻的七庙广场的球场更加强化了上述功能。然而随着时间的推移，此建筑群的功能发生了变化，并且经历了多达六次的改造，主要涉及大金字塔的改造和建筑数量的增加，整体占地面积也更大了。

"失落的世界"位于蒂卡尔城的中心，大广场西南部，占地面积 6 万

▶ "失落的世界"的大金字塔高 30 米，塔顶未修建过小庙或围墙，从那里可以看到太阳从东平台上的神庙之间升起。

◀ 20 世纪 60 年代，经过宾夕法尼亚大学博物馆对"失落的世界"的修复，人们能够通过木制便道进入 4 号神庙（双头蛇神庙）的顶冠。

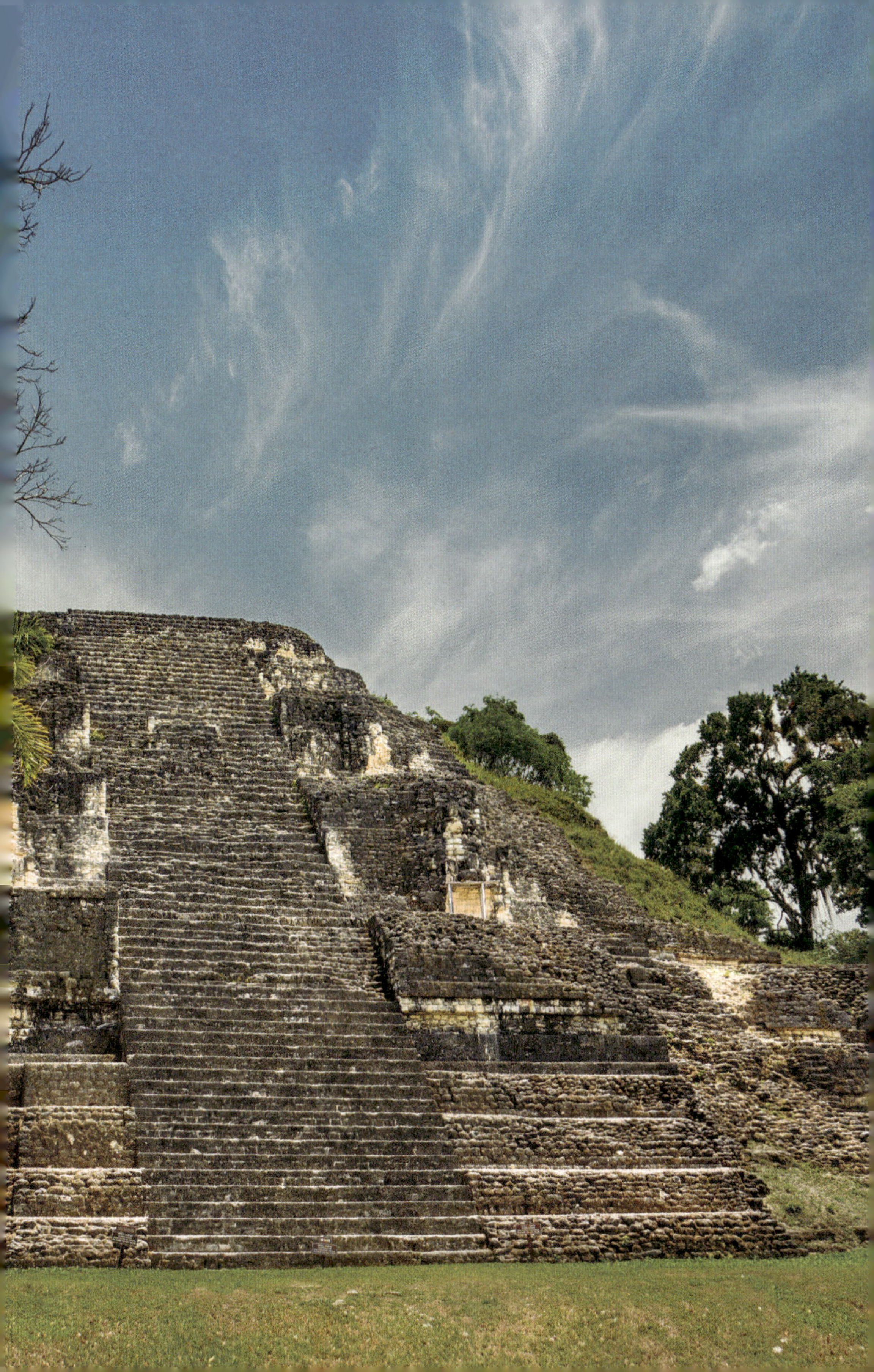

蒂卡尔

平方米，区域内共有38座建筑，其中最壮观的是首个天文纪念建筑群（E组），包括大金字塔（5C-54号建筑）和支撑三座神庙及其他小型建筑的东平台。天文纪念建筑群最显著的特点是遵循对称的建筑布局，石碑的位置符合标准轴线，以及对冬夏至和春秋分的隐喻。为了便于研究，考古学家将这个大型建筑群分为两个差异明显的区域：东边的高广场和西边的低广场；后来又增加了两个名为南广场和北广场的区域。"失落的世界"最重要的建筑——大金字塔，就位于高广场区域。这座"无头"金字塔南北两边都以建筑为界。金字塔以东靠近七庙广场的位置是东平台，平台中间矗立着骷髅神庙。低广场位于大金字塔以西，广场上有仪式平台（5C-53）和阶坡神庙（5C-49）等建筑，后者是整个建筑群中第二大的纪念性建筑。

大金字塔

大金字塔位于"失落的世界"建筑群的中心。其基座边长67.5米，

阶梯金字塔

不同于蒂卡尔的其他多面体建筑，"失落的世界"大金字塔是一座阶梯式多层平台建筑。不同高度的平台和连接平台的阶梯设计，很可能是为了容纳人群，以便他们从高处观星。

蒂卡尔体积最大、长度最长的建筑项目是位于"失落的世界"区域中心的金字塔。那是在8个世纪中经历了五个阶段的建设才达到的规模。

建造这座金字塔所使用的近2米长的石块，是在该建筑的后几期改造中添加的。

这座金字塔始建于公元前 800 年左右。在前古典时期晚期（公元前 350—公元 200 年），金字塔的第三期建设期间，它以超过 37 米的高度成为整个蒂卡尔城最高的建筑结构。

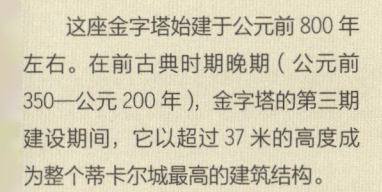

① **宇宙面具**　"失落的世界"的大金字塔曾经拥有面具装饰，由于金字塔本身的天文功能，面具也被赋予和宇宙相关的象征意义。人们在面具上发现了蓝色和红色涂料的残迹。蓝色涂料是通过混合各种黏土和假蓝靛叶（一种染料植物）制成的一种有机物；红色涂料来自朱砂，一种由汞和硫组成的无机硫化物。

② **平顶的纪念性建筑**　玛雅人筑造的大多数金字塔的顶部都有一座神庙。国王和祭司登上塔顶，从神庙俯瞰广场上聚集的民众，并接受他们的参拜。然而，"失落的世界"这座宏伟的"无头"金字塔上方一直没有一座神庙作为顶点。其顶部是一个巨大的罗马式露天广场，用于观察金星的周期以及冬夏至和春秋分当日的天体轨迹。

金字塔的基座下有一条白色的玛雅和多条沟渠的遗迹，后者是"失落的"区域多个广场供水系统的一部分。

这部阶梯与东平台上紧邻骷髅神庙的 86 号建筑完美对齐。

不直通金字塔顶部的两部副阶梯高度不同。通过副阶梯可以轻松到达金字塔的不同平台。

蒂卡尔

"失落的世界"：最后的神圣堡垒

古典时期末期的900年左右，贵族阶层遗弃了城市的部分区域，蒂卡尔进入衰落期，废弃的空间开始被平民占用。他们根据自身需求改造了建筑，增加了靠着墙壁的石床和作为厨房的房间等家庭元素。他们选择在"失落的世界"定居，是因为那里靠近神庙水塘，也是整个蒂卡尔最高的水塘。尽管这些建筑在衰落时期经历了变化，但"失落的世界"的大部分区域仍被其居民视为圣地，因此他们继续在那里举行仪式和庆典，以及埋葬逝者。被贵族遗弃至少100年后，"失落的世界"区域才出现了平民占领和活动的痕迹。

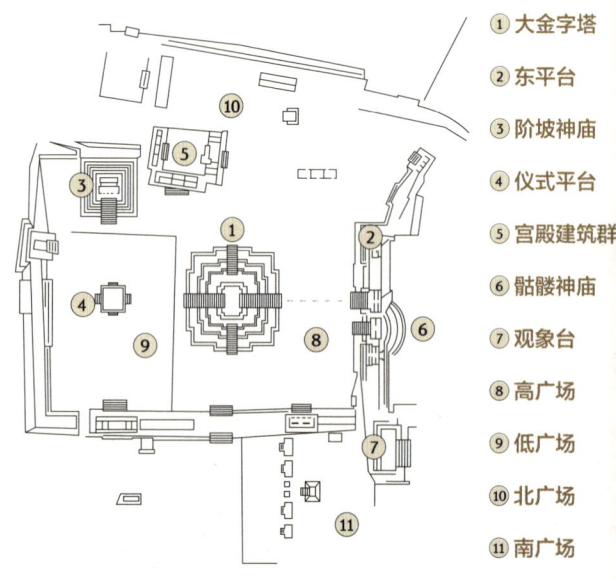

① 大金字塔
② 东平台
③ 阶坡神庙
④ 仪式平台
⑤ 宫殿建筑群
⑥ 骷髅神庙
⑦ 观象台
⑧ 高广场
⑨ 低广场
⑩ 北广场
⑪ 南广场

▶高25厘米，直径31.4厘米的彩色陶罐，表面有彩色抽象风格化的蛇和几何图案装饰，蛇和盖子上的美洲豹都张着大嘴。它是在"失落的世界"5D-88号结构的62号墓葬中发现的。
🏠 危地马拉国家考古与民族学博物馆，危地马拉城

高31米，分为10层。它的四部阶梯中，东西两部是主阶梯，以便祭司兼天文学家到达塔顶并进行天文观测；另外两部阶梯只到金字塔的第八层，被认为是副阶梯。金字塔的顶部没有建造过封闭的空间。

最后一个保护项目的修复工作揭示了金字塔建筑在公元250年左右经历过的第五次也是最后一次改造，那时的金字塔上有大面具装饰。

金字塔结构内部发现了不同时期的墓葬。大约公元前500年，两位成年男性被埋葬于此，虽然没有殉葬品，但他们属于精英阶层。支持这一细节的证据是经过扁平处理的颅骨（贵族阶层专属的常见做法）和牙齿上的镶嵌物。公元前400至公元前200年，又有一名女性和四名成年男性的遗骸被埋葬于此。有的尸骨被朱砂包

裹，有的经历过人工颅骨塑形，还有的牙齿上留有黄铁镶嵌物。他们的随葬品包括陶罐、黑曜石刀片、骨雕、燧石凿子和若干贝壳装饰品，表明他们生前拥有显赫的社会地位。

▲ 在"失落的世界"的这类建筑上，可以进行天体观测，记录金星和太阳周期以及冬夏至和春秋分。

前古典时期末期的公元200年左右修建的一条道路，被后人命名为托泽道，它将"失落的世界"与北卫城连接起来。这是一项重要的城市基础设施工程，因为修建道路的同时，还修建了水渠，以便收集雨水，流入为天文建筑群供水的神庙水塘。几个世纪后，经过改造和延长的托泽道连接起了4号神庙和城市中心。

公元250年左右，"失落的世界"的广场向西扩建，于是大金字塔成为该建筑群的中心。这时，"失落的世界"的占地面积才达到我们现在所见的规模。东平台地下的一个大坑中发现的17具骨骼属于这一时期，包括男性、女性和儿童。这些人可能在东平台的落成仪式上被用作人牲。因为他们的随葬品除了少量贝壳装饰品，只有做工粗糙的陶器。随葬品的实用功能表明被献祭的人不属于精英阶层。

阶坡神庙

随着西亚·克阿克（Siyaj K'ak'）378年到达蒂卡尔，整座城市以及"失落的世界"的建筑都受到了特奥蒂瓦坎的影响。阶坡建筑风格，即在一面倾斜的墙（坡）上叠加一层平台（阶），以及模仿特奥蒂瓦坎雨神特拉洛克眼睛的圆圈，这两种元素在多个建筑结构上可以看到。体现这种墨西哥中部传统的标志性建筑是49号神庙，又名阶坡神庙。有一部大型阶梯通往顶部的神殿，而神殿的结构包括三个带拱顶的房间和一个顶冠。

考古人员在这座神庙结构中发现了三处墓葬，根据随葬品推断，墓葬的主人属于权贵阶层或者王室的重要成员，并且是在亚克斯·努恩·阿伊因二世统治时期（768—794年）下葬的。尽管这一发现表明"失落的世界"区域的墓葬活动并未中断，不过自古典时期终末期（600—900年）开始，其仪式功能被削弱了，因为该区域几乎被新建筑包围，通行受阻。此外，由于北部新建了由三座建筑构成的U形宫殿建筑群，那里也拥有了居住功能。

骷髅神庙

5D-87号结构，又名骷髅神庙，得名于壁龛平台上的头骨装饰。这座建筑位于"失落的世界"东平台上。它的落成打断了大金字塔与不远处的86号建筑之间存在的标准轴线。神庙的正面原先朝向"失落的世界"，然而在7世纪的建造者对其进行改造后，它转而朝向七庙广场。那个时期双金字塔建筑群的名声渐涨，天文功能也转移到了那里。到了8世纪，骷髅神庙再次经历改建，从此拥有四层平台，阶梯中间增设了一个引人注目的壁龛，以便放置圣物或神像。壁龛所在的小平台上还放置了三个用灰泥制作的头骨，与奇琴伊察头骨祭台上的非常相似。

5号神庙的墓葬

5号神庙位于中央卫城以南、南卫城以东。这座神庙是一座高57米的阶梯式金字塔建筑，也是蒂卡尔第二高的建筑。它筑造在地形的自然隆起处，而低洼处则被用于修建宫殿水塘。

神庙建于600年左右，但具体的建造者信息不详。金字塔由七层组成，每层高4米，因其圆角设计而别具一格。正面有一部90级的大型阶梯，宽20米，高约13米，有垂带装饰。金字塔顶部有一座简单的神庙和高度超过12米的顶冠。顶冠上曾经装饰着八个巨大的雨神恰克和太阳神面具。

▲5号神庙仪式阶梯的下方曾经是"施工"楼梯，用于在建筑施工期间运输材料和劳动力。项目完工后，在施工楼梯的基础上修建的最终阶梯仅供祭司和权贵阶层使用。

■ 蒂卡尔

未知的南卫城

　　人们对南卫城知之甚少，因为该建筑群未经勘探，修复工作也尚未开始。其考古名称为5D-14组建筑群，位于5号神庙和七庙广场之间。已完成的实地勘察表明坐落在高岗上的南卫城或许是蒂卡尔最古老的建筑之一，因为那里已经鉴定出七个建筑层次。虽然这组建筑被植被覆盖，但我们已经知道它有一个边长超过24米的正方形基座。该建筑群是围绕一座中央神庙而建造的四座宏伟的宫殿，被考古学家托伊贝特·马勒收录进了地图。他在1904年制作的蒂卡尔地图上绘制了这四座长方形建筑及中央神庙的草图。在马勒造访蒂卡尔一个多世纪后的今天，南卫城仍然是一个考古学的未解之谜。

▲ 有待勘探和修复的南卫城占地面积2公顷以上，包括一座中央礼仪建筑，以及周围环绕的四座建筑。根据考古估算，南卫城或许和北卫城、"失落的世界"年代相仿，因为它包含七期建筑。图为南卫城对面的中央卫城。

往生祭品

人们在神庙基座的台阶之下发现了 1 号祭品，包括四个容器，其中一个用作另一个的盖子，后者内部还放着一只碗、一个很小的罐子以及三个作为装饰物的贝壳。这份祭品可以追溯至古典时期早期（200—600 年）。在距离 1 号祭品大约 60 厘米处，发现了一名年龄介于 15 至 18 岁的少女的遗骸。她的身体呈婴儿式蜷曲姿势，面部朝西，膝盖上放着一只碗，牙齿上有穿孔和装饰性的镶嵌物。这具遗体是在古典时期终末期（600—900 年）放入 5 号神庙的，与上述祭品无关。

2 号祭品是这座建筑的落成纪念品，包括五个美丽的香炉，其中两个香炉饰有面具，还留有红色和蓝色涂料的痕迹；另外三个香炉饰有人物形象，其中一个小矮人和一个统治者的形象较为显眼。从他们的位置来看，似乎表现了一堂写作与阅读课的场景。祭品存放在此处之前，还使用过熏香灰烬来净化环境。

2 号墓葬也位于这座金字塔下方。遗体停放在一块大石头上凿出的一个小坑内，覆盖石坑的木板上面摆放着两个陶制容器。这具遗体属于一名青年男性，年龄介于 18 至 22 岁之间，身高 1.6 米，超过了古典时期末期玛雅人的平均身高。他表现出头骨塑形的痕迹，牙齿也被修饰过，犬齿上有黄铁镶嵌物，骨骼遭到人为肢解，小骨缺失。由于骨头没有剥离的痕迹，排除了被用作人牲的可能性。这副骸骨可能在 600 年左右被挖掘出来，装入一个木箱并转移到了这里。

金字塔地下还有第三座墓葬，不过保存状况不佳，未发现与之关联的祭品，仅有若干陶器碎片。

▶ 7.7 厘米长的玉吊坠，发现于前古典时期晚期的一处藏匿地。
⌂ 西尔韦纳斯·G. 莫利博物馆，蒂卡尔

神圣的蒂卡尔家族

蒂卡尔的肖像图证明，从古典时期（200—900 年）初期开始，王位继承人一般是长子，尽管也有几位女性登上过王位。随着统治者被神化，国王得以集政治领袖和宗教领袖于一身，并使家族的统治权合法化。

玛雅人的社会组织和政治组织结构呈金字塔形，位于顶部的首领是王朝创始人，他将权力传给正室妻子的长子。因为贵族实行一夫多妻制，在这种家庭制度下，一位男性拥有多位妻子。类似蒂卡尔这样在玛雅地区占据统治地位的城市，常常将公主嫁到其他城市或地区，通过政治联姻扩大势力范围。由此产生的近亲结婚，使一个家族能够在王位和权力机构要职上长期延续。

蒂卡尔家族的"正式"创始人是亚克斯·埃卜·序克，他于170至235年在位。在他建立的神权政府中，大祭司和国王等领袖掌握着城市的宗教和政治权力。317年左右发生过一个不同寻常的事件：那时的蒂卡尔统治者是一位名叫乌嫩·巴兰夫人（Señora Unen B'alam）的女性。鉴于玛雅女王的罕见程度，很可能是由于男性血统中断，她才得以继承王位。

查克·托克·伊查阿克国王的统治生涯一直持续至他的生命尽头（378 年 1 月 15 日）。他生前于 360 年左右推动了蒂卡尔城在本地区的大规模贸易，并与特奥蒂瓦坎建立了联系。这种社会关系及商业关系是通过两个城市之间的政治联姻建立的，从那时起，特奥蒂瓦坎对蒂卡尔的影响日益明显。根据文字记载，同年，一位名叫西亚·克阿克的特奥蒂瓦坎重要领主抵达蒂卡尔。查克·托克·伊查阿克逝世后，

杰出的统治者

古典时期（200—900 年）蒂卡尔的统治者家族出现过几位杰出的国王，他们通过政治婚姻和经济协定来维持蒂卡尔在该地区的霸权。

170—235 年
亚克斯·埃卜·序克是王朝的缔造者，他的子孙是未来的蒂卡尔国王和公主。

360—378 年
查克·托克·伊查阿克一世（又名"大美洲豹爪"）逝世，特奥蒂瓦坎派遣的西亚·克阿克（"烟蛙"）抵达蒂卡尔。

379—404 年
亚克斯·努恩·阿伊因一世（又名"卷鼻王"），他是特奥蒂瓦坎国王与蒂卡尔公主之子，继承了蒂卡尔的王位。

特奥蒂瓦坎的国王"掷矛猫头鹰"将他的儿子亚克斯·努恩·阿伊因推上了蒂卡尔的王位，阿伊因的母亲是一位蒂卡尔家族的公主。阿伊因的统治持续到404年逝世。他把王位传给了儿子西亚·查恩·卡维尔，又名"暴风雨天空"，蒂卡尔的第十六任国王。"暴风雨天空"于456年辞世，31号石碑的铭文记载了这位国王

▲40号石碑的细节。文字显示，这块石碑是"暴风雨天空"的继承人克安·奇坦（K'an Chitam）于468年6月20日下令放置的。石碑正面的人物正是这位国王。

116号墓葬的上半部分，整[体]朱砂覆盖。[…]韦纳斯·G.莫[…]，蒂卡尔

411—456年
西亚·查恩·卡维尔二世（又名"暴风雨天空"），对特奥蒂瓦坎人和玛雅人实行同化策略。

657—679年
努恩·乌约尔·查克（又名"骷髅盾牌"），曾与多斯皮拉斯交战。多斯皮拉斯的统治者是他的兄弟，曾与卡拉克穆尔家族结盟。

682—734年
哈萨乌·查恩·卡维尔一世（又名"雨天"），是蒂卡尔的伟大的变革者。他击败了卡拉克穆尔，光复了家族荣耀。

734—766年
依金·查恩·卡维尔（又名"统治者B"），在与埃尔佩鲁（El Perú）、埃尔纳兰霍（El Naranjo）、雅斯哈（Yaxhá）家族的冲突中获胜，巩固了王朝势力。

155

▼发现于73号神庙196号墓葬的玉制杯子。杯盖上的肖像很可能是装扮成玉米神的依金·查恩·卡维尔。
⌂危地马拉国家考古与民族学博物馆，危地马拉城

的成就。

此后的508至562年，蒂卡尔经历了一个动荡时期，开始了一段家族纷争，这在蒂卡尔城的石碑上也有所体现。那时的蒂卡尔再次出现了一位登上王位的女性，她是被称为"蒂卡尔女王"的伊克斯·卡洛（Ix Kalo）。511年4月19日，年仅6岁的伊克斯·卡洛继承了蒂卡尔的王位。人们认为年幼的女王无法独自胜任统治者的工作，必须与一位或多位男性联合统治。家族之争一直持续至这座城市进入史称的"裂痕时代"（592—692年）。后来努恩·乌约尔·查克国王的统治结束了这一时代，他的儿子和孙子带领蒂卡尔走向复兴。哈萨乌·查恩·卡维尔一世（682—734年）最终击败了蒂卡尔的宿敌卡拉克穆尔，其子依金·查恩·卡维尔（734—766年）扩大并巩固了与雅斯哈、埃尔纳兰霍、科潘等地的贸易。这两段统治时期的成就体现在蒂卡尔城的建筑改造方面，不仅涉及纪念性建筑，还包括兴建大型水利工程、行政场所和政治思想空间。祖先崇拜也在这一时期得到复兴。此外，蒂卡尔积极推行与科潘、亚斯奇兰和彼德拉斯内格拉斯等城市的政治联姻。

古典时期尾声的王朝盛世之后，蒂卡尔也走向了崩溃，正如9至10世纪所有玛雅城市所经历的那样。蒂卡尔的最后一位国王是哈萨乌·查恩·卡维尔二世，与他的祖先同名，然而祖先开创的盛世到他的任期走向消亡。

七庙广场

七庙广场位于"失落的世界"与南卫城之间，3号神庙及其水塘的南边。这座长方形广场最初面积达到2.5万平方米，由北边的三座球场和南边的三座宫殿构成。

七庙广场的西边是"失落的世界"天文纪念建筑群，包括骷髅神庙、观象台等建筑；广场东边矗立着七座神庙。虽然广场因这七座神庙而得名，但它们并不在最初的设计规划中，而是后来增建的。该广场原本的功能是进行球戏，球戏既是运动也是玛雅人的一种宗教仪式。

广场的三座球场与另一边的三座神庙对齐，这种建筑设计在玛雅社会是独一无二的。球戏演绎了玛雅-基切人（Maya-Quichés）的圣书《波波尔·乌》（Popol Vuh）中讲述的关于英雄双胞胎的神话。这个神话故事的寓意是代表善与代表恶的力量之间的冲突，一场通过球赛决出胜负的光明与黑暗之间的持久斗争。此外，球戏运动是天文观测仪式活动的一部分，所以球场与相邻广场西侧的观象台存在关联。球场对面矗立着三座宫殿，名称分别为中央宫殿、东宫殿和西宫殿（又名五门宫殿）。东西两座宫殿被球员用作"更衣室"，而且他们很可能会站在宫殿区域的露台上向观众致意。

七庙广场建筑群是由哈萨乌·查恩·卡维尔开始建造的，他的儿子依金·查恩·卡维尔在古典时期终末期的750年左右对该建筑群实施了大幅改造。正是这一时期，他在广场上新建了七座神庙，对三座球场进行了改造，并为三座宫殿加盖了顶冠。

中央神庙

占据中心位置的神庙高度接近20米，是七座神庙中最高的一座，其考古名称为5D-96。它的前方矗立着整个建筑群唯一的石碑（37号）和唯一的祭坛（31号）。

这座神庙建筑物位于方圆24.5米的范围内，这个范围还包括侧面建筑结构，以

蒂卡尔

及神庙嵌入的南卫城露台。建筑基座由三层梯级状的主体组成，每两条线脚之间有间空装饰，略微倾斜，略呈圆角。

神庙正面有一部长度近 10 米的大型阶梯，13 级台阶象征着通往与冥界相反的天界，那里分为 13 层，是众神居住的地方。顶部区域分为三个内室，内部分别有一个壁龛。墙壁上有残留的灰泥和刻上去的涂鸦，图案有神庙、乐器和交叉的骨头，它们提供了重要的图像信息。

顶冠严重受损，没有外部装饰的痕迹。正面有两个中空的带拱顶的房间，目的是减轻顶冠的整体重量。不过，根据在建筑脚下发现的几块雕刻过的方石推测，这座神庙曾经拥有一张巨大的人形面孔装饰。

七座神庙的对面矗立着"失落的世界"天文纪念建筑群。其中的骷髅神庙最早属于"失落的世界"区域，然而它所在的天文纪念建筑群经历过

▶ 广场的七座神庙建于依金·查恩·卡维尔统治时期。该广场用于进行神秘的球戏运动和观测天文，始建于哈萨乌·查恩·卡维尔统治时期。依金国王延续了他的父亲哈萨乌·查恩·卡维尔在这一区域的建设工程。

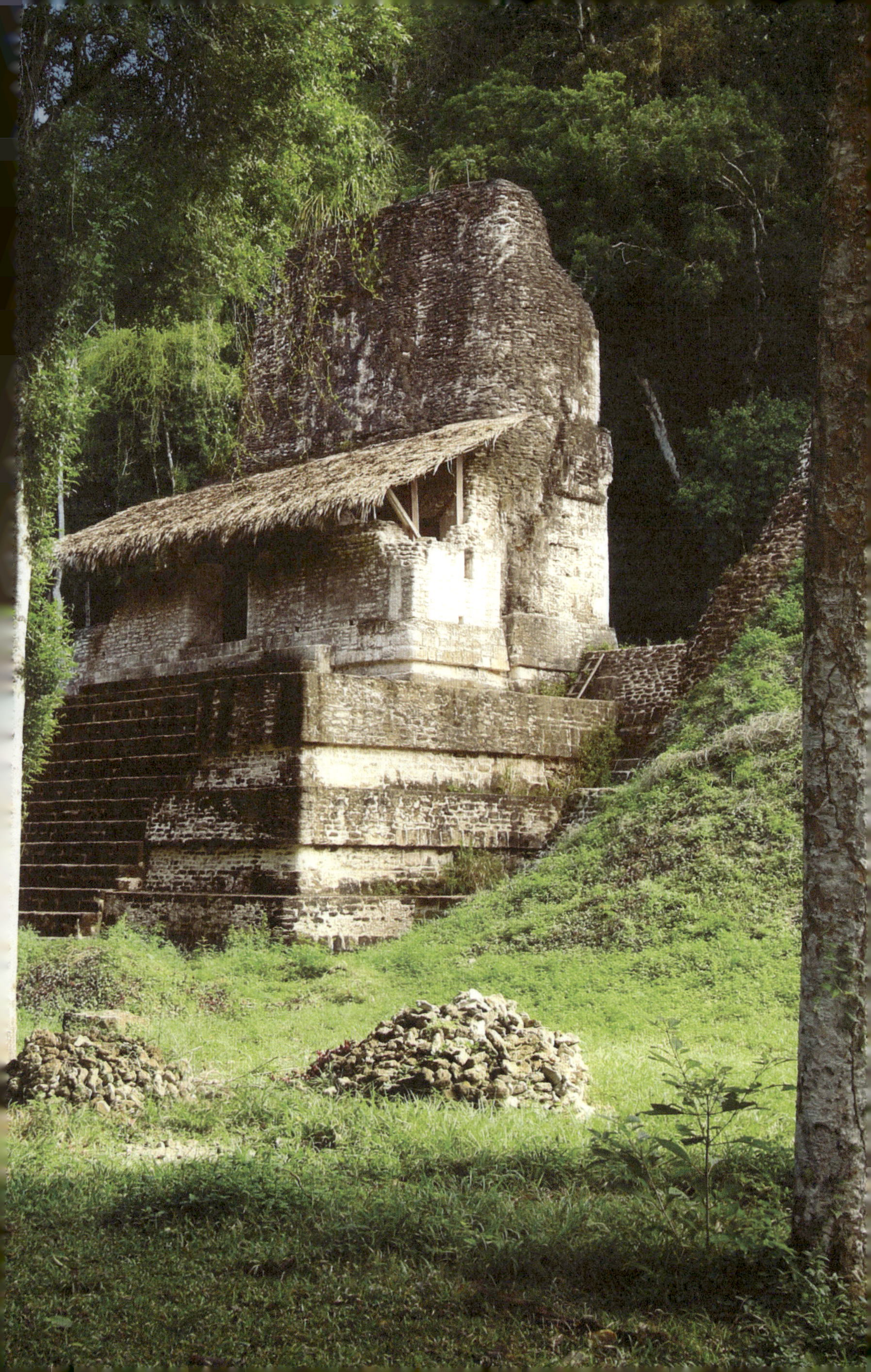

> 蒂卡尔

数次改建，其中一次改建时人们改变了它的朝向，使它成为七庙广场中央庭院建筑的一部分。

南部宫殿

球场对面并排矗立着三座宫殿。中央宫殿（5D-91号建筑）是七庙广场最宏伟的建筑，也是广场南翼的主要建筑。它是一座长方形宫殿，包括由五层主体构成的阶梯式基座、上层房屋和顶冠。这处顶冠是蒂卡尔所有宫殿建筑的顶冠中保存最完好的。宫殿的两个立面上各有一部阶梯。北侧阶梯朝向七庙广场，南侧阶梯与南卫城露台相连。由于地势不同，北侧比南侧少两级台阶。

中央宫殿的发掘工作于20世纪70年代进行。在后来的房屋修复项目期间，发现了由两个门洞相连的三个房间，它们的内部设有靠墙的长凳（可能被用作床），门上有一些小孔，可以用来系棉布帘。这座房屋的外部环绕精美的雕饰带，拐角处仍然可见雕琢过的人形大面具。

广场西侧紧挨天文纪念建筑群观象台的是西宫殿，又名五门宫殿。这个名字的来历是西宫殿房屋的北立面

❶ 中央神庙 5D-96号神庙是这座广场上最大一座神庙。它的外部有三条线条造型（实心主体由内凹的间空连接，突出的部分墙面无装饰，微凹部分位置带有圆角，这种设计在玛雅建筑中既是装饰，也有加固结构的作用。

六座较小神庙的顶冠大约3.5米高，比起中央神庙的顶冠，它们在高度和醒目程度上都逊色一些。

5D-96号神庙占据了正中的位置，它的前方有一块石碑和一座祭坛。该广场上的所有建筑中，只有这座神庙的入口前方拥有石碑和祭坛。

❷ **较小的神庙**　较小的几座神庙内部发现了圆形香炉的遗迹，以及骨器和小河螺等供品。由此推测，球赛双方或许会在比赛前举行仪式以获得神明的垂青。

中央神庙的背面嵌入南卫城的露台，南卫城是一个有待勘探的建筑群。

玛雅建筑的装饰往往使用自然界中存在的颜色，比如大地的红色、植被的绿色、水的蓝色，而一抹黄色则代表太阳。

要到达这座神庙，必须爬上13级台阶。这个数字代表古代玛雅宇宙学中最高的世界，即天界的层数。地下世界是西巴尔巴（冥界），中间世界是人类居住的世界。

5D-96号神庙的建造分为两期，都发生在古典时期终末期（600—900年）。这两期的建筑风格采用中框或间空，一种用于分隔石块的建筑方法。

■ 蒂卡尔

环绕着宫殿和神庙的球戏广场

七庙广场源于哈萨乌·查恩·卡维尔的伟大构想，即通过建筑创造一个神话般的祭神空间。所以他在广场北部修建了三座球场，在南部筑造了三座宫殿，在西部筑造了一座观象台。中央宫殿是通向广场的豪华门户，另外两座宫殿则供球员休息、热身和更衣。由于这些宫殿高于广场，球员可以在此处接受观众的欢呼。

▼▶ 中央宫殿 ④ 的两侧是殿 ③ 和五门宫殿 ⑤，五门长 46 米，宽 25 米，高 17.5其阶梯宽度达到 16 米。

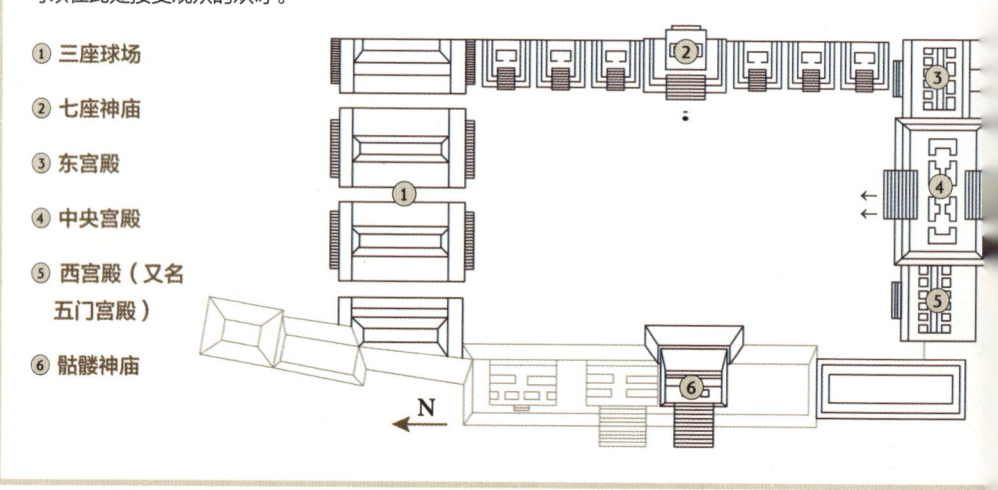

① 三座球场
② 七座神庙
③ 东宫殿
④ 中央宫殿
⑤ 西宫殿（又名五门宫殿）
⑥ 骷髅神庙

▶ 球员木雕像。发现于佩滕地区。

▼ 表面有黑色几何花纹装饰的橙色陶碗，是在"失落的世界"6C-50 号建筑的 49 号墓葬中发现的。
🏛 危地马拉国家考古与民族学博物馆，危地马拉城

和南立面各有五个门洞，而东宫殿的南侧只有三个门洞。东西两座宫殿各有一部通向广场的阶梯，九级台阶象征着向下进入九层的冥界。那里是英雄双胞胎兄弟与黑暗领主进行决定性较量的地方。

在五门宫殿周边区域进行的发掘工作发现了大量的物品。最显著的发现是陶器，共有超过 2.2 万块陶器残片。此外也有骨头、贝壳、蜗牛、绿石、燧石和黑曜石的残片。这些残片的大小规律，可能是供品。

南平台另一侧的东宫殿有一部分被一座神庙阻挡。东宫殿由两层基座构成，两层各有三个房间。考古学家在 20 世纪 80 年代对其进行了勘探，以固定房间的

拱顶。据推测，宫殿的原始设计有两个房间，通过中间的一个门洞实现内部连通。后来为了创造更多空间而进行改造，使每个房间都拥有了一个独立的门洞。顶冠和大面具的保存状况较差。

关于七庙广场的研究表明，南翼的三座宫殿向东和向西曾经都有壮丽的景观。如果从南部到达广场，三座宫殿的外观是连为一体的一座长而高的建筑，方便进入广场。

如今，保护和修复工作使七庙广场重拾昔日光辉，它已经成为蒂卡尔引人注意、和谐和宁静的空间。

铭文学揭示蒂卡尔历史

铭文学为我们揭示了前西班牙殖民文化的石碑、门楣、石板和装饰物上发现的各种文字的内涵。这门学科通过字形这种图形语言对刻在纪念碑上的历史进行解密。

铭文学是一门旨在识别和解释铭文或碑文的学科。这些文字存在于岩石、金属、皮革、骨头、陶瓷和木头等各种耐久的载体上。人类在上述材料上留下的图画、字形以及其他表现形式，可以通过铭文学来破译。铭文研究使我们今天能够了解他们的古老文化，他们面临过哪些政治和军事动荡，以及有哪些功绩。

玛雅文化的书写系统由一系列精心设计的字形构成。这些字形被刻在石灰岩、玉石等各种类型的石头、木头、灰泥上，并被涂成红色、绿色、蓝色、黄色和黑色。神庙的石碑、祭坛、面具和门楣，以及墙面的涂鸦和壁画是最重要的铭文研究材料。其次是彩色陶器、刻字骨器和玉器，以及在墓葬中发现的随葬陶器上的铭文。

▲彩色陶杯，杯身图案有两位女性与两位男性人物，他们周围有字形和日期信息。
⌂危地马拉国家考古与民族学博物馆，危地马拉城

玛雅文字的一大特点是有大量的图形符号，它们既可以表示完整的词语，也可以表示概念。因此，有些字形具有多种含义。16世纪，方济各会修士迭戈·德·兰达首次尝试破译玛雅字母表并标注西班牙语。他的目的是利用玛雅人的母语使他们皈依天主教。然而，对玛雅文字的破译工作贡献最大的是20世纪中叶的两位俄裔语言学家。尤里·克诺罗索夫（Yuri Knorosov）推翻了不完整的"兰达字母表"；塔季扬娜·普罗斯库里亚科夫证明了玛雅铭文的内容不局限于日历或天文信息，还承担了记录事件和讲述历史的功能。

正是通过铭文学对字形的解释，人们才发现并成功地梳理了蒂卡尔家族的历史，也因此得以了解最令人称道的国王，以及他们最重要的功绩和他们的头号敌人。

最早的玛雅日期

铭文学研究表明，莱顿牌（la placa de Leiden，因藏于荷兰莱顿的国家民族学博物馆而得名）是已发掘的带有可识别的玛雅象形文字的最古老样本之一。玛雅文化的两种历法是365天的太阳历（哈布历）和260天的仪式历（卓尔金历）。上述两种历法在这件玉器上都有所体现。此外，它还包含所谓的长纪历或"起始系列"（字形1），即玛雅人确定的当前玛雅纪年开始的日期：公元前3114年8月13日。

通过长纪历（第2~6行）的"介绍性字形"（第1行）、卓尔金历（第7行）和哈布历（第8~11行），我们知道320年9月17日是玉牌正面雕刻的那位国王登基的日期。

▲ 莱顿牌上的文字含义是：经过1253912天（字形1~6行），在1艾布（字形7行）这一天，穆图尔的一位领主登上了王位（第8~11行）。

① **家族与贸易** 门楣上的64个字形提及依金·查恩·卡维尔对蒂卡尔王位的继承权，并提供了其他信息，便于人们了解王朝顺序以及他们通过亲族关系建立的联系。

② **宇宙中心** 国王形象位于图案中央，象征宇宙力量和权力集中在他的身上。

③ **CIMI: "不同世界的连接者"** CIMI字形象征两个世界的结合，并将神圣世界与世俗世界联系起来，此处强调了蒂卡尔家族的神圣性。

④ **巨蛇图案** 一条长着神明面孔的双头蛇从左至右贯穿整块门楣。

▲ 蒂卡尔4号神庙（双头蛇神庙）的4号门楣是一件人心果木浅浮雕作品，高1.8米，宽2米。

纵沟墙宫殿

纵沟墙宫殿是蒂卡尔 G 组建筑群的主要建筑，占地面积为 2.57 万平方米。G 组建筑群由围绕六个矩形空间分布的 24 座建筑构成。

宫殿位于蒂卡尔礼仪中心的东部边缘，曾经是贵族住宅区域。它所在的位置距离大美洲豹神庙约 500 米，距离 5 号神庙东侧约 300 米，紧邻连接 6 号神庙与中央卫城的门德斯道。中央卫城和 G 组建筑群之间是为该地区供水的埃斯孔迪达水塘。比起蒂卡尔城的其他建筑，这座建筑群占据相对重要的位置，同时又相对独立，有一定的隐私性。上述两个特点深得玛雅权贵的喜爱。

美国考古学家西尔韦纳斯·G.莫利将这组建筑命名为 G 组或 5E-11 结构。他在 1936 至 1937 年绘制的蒂卡尔地图上标明了这组建筑。

20 世纪 70 年代，危地马拉考古学家卡洛斯·鲁迪·拉里奥斯（Carlos Rudy Larios）与米格尔·奥雷戈（Miguel Orrego）领导的蒂卡尔项目将 G 组建筑群的发掘与修复作为工作重点。考古学家之所以决定专注于这一区域，是因为希望更加了解精英阶层的日常生活。他们试图通过象形文字铭文和考古现场发掘的陶器、人骨和兽骨、壁画残片、棉织物等物品，勾勒出蒂卡尔社会精英阶层的生活场景。令人遗憾的是，1981 年 9 月，存放这些物品的实验室发生了火灾，此前收集的许多资料都烧毁了。

G 组大宫殿建筑群

早在莫利命名之前，探险家托伊贝特·马勒于 1904 年将 G 组最重要的建筑命名为纵沟墙宫殿。他声称曾在那里住过一夜，取这个名字是因为外墙的特殊设计，即贯穿建筑物立面的垂直元素呈现出假柱形状。关于设置这些大凹槽的目的，目前还没有令人满意的解释。不过它们可能有助于收集雨水，在重力作用下，雨水被导入该建筑群附近的水库。

这座宏伟宫殿的历史可追溯至 734 至 746 年，建于依金·查恩·卡维尔统治时

◼ 蒂卡尔

期，作为王室的寝宫。这座建筑的主要功能是住宅，内部有 29 个带拱顶的房间，有些卧室的床嵌入墙体。室内房间的拱形窗户设计使光线能够进入多个房间。人们遗弃这座宫殿时，在许多房间内填满了碎石，并且仔细地密封过。这些做法使得室内绘制的铭文和涂鸦保存得相当完好。

除了凹槽，宫殿建筑还有一个巨大的蛇头，它张开的嘴巴通向建筑内部的一座广场。这是玛雅宇宙观中充满象征意义的一条通道，因为当一个人穿过通道，代表被蛇吞下，成功穿越黑暗世界后，被蛇吐向光明。

因为这个区域建于古典时期（200—900 年）的末期，建造时间较晚，所以一些结构尚未完工。和"失落的世界"一样，这个空间后来也被人（可能是外来人口）占用过，甚至还有后古典时期（900—1200 年）早期和玛雅城市普遍崩溃之后被占用的痕迹。

▶ 纵沟墙宫殿建筑物的背面外墙也有标志性的垂直凹槽。

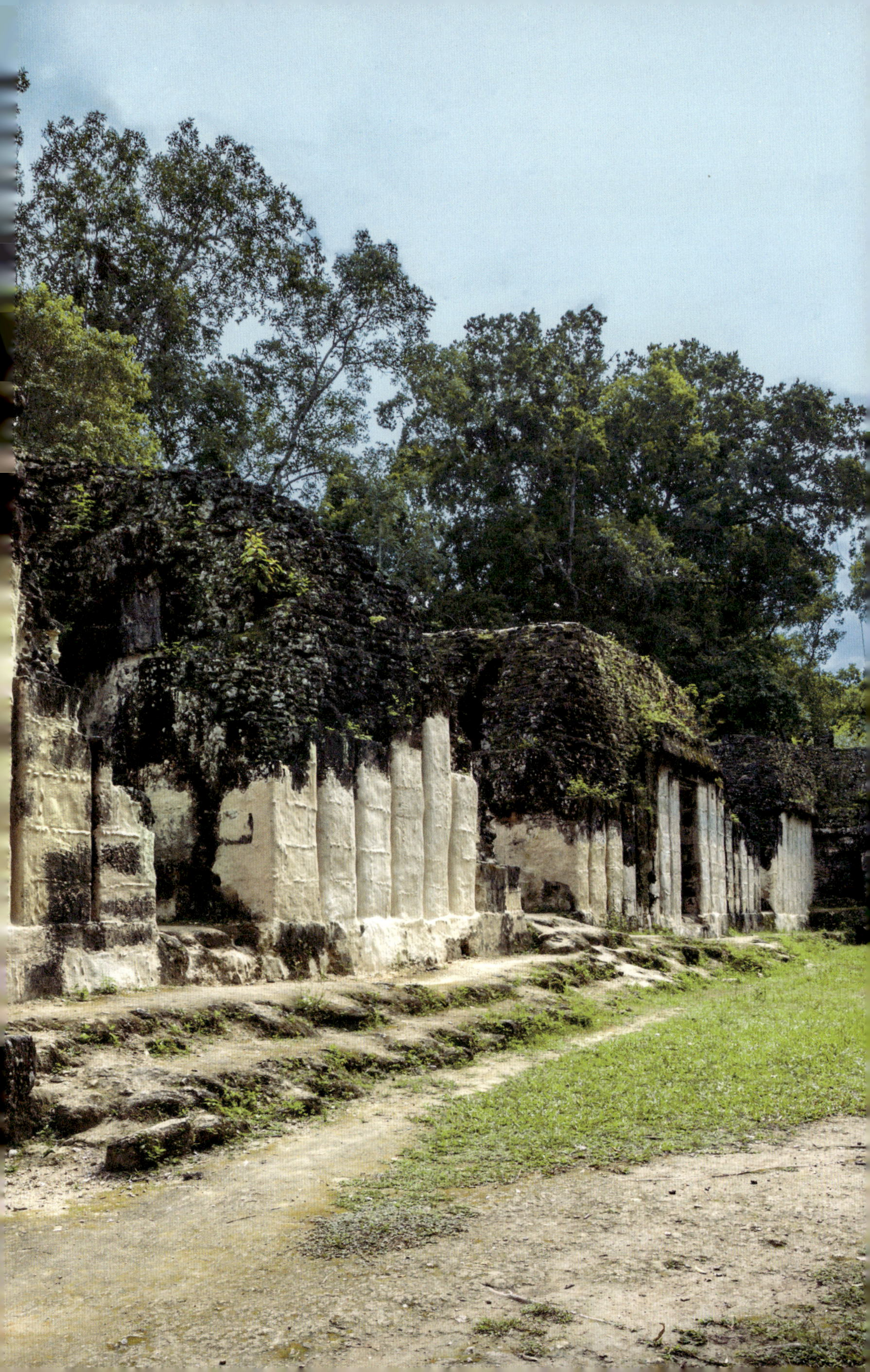

宫殿两个立面上的凹槽的功能仍然是未解之谜，不过根据推测，设置这些凹槽的目的是促进雨水的循环和收集。

差异化的入口

门洞的宽度高度不等，除了装饰作用，很可能限定了通行人群的地位。宫殿入口处最宽阔的门洞为贵族或王室成员专用，侧面更狭窄低矮的门洞则供行政人员和家庭服务人员使用。

❶ **皇家住所** 这座建筑建于蒂卡尔第二十七任国王依金·查恩·卡维尔统治时期（734—766年）。国王本人或者他的家族成员可能在那里居住过一段时间，因为墙壁上的版画中绘制了他的形象。

❷ **朴素的装饰** 这座建筑拥有优越的地理位置，虽然距离城市的礼仪中心一步之遥，但是并不引人注意。建筑外部零装饰，或许也有助于使它在蒂卡尔众多壮观的建筑中保持低调。

宫殿部分房间里留下了一些手印。据信，这些手印来自筑造这座建筑群的泥瓦匠。

宫殿的房间和厅堂数量众多，因为要足够容纳国王的几位妻子和多位子女。

一座低矮而坚固的平台支撑着宫殿结构。通过几级台阶可以进入平台之上筑造的 29 个房间。

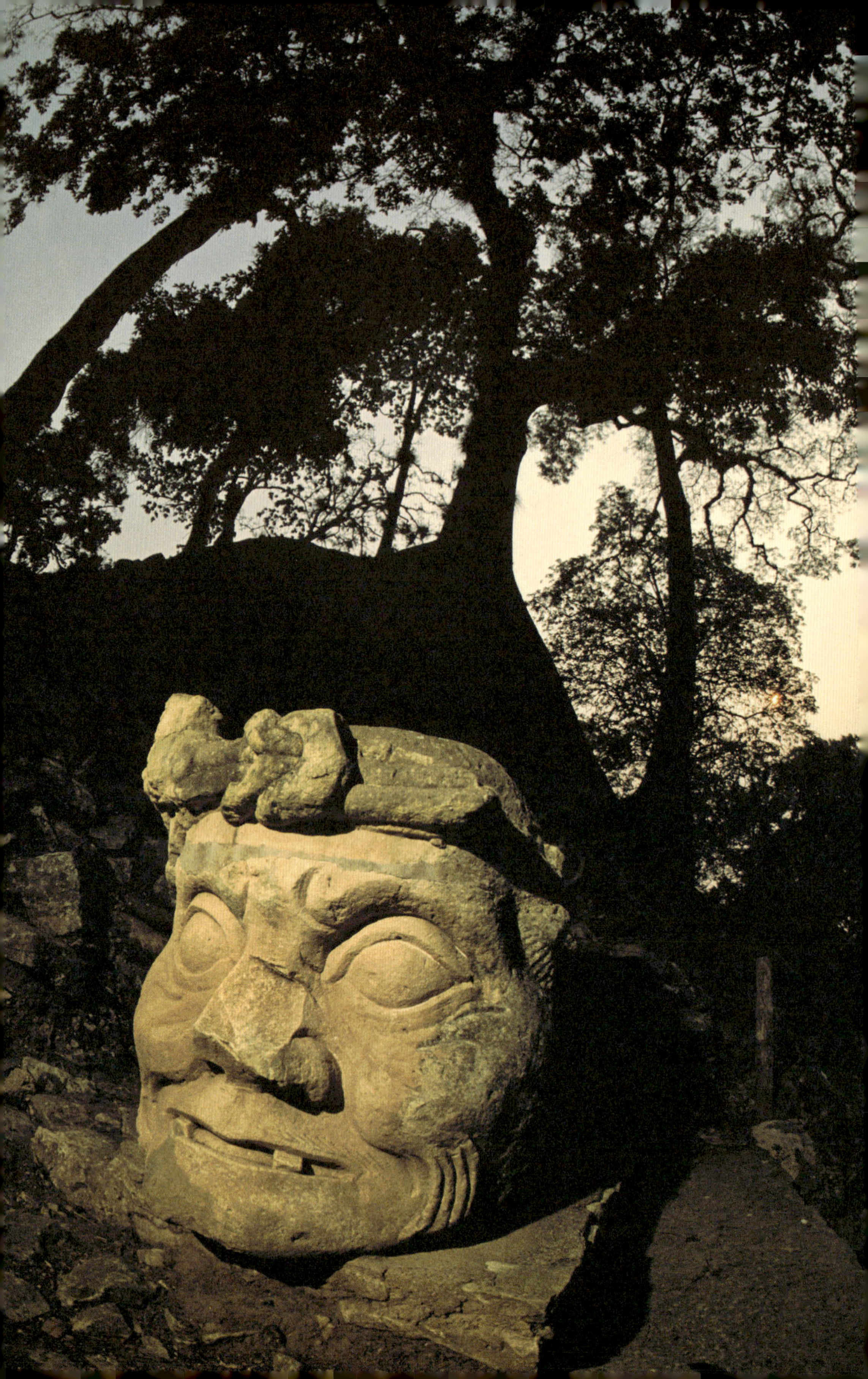

科潘

科潘古城令所有前来参观的人为之震撼。在被遗忘和掩埋在密林中数百年之后,考古活动和关于玛雅书写系统的研究使这座城市的文化重现于世,获得了无数人的赞叹。

伟大的政治礼仪中心

科潘的中心区域主要由一座大广场和一个名为大卫城的人为抬高的空间组成。接纳访客的大广场是城市的礼仪中心。而我们今天看到的卫城景象，是由科潘王朝历史上的十六位国王在426年至810年统治这座城市期间逐渐叠加多个结构而筑造的成果。

- ① D号石碑
- ② A号石碑
- ③ 4号建筑
- ④ 大广场
- ⑤ 球场
- ⑥ M号石碑
- ⑦ 象形文字阶梯
- ⑧ 22号神庙
- ⑨ 22a号神庙（波波尔纳神庙）
- ⑩ 东庭院
- ⑪ 铭文神庙
- ⑫ 西庭院
- ⑬ Q号祭坛
- ⑭ 16号神庙
- ⑮ 陵园建筑群

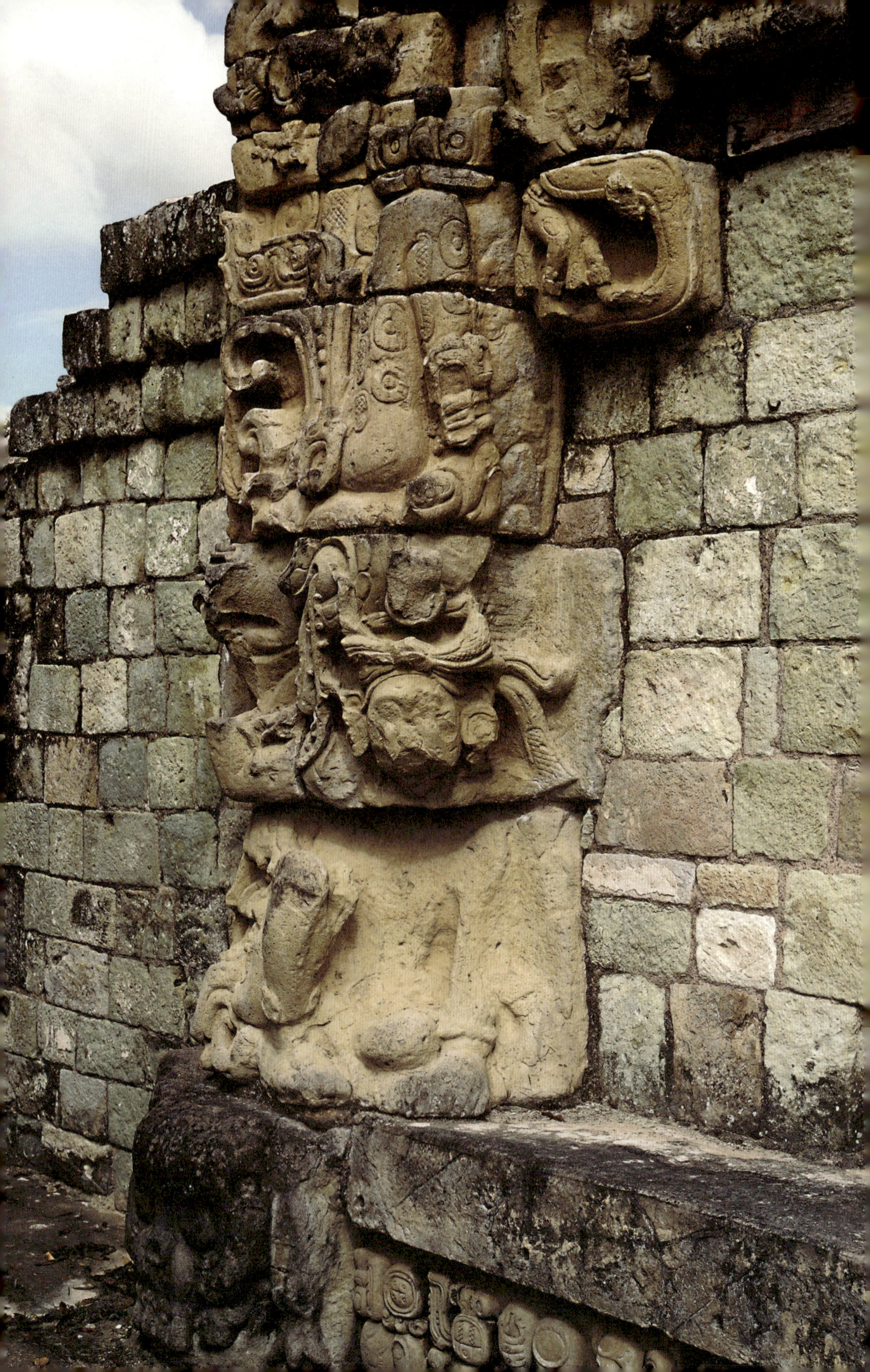

大卫城

科潘古城的核心建筑区域占地面积约为12万平方米,主要分为两大板块:南部的大卫城和北部的大广场。

大卫城内的众多建筑错落有致,以行政性质为主,宗教用途为辅。科潘的主要神庙中有几座位于该区域,围绕卫城内部的两个大型广场,即东庭院和西庭院而分布。大卫城其实并不是真正意义上的卫城(原意为"高丘上的城邦"),因为它所在的位置不是自然的山丘,而是依靠玛雅人的建筑技术,通过在已有的结构上叠加新的结构而扩大了建筑规模。

位于大卫城北端的26号神庙最显著的特征是一部巨大的象形文字阶梯,层层台阶讲述了整个科潘王朝的历史。该区域的其他重要建筑还有11号神庙(铭文神庙)和象征祖先居住的大山的16号神庙。

除了外墙上的文字装饰,大卫城的建筑还展现了各式各样的石刻,提供了关于每座建筑不同时期的性质或用途的信息。目前的大卫城呈现了持续大约四百年的筑造工程成果。那是十六位科潘国王在王朝缔造者建立的卫城原始结构的基础上建造的。

尽管经历了岁月的侵蚀,而且科潘河的洪水几百年来一直在摧毁卫城的东端,但是各种考古项目成功地修复了大部分建筑,从而使现在的游客能够了解这座城市辉煌时期的面貌。

■ 科潘

"祖先之山"

大卫城内部的两个庭院的正中间坐落着16号神庙。它是整个科潘考古遗址最高的建筑，同时很可能是科潘城居民心目中最神圣的建筑，因为那里是王朝缔造者的陵墓所在地。

16号神庙内部还隐藏着其他早期建筑，它们采用玛雅文化的建筑技术层层叠加。神庙基座部分的早期结构被称为"祖先之山"，由科潘王朝的创始人基尼奇·亚克斯·克乌克·莫（K'inich Yax K'uk Mo'）设计，这个名字的含义是"凶猛而闪亮的绿咬鹃—金刚鹦鹉"。

这座神庙地下埋藏的最早一座建筑名为乌纳尔（Una）。它的构造遵循了特奥蒂瓦坎的样式，即采用典型的阶坡式技艺以及色彩鲜艳的壁画装饰，就像布满特奥蒂瓦坎建筑物墙壁的壁画那样。

▶ 16号神庙（"祖先之山"）的正面视图。阶梯底部的Q号祭坛引人注意。

◀ 位于东庭院以北，22号神庙东侧的一处玛雅文化代表性神话装饰。

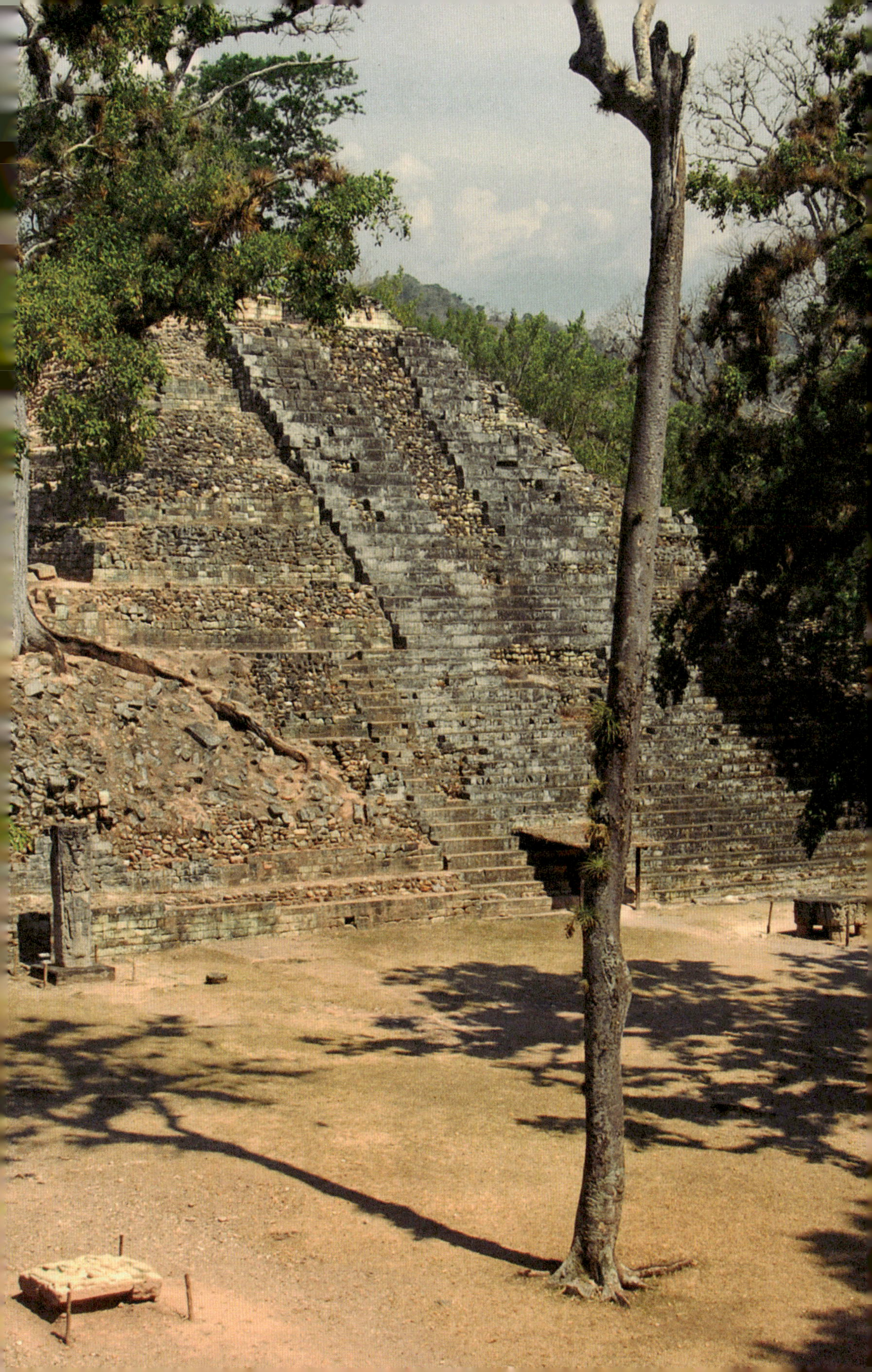

科潘

开国统治者的骸骨

在乌纳尔结构内的一个带拱顶的地下室里发现了一处墓葬，里面有一具老年男性的骸骨。他躺在一块石板上，下方有四根石柱托起石板。墓葬中还发现了大量祭品，许多器物表明这处墓葬的主人正是开国统治者。

其中最令人瞩目的发现包括若干玉器、陶器、鬼蝠鲼（鳐鱼）的刺、一件贝壳胸甲和一件美洲豹爪臂铠。在发掘出的多件玉器中，最突出的是一根长条棒，它在关于亚克斯·克乌克·莫的形象描绘中反复出现，在他的胸前作为吊坠装饰。

另一个可以确定墓葬中的骸骨是第一任统治者的信息是他的身体上有几处负伤的痕迹，像是因近距离作战而导致的伤口，最明显的是右前臂的伤口。这个伤口可能是阻挡大锤或斧头攻击的动作造成的，这两种武器是表现玛雅地区小规模冲突的常见元素。在这位统治者的大多数已知的形象中，他的手臂上明显有一只小盾牌作为遮挡，很可能是为了保护尚未愈合的伤口，就像乌纳尔墓葬中的骸骨所呈现的

神庙下方的隐藏结构

科潘城的纪念性建筑群中最高建筑的地下隐藏着更早期的其他建筑。16号神庙是玛雅建筑技术的一个清晰示例，展示了新的结构如何叠加在以前的结构上。"祖先之山"的石块之下隐藏着罗莎莉拉神庙（Templo Rosalila）和玛格丽塔陵墓（Tumba Margarita）等多个宝藏。

王朝创始人遗骸所在的乌纳尔结构位于16号神庙的底层，玛格丽塔陵墓的后方。

① **16 号神庙** 这是一座由十层主体构成的建筑，顶部是一座两层的庙宇。在建筑内部发现了几百年层层堆叠的其他结构，其中王朝创始人的骸骨位于第一层结构。

② **罗莎莉拉神庙** 这座高度超过 12 米的三层建筑被完整地保存了下来。它曾经是科潘城的仪式中心。其外墙上的图像充满了象征意义。

③ **玛格丽塔陵墓** 这是王朝创始人之妻的陵墓。正面的外墙明显受到特奥蒂瓦坎的影响，饰有绿咬鹃和金刚鹦鹉互相交织的形象。

16 号神庙的阶梯有两种宽度。中间位置的石头上刻着人类头骨作为装饰。

玛格丽塔和罗莎莉拉之间的几处中期建筑空间，比如叶纳尔和尼斯佩罗，被压平并用沉箱回填覆盖。

Q 号祭坛的侧面悉数展示了科潘王朝的所有统治者。

玛格丽塔陵墓位于 16 号神庙的地面以下 16 米处。

■ 科潘

那样。

最近对在乌纳尔结构中发现的骸骨分析表明，此人并非科潘地区人士，这进一步证实了墓葬主人是王朝创始人的推测，因为科潘古城的相关铭文说明了他与特奥蒂瓦坎的关系。

堆叠的建筑

亚克斯·克乌克·莫下葬后的一段时间内，乌纳尔结构是可以进入的，在此期间曾经有人来到这处墓葬拜谒，因为考古发现葬礼后放入祭品和清除旧材料的痕迹。后来，乌纳尔结构被压平，又被另一个名为叶纳尔的结构覆盖，后者是根据佩滕玛雅地区的典型建筑方法设计的。这种特别的情形或许可以解释为第二任国王试图重申，尽管老国王来自异乡，但也完全遵守玛雅人的习俗。

叶纳尔（Yehnal）结构的基座之上曾经有一面灰泥外墙，上面装饰着几个涂成红色的太阳神基尼奇·阿哈乌（K'inich Ajaw）的大面具。这座建筑没过多久就被封闭，建筑物之间的空隙使用沉箱回填平整之后，在上面建造了另一座名为玛格丽塔陵墓的建筑。新建筑很可能是由科潘王朝的创始人之子，即第二任统治者波波尔·约尔（Popol Jol），在450年左右下令建造的献给父亲的神殿。建筑内部发现了一具来自科潘山谷的女性骸骨，其墓葬内有丰富的殉葬品，所以她的身份可能是开国国王的王后。墓葬上方的房间内有更多祭品和一块名为序克皮的石碑。碑面的象形文字铭文提及了王朝创始人和第二任国王波波尔·约尔，以及公元437年左右的一个日期。

玛格丽塔陵墓的立面装饰着令人印象深刻的灰泥大面具，图案中暗含基尼奇·亚克斯·克乌克·莫的名字，这种形式再次让人联想到特奥蒂瓦坎的文字。该字样是一个组合标识，一只绿咬鹃和一只金刚鹦鹉交织在一起，二者分别代表王朝缔造者名字的一部分；从鸟喙中伸出太阳神基尼奇·阿哈乌的头像；鸟头上方有亚克斯（Yax）符号的图像，这些元素合起来组成了国王的名字。

隐藏的宝藏： 罗莎莉拉神庙

玛格丽塔陵墓最终被封闭，并在下一个建设阶段被一座名为尼斯佩罗（Níspero）的结构覆盖，而后者又被名为塞莱斯特（Celeste）和阿苏尔（Azu）的两座平台覆盖。在这两座平台之上建造了罗莎莉拉神庙——科潘城最出色的建筑之一。

1989年6月，科潘卫城考古项目的考古学家在16号神庙内发现了几乎保持原样的整座罗莎莉拉建筑。这座建筑在科潘城是一个特例，因为它没有像其他建筑那样被破坏或平整后修建新结构，而是被精心地掩埋在新建筑的内部。为了防止建筑损毁，玛雅人用石头和泥土填满了房间，还在线脚表面覆盖了一层白色砂浆。神庙内部发现的大量供品表明它是6世纪末科潘的主要宗教类神殿。

罗莎莉拉神庙是一座三层建筑，高度超过12米。一楼的四个房间一定是玛雅人举行重要祭神仪式的场所，因为房间的内墙上留有烟渍的痕迹，证明那里曾经有人焚烧熏香、使用火把。

承载信息的外墙

罗莎莉拉神庙的外墙很可能是科潘城最后一批用大量彩色灰泥覆盖的墙面，因为科潘第十任统治者时期，灰泥的产量大幅减少。灰泥的生产过程中需要燃烧石灰岩，这也意味着需要消耗大量的木材。当时科潘地区开始出现过度砍伐问题，一方面源于灰泥生产的需求，另一方面是随着科潘城的人口增长，开垦土地的需求也日益增长。

罗莎莉拉神庙四个立面的装饰图像暗含着复杂的宗教信息。这些图像表现的元素包括建筑物入口两侧的神鸟、进入大山的通道上方的太阳神大面具和陆生怪兽。在底部入口两侧可以看到两个巨大的象征性标志，再次指代科潘统治者家族的创始人，由此可以推断，罗莎莉拉神庙也是用于纪念这位老国王的神殿。

此神庙所在的平台上还有一个名为奥罗彭多拉（Oropéndola）的结构，其历史可以追溯到560至600年。这座建筑的独特之处在于，它是大卫城区域第一座使用石刻取代灰泥来装饰墙面的建筑。后来，科潘城的其他地方也采用这种新技艺装

■ 科潘

玛格丽塔陵墓

玛格丽塔结构内发现了一处本地女性的墓葬，其殉葬品的丰富程度在玛雅地区女性统治阶层中数一数二，只有帕伦克红王后（la Reina Roja de Palenque）的殉葬品能与之相提并论。据推测，埋葬在那里的人是亚克斯·克乌克·莫的妻子，所以殉葬品才如此豪华，其中包括多件陶器，最突出的是一只具有特奥蒂瓦坎风格装饰的陶罐。殉葬品中还有多件玉石和贝壳材质的珠宝，包括覆盖在她的腿部和手臂上的三排长长的玉石饰品、一面黄铁镜子和一条巨大的项链。这条项链上有几百片玉石，并装饰着十个用玉石制成的超自然生物的大头像。这名女性的遗体被放置在由四根石柱托起的石板上，与她的丈夫亚克斯·克乌克·莫墓葬内的石板相同，她的骸骨完全用朱砂覆盖。

▲墓葬分为两间内室，一间作为墓室，另一间用于存放殉葬品。两个房间通过楼梯连通。

▲出土于乌纳尔结构的一只兽形容器，呈现鹿的形状，制作于437年。
🏛 美国宾夕法尼亚大学博物馆

▶发现于玛格丽塔陵墓的彩色容器，带有明显的特奥蒂瓦坎风格。
🏛 美国宾夕法尼亚大学博物馆

饰此后几个建设阶段的建筑物。这座建筑上的图像也与作为祖先安息之地的大山相关，就这座建筑而言，也就是与亚克斯·克乌克·莫的安息之地相关。

内有乾坤的神庙

科潘的最后一位正式统治者亚克斯·帕萨伊·查恩·约帕特（Yax Pasaj Chan Yopaat）到来后，16号神庙建筑才进行了第一次改建。我们今天参观该考古遗址时看到的宏伟结构是他于776年左右建造的。这座由科潘末代统治者建造的建筑被称为16号神庙，是一座由十层主体构成的平台，其正面有一部阶梯，明显分为上下两段。

建筑顶部有一座底面为长方形的两层庙宇，其内部楼梯得以保存至今。英国考古学家艾尔弗雷德·珀西瓦尔·莫兹利在这座建筑内部发现了统治者亚克斯·克乌克·莫的一尊盘腿坐姿雕像的若干碎片，他戴着一条覆盖整个胸部的硕大项链，眼睛周围装饰着标志性的环形眼罩，这一元素也出现在了Q号祭坛上。

▲玛格丽塔陵墓内有一位大约50岁女性的骸骨和大量殉葬品。20世纪90年代的几次科考使人们对这座建筑有了更深入的了解。

对特奥蒂瓦坎的模仿

　　16号神庙是科潘统治者集团在历史沿革过程中延续其身份的主要根据地。亚克斯·克乌克·莫建造了第一批神庙，此后其子孙陆续建造了供奉其肖像的

■ 科潘

神庙内部的科考

在完成多次科考活动后，考古学家对 16 号神庙包含的多个时期的建筑结构进行了修复。科考活动使人们不仅了解了神庙建筑的历史，也了解了对统治者家族创始人的持续崇拜。按照玛雅人的建筑传统，扩大建筑的方法是压平或者拆除他们想覆盖的老建筑物顶部，以形成一层平整的表面；然后，建造用于回填的沉箱以填补建筑物之间的空隙，再在平坦的表面之上筑造新结构，下层的建筑物往往被封闭；最后，在新建筑物的表面涂上灰泥并完成装饰。根据科潘考古勘探的结果可以确定，即使皇家陵墓所在的建筑物被封闭并且被新建筑物所取代，之后的一段时间里仍然有人前来拜谒。玛格丽塔陵墓就是一个例证。这座建筑物由两个主体组成，一个房间专门用于接收祭品，另一个房间是墓室，两个房间通过一部楼梯连接。科考研究得出的结论是，即使这处墓葬上方已经有了新建筑物，但是进入墓葬的通道在一段时间内仍然保持开放，因为进入房间的通道被扩建过。甚至还发现了在上层房间的屋顶发生部分塌陷之后存放祭品的痕迹。

同样也有证据表明，亚克斯·克乌克·莫被安葬之后，有人摆放和移除过墓葬内的物品。这类进入杰出祖先墓葬参拜的事件在包括科潘在内的多座玛雅城市的铭文中都有记载。铭文指出，每当举行祭祀仪式时，就会动用王朝创始人的骸骨。

① **乌纳尔陵墓** 可追溯至 427 年，是开国国王亚克斯·克乌克·莫的安息之所。

② **玛格丽塔陵墓** 这座墓葬分为两个部分，一个用于摆放祭品，另一个用于安葬开国国王之妻。

③ **叶纳尔结构** 其中一面外墙上饰有太阳神形象的雕刻。

④ **中间的结构** 尼斯罗、塞莱斯特和阿苏尔三个结构被拆毁并夷作为建造罗莎莉拉神庙平台。

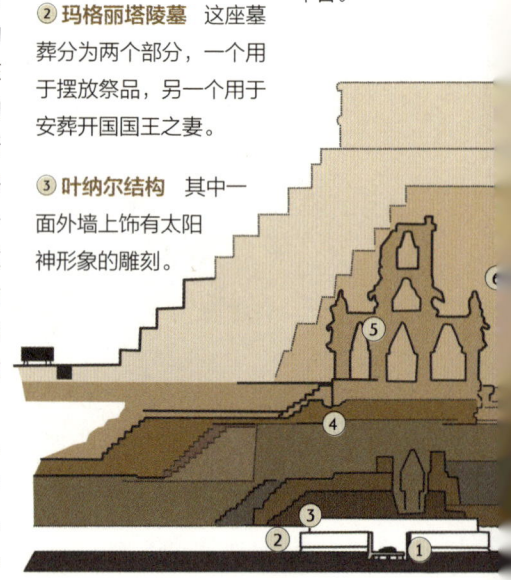

▲ 在 16 号神庙内的一座墓葬中的发现的玉片。
🏛 美国宾夕法尼亚大学博物馆

神殿。这些神殿都将开国国王作为核心人物，建筑规模越来越大，结构也越来越繁复。所有关于他的赞颂都会专门提及他与位于墨西哥中部的都城特奥蒂瓦坎的关系。

特奥蒂瓦坎城在鼎盛时期（350—550 年）拥有超过 10 万名居民，并在古典时期早期成为整个中美洲最重要的大都会。其文化影响力辐射整个玛雅地区，因为在蒂卡尔、乌克苏尔（Uxul）和里奥阿苏尔（RíoAzul）等重要的玛雅古城都保留着效仿特奥蒂瓦坎的痕迹，以及关于后者可能对他们进行政治干预的叙述。

罗莎莉拉神庙 这座层的建筑外部有灰泥饰并涂上了颜色，它考古学家发现时完好员。

奥罗彭多拉结构 这建筑建于560至600是第一座拥有石刻布外墙的建筑。

▶ 在玛格丽塔陵墓中，遗体表面覆盖着朱砂，那里发现的各种祭品散布在残留的红色色素中。

▼ 16号神庙的剖面图

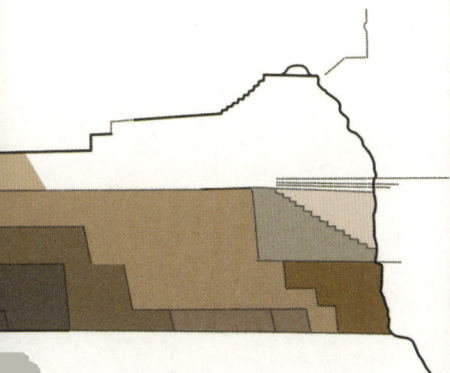

美国哈佛大学考古专家组在对16号神庙进行勘探期间发现了数千块石雕碎片，这些碎片原先是该建筑最后一个建设阶段的外墙装饰物。根据这条线索，他们确定Q号祭坛后面的神庙阶梯上有一处巨大的马赛克镶嵌装饰，雕塑的图案是墨西哥中部雨神特拉洛克的面孔，四周环绕着人类头骨。

此外，他们还发现了其他效仿特奥蒂瓦坎风格的装饰图案，比如关于年份的符号、骨器、头骨和包含大眼睛猫头鹰形象的雕饰带，而猫头鹰是在墨西哥中部的特奥蒂瓦坎城备受崇拜的动物。

Q 号祭坛

Q号祭坛是半个立方体雕塑，除了底部之外的其他几面都布满了雕刻图案。这座祭坛代16号神庙前方，是科潘城第十六任统治者亚克斯·帕萨伊·查恩·约帕特（YaxPa Chan Yopaat）授意建造的，目的是纪念自己登基成为科潘城的"库胡尔阿哈乌"（k'ul ajaw），意思是"神圣领主"。

作为王朝的最后一位代表，为了将自己的血统追溯至王朝的创始人，他下令在祭坛的四侧面雕刻历任国王。每一个侧面雕刻了四位统治者，全都盘腿而坐，他们的坐垫是表示各自字的象形文字。

亚克斯·帕萨伊·查恩·约帕特本人的雕像位于祭坛西侧面的中间，与王朝缔造者面对互相注视。他还下令在两人之间刻上了自己的登基日期：6卡班8莫尔。

不同于其他雕像，开国国王的雕像下方显示的不是他的名字，只显示阿哈乌（意思是"治者"）这个词语，因为他是所有其他国王的典范。有趣的是，最长寿的统治者卡克·乌提·茨·卡维尔（K'ahk' Uti' Witz' K'awiil）的名字也没有出现在祭坛上，不过他的确因为年近岁的高寿而闻名，人称"五卡盾之王"。

开国国王基尼奇·亚克斯·克乌克·莫在祭坛上的肖像缠着包头巾，上面再次出现了他名字的元素。他的头部后面雕刻着一只长着金刚鹦鹉眼睛的绿咬鹃，而头饰的前面可见 y 与 k'in 的标志组合在一起（yax 的意思是青绿色或最初的；k'in 是 k'inich 的缩写形式，意思领主）。此外，他还佩戴着在多处肖像中出现过的环形眼罩，胸前挂着玉石棒作为项链吊坠，臂上佩戴的盾牌一定是为了保护战争造成的旧伤口。

作为祭坛落成典礼的一部分，亚克斯·帕萨伊·查恩·约帕特在祭坛附近的一个墓室中入了一份豪华祭品，包括15只美洲豹的尸体，每只美洲豹献给一位先王。在玛雅文化中，豹与统治者密切相关，这种美洲大陆体型最大的猫科动物是权力的象征。

◀ 祭坛顶部的文字旨在明确科潘统治者家族的根基。这部分文字讲述了王朝缔造者基尼奇·亚克斯·克乌克·莫成为第一位科潘王的最初历程。古典时期早期（200—600年），特奥蒂瓦坎是中美洲的重要权力中心之一，为了获得特奥蒂瓦坎的徽章和许可，亚克斯·克乌克·莫去往那里，在统治者们面前参加了一系列仪式，目的是让他们批准由他掌权科潘。

祭坛南侧面视图，展[示]了第十一至第十四[任]科潘统治者。

西侧面的雕像人物最左侧是波波尔·约尔，中间面对面坐的是开国国王基尼奇·亚克斯·克乌克·莫与委托建造[祭]坛的国王亚克斯·帕萨伊·查恩·约帕特，最右侧是卡克·[伊]普亚·查恩·卡维尔（K'ahk' Yipyaj Chan K'awiil）。

▲ 南侧面雕刻的肖像有第十一任国王布茨·查恩（Butz Chan），第十二任国王卡克·乌提·威茨·卡维尔的名字没有出现，取而代之的是"五卡盾之王"，第十三任国王乌阿萨克·拉宏·乌巴赫·卡维尔（Uaxak Lajuun Ubaah K'awiil）以及第十四任国王卡克·霍普拉赫·查恩·卡维尔（K'ahk' Joplaj Chan K'awiil）。

东侧面展示了第七至第十任国王，目前已知准确姓名的只有其中两位国王，即第七任巴赫兰·奈恩（Bahlam [N]ehn），第八任威·约赫尔·基尼奇（Wi' Yohl K'inich）。

▲ 北侧面包含第三至第六任国王的肖像和名字，目前已知的只有第三任卡尔顿·希克斯（K'altuun Hix），第六任穆亚尔·约尔（Muyal Jol）。

特奥蒂瓦坎的影响

科潘城不仅沿袭了源自佩滕中部的玛雅传统，还明显地表现出一种来自更遥远地方的影响。那些毫无疑问源自特奥蒂瓦坎的元素反复出现，证明了特奥蒂瓦坎对科潘以及蒂卡尔等其他玛雅城市的重要影响。

特奥蒂瓦坎很可能是古典时期早期（200—600 年）中美洲最大的大都会城市，对墨西哥中部、墨西哥湾沿岸以及玛雅地区的城市具有强大的影响力。

▲16 号神庙正面的装饰元素，可以看到"k'an"的变体与猫头鹰眼睛交织在一起。
🏠科潘雕刻博物馆

有证据表明特奥蒂瓦坎与玛雅地区之间自 3 世纪以来的联系，这种联系体现在绿色黑曜石的进口以及模仿特奥蒂瓦坎的阶坡式结构来建造神庙等方面。

到了 4 世纪，这种联系的范围扩大至中美洲的其他地区。玛雅地区对特奥蒂瓦坎商品的进口量出现了增长。此外，玛雅人的一些历史事件中存在清楚而明确的来自特奥蒂瓦坎方面的政治干预。这些事件包括蒂卡尔原来的统治者查克·托克·伊查阿克在 378 年 1 月 15 日被废黜后死亡，而就在同一天，特奥蒂瓦坎战士西亚·卡克·奥克因·卡维尔（Siyah K'ak Ochk'in K'awiil，意思是"从火中诞生的来自西方的君主"）抵达了蒂卡尔。由此得出结论，那位国王是被来自墨西哥中部的外族杀害的。此外，科潘王朝的缔造者基尼奇·亚克斯·克乌克·莫登基称王，其政治身份和权威似乎与特奥蒂瓦坎以及墨西哥中部的文化密切相关。

象形文字阶梯神庙的双语铭文

26号神庙上方的一座建筑物上的铭文是科潘象形文字体系中最奇特的铭文之一。这处铭文出现了所谓的"双写",也就是同时用两种文字系统书写的铭文。具体来说,一部分文本使用玛雅象形文字,另一部分似乎是特奥蒂瓦坎的文字。然而这些文字只是看起来像特奥蒂瓦坎文字,实际上并不符合那座城市的文字实例。铭文是755年左右在科潘第十五任国王卡克·易普亚·查恩·卡维尔统治期间完成的,表现的是科潘人认为的特奥蒂瓦坎文字的样子。

▲象形文字阶梯顶部神庙正面文字的细节图。同时出现了玛雅文字(右框)和看似特奥蒂瓦坎的文字(左框)。

▶框内下半部分象形文字的放大图像,包含科潘第十三任统治者乌阿萨克·拉宏·乌巴赫·卡维尔的名字的一部分。

◀特拉洛克的雕像，可见鹰钩鼻、环形眼罩和没有下颚的嘴巴。
🏛 科潘雕刻博物馆

关于特奥蒂瓦坎的影响，一个有趣的细节是这种影响在中美洲比在发源地存活得更久，因为存在一些发生在特奥蒂瓦坎城被遗弃之后的例子。

特拉洛克的形象

风暴神特拉洛克的面孔作为装饰物的一部分出现在了多座科潘建筑上。他是特奥蒂瓦坎的神谱和墨西哥中部族群宗教中重要的神明。

他的形象经常出现在特奥蒂瓦坎的壁画中，其特征是环形眼罩（科潘王朝的创始人形象也包含这种元素）、鹰钩鼻以及没有下颚的嘴巴，露出的牙齿像在流血。

这位神明有时会和一个被称为"年份标志"（由梯形和三角形交织组成）的图形元素一起出现，该元素常见于头饰或者手持这位神明的人物的头部。

铭文神庙

位于大卫城内西庭院北边的 11 号神庙也叫铭文神庙，是科潘最重要的建筑之一。我们今天所见的 11 号神庙与 16 号神庙共同构成科潘最后一位统治者亚克斯·帕萨伊·查恩·约帕特宏大的城市建设改革项目，不过 11 号神庙最初的设计可以追溯至创始人基尼奇·亚克斯·克乌克·莫的时代。

铭文神庙在早期建设阶段可能用于举办与王朝创始人相关的纪念仪式活动，因为发现了一处铭文证明它是开国国王的神祠。然而所有迹象表明，最后一次改造使这座建筑的用途更偏向行政场所而非仪式场所。一段关于改革推动者亚克斯·帕萨伊·查恩·约帕特的文字描述了他参与过的仪式。还有一张铭文石椅纪念他成为科潘的掌权者。这些迹象似乎表明，为了延续开国国王的声望，亚克斯·帕萨伊·查恩·约帕特将这里作为住处。这座神庙也很有可能是他处理城市治理和接待重要访客等政务的场所。这座建筑下层的多个房间的用途可能是作为宫廷官员的工作空间。

与亚克斯·帕萨伊·查恩·约帕特国王的生平有关的神庙铭文部分，包括他登基的日期和 771 年发生的一场日食的记录。这段文字覆盖了神庙上层的四个入口处和部分区域的墙壁。此外，还发现了一幅肖像，其内容是统治者手持象征王权的卡维尔神（dios K'awiil）的头像。

镜像文字

值得一提的是，墙壁右侧雕刻的文字采用镜像形式，也就是说它们与常规的书写方向相反。这种方法通常用于内容深奥的文本，并且已经出现在亚斯奇兰的一些文本中，在《巴黎手抄本》中尤其多见。

有趣的是，人们发现这些文本的阅读方向与某些涂鸦形式相似。比如在尤卡坦半岛北部的城市奇比尔查尔顿（Dzibilchaltún），需要进入不同的入口逆时针方向

▎科潘

绕建筑物一周才能阅读这些文字。而科潘的这组铭文的阅读顺序是从北侧入口开始的，沿着东侧和南侧入口继续阅读，最后在西侧入口立面结束。

最富丽堂皇的建筑

从铭文神庙建筑周围发现的大量雕刻残迹来看，它似乎是大卫城装饰最精美的建筑之一。在建筑物表面发现的雕刻石块数量达 3000 余块，而且根据推测，可能还有相当数量的雕刻石块埋藏在建筑物的废墟中。

俄罗斯铭文学家、考古学家塔季扬娜·普罗斯库里亚科夫在研究这些残迹的过程中，注意到神庙附近有一处巨型石刻鳄鱼，其巨大的头部和前爪得以保留。此外，在神庙装饰物的部分遗迹中，还发现了两个巨大的头像，他们是负责支撑天空的两位老者神明帕赫顿（pauahtun）与巴卡布（bacabob），和鳄鱼雕塑一起形成了一个巨型马赛克嵌饰，表现了一幅完整的宇宙图。

▶ 在亚克斯·帕萨伊·查恩·约帕特的城市规划下建造的铭文神庙的南立面视图。

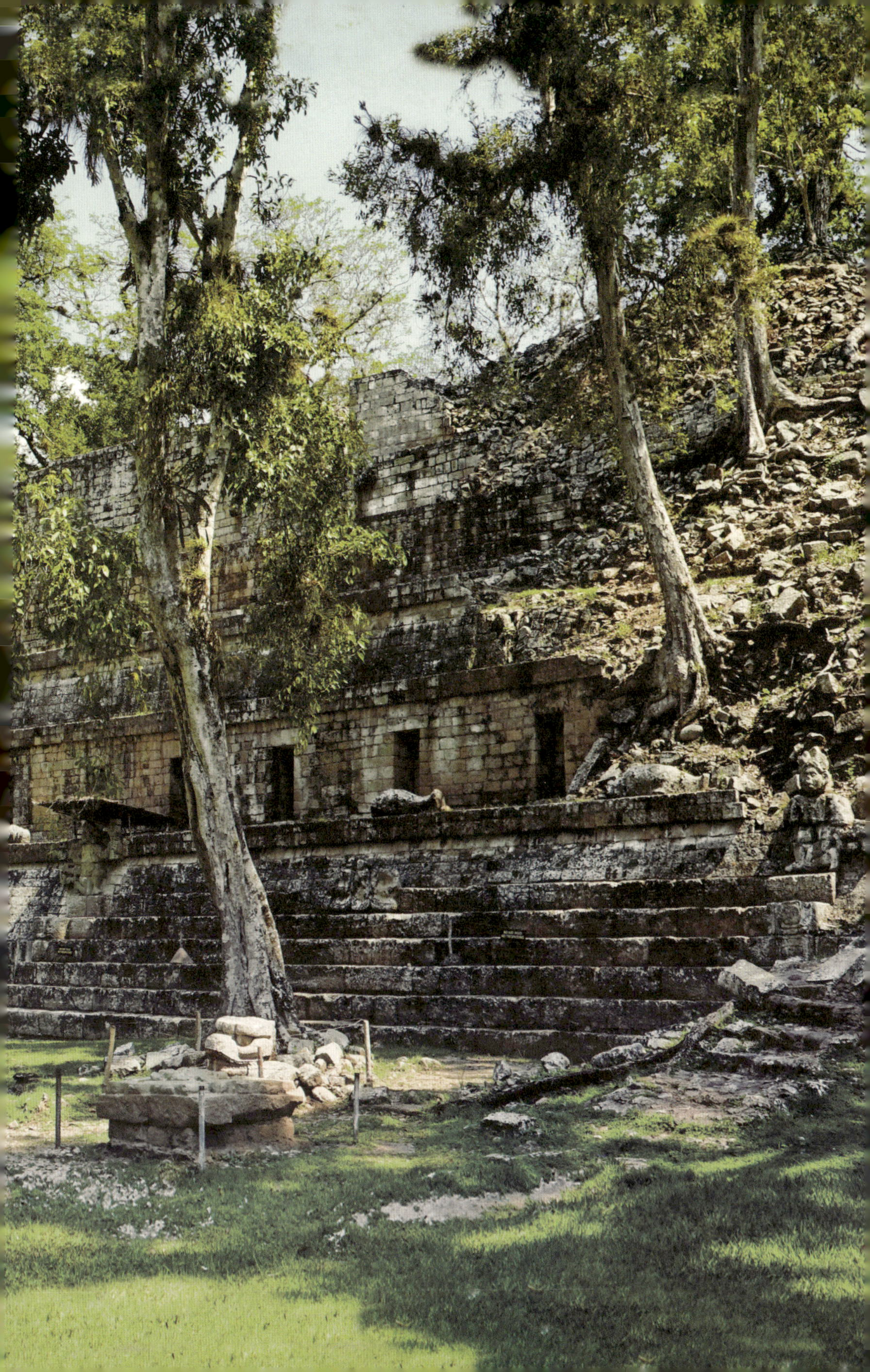

■ 科潘

内涵丰富的外墙

神庙的下层结构保留了一些双头蛇造型的台阶，有的带水生动物装饰，有的带陆生动物装饰。下层也有详细记述亚克斯·帕萨伊·查恩·约帕特生平片段的铭文。并排守护铭文的两尊雕像表现的是手持摇铃、长着蛇尾巴的拟人化的猴子。在玛雅文化中，这些长着灵活卷尾且手里拿着铃铛的动物形象是象征音乐的常见元素。铃铛上带有"ik"（风）字样，指的是铃铛产生的声音。

铭文神庙南北两个入口的装饰都是动物形态的大山的嘴巴，两张嘴巴的样子非常相似，都干瘪无肉。南侧入口的装饰物目前保存得更佳，仍然可以看到下颌的牙齿。

然而这座神庙的装饰图案并不局限于外墙。在室内发现了一张石刻的长凳，以纪念亚克斯·帕萨伊·查恩·约帕特继位。长凳上刻有几位科潘国王的肖像，包括科潘王朝的创始人和亚克斯·帕萨伊本人，以及拟人化的神明和疑似外族人物。他们似乎是在一个神话般的宫廷中为第十六任继承者授予王位。

11号神庙，也叫作铭文神庙，是科潘大卫城内最富丽堂皇的一座建筑。外墙上的美丽的象形文字雕刻讲述了下令改造神庙的统治者的生平片段。

神庙的南立面朝向庭院，比朝向大广场的立面更高。

南立面前方的三个大型祭坛表现了象征王权的卡维尔神，他与闪电、风暴和丰收有关。

和北入口一样，南侧入口的装饰物造型也是动物形态的大山的嘴巴。

南立面正门内部右边门框上曾经有些镜像文字。

讲述亚克斯·帕萨伊·查恩·约帕特生平的铭文旁边有一只蛇尾猴子雕像作为守卫。

下层主体的多个入口通往用于接待访客或进行其他活动的房间。

神庙底部的一处铭文中提及了771年发生的一场日食。

■ 科潘

神庙的结构

铭文神庙北立面上层的装饰雕塑图案表现的是站姿的帕赫顿与巴卡布（负责托举我们头顶的苍穹的神明），分别位于西边和东边转角的位置。此处他们托着一条雕饰带，上面有神鳄形状的天空，与科潘的玛格丽塔建筑墙面上的那只鹿蹄星斑鳄鱼非常相似。神庙入口的造型类似大山深处的洞穴入口；南侧的入口也有同样的装饰物。建筑物南立面底部保留着一段象形文字，首尾处各有一只手持摇铃的猴子。这种动物与舞蹈、舞会和文字有关。它们让人联想到西班牙殖民时期最重要的玛雅原住民文化文献之一《波波尔·乌》，在这本书的神话中，擅长书写文字的英雄双胞胎兄弟洪巴茨（Hunbatz）和洪楚文（Hun Chuwen）被变成猴子，掌管音乐艺术。

此外，北立面脚下矗立着献给统治者卡克·易普亚·查恩·卡维尔的 N 号石碑。石碑上有一段文字详细地说明了其陵墓的祭献日期，所以铭文神庙很可能是这位统治者的墓葬所在地。

▼ 一条石雕鳄鱼张开的嘴巴象征天穹，迎接着铭文神庙的访客。

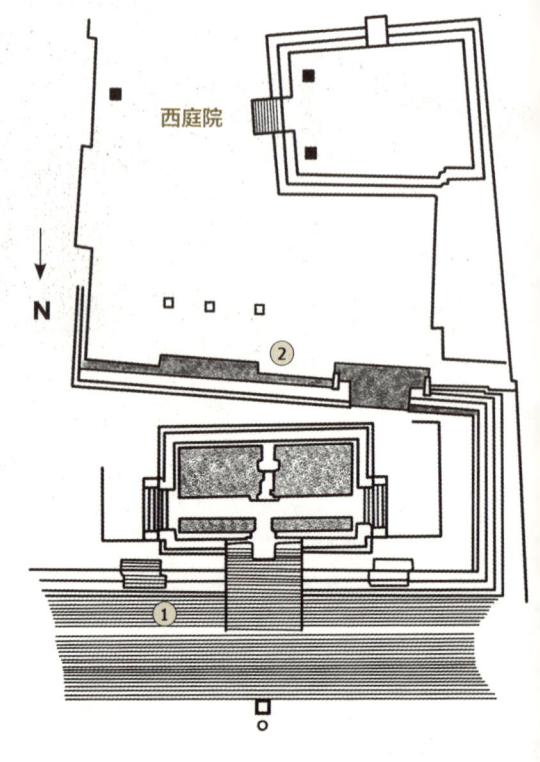

▲ 铭文神庙与西庭院鸟瞰视图。

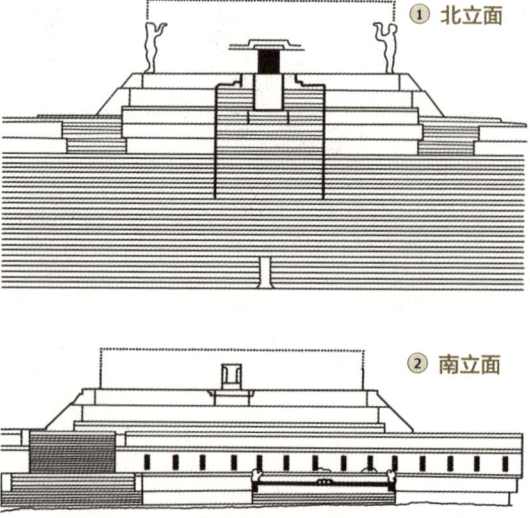

① 北立面

② 南立面

此外，南立面正对面放置的三个巨大的方形祭坛拥有相同的图案，都描绘了卡维尔神的形象。他是玛雅神谱中的一位重要神明，与闪电、风暴有关，而这类自然现象有利于产生降雨，促进丰收。这几种元素都与王权密切相关，因为王权意味着控制财富和为其子民分配财富。

▲南立面的装饰细节，一只长着蛇尾巴的猴子雕像，左手拿着摇铃。这样的猴子雕像共有两个，共同守卫着一段铭文，其文字详细记述了亚克斯·帕萨伊·查恩·约帕特的生平片段。

新大陆的雅典

虽然科潘是整个玛雅文明范围内勘探程度最高的古城之一，但是那里的考古工作还在继续，因此该遗址仍然不断出土重要的考古发现，帮助我们更好地了解该地区在西班牙殖民前的社会运行方式。

科潘是中美洲考古勘探领域的先驱们访问和研究的首批玛雅城市之一。19世纪末，那些地区只有骑着骡子才能进入，科考工作的设备和必要物资也全部通过骡子运输。研究人员们就这样穿越了那些地区，记录了他们沿途的发现。他们所完成的工作很难让人不为之折服。

尽管有证据表明，西班牙探险家、航海家迭戈·加西亚·德·帕拉西奥（Diego García de Palacio）在殖民时代初期就造访过科潘古城，因为他于1576年向费利佩二世国王（Felipe Ⅱ）写的一封信中讲述了他在科潘的见闻，但是此

漫长的勘探阶段

科潘的考古勘探史是整个玛雅地区时间最长的，因为它从美洲殖民地时期开始，到今天还在继续。

1576年
第一位访客 迭戈·加西亚·德·帕拉西奥在写给费利佩二世国王的一封信中详细描述了玛雅科潘古城遗迹。

1834年
早期发现 约翰·加拉格尔上校在科潘遗址完成了几项勘探工作，并在东庭院内发现了一处墓葬。

1841年
图片记录 斯蒂芬斯与卡瑟伍德出版了一本书，其中内容包含科潘古迹建筑最早的图片。

▶约翰·芬斯蒂芬斯是大的美国挖作家、外交中美洲城市深入的研究。

200

后的250年里没有第二个人踏上科潘的土地。他在信中写道，这座城市的入口是用石头制成的，上面雕刻着一只鸟作为装饰，鸟的胸前有一处铭文，上面写着一些看不懂的文字。他还描述了大广场，他在那里发现了六块屹立未倒的石碑。

虽然他试图通过与当地人交谈以更好地了解科潘以前的居民是什么

▲ 加拿大考古学家乔治·拜伦·戈登（George Byron Gordon）坐在象形文字阶梯宝座石像旁的照片。

▶ 美国考古学家、特工西尔韦纳斯·莫利于1912年参与了科潘遗迹科考。

◀ 古迹画家约瑟夫·林登·史密斯（Joseph Lindon Smith）正在户外为科潘古城的一块石碑绘图。

1885年
勘探的基础 艾尔弗雷德·P.莫兹利团队的工作成果为科潘的考古勘探奠定了基础。

1895年
修复工作 加拿大考古学家乔治·B.戈登担任由皮博迪博物馆资助的象形文字阶梯修复工作的负责人。

1935年
机构协议 华盛顿卡内基研究所与洪都拉斯政府合作修复了多座建筑。

1970年
当前的项目 哈佛大学自1970年起资助科潘考古项目。

1980年
认可 联合国教科文组织宣布科潘古城遗迹为人类文化遗产。

◀ 洪都拉斯政府代表卡洛斯·马德里（Carlos Madrid）站在象形文字阶梯上的一尊雕像旁边。照片摄于1900年。

人，但是只得到了一些不太可信的说法。然而他获取了一本关于古代科潘文明的书，这本书现在下落不明。

第二位造访科潘遗址的探险家是约翰·加拉格尔（John Gallagher），一位来自爱尔兰的上校军官。他于1834年在佩滕地区担任地方长官期间访问了科潘古城。后来，他在伦敦的报纸上发表了几篇文章，概括地描述了他在这座玛雅古城的研究结果以及在东庭院的发掘工作中获得的更详细的数据，他在东庭院发现了一处陵墓。

受到加拉格尔上校的文章的启发，美国探险家约翰·劳埃德·斯蒂芬斯与英国画家弗雷德里克·卡瑟伍德决定在整个玛雅地区开展一次旅行，于是他们追随上校的脚步来到科潘。1841年，他们出版了一本名为《中美洲、恰帕斯与尤卡坦旅行记》的书，在书中发表了他们的探险成果，以图文结合的形式描述了他们在玛雅地区的发现。斯蒂芬斯在书中还总结道，玛雅文明及玛雅艺术表现形式，尤其是玛雅语言文字一定是源自本土的，而与旧大陆的其他古代文明毫无关联。

弗雷德里克·卡瑟伍德与投影描绘器的使用

弗雷德里克·卡瑟伍德 1799 年出生于英国伦敦。在与约翰·劳埃德·斯蒂芬斯合作之前，他已经去过旧大陆的埃及、巴勒斯坦、小亚细亚和希腊，并绘制了当地的建筑和纪念碑，是一位知名的探险家兼画家。卡瑟伍德在伦敦举办关于耶路撒冷的作品展览时结识了斯蒂芬斯，两人从此建立了长久的友谊。他们都对玛雅王国古代遗址研究感兴趣，于是决定一同前往中美洲地区。卡瑟伍德使用一种名为投影描绘器的光学仪器，为自己的发现留下最准确的记录。投影描绘器是威廉·海德·沃拉斯顿（William Hyde Wollaston）在约翰尼斯·开普勒（Johannes Kepler）1611 年详细阐述的光学原理的基础上，于 1806 年发明的一种设备。这种设备带有镜子，可以将图像投影到一个平面上，便于绘制出准确的图像。投影描绘器在整个 19 世纪都很流行，摄影的到来才逐渐淘汰了这种设备。

1844 年，卡瑟伍德将自己的图像资料汇集成版画书出版，名为《中美洲、恰帕斯与尤卡坦的古代遗迹图鉴》。这本书呈现了他的高质量作品，至今仍是重要的研究参考资料。

▼借助投影描绘器，弗雷德里克·卡瑟伍德能够准确地记录科潘遗址发掘出的古建筑。这份记录在今天仍然是非常有价值的资料，可以帮助人们了解早期探险家到达科潘遗址时的状况。

▼弗雷德里克·卡瑟伍德书中的版画图片，表现了D号石碑和一座祭坛，祭坛的外形是玛雅人虚构的一种生物。

▼▶弗雷德里克·卡瑟伍德书中的D号石碑彩色版画。这处古迹位于科潘遗址的北端。

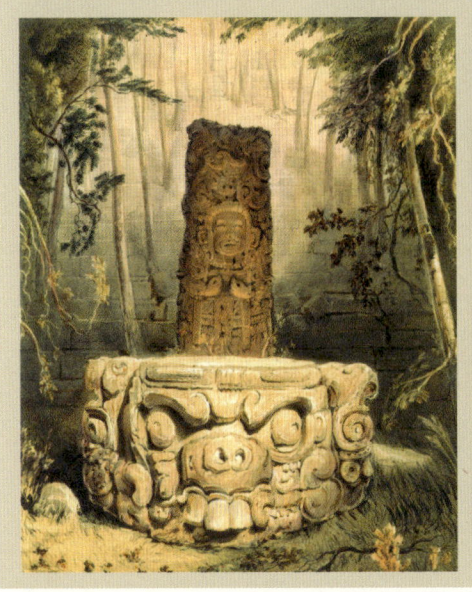

▼A号石碑是科潘最出色的石碑之一，因为它外观华丽，雕塑工艺精美并且保存状况良好。根据艾尔弗雷德·珀西瓦尔·莫兹利建立的命名法而得名A号石碑。

初识科潘

在英国探险家兼考古学家艾尔弗雷德·珀西瓦尔·莫兹利到访科潘后，这座古城才开始大放异彩。1885年，莫兹利完成了对科潘的初步考察访问之后，决定再次前往科潘深入研究该遗址。他计划记录所有的古建筑并绘制城市地图。英国插图画家安妮·亨特（Annie Hunter）完成了一系列详细的石碑图稿，为他的计划提供了宝贵的帮助。

此外，莫兹利此前在亚斯奇兰玛雅遗址结识了著名的法国探险家兼摄影师德西雷·沙尔奈，并从他那里学到了纸模知识。随后，莫兹利使用纸模复制了科潘古迹，如今这些纸模保存在英国伦敦大英博物馆。

他的研究成果汇集成五卷《中美洲生物学》，至今仍然是科潘研究的重要参考书。这是一本作为玛雅地区考古工作标准的专题著作，启发着后来的探险家，比如玛雅象形文字铭文语料库的建立者——英国的伊恩·格雷厄姆（Ian Graham）。格雷厄姆的项目受到了美国哈佛大学皮博迪考古与民族学博物馆的资助。皮博迪博物馆与华盛顿卡内基研究所赞助了目前在科潘进行的大部分科考工作。

圣山

科潘大卫城内 16 号神庙以北的东庭院还有另外两座非常重要的神庙：22 号神庙，其特点是圣山形状的装饰；它旁边后来增建的 22a 号神庙，又名波波尔纳（Popol Naah）。从后者的装饰来判断，它很可能是科潘酋长们的会议场所。

22 号神庙在大卫城内占据着一个显要的位置。它建于乌阿萨克·拉宏·乌巴赫·卡维尔统治时期，目的是庆祝他在位的第一个 20 周年。它与另外两座重要的建筑，即 11 号、26 号建筑组成一个建筑群。

艾尔弗雷德·P. 莫兹利在 1885 年的科考中对这座建筑进行了彻底的探索。那时他就发现了转角和主入口处的装饰，以及一个内部入口处的雕饰带（可惜不牢固，在 1934 年的地震中被毁）。不过幸运的是，卡内基研究所团队修复了石雕饰带和建筑物的其余部分，因此 22 号神庙才拥有了我们今天看到的样子。

大山的象征意义

大山样式的建筑在古典时期的玛雅城市非常普遍。玛雅传统认为山是一个特殊的地方，因为山洞里居住着掌管云和雨的神明。久而久之，这些神明也开始负责保护人们赖以生存的粮食，同时象征丰富的物质财富。在与丰收相关的神明中，最突出的是卡维尔神，他与闪电神和 L 神也有关联。L 神象征着大山的内部、宇宙起源和贸易，尤其是可可贸易。当时可可豆是一种可以用于支付税款的货币。

此外，大山也是祖先的安息之所。玛雅人通过仪式在需要决策时征求祖先的许可，或者在旱灾或战争等不利情况下获得祖先的庇佑。

外墙装饰物

22 号神庙的入口在一部始于东庭院的阶梯的最高处。神庙起初有一个巨型下巴装饰物，现在只保留了底部，由一排巨大的牙齿组成，覆盖着最后一级台阶。最近的一级台阶上的装饰物代表牙床，入口两侧分别有一颗醒目的大獠牙。另外，上下

■ 科潘

颚的连接处很可能曾经有两张卡瓦克兽的面孔，在此处象征着通过一个洞穴进入大山内部。嘴巴周围的波浪形状图案代表植物。为了强化大山的形象，建筑的四个转角处各雕刻了一对威茨面具，它们是玛雅文化中圣山的象征。

虽然外墙的上半部分完全倒塌了，但是包括莫兹利在内的研究人员曾尝试使用在附近发现的石雕废墟来重建外墙。上半部分似乎是由卡瓦克兽和年轻的玉米神的形象组合而成的，后者是与大山相关的元素，因为在玛雅地区的许多神话中，山洞是用来储存玉米和可可等食物的地方。

石刻上的宇宙

从神庙外部不可见的一个内部入口展现了玛雅人观念中关于宇宙的复杂而完整的画面。其中大山作为财富源泉以及闪电、云等自然现象产生的地方，是玛雅宇宙观的主角。

一条双头鳄鱼是入口处的主角，西端呈现的是爬行动物的头部，东端

▶ 22号结构由两座建筑组成：具有宗教功能的22号神庙和作为酋长们的住所的22a号神庙。

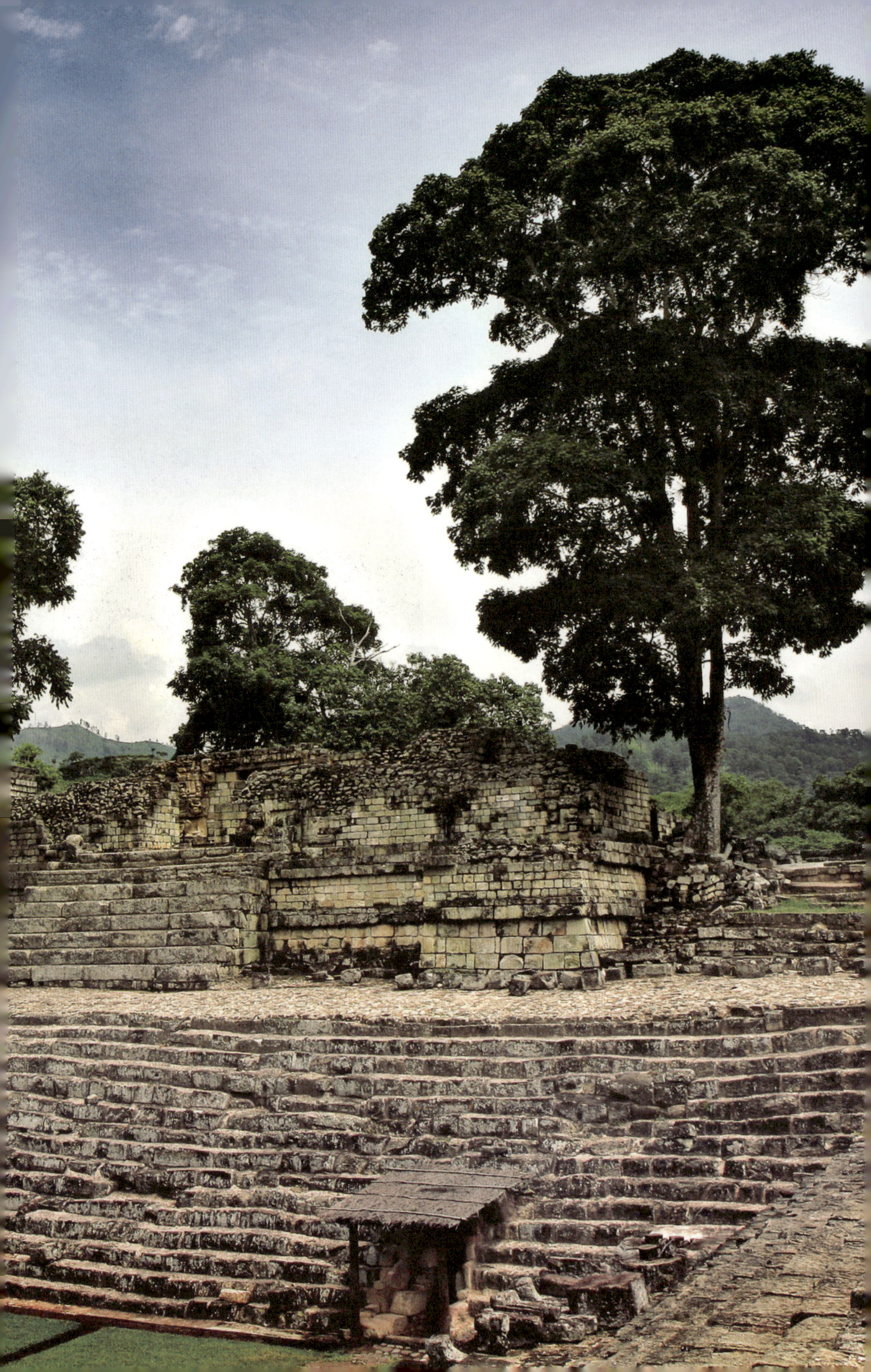

■ 科潘

呈现的是太阳神基尼奇·阿哈乌的头部。鳄鱼周身分布着星星标志，并且长着鹿的蹄子。这种动物被称为"鹿星鳄鱼"，其身体上的图案和云相关，还有一些很可能和雨相关的小神明，因为玛雅神话中的雨神通常居住在山洞内。

鳄鱼的两端由负责托举天空的两位神明帕赫顿和巴卡布支撑，它们的下方有两个象征冥界的头骨。两个头骨之间的一段文字表明，国王度过了在位的第一个20年。

波波尔纳神庙

紧挨着22号神庙的建筑是22a号神庙，又名波波尔纳神庙。它的规模较小且装饰简朴，与四周壮丽的建筑物形成鲜明的对比，似乎也不符合它在城市治理中的重要作用，这一切都让人感受到它的特别之处。据信，它是科潘的议政厅所在地，这一机构在尤卡坦被称为波波尔纳，发挥着重要的政治和行政作用。一些关于玛雅地区权力执行结构的殖民地时期文本提到了这一机构。

其外墙提供的线索可以帮我们了解它作为议政厅可能发挥的作用。编

❶ **22 号建筑** 这座建筑象征圣山，也就是与丰收相关的神明和祖先的居所，建筑入口的样式是被大嘴包围的山洞。

22a 号结构的外墙是确定这座建筑的城市功能的线索。编织形状的装饰物（席子）象征着统治者的权力。

❷ **22a号建筑** 这座简约筑矗立在22号神庙的一侧卫城各种雄伟的建筑之间据其装饰物推测，它的功城市议政厅。

建筑正部装饰着统的坐像。石字表明建筑成日期是74 6月12日。

22 号和 22a 号建筑的入口位于东庭院——大卫城的两个庭院之一。这座庭院四周的建筑还有 19、20、21 号神庙。

圣山是与丰收的神明和祖先的……，人们前往那里……恩赐和庇佑。

研究表明，建筑正面可能曾经有神兽面具和玉米神图像组合而成的装饰物。

通过由一排牙齿和大獠牙构成的大下巴进入神庙。

神庙的四个转角处各覆盖着两个叠加的威茨面具，它们是圣山的标志。

大下巴两侧曾经有卡瓦克兽的雕像。

▲一些高浮雕字形装饰着22号神庙一个内部入口的底部，同时通过玛雅图像讲述了一个关于宇宙的故事。

席标志元素与统治者相关，进而与统治行为相关，所以这种元素的出现非常重要。编席装饰物在建筑物的正面、背面外墙上各有三处，两侧外墙上各有两处。

这些装饰图案之间还穿插出现了代表地名的雕刻元素，其中几处以象形文字"nal"结尾，意思是"××的地方"。具体而言，有一组象形文字似乎指代一个叫作Chaynal的地方，意思是"有鱼的地方"；另一组象形文字Nahb，意思是"有水的地方"，可能指代一个靠近水源的地点。

▶玉米神像在玛雅文化以及所有中美洲国家中都代表着创造和生命。玉米是玛雅人的主要粮食。

哈佛大学皮博迪考古与民族学博物馆

编席和地名上方的墙壁上有壁龛装饰，壁龛内有统治者的坐姿雕像在，共九尊。壁龛之间的文字是一个反复出现的卓尔金历日期：9阿哈乌，表明建筑的落成日期是9.15.15.0.0 9阿哈乌18许尔，即746年6月12日。也就是说这座建筑是在乌阿萨克·拉宏·乌巴赫·卡维尔的继任者卡克·霍普拉赫·查恩·卡维尔统治时期建造的，后者于738年被基里瓜的国王杀害。

多入口、开放式的结构使之成为酋长们会谈的理想场所。酋长

们的任务是为统治者关于城市及其附属领土的治理决策提供支持。殖民时期的史料表明，这类场所用于举行国务会议和族群宴会。此外也用作年轻人学习舞蹈的教室。需要指出的是，玛雅人的舞蹈不仅具有宗教和仪式意义，还具有重要的政治意义。因为舞蹈是与从属国、政治伙伴及友好城市建立联盟的一种方式。

敏感时期

卡克·霍普拉赫·查恩·卡维尔很可能在一个敏感时期在这座建筑中会见了科潘其他权力集团的代表。那时科潘城的合法统治者已经不复存在，留下了持续 17 年的权力真空和瘫痪的建筑工程，而且失去了对贸易路线的控制，其政治对手趁此机会迅速发展，甚至可能暂时控制了科潘城的政治活动。在这种极端情况下，想必出现了关于统一政权的创造性策略，目的是让科潘城光复战败前的地位，尽管这一目标大概没有实现过。

科潘的政治结构

玛雅社会的政治生活主要集中在统治者个人身上。因此，玛雅人建造的大多数纪念碑只记录了王取得的成就和参加过的仪式。然而这些伟大人物的背后还存在一个由各种职能的官员构成的宫□，其重要的作用逐渐为人们所知。

▶科潘陵园区域的 9N-82 号结构内使用火山凝灰岩制作的坐姿书吏雕像，可追溯至古典时期。根据已发现的文献，书吏是一种由贵族阶层担任的世袭性质的职业。
🏛科潘雕刻博物馆

尽管玛雅王国的政治生活围绕阿哈乌（统治者）展开，但是他的周围还□一个庞大的宫廷官员集团。随着伟大的玛雅领主的形象逐渐式微，宫□官员逐渐强势。

玛雅社会治理模式的这种变革发生在古典时期晚期（600—900 年）。由□被发掘的纪念碑数量增加，现在人们发现这一时期的宫廷官员开始在石碑上□据重要位置，而这曾经是阿哈乌的专属特权。

这些石碑有助于我们了解宫廷官员，虽然多数情况下他们的职能不详，但是有时候可以根据他们出现的背景来推测。

石碑上的玛雅象形文字介绍了科潘宫廷的一些重要成员，比如阿克乌洪·马克安·恰纳尔（ajk'uhuun Mak'an Chanal）。他是亚克斯·帕萨伊·查恩·约帕特国王宫廷的成员，其重要身份被刻在一张精雕细琢的长凳上。这张长凳的发掘地点是他居住的贵族住宅，即 9N-82

普林斯顿馆藏大花瓶上
刷画。可以看出两个
场景：双胞胎英雄戏
界领主（左），L神统
灵世界（右）。
普林斯顿大学艺术博

现七位科潘国王的七
香炉盖，前排中央位置
着标志性环形眼罩的
人基尼奇·亚克斯·
克·莫。
科潘雕刻博物馆

结构，位于科潘城主要建筑群以东1千米处的陵园住宅建筑群。

卡克·乌提·威茨·卡维尔任期内建造的纪念性建筑K号祭坛上的文字也提到了其他位贵族。其中一位的名字是蒂乌·巴赫兰（Tiwool Bahlam），拥有两个与军事职务相关的衔"萨克特阿哈乌"（sakte' ajaw）和"巴赫特"（baah te'）；另一位的名字是阿特·西洪（tSihom），他被任命为"萨哈尔"（sajal），这个修饰语多次出现，指代阿哈乌控制下的领上的其他统治者。此外还发现了提及"拉卡姆"（lakam）的文字，这个罕见的头衔与税收、争活动相关。

根据上述文字可以看出，科潘领主之间存在广泛的外交网络。

宫廷成员

通过对玛雅宫廷成员贵族头衔授予的研究，得到了许多关于玛雅宫廷结构的信息。这项研究使人们确定了贵族职务的等级顺序以及可能的职责范围。

① 卡洛姆特（Kalo'mte'） 一种等级高于阿哈乌的头衔，具有区域性质。通常附有一个方向基点。

② 阿哈乌 为玛雅各城市指派统治者的人。是象形文字铭文中最常见的头衔。

③ 萨哈尔 被指派的从属于阿哈乌的小村镇统治者的头衔。

④ 阿克乌洪（Ajk'uhuun） 玛雅社会中非常重要的职位，似乎与统治者举行的仪式有关。

⑤ 亚哈乌卡克（Yaja-wk'ahk'） 字面意思是"火之王"，可能与军事性质的活动相关。

⑥ 蒂萨克洪（Ti'sakhuun） 负责维护与研究历法及相关仪式职位。

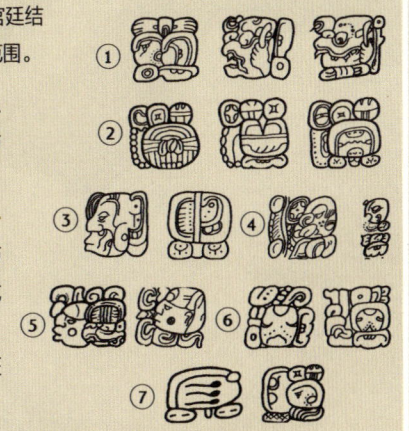

⑦ 拉卡姆 与战争征兵和征税有关的头衔。

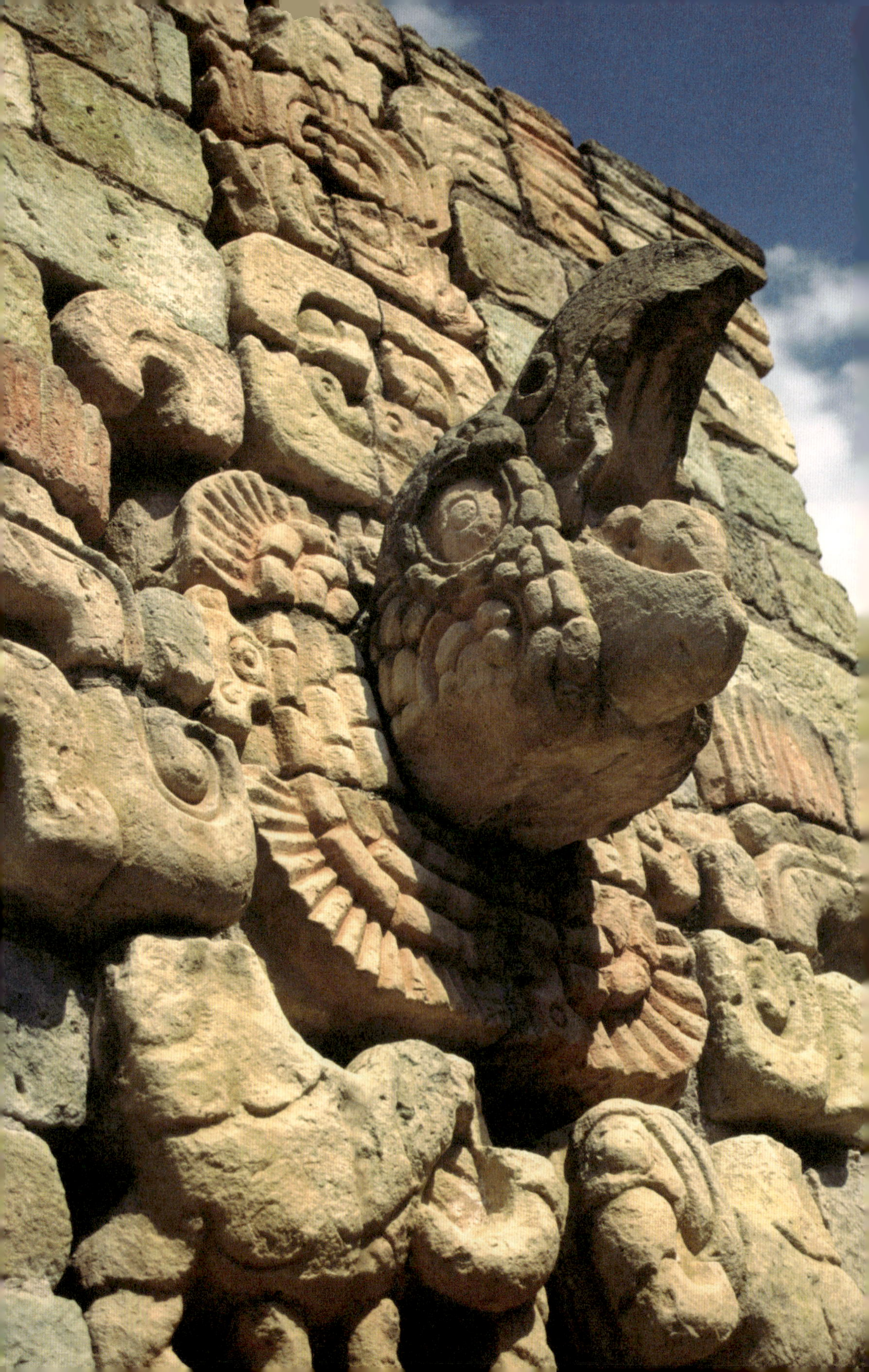

大广场周边

科潘的城市布局中，除了大卫城之外的另一个大型建筑区域是大广场。它位于大卫城北部，是由一座中央建筑和周围分布的几座纪念性建筑形成的一个开放空间。

这个大型空间用于举办城市公共仪式活动。广场周围建造了若干阶梯，可能是充当座位用的，以便前来参加神圣仪式的人们坐在那里观看广场上举行的仪式。

广场上有许多石碑作为装饰元素。以科潘的雕塑传统来看，这些石刻纪念碑似乎是国王们的忠实三维雕像。这类四面石碑的其中一面往往刻有统治者身着华服准备进行玛雅宗教日历规定的仪式的形象。石碑的其他几面刻着统治者生平的重要细节，比如登基日期或者军事功勋。

大广场南端毗邻大卫城北侧建筑的地方有一座举行仪式球戏的球场。它是科潘城最重要、最雄伟的建筑之一。球场的多个位置饰有金刚鹦鹉的形象，事实上，科潘的这座球场是整个佩滕地区最大、最华丽的球场之一。

宽阔的广场上还有科潘城的另一座重要建筑，那就是26号神庙，其内部还隐藏着更早的建筑结构。这座神庙最令人瞩目的是玛雅社会最大的一部象形文字阶梯。刻在台阶上的文字详细地说明了科潘统治者家族的发展历程。

■ 科潘

大广场

这个位于科潘城北部的大型空间曾经是城市公共仪式活动中心。大广场的人工平整土地面积超过3公顷，分为三个区域：由三面看台围成的北广场，是大部分石碑和祭坛所在的地方；中央广场，是通往科潘的灰泥道路的尽头；毗邻大卫城的南广场，是球场和26号神庙所在之处。

科潘的第十三任统治者乌阿萨克·拉宏·乌巴赫·卡维尔（意思是"十八卡维尔图像"）整修大广场使之成为我们今天看到的样子。

这位国王任期内的工程包括整修广场北侧和西侧看台；完成2号、4号建筑；球场的第三建设阶段（也是最后一个阶段）。此外，他还改建了26号、16号神庙，新建了象形文字阶梯作为26号神庙西立面的装饰，并且规划了22号神庙工程。

根据他的最终设计，北广场和中央广场被一个名为4号结构的径向建

▶ 大广场中间位置有一座仪式金字塔，周围有多座石碑和祭坛。
◀ "七鹦鹉"是《波波尔·乌》中的一个人物。图为出现在球场墙壁上的七鹦鹉雕塑。

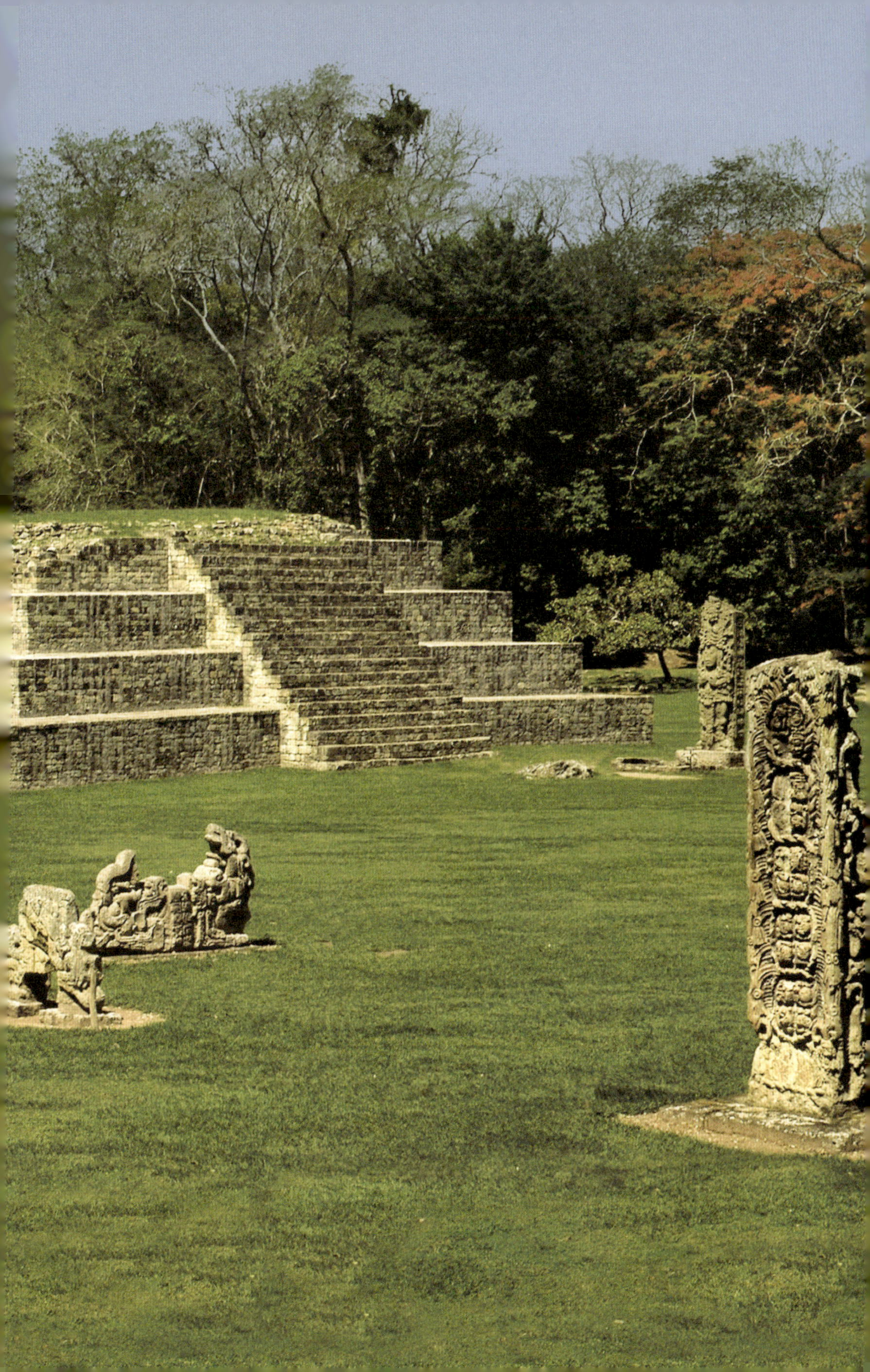

石碑与祭坛之地

游客到达科潘时从这个大广场进入城市，广场上集中了大都会科潘城的大多数雕刻纪念碑。庆典和像球赛这样重要的仪式也在这座广场上举行。

① **北部区域** 距离大卫城最远的广场北部区域，汇聚了许多石碑和祭坛。这些纪念碑大多是在第十三任统治者乌阿萨克·拉宏·乌巴赫·卡维尔统治期间建造的。

③

H 号石碑上的统治者乌阿萨克·拉宏·乌巴赫·卡维尔是玉米神的形象。

广场的地面和通往城市的道路均使用灰泥铺设。

② **4号建筑** 乌阿萨克·拉宏·乌巴赫·卡维尔的改造工程将这座建筑纳入了广场，或许被用作祭坛或集会地点。从四个侧面均可进入这座建筑。

③ **中央广场** 位于广场中心的空间几乎没有纪念碑，只有一块石碑和一座祭坛。通往科潘城的白色道路（萨克贝）始于这个区域。

A号石碑概述了玉米神复活的故事。

F号石碑表现了第十三任统治者正在斋戒，并化身为一位豹神，以庆祝第十五卡盾过半。

三座G祭坛（G1、G2、G3）是第十六任统治者亚克斯·帕萨恩·约帕特委托建造的，是显灵的羽蛇，作为人间和冥世界之间的沟通渠道。

■ 科潘

大广场的主要建筑

　　大广场范围内分布着许多重要的结构。乌阿萨克·拉宏·乌巴赫·卡维尔统治期间，在北广场修筑2号和4号建筑以及围绕广场东、西、北三个方向的看台。1号和3号建筑也位于该区域，分别在广场的西端和东端。科潘城的大多数代表性石碑都位于1~4号建筑之间，包括D、C、F、B、4、H、A号石碑，每块石碑都有配套的祭坛；G1、G2、G3号祭坛上雕刻着特别的科潘羽蛇图案。其中D号石碑是乌阿萨克·拉宏·乌巴赫·卡维尔被俘虏并处决之前竖立的最后一块石碑。4号建筑是北广场与中央广场的分界点，城市道路可以到达中央广场。南广场上毗邻大卫城的建筑包括一座球场、拥有象形文字阶梯的26号神庙以及11号神庙的北外墙，每座建筑都有相应的石碑。

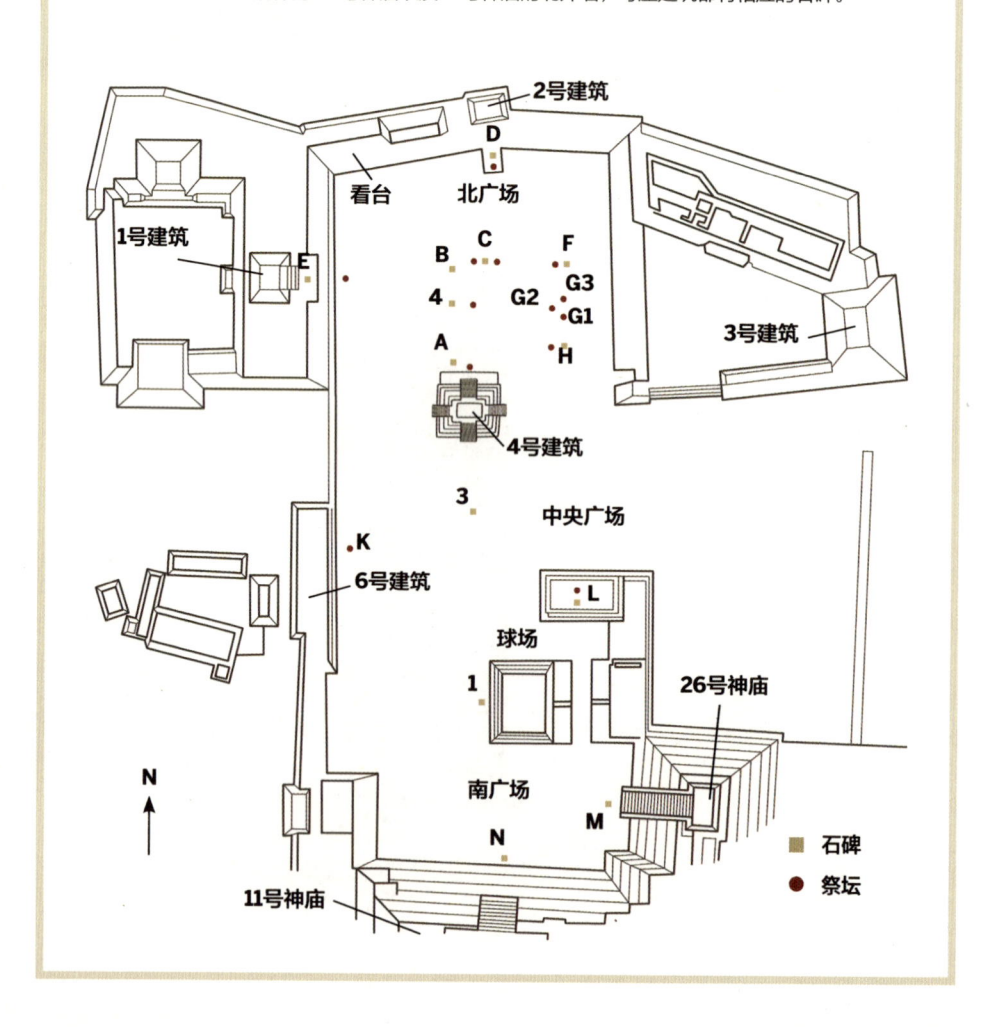

筑隔开，而这座建筑很可能在两个广场举行庆典、朝圣和仪式期间充当祭坛或者集会地点。或许正因如此，这座中央建筑的四面都有阶梯可以进入。

这座大广场是特定日期举行仪式的主要地点，比如纪念二十年日历周期（卡盾）的仪式。举办仪式期间，乐师、舞者与城市居民共同组成长长的游行队伍，走遍城市的各个区域后在广场结束游行。广场上的石碑也是庆祝活动的一部分，人们在石碑旁边摆放祭品和香火。其中许多石碑是为了纪念二十年日历周期而竖立的。统治者很可能既担任仪式的主持人，也是所有上述活动的主要执行者。

为权力服务的艺术

大广场上的石碑绝大部分是为了纪念卡盾周期而竖立的，但是石碑的作用不止于此，它们的作用还有记录统治者生平取得的成就、参加过的仪式和城市重要事件的详情。

科潘城的大部分石刻纪念碑集中在大广场这个公共空间，共有9块石碑和12座祭坛。其中大部分是在第十三任统治者乌阿萨克·拉宏·乌巴赫·卡维尔的任期内建造的，不过G1、G2、G3号祭坛和3号石碑除外，它们是由他的父亲卡克·乌提·威茨·卡维尔国王于652年在第九巴克盾（20个卡盾周期，即400年）的第十一卡盾结束时委托建造的。3号石碑是科潘城内最早的包含双重人物的石碑之一。他的儿子后来沿袭了这种雕塑风格。

其余的石刻纪念碑都是在25年内竖立起来的，包括位于大广场中间的A、B、C、D、F、H号和4号石碑，位于大广场西侧平台上的E号石碑以及位于东边萨克贝（白色道路）上的J号石碑（图中未标注具体位置）。这些石碑中最早的是建造于711年的C号石碑，最晚的是建造于736年的D号石碑。

非凡的肖像

科潘的石碑系列代表了整个玛雅文化雕塑艺术的巅峰。所有石碑在细节上呈现出非凡的丰富性，不仅体现在人物形象上，

▲4号石碑配套的B号祭坛的圆形石头是举行人祭的位置。

▲G1号祭坛建于亚克斯·帕萨伊·查恩·约帕特统治时期，位于9号石碑的前方。其动物装饰图案上最显眼的是双头蛇和羽蛇的形象。

也体现在服装和围绕每个人物的隐喻和神话元素上。乌阿萨克·拉宏·乌巴赫·卡维尔建造的所有纪念碑都描绘了自己正在庆祝731年8月22日第九巴克盾的第十五卡盾结束时举行的各种仪式，正如B号石碑所示。

这一系列仪式石碑的共同图案是科潘第十三任统治者化身为与纪念碑日期相关的不同神明的形象，其目的是为第十五个卡盾带来好运。

石碑上的人像表现非常引人注意，因为在玛雅艺术中肖像是不被重视的。通常情况下，玛雅统治者传统的表现方式一成不变，缺乏个人特征和辨识度。然而上述纪念碑上的图案可以清楚地分辨乌阿萨克·拉宏·乌巴赫·卡维尔的外貌特征，以及从下令建造第一座纪念碑到竖立D号石碑期间这位国王面容的变化。

雕刻大师

科潘的纪念碑的复杂程度在玛雅古典时期堪称翘楚。大多数纪念碑以安山石为雕刻材料。安山石是一种火山凝灰岩，比起石灰岩，它可以制作更深的雕刻。而其他玛雅遗址的雕刻材料是石灰岩，只能制作较浅的雕刻。不过这种石料对于科潘雕塑匠人来说是一项技艺的考验，因为石料中含一些很难加工的坚硬团块，于是雕刻大师们将这些硬块融入了自己的作品。

科潘雕塑的一个典范是 F 号石碑，它表现了乌阿萨克·拉宏·乌巴赫·卡维尔的变化状态，他在石碑的一面是美洲豹形象，另一面是金星形象。这是一件伟大的三维艺术作品，其特点是圆润的轮廓和精致的细节。

石碑上的记录

科潘石碑的价值不仅在于装饰的丰富性和肖像处理手法的准确性，每块石碑四面的图像也可以作为了解玛雅社会基本方面的资料。

在这些大型石制载体上详述的一些主题使人们对科潘文化有了更深入的了解，包括祭祖大典、祈求雨水或食物等宝贵资源的仪式；关于统治者登基和婚礼等非宗教仪式的记录；球赛等重要仪式活动的结果以及统治者与宫廷成员之间存在的权力关系等。

纪念碑的命名

19 世纪末，英国考古学家艾尔弗雷德·P. 莫兹利在科潘停留期间对大广场进行发掘，并在工作过程中为他探索的每一处遗址建筑分配了一个数字代号。

这位考古学家还有为石碑和祭坛进行编号的习惯，如今玛雅地区的所有考古项目都遵循这个习惯。为了分类更加准确，莫兹利为自己发现的完整石碑分配了一个字母编号，为残缺的石碑分配了一个数字编号。尽管后来有人试图重新命名这些纪念碑，但是由莫兹利分配的原始编号沿用至今。

■ 科潘

A 号石碑

在科潘最重要的古迹中,首屈一指的是石碑这种石刻雕塑作品。它们分布在城市多个位置,主要集中在大广场上。这些纪念碑具有宣传作用,碑面上的统治者自封为民众与神明的中间人。竖立石碑的目的是纪念仪式周期的结束,主要是20年周期(卡盾)。石碑是所有类型仪式中必不可少的元素。仪式期间,人们在石碑旁边摆放祭品,主要是用柯巴树的树脂制作的熏香。科潘地区的火山石和当地雕塑匠人的精湛技艺是造就这些伟大雕塑作品的关键。这些纪念碑不仅具有艺术价值,而且为这座城市经历的重要历史时刻留下了宝贵的记录。

A号石碑是科潘最出色的雕塑典范之一。它是由统治者乌阿萨克·拉宏·乌巴赫·卡维尔下令制作的,被称为玛雅社会最伟大的艺术作品之一,因为它呈现出的工艺水平是其他城市的雕塑匠人难以企及的。通过石碑北侧面的象形文字铭文,我们知道它的建造时间是731年2月。

石碑的正面朝向东方。多种诠释指出,它表现了完整的生命循环,包括诞生、死亡

▶ A号石碑描绘的是乌阿萨克·拉宏·乌巴赫·卡维尔。原始石碑目前保存在玛雅地区考古博物馆(Museo Regional de Arqueologia Maya),而在石碑原来的位置有一个精确的复制品。

神人统治者

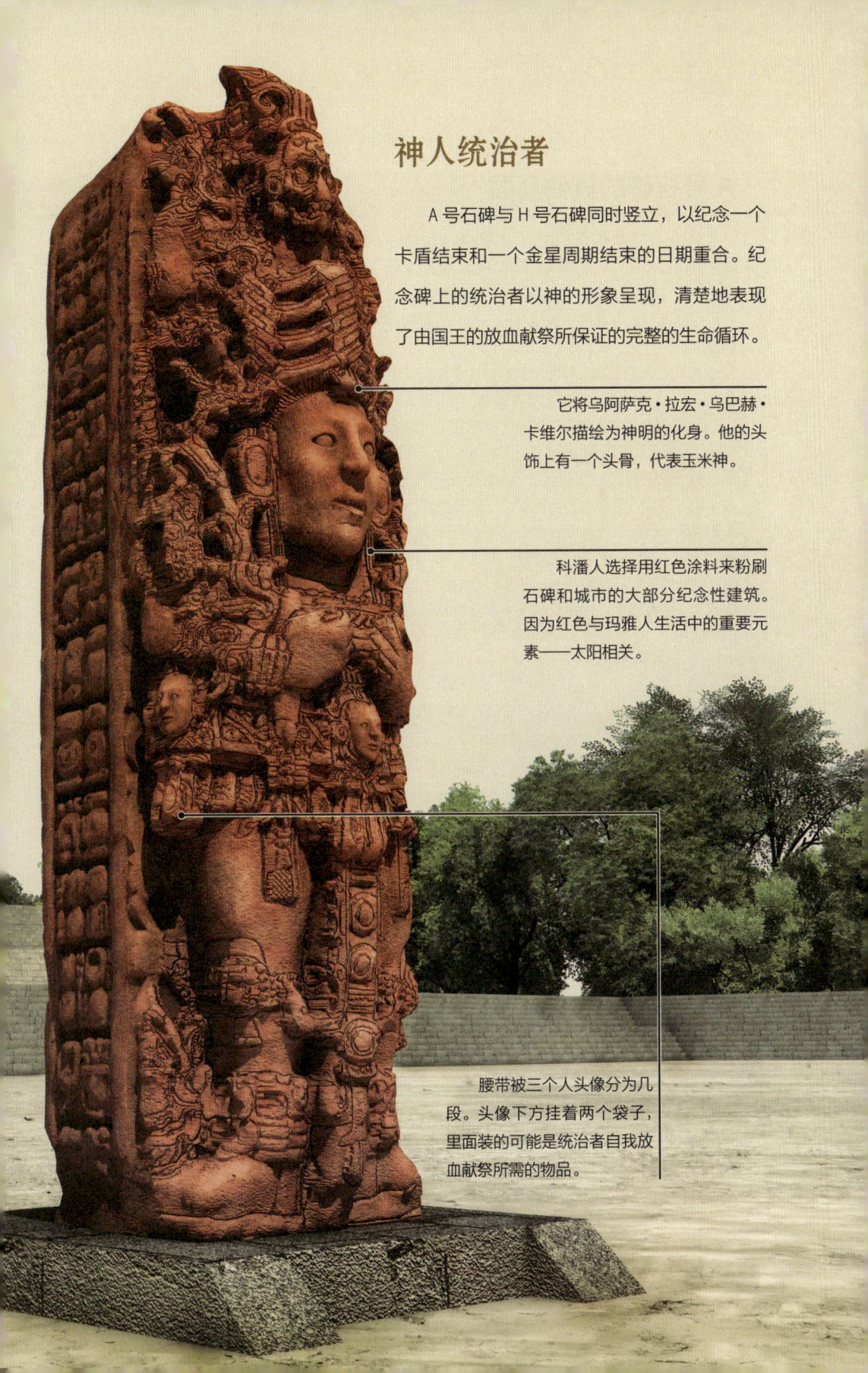

A号石碑与H号石碑同时竖立，以纪念一个卡盾结束和一个金星周期结束的日期重合。纪念碑上的统治者以神的形象呈现，清楚地表现了由国王的放血献祭所保证的完整的生命循环。

它将乌阿萨克·拉宏·乌巴赫·卡维尔描绘为神明的化身。他的头饰上有一个头骨，代表玉米神。

科潘人选择用红色涂料来粉刷石碑和城市的大部分纪念性建筑。因为红色与玛雅人生活中的重要元素——太阳相关。

腰带被三个人头像分为几段。头像下方挂着两个袋子，里面装的可能是统治者自我放血献祭所需的物品。

■ 科潘

A 号石碑的其他几面

科潘的石碑四面各不相同。正面描绘的是统治者的形象以及环绕他的神明和神话生物，其他几面则包含象形文字，讲述了统治者一生的重要事件。人们正是通过这些事件了解了关于玛雅人信仰的特别细节。

① **北侧面** A 号石碑北侧面的文字包含石碑的竖立日期：9.14.19.8.0 12 阿哈乌 18 古姆古（731 年 2 月 3 日）。还讲述了乌阿萨克·拉宏·乌巴赫·卡维尔在 9.14.19.5.0 4 阿哈乌 18 穆安（730 年 12 月 5 日）举行的一个仪式上为他的祖父，科潘第十一任统治者卡克·乌提·查恩·约帕特献上一张石凳表示致敬的情景，该仪式在 H 号石碑的文字中也有记载。

② **南侧面** 南侧面有一段文字，讲述了一个神圣仪式空间的开幕和闭幕庆典，除了科潘的领主，还提到了卡拉克穆尔、帕伦克和蒂卡尔等其他玛雅城市的领主。

③ **西侧面** 西侧面的文字分为多个区域，提供了许多关于石碑的信息。

■ **A 区域** 石碑的名称：乌克-恰帕特-茨伊金-基尼奇。

■ **B 区域** 4 阿哈乌 18 穆安这个日期是石碑竖立后的三个月。

■ **C 区域** 提到了乌阿萨克·拉宏·乌巴赫·卡维尔之前的一任国王的逝世以及清洁其尸骨的仪式。

■ **D 区域** 描述了一位神明化身为乌阿萨克·拉宏·乌巴赫·卡维尔。

■ **E 区域** 这段文字说明此纪念碑是为了庆祝第十五卡盾的结束而在 4 阿哈乌 13 亚克斯这一天竖立的。

号石碑配套的兽形祭坛。图片背景中可见 D 号石碑的一部分。和 A 号石碑一样，它也是献给统治者乌阿萨克·
·乌巴赫·卡维尔的。

复活。科潘第十三任国王被描绘为这座城市守护神的化身。他盛装打扮，直发垂于头部两
，戴着有蛇形铃铛装饰的耳饰。此外，他还佩戴了一条复杂的项链，由珠子和长条交错排
穿成，模仿玉石项链的样子。他的腰带上有三个人头像作为装饰品，还挂着几样物品，有
斧头以及根据螺旋形状辨别出的海贝。腰带两端各有一个小口袋，据说袋子里装着鳐鱼的
，那是国王用来放血献祭以确保复活的工具。此外，腰带上还挂着一种装饰华丽的围裙，
侧面由两条头朝下的蛇身组成，蛇的颈部挂着的装饰品一直垂到人物的脚踝处。

雕像上的人物还佩戴了一对护腕和一对护膝，护膝用串珠制成，正面可见一颗兽头。在人
双腿的右侧和左侧，一块盾牌和一支长矛清晰可见。他的双手握着一根双头蜈蚣（恰帕特）
，这种动物与太阳神基尼奇·阿哈乌是呼应关系，因为后者的名字之一是乌克·恰帕特·茨
金·基尼奇（Wuk Chapaht Tz'ikin K'inich），意思是"七蜈蚣—鹰太阳神"。从蜈蚣口中伸
两个太阳神，确定其身份的依据是他们额头上的象形文字"克因"（k'in），意思是"太阳"。

饰及其象征意义

雕像上的乌阿萨克·拉宏·乌巴赫·卡维尔戴着一个很高的头饰，被视为玉米神复活的
征。神的头骨位于头饰中间，那里似乎冒出了新生的植物，象征着世间生命的更新。

统治者所戴的头饰被描绘得如同催化剂，它将确保玉米丰收，进而保护并增加王国子民
财富。

■ 科潘

球场

根据玛雅神话，传奇双胞胎兄弟胡纳普（Hunahpú）与伊克斯巴兰奎（Ixba-lanqué）是球戏运动高手，他们击败了冒充太阳的金刚鹦鹉乌库布卡基什（Vucub Caquix）。两兄弟的使命是摧毁假冒的太阳，并且将他们自己变成真正的太阳和月亮，这样一来，他们的运动会产生时间并且维持人类的生命。

玛雅球戏是一种仪式活动，举办球戏的主要目的是纪念上述神话事件。球戏的规则是把一只橡胶球从球场的一边击打到另一边。参与球戏的运动员只能用臀部接触球。由于墨西哥的一些地区仍在进行这种球戏，因此参考现在的情况，我们知道球戏的目标是让球保持运动，这代表太阳在天空中的运动。一场比赛可能持续数日。

▶科潘的球场是玛雅地区的几大球场之一。球场由三个结构物围成，包括东西两座相对的建筑和北部的一座建筑。

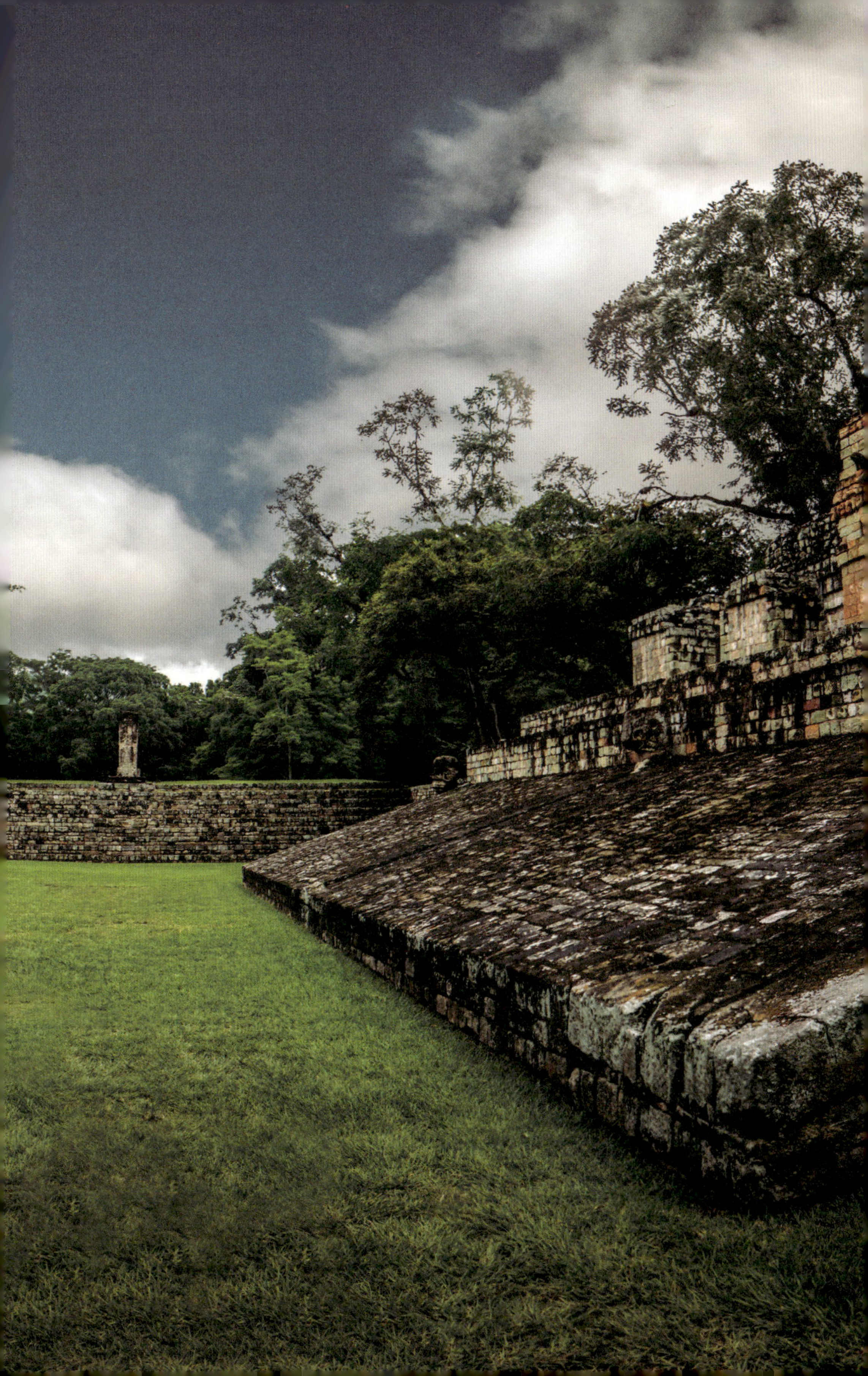

科潘

种种迹象表明这是一个复杂的仪式，其性质随着时间的推移而逐渐演变。比赛通常与人祭有关，但是尚不清楚他们是否根据比赛的最终结果确定人牲，还是相反，已经提前确定了牺牲者。此外，我们已经知道结盟的统治者之间也会举行球赛，目的是巩固双方的合作关系。

球戏显著的宗教性质使其成为科潘居民生活中的重要活动，因此有必要创造一个大型空间来举行比赛，同时便于观众观看比赛。

科潘的球场建筑是这座城市最卓越的建筑之一。它是整个玛雅地区的几大球场之一，仅次于奇琴伊察的球场，不过这座球场的独特之处在于最后一个建设阶段增加的华丽装饰。

不断变化的空间

球场是大广场最早的建筑之一，分为几个建设阶段。第一阶段名为A-I，可追溯到5世纪初。中间的场地宽7米，两侧的边界是倾斜结构，不过没有长凳。其中一侧保留着一个灰泥大面具，表现的是一只红色

一种仪式性比赛

这个球场空间在规模和装饰精美程度方面堪称玛雅地区的卓越建筑。

9号建筑划定了球场的西侧边界。

内侧墙面上曾经有金刚鹦鹉雕塑装饰。它们的身体嵌入墙面，头部伸出墙面，张开的鸟喙之间露出了独特的舌头。

球场在每个建设阶段都发生了显著的变化。止于球场的斜坡在第一个建设阶段用灰泥粉刷过。后来不再粉刷，因为树木过度砍伐，无法继续生产灰泥。

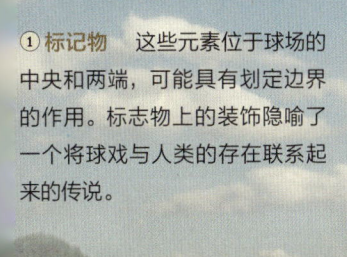

① **标记物** 这些元素位于球场的中央和两端，可能具有划定边界的作用。标志物上的装饰隐喻了一个将球戏与人类的存在联系起来的传说。

② **最后一次扩建** 当时的球场以9号和10号建筑为界。10号建筑扩大了规模，作为球场的一端。此外还新增了看台，并在看台顶部建立了2号石碑和L号祭坛。

③ **乌库布卡基什** 9号和10号建筑外墙上装饰的十六只金刚鹦鹉象征乌库布卡基什，它是真正的太阳升起之前存在的假冒太阳。

球场的最后一个建设阶段，在新看台的顶部增加了2号石碑和L号祭坛。

10号建筑在最后一个建设阶段进行了扩建，北侧增建了围合球场的阶梯式看台。

斜坡最高点的六只金刚鹦鹉应该与地面标记物一样具有划界功能。

中间的标记物清楚地表现了科潘城的统治者，他出现在与一位神话人物对阵的比赛场景雕刻中。

金刚鹦鹉呈现的特有的红色来自赤铁矿，这种矿物的主要成分是氧化铁，在阳光下会发光。

■ 科潘

红色灰泥金刚鹦鹉

在球场第一个建设阶段的装饰中,最显眼的是一条灰泥雕饰带,包含一只巨大的红色金刚鹦鹉,呈现出一些鲜明的特点。它每边翅膀的上半部分又伸出四张小金刚鹦鹉的面孔,下半部分呈现一张爬行动物的面孔,如同古典时期早期的鸟类形象。它的下肢是蹄子而不是禽类的爪子,双蹄上还有另外两张爬行动物的面孔。这只大鸟最有趣的特征在于腹部有一个具备猫科动物特征的生物的头部。其口中有一只人类的手臂,上面装饰着一个大圆圈。根据玛雅文化专家奥斯瓦尔多·钦奇利亚(Oswaldo Chinchilla)的解释,那是《波波尔·乌》中的双胞胎英雄之一胡纳普被金刚鹦鹉扯掉的手臂。这只大鸟名叫乌库布卡基什(七金刚鹦鹉),在真正的太阳升起之前自诩为太阳。这只大鸟的形象出现在球场建筑上,进一步强调了双胞胎英雄与球赛的关系。

◀ 红色灰泥金刚鹦鹉是科潘球场第一期建筑墙面装饰的一部分。
🏛 科潘雕刻博物馆

中带有白色细节的金刚鹦鹉形象，代表假冒太阳的乌库布卡基什。

标记物对应的位置只留下空洞，标记物应该是用灰泥制成的，因时间久远而遭到损坏。标记物存在于球场中间和边界位置，尚不清楚其功能，可能是为了划定比赛区域的中心和两端边界。

第二个建设阶段名为 A-Ⅱa，竣工后比原始建筑整体高出 1 米。这一阶段始于 400 至 600 年，对原有的球场进行了小幅改建，包括铺设球场地面，并放置了三个新的石刻标记物。它们的保存状况完好，因此研究人员推测球场在很长一段时间内没有使用过。另一种推测的可能性似乎更大：这些标记物是作为祭品被乌阿萨克·拉宏·乌巴赫·卡维尔在关闭此球场并启动新的改建工程之前放置在那里的。

标记物的特点

第二个建设阶段放置的三个标记物位于球场空间的中心，表现了相似的比赛主题的雕刻装饰：两名球员面对面，他们之间有一个球。雕刻图案位于一个四叶形的画框内，这是象征冥界的元素。

球场两端的标记物上描绘的球员形象接近于神明。与之相反，我们知道中间的标记物上的两个人物中至少有一个是真实人物，因为与这块纪念碑相关的文字提及了科潘的第十三任统治者乌阿萨克·拉宏·乌巴赫·卡维尔，他穿着球赛活动专用的全套制服，以单膝跪地、用臀部击球的球员典型姿势出现在画面上。他的对手是《波波尔·乌》中的双胞胎英雄之一胡纳普，再次反映了球赛的象征意义。《波波尔·乌》是玛雅–基切人的神话和历史故事合集的圣书。

最后一次扩建

球场空间的最后一个建设阶段被称为 A-Ⅲ，也是乌阿萨克·拉宏·乌巴赫·卡维尔时期完成的。在这一阶段，他改建了球场，并将其延长了 10 米。球场由 9 号和 10 号两座建筑构成，后来新增的另一座建筑围合了球场北面。在这座新建筑的上方放置了 2 号石碑和 L 号祭坛。

▲ 数百位观众聚集在球场周围观看比赛。

作为球场界限的建筑物的屋顶带有少许坡度，目的是通过四个蛇形排水沟排干雨水。从两边内侧的墙壁伸出的坡道（可能是比赛场地的一部分），一直向下到达与今天从地面突出的三个标记物齐平的高度。最后一个建设阶段的标记物由于在恶劣气候中长期暴露受到了严重的侵蚀而无法辨认，尽管根据细节推测，它们可能与前一个建设阶段几乎保存完好的标记物非常相似。

在放置标记物的同一时期，在两边建筑物斜坡的最高点分别放置了三个雕刻精美的金刚鹦鹉头像，可能具有与地面标记物相同的划界功能。

装饰物顶部的大鸟

考古人员在挖掘过程中发现了大量加工过的石块，他们用这些碎石修复了9号和10号建筑的大片外墙。这两座建筑上都有精美的石雕金刚鹦鹉，其中几处还可见红色涂料的残留物。

这些大鸟的雕刻工艺精湛，身体扁平而鸟喙、蹄子部位从建筑物墙面凸起。其头部的大眼睛周围呈现出复杂的环形羽毛设计，以及独特的螺旋形鸟喙。从它颈部的羽毛项链两侧伸出一对翅膀，上面有抽象风格化的爬行动物面孔的设计，这是玛雅地区的神话禽鸟的典型特征。其尾部装饰着一处象形文字，并刻有单词"ak'bal"，意思是"夜晚"，也许暗指冥界最早出现的球赛。尾巴上装饰的另一种标志让人联想到玉米穗。

整体而言，科潘的球场提供了关于玛雅地区球戏传统神话内容的最好、最丰富的诠释之一。在三个建设阶段中，装饰球场空间的大鸟清楚地表现了《波波尔·乌》中假冒太阳的乌库布卡基什（七金刚鹦鹉）。而赛场标记物上的装饰也在提醒人们，双胞胎英雄在这个神话故事中的关键作用，因为他们戏弄七金刚鹦鹉并最终打败它，才让真正的太阳升起。

■ 科潘

象形文字阶梯

26号神庙是科潘最重要和最宏伟的建筑之一。其正面有一部醒目的大阶梯，台阶上有已知体量最大的石刻玛雅文字。那些石刻象形文字详细记述了科潘第一至十五位统治者登基的情况，而第十五位统治者正是下令对这部阶梯进行最后一次改造的国王。

阶梯所在的建筑的建设顺序是从亚克斯结构（Yax）开始，后来被莫特莫特结构（Motmot）完全覆盖，这两个结构都是在基尼奇·亚克斯·克乌克·莫统治期间建造的。莫特莫特结构起初是一个名为莫特莫特广场的建筑群的组成部分，该建筑群的历史可追溯至城市建立初期，但是被后来的建设阶段中新建的结构完全掩盖。这座最早的广场包含球场以及11号和7号建筑的早期版本。在广场内发现了一件颇具

▶ 象形文字阶梯位于26号神庙的西侧面。在它的底部建有一座仪式祭坛，前方矗立着献给卡克·易普亚·查恩·卡维尔国王的M号石碑。

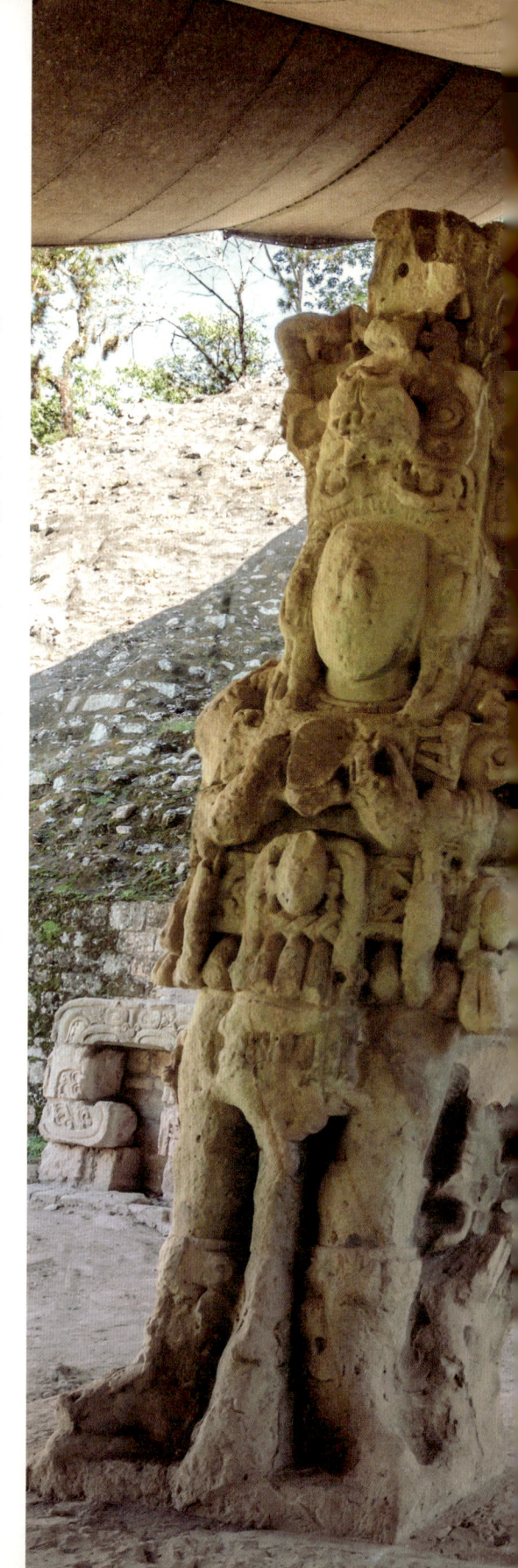

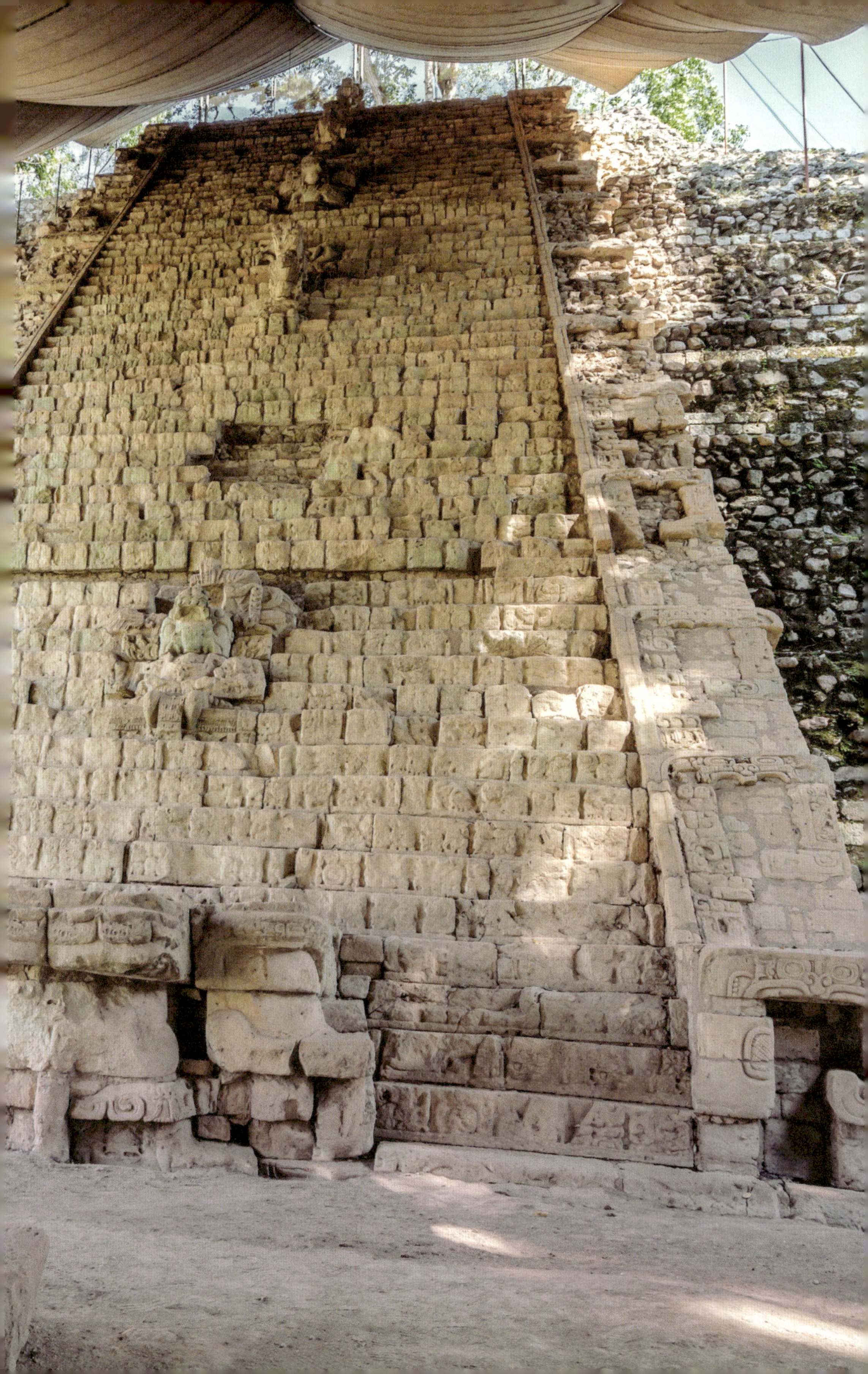

■ 科潘

价值的雕塑作品，被称为莫特莫特封顶石。

在基尼奇·亚克斯·克乌克·莫的儿子即继承者，科潘第二任统治者波波尔·约尔的命令下，26号神庙的一个新的建设阶段拉开帷幕，这一阶段被考古学家称为帕帕加约（Papagayo）。科潘最早的石碑，即63号石碑，可以追溯至这个阶段，其修建年份与莫特莫特封顶石的年份一致（435年）。

第三任国王卡尔顿·希克斯在位期间改建了帕帕加约结构，在63号石碑的底部增加了一块刻有铭文的石头。此结构后来被一个名为马斯卡隆内斯（Mascarones，意思是大面具）的新结构覆盖，其名称指的是外墙的装饰物，包含大型的神明形象和四条天空饰带。

科潘第十二任统治者，长寿的卡克·乌提·威茨·卡维尔国王在位时，在前一个建筑的基础上又建造了一个新建筑，名为乔尔恰（Chorcha）。

这座新建筑物是柱廊式结构，具有明显的公共建筑特征。数年前和帕帕加约结构一起建造的63号石

承载信息的阶梯

26号神庙大阶梯上装饰的铭文是目前已知的篇幅最长的玛雅象形文字。这些文字讲述了科潘王朝的历史事件，并颂扬了王朝的历任统治者。

26号神庙下方埋在先前建设阶段内建成座建筑，这些阶段建筑称依次是亚克斯、莫特帕帕加约、马斯卡隆内乔尔恰和埃斯梅拉达。

M号石碑表现了统治者卡克·易普亚·查恩·卡维尔，也列举了神圣的先王和神明。

阶梯顶部曾经有一座两层的庙宇，其装饰物明显受到了特奥蒂瓦坎的影响。

阶梯上的象形文字详细地记录了科潘统治者的登基仪式，以及在科潘城举办过的一些庆典活动。

阶梯上有几尊科潘前任统治者的雕像，卡克·易普亚·查恩·卡维尔位列其中。

由于建筑物的倒塌，石块发生了移动，阶梯上的文字只有一部分被成功地解译。

阶梯底部有一座祭坛，上面装饰着一个蜈蚣的头。蜈蚣设计延续至阶梯两侧的斜坡，那里的重复图案代表蜈蚣的"百足"。

■ 科潘

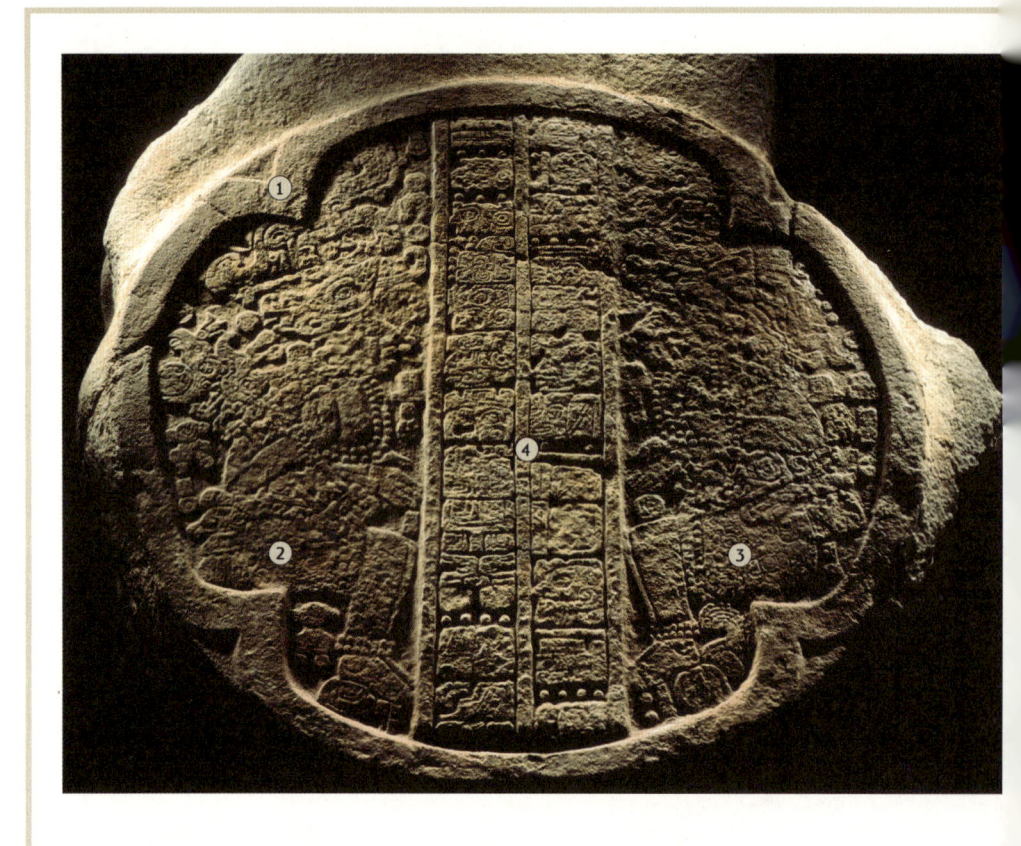

科潘的基石

在同名建筑所在的广场上发现的莫特莫特封顶石是科潘最早的铭文之一。这块特别的纪念碑是第八巴克盾结束之日（435年12月11日）的祭品。它是王朝创始人基尼奇·亚克斯·克乌克·莫与他的继承者波波尔·约尔之间的纽带。根据同样在26号神庙地下的一个结构中发现的63号石碑的铭文记载，波波尔·约尔是王朝创始人之子。

画面上的两位统治者面对面，左边的是亚克斯·克乌克·莫，右边的是他的儿子。两人都坐在一个象征大山内部的四叶形边框的边沿，并拿着一根仪式棒。他们中间有一段文字分成两列，提及以莫特莫特结构为主角的建筑群的落成典礼。这块封顶石（见上图）保留在其原始位置，在科潘雕刻博物馆也可以见到其复制品。

① **四叶形边框** 这是玛雅地区用来表现洞穴的元素，结合两个人物脚下的地名，指代一个神话空间。

② **亚克斯·克乌克·莫** 祭坛上左边的坐姿人物是科潘王朝的开国国王，头饰上包含了他名字中的一些元素，作为确定身份的依据。

③ **波波尔·约尔** 祭坛右边，创始人对面的人物是其继承人。和父亲一样，他也拿着一根象征王权的仪式棒。

④ **铭文** 铭文的开头是纪念第八个巴克盾结束的日期，以及441年的祭坛仪式的日期，其他文字阐述了当日举行的一系列仪式活动。

碑，在两百年间开放供访客观赏，但最终被封闭。在封闭过程中，石碑遭到破坏和焚烧，它所在的阶梯上的石刻被抹去了一部分。上述事件发生在卡克·乌提·威茨·卡维尔的葬礼期间，他被埋葬在乔尔恰结构内。

科潘的下一任统治者乌阿萨克·拉宏·乌巴赫·卡维尔建造的一个名为埃斯梅拉达（Esmeralda）的结构又掩盖了乔尔恰结构和前任国王的遗骸。

阶梯的各个阶段

前任国王逝世15年后，乌阿萨克·拉宏·乌巴赫·卡维尔下令建造第一个版本的象形文字阶梯，作为26号神庙西立面的装饰。阶梯最初修建在埃斯梅拉达结构的上半部分。

▲象形文字阶梯中间部分的一尊雕像的细节。描绘了一位杰出的科潘统治者坐在巨大的动物口中。

乔尔恰陵墓

卡克·乌提·威茨·卡维尔国王的墓葬是在科潘发现的祭品最丰富的皇家墓葬之一。他是科潘城寿命最长的领主,因此获得了"五卡盾之王"的称号。其墓室是在名为乔尔恰的结构的地下挖掘出来的。墓室的石墙上覆盖着灰泥,墓室深处的两个壁龛上方装有两块大石板,石板上面放着两个木制床铺,国王的遗体就安息在那里。

骸骨下方铺着两张美洲豹皮,还有许多祭品。由于表面覆盖了一层薄薄的未经烧制的高酸度黏土,骨架处于严重受损的状态,因此很难验证此人死亡时的年龄。不过墓葬内的祭品为识别这具骸骨提供了足够的线索,尤其是那11只香炉上面出现的卡克·乌提·威茨·卡维尔的先辈们的肖像,包括王朝的创始人,因为他标志性的环形眼罩几乎出现在所有的形象中。而且后来覆盖乔尔恰结构的最后一层结构的象形文字阶梯的一部分指出,这些台阶下是科潘第十二任统治者的墓,台阶也是为了纪念他而建造的。国王的遗体旁边有一副男童的骨架,因为未用黏土覆盖而保存状况更佳。献祭男童或许是为

建设顺序

26 号神庙是科潘城最重要的神庙之一，其内部隐藏着多个结构。它们是在科潘的不同时期、不同统治者的支持下建造的。

① 亚克斯
② 莫特莫特
③ 帕帕加约
④ 马斯卡隆内斯
⑤ 乔尔恰
⑥ 埃斯梅拉达
⑦ 扩建
⑧ 阶梯

在国王的"奥克哈"（och ha'o，意思是"进入水中"，隐喻死亡）之路上为他做伴。

这处墓葬也被称为 113 号陵墓，在其内部发现的祭品中有几件精美的陶器。其中一件陶似乎表现了一位书吏，陶器表面涂有鲜艳的色彩，正如玛雅书吏使用的那些色彩。一本可是象形文字典籍的书，各种水生动物的贝壳和玉制饰品（耳饰和项链珠子）。值得注意的是，科潘王朝创始人留下的王权扩张至顶峰的这位统治者的墓就位于原本用于纪念创始人的神的地方。卡克·乌提·威茨·卡维尔也许比他的继任者们更加强大，他让家族焕发荣耀，并邻近的基里瓜成为其附属，科潘城的 L 号祭坛证明了这一点。讽刺的是，正是为他献上这建筑纪念他的那位继任者，开启了王朝的衰落之路。

9 年 6 月 4 日，一支考小组首次打开了位于乔构中的国王陵墓。

▼ 这些玉器象征着玛雅人虚构的各种生物，可能是一条项链的组成部分。
🏛 玛雅地区考古博物馆，科潘

香炉盖表现了埋葬在陵墓中的科潘统治者卡提·威茨·卡维尔。

雅地区考古博物馆，科潘

科潘

保留至今的最终版本的阶梯是在第十五任国王卡克·易普亚·查恩·卡维尔统治时期才建造的。要建设这个最终版本，需要先拆除设置在埃斯梅拉达结构上的原始阶梯，并扩建神庙建筑，最后在新建筑物的下半部分重新铺设阶梯。

直到卡克·易普亚·查恩·卡维尔国王统治末期才完成了阶梯的设计，增加了五尊历代国王的雕像，他们坐在阶梯上的兽形大口内，雕像上的装饰物让人联想到特奥蒂瓦坎的装饰图案。

阶梯顶部的建筑物已经完全损毁，不过考古人员设法修复了立面上装饰的怪异的"双语"铭文，而铭文也有特奥蒂瓦坎的遗风。

政治肖像

26号神庙的大阶梯上的几尊人物雕像包括乌阿萨克·拉宏·乌巴赫·卡维尔国王，雕像周围以不同的形式书写了他的名字。距离建筑物底部最近的一尊坐姿人像很可能是基尼奇·亚克斯·克乌克·莫，因为他复杂的服饰上包含特奥蒂瓦坎的风暴神特拉洛克的形象，而这位国王通常与之关联在一起。

此外，阶梯的底部还修建了一座巨大的祭坛，雕塑图像可能是蜈蚣的头，阶梯两侧斜坡上类似蜈蚣腿的设计证实了这一假设。玛雅地区的其他阶梯建筑上也采用过这种设计。卡克·易普亚·查恩·卡维尔国王在蜈蚣头像的对面竖立了一块自己的人像石碑。雕塑上的国王戴着一顶巨大的头饰，上面有一张动物的面孔；颈部戴着一条奢华的串珠项链；腰带上挂着玉斧和海贝，以及一束华丽的长羽毛装饰。同时，他还拿着一根象征王权的卡维尔神双头仪式棒。石碑前有一座小型祭坛，象征着大山（威茨），祭坛侧面形成了鹿星鳄鱼的身体。

显然，这座建筑汇聚了科潘王朝的历史，形成了一座"祖先之山"。山的内部安息着或许是科潘最成功的统治者——卡克·乌提·威茨·卡维尔。在他的领导下，科潘王国达到了盛世顶峰。

科潘的舞蹈仪式

舞蹈是玛雅文化中最重要的一部分。国王和他的子民为了纪念神明而舞蹈，因为舞蹈也是神明参与的一种活动。不过后来舞蹈超越了仪式方面的功能，作为一种奠定战略同盟基础的工具而进入政治舞台。

舞蹈是玛雅艺术中最具代表性的一种，主要原因是举行舞会的频率较高，这一点可以从许多玛雅城市和各种载体上发现的参考文献上得到佐证，还包括从石刻铭文到陶器上的装饰。

由于德国铭文学家尼古拉·格鲁贝破译了铭文中用于指代舞蹈的单词（ahk'ot），与这项活动相关的各种图像才被人们理

▲24号神庙阶梯上的高浮雕石块上的美洲豹神。这位神明呈现舞蹈姿势，他的手脚都摆出一种刻板的姿势，符合玛雅人的舞蹈形象。

▶亚克斯·帕萨伊·查恩·约帕特的舞蹈。科潘18号神庙入口处的一根柱子上的装饰表现了统治者亚克斯·帕萨伊·查恩·约帕特在舞蹈仪式上的情景。确定这位统治者身份的依据是这座建筑的其他柱子上刻着他的名字。而确定他在跳舞是因为人像右侧的文字如此说明。柱子的顶部还有另一处文字，标明了该仪式的举行日期。这位统治者呈现站姿，左脚跟微微抬起，这是玛雅雕塑艺术中表现人物正在跳舞而采用的典型姿势。

解，这是因为玛雅的舞蹈形式对于现代人来说或许不是明显的舞蹈动作。

一般来说，舞蹈中的人物姿势比较固定，因此非常容易辨别，显然最常见的姿势是一侧脚后跟微微抬起。有时伴随脚部姿势的还有手臂姿势，放在非常特定的位置。有些情况中，虽然文字提到了舞蹈表演，但是图案上没有出现上述任何姿势。这一切迹象表明，玛雅文化中的舞蹈分为不同的阶段。

通过这些关于舞蹈的画面，可以得出这样的结论：根据玛雅人的世界观，舞蹈是神明参与的活动之一。正如名为"霍尔穆尔舞者"（danzante de Hol mul）的杯子上的图案显示的那样，玉米神的形象后背上有特殊的饰物，他在侏儒的陪伴下在众人面前起舞。

宗教和政治目的

或许正是由于舞蹈与神明之间存在的紧密联系，玛雅统治者才利用这种仪式活动来表现神明附体。一组来自伊克王国（现名为莫图尔—德圣何塞）的陶器非常明显地表现了这一事实。陶器上的铭文使用"ubaahila'n"（意思是"某人的化身"）来表示一个人在代表或接受神明的附体，而这正是通过舞蹈在人类和神明之间建立联系而实现的。

另外，在许多文化中，舞蹈使舞者进入恍惚的意识状态是一种常见的现象，无论是因为舞蹈动作，还是因为他们摄入了能够促进与神界交流的精神药物。

虽然舞蹈具有突出的仪式意义，不过玛雅统治者利用舞蹈活动的情形并不限于宗教目的。一组提及舞蹈的铭文非常清楚地表明，他们也用舞蹈活动服务于政治目的。玛雅领主与附属地区的统治者跳舞的目的是保持王国内部的凝聚力；不同城市的统治者之间也举行舞会，目的是巩固政治联盟。

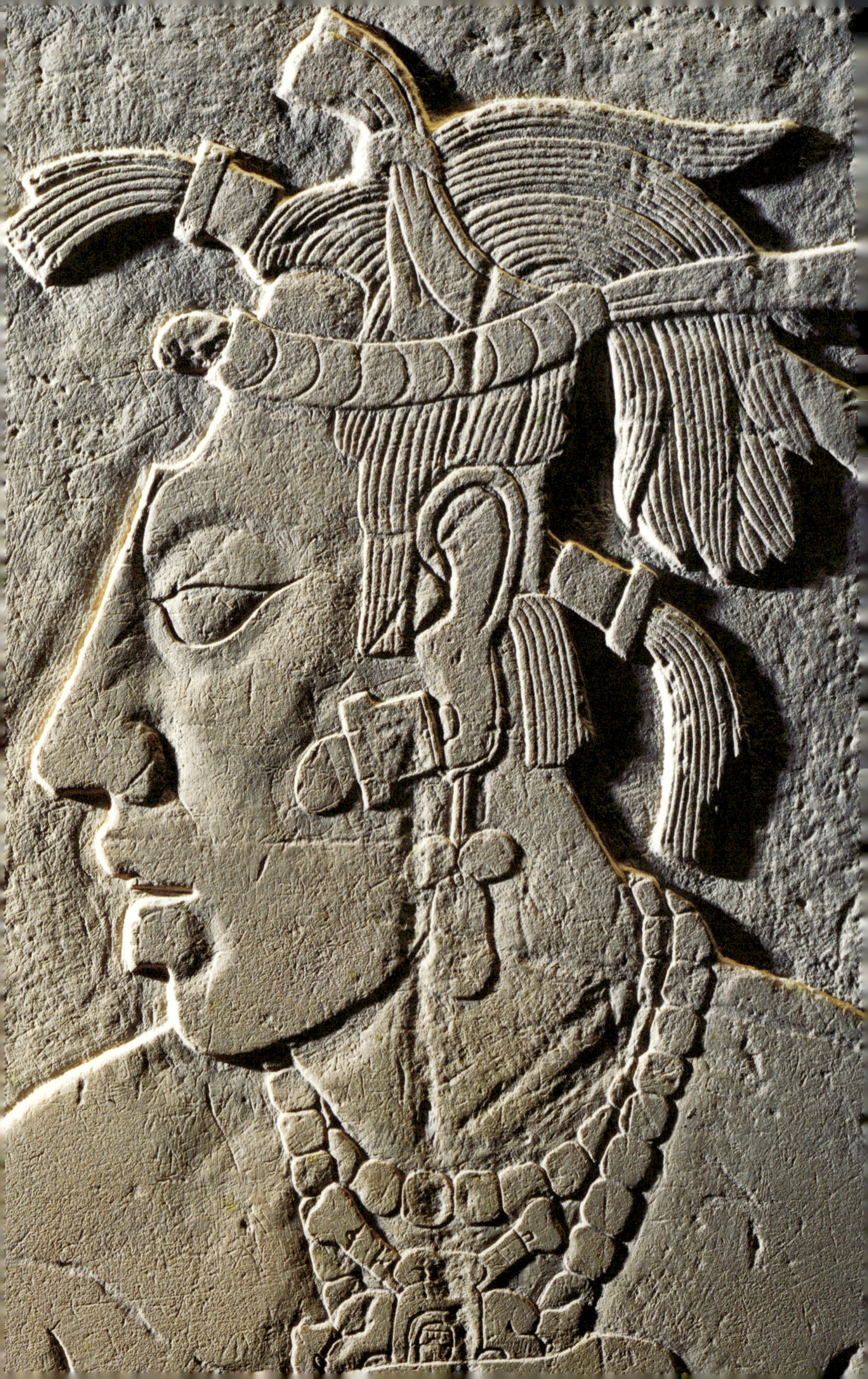

帕伦克

帕伦克是玛雅古典时期的大都会之一。它位于墨西哥恰帕斯州拉卡德纳丛林中的"绿咬鹃降临的大山"的脚下。这座城市的历史画卷围绕基尼奇·哈纳布·巴加尔等传奇的国王而展开。

密林深处的大城市

帕伦克城（Palenque）诞生于今天的墨西哥恰帕斯州（Chiapas），被拉卡德纳丛林茂密的植物所包围。这座城市伴随着华丽的建筑不断扩大，成为一座繁华的都市。人们在帕伦克发现了许多伟大的考古遗迹，包括巴加尔大帝（Gran Pakal）的陵墓和他的妻子红王后（Reina Roja）的陵墓等。城里还有许多美丽而神圣的石板，上面布满了象形文字铭文和讲述神明与国王经历的场景。

① 王宫	⑤ 狮子神庙	⑨ 北建筑群
② 铭文神庙	⑥ 十字神庙	⑩ 北神庙
③ 红王后陵墓	⑦ 叶形十字神庙	⑪ 球场
④ 骷髅神庙	⑧ 太阳神庙	⑫ 奥图卢姆河

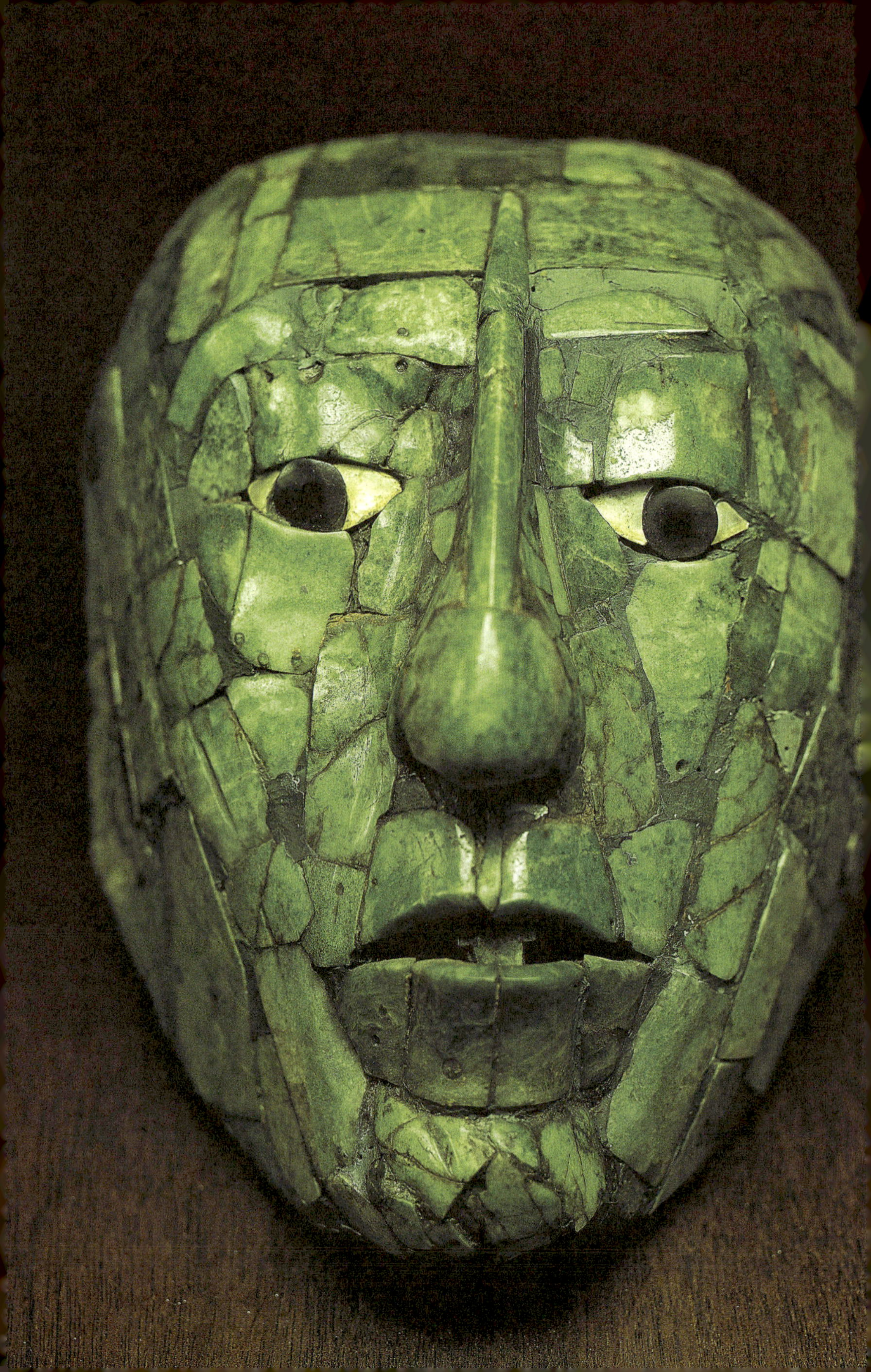

巴加尔的权力

8世纪的头20年，帕伦克城中心区域的面貌已经和今天的样子非常相似。有宏伟的王宫，高耸的塔楼俯瞰着四面八方；有铭文神庙，伟大的基尼奇·哈纳布·巴加尔国王（K'inich Janahb' Pakal）的陵墓所在地；大广场以南的13号神庙的下方是巴加尔的妻子，被称为红王后的茨阿克布·阿哈乌夫人（Señora Tz'ak-b'u Ajaw）的墓室；还有12号神庙，又名骷髅神庙……总之，这个区域集中了帕伦克的政治、行政和仪式权力机构。建筑物呈现出的精湛的工艺和布满象形文字的石板充分体现了这座城市的高度精致。

这座大都会的其他区域就是围绕中心区域发展壮大的。王宫是城市的核心，这一点从未改变，尽管后来的统治者们屡次想通过新建或者改造已有的宫殿建筑留下自己的印记。但由于空间不足，王宫在扩建过程中变得像迷宫般错综复杂。尽管这座城市频繁遭遇危机，但是美丽的灰泥装饰永不缺席，例如著名的椭圆形石碑，石碑上的浮雕描绘了巴加尔从母亲手中接过王权的场景。这座伟大的玛雅大都会的所有统治者中，巴加尔是最突出的一位，不仅因为他在位期间推动了城市的发展，更因为对他的墓室的考古发现意味着墨西哥考古史上的一场革命。他的石棺上的五吨重的棺盖就是一个典型的例子。棺盖上惊人而复杂的图像引发了科学界的各种假想。而伪科学领域的假想则更为疯狂，他们信口开河地声称：基尼奇·哈纳布·巴加尔不仅是帕伦克最著名的统治者，而且是第一个登上王位的外星人。

对于这些荒谬理论的捍卫者来说，只需要看一眼这位阿哈乌（统治者）在画面上的姿势，就足以断定他是一名负责指挥宇宙飞船的宇航员。甚至美国宇航局也声称，棺盖上的图像与太空舱至少有16处共同点，而且巴加尔的身体处于失重状态。20世纪60年代末，瑞士作家埃里克·冯·丹尼肯（Erich von Däniken）提出的"曾经有外星人访问过地球"的观点风靡一时，美国宇航局的发言支持了他的理论。

▲王宫和铭文神庙是帕伦克城中心区域的主要建筑。

◀巴加尔国王的玉制面具是帕伦克的标志性图片之一。

🏛墨西哥国立人类学博物馆，墨西哥城

而在他之前提出同一观点的苏联小说家、飞碟学家亚历山大·卡赞采夫（Alexander Kazantsev）却没有那么幸运。

不过这些荒诞的逸事没有影响帕伦克多次挖掘的严谨性。挖掘工作的结论表明，该区域神庙内令人炫目的皇家陵墓不仅体现了社会阶层差异，还揭示了帕伦克人关于冥界的想法。他们相信灵魂可能会被偷走，为了防止灵魂被盗，他们在坟墓里开凿了小型地道，以便灵魂在危险情况下可以逃走。

① **铭文神庙** 基尼奇·哈纳布·巴加尔于7世纪在位期间修建了这座神庙作为自己的陵墓。他在神庙内建造了一个墓穴，以便将来安放自己的石棺。庙宇顶部的几块嵌板上包含象形文字，这座建筑因此而得名。

② **王宫** 不论在体积还是建筑面积方面，它都是帕伦克规模最大的建筑物。5世纪，第一批建筑物建在一个低矮的平台上，但是后来这些早期建筑被摧毁，人们又在废墟上建造了比以前更豪华、更高大的新建筑。

③ **红王后陵墓** 这座建筑的原名是13号神庙，于8世纪建在一座已有百年历史的老建筑之上。一些帕伦克权贵阶层成员被埋葬在这个地下结构中。其中最壮观的是巴加尔的妻子红王后长眠的那口石棺。

④ **骷髅神庙** 它与铭文神庙、红王后陵墓位于同一个平台上，并且都属于带有地下墓室的金字塔类型，这也是帕伦克金字塔的共同特征。其名称来源于一个表现动物头骨的灰泥大面具。

■ 帕伦克

铭文神庙

铭文神庙是帕伦克城最负盛名的建筑,因建筑设计理念成为中美洲最出色的建筑之一。这座建筑不仅是一座令人惊叹的阶梯金字塔,塔顶部高出广场25米处有一座雅致的庙宇,更重要的是,它的内部是帕伦克的传奇统治者——巴加尔大帝的陵墓所在地。这座陵墓是西班牙殖民前美洲的考古里程碑之一。

铭文神庙位于大广场的南边,邻近王宫的一座天然山丘上。山丘被改造成阶梯金字塔的形状,通过一部阶梯向上到达顶部的庙宇。这座庙宇是一座经典尺寸的建筑,比例协调,拥有帕伦克标志性的斜坡屋顶,最高处有一座顶冠,不过现在已经灰飞烟灭。它有五个朝北的门洞,由六根壁柱隔开,壁柱表面覆盖着华丽的灰泥浮雕。为了便于工作,研究人员使用

▶这座建筑的阶梯式主体的顶部是一座比例完美的庙宇(玛雅语:Pib'-Naah),内部有三块刻有铭文的石板。这座建筑由此得名铭文神庙。它也是豪华的巴加尔陵墓的所在地。

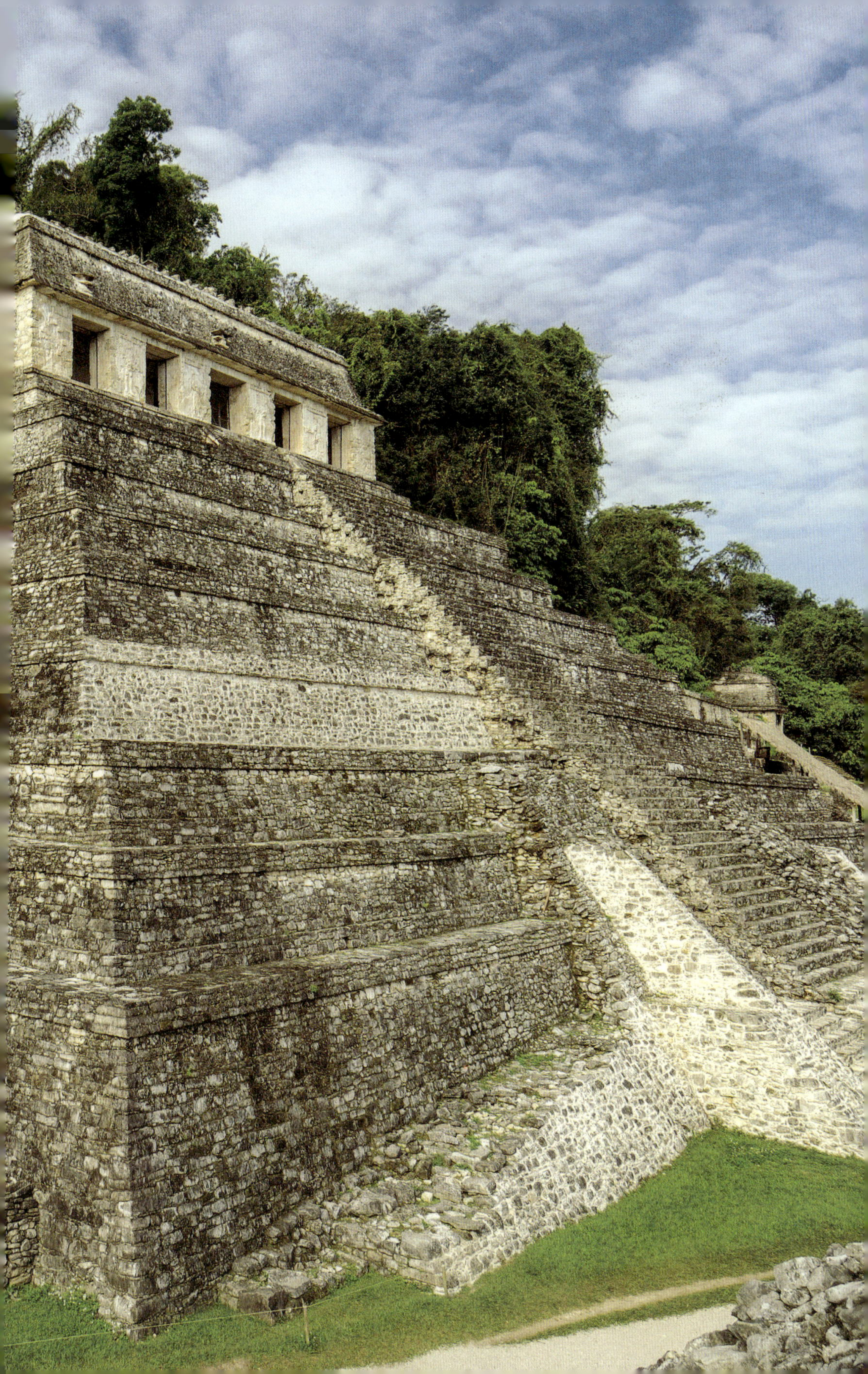

■ 帕伦克

字母A到F为浮雕命名。A号、F号浮雕仅包含象形文字，C号、D号浮雕表现了几个人物，包括巴加尔国王。庙宇内部底面呈长方形，分为两个内室，第一个作为门廊，第二个又分为三个房间，房间里都有巨大的象形文字铭文石板。这些为这座神庙赋名的石板铭文娓娓道出了巴加尔王朝的历史。

更重要的是，这座美丽的金字塔是一座墓葬性质的神庙。这种墓葬形式是一种社会阶层的标志，突出体现了玛雅文化的等级制度。墓葬建筑群或许是等级差异最明显的地方，体现在墓葬的地点、随葬物品的数量和质量，当然，还有是否存在与死者一起殉葬的人类。

死亡的隐喻

玛雅民间有将逝去的亲人埋葬在房屋内或房屋附近的传统。那是一种非常朴素的墓葬，通常是在土地上挖一个简陋的墓坑。有些墓坑的表面铺砌了石块，里面放置了少量价值不高的祭品。墨西哥考古学家阿尔贝托·鲁

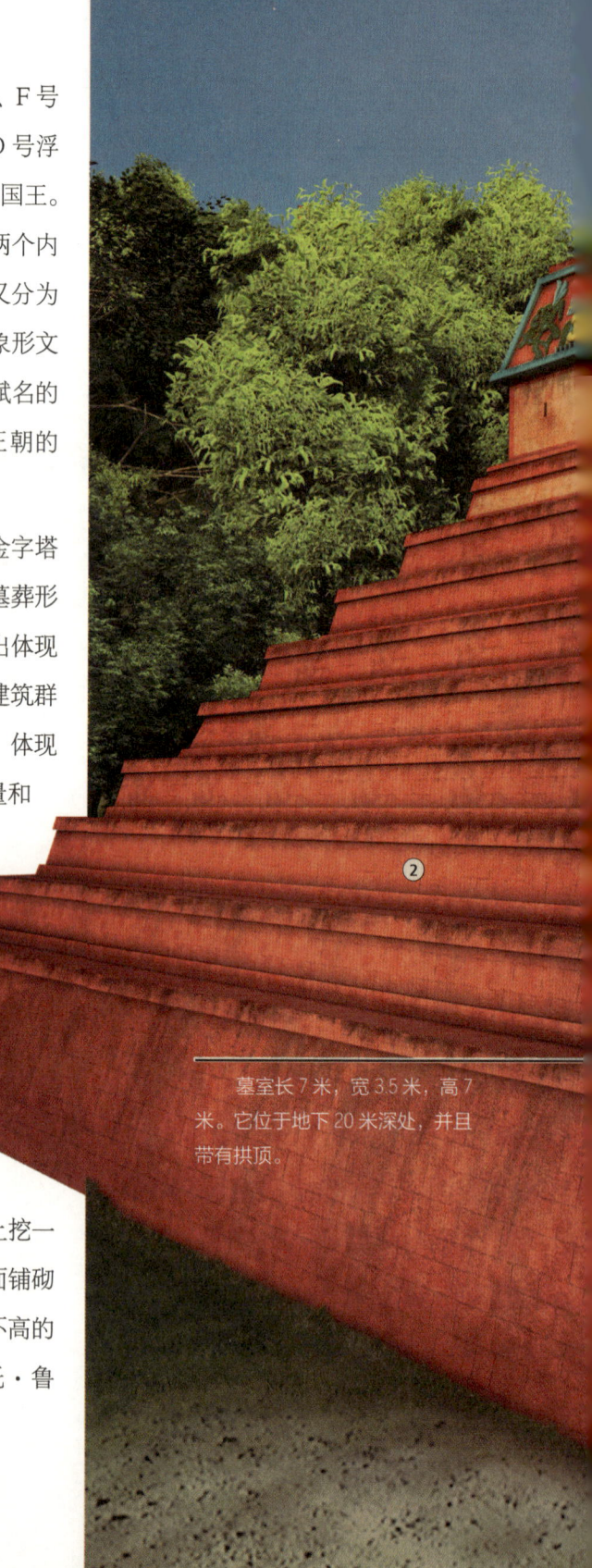

墓室长7米，宽3.5米，高7米。它位于地下20米深处，并且带有拱顶。

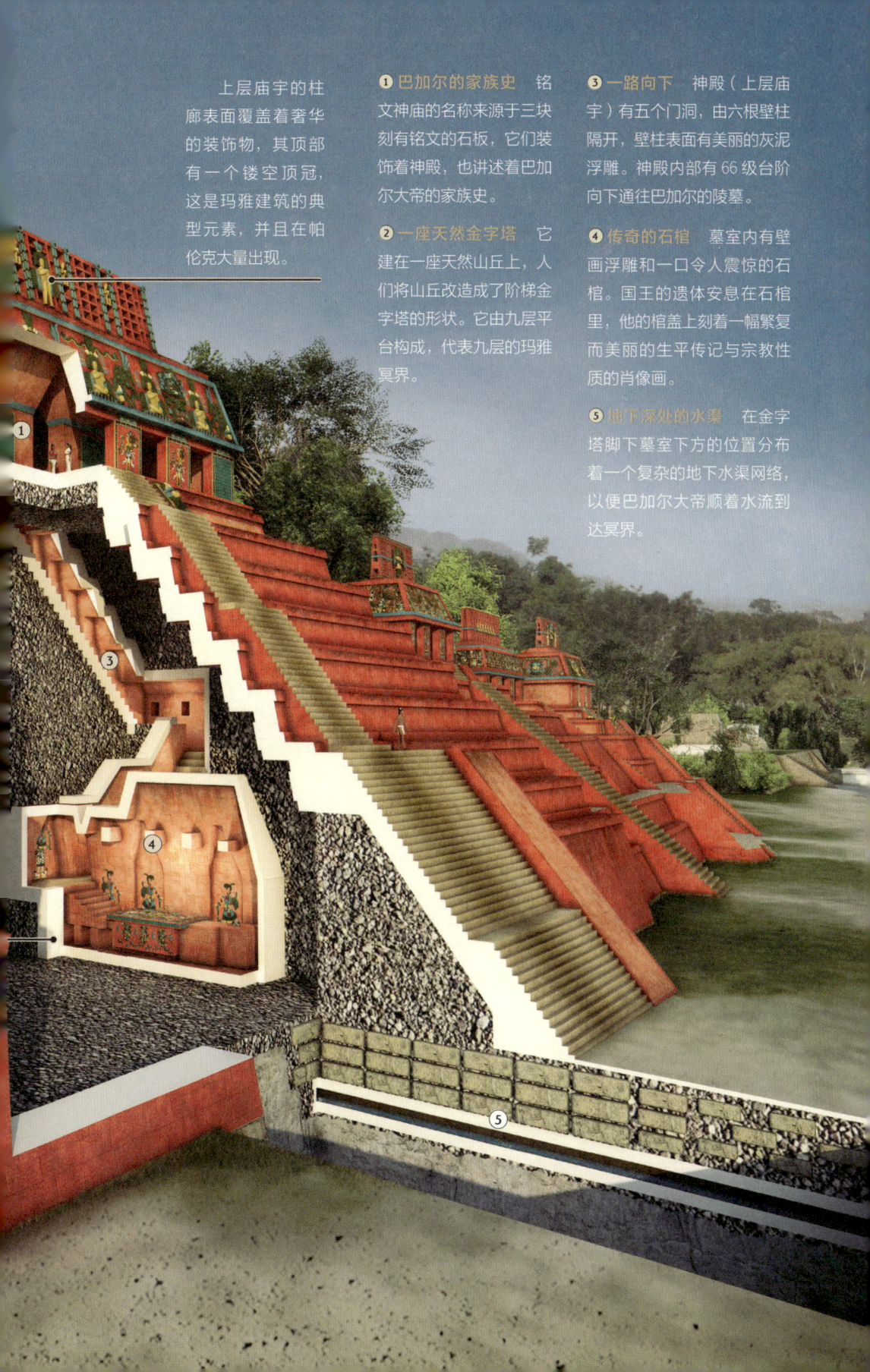

上层庙宇的柱廊表面覆盖着奢华的装饰物，其顶部有一个镂空顶冠，这是玛雅建筑的典型元素，并且在帕伦克大量出现。

❶ **巴加尔的家族史** 铭文神庙的名称来源于三块刻有铭文的石板，它们装饰着神殿，也讲述着巴加尔大帝的家族史。

❷ **一座天然金字塔** 它建在一座天然山丘上，人们将山丘改造成了阶梯金字塔的形状。它由九层平台构成，代表九层的玛雅冥界。

❸ **一路向下** 神殿（上层庙宇）有五个门洞，由六根壁柱隔开，壁柱表面有美丽的灰泥浮雕。神殿内部有66级台阶向下通往巴加尔的陵墓。

❹ **传奇的石棺** 墓室内有壁画浮雕和一口令人震惊的石棺。国王的遗体安息在石棺里，他的棺盖上刻着一幅繁复而美丽的生平传记与宗教性质的肖像画。

❺ **地下深处的水渠** 在金字塔脚下墓室下方的位置分布着一个复杂的地下水渠网络，以便巴加尔大帝顺着水流到达冥界。

■ 帕伦克

冥界之水的发现

　　2016年7月，帕伦克考古项目的研究人员在铭文神庙的楼梯脚下发现了一个复杂的水渠网络，这些水渠一定是在7世纪早期建造墓室之前规划的。水渠是由打磨过的巨石横向排列，并通过粗石板和黏土连接的，水渠上方还有一些石板作为盖板。这条水渠的宽度与高度是50厘米×40厘米，长度大约为17米，在9米处变宽并与另一条平行但更高的水渠连通。水流的方向是自北向南，源头应该是这座金字塔下方的一眼泉水。尚未完成的研究表明，一条主要的水渠通向J组建筑结构，并且在7世纪的头几十年为贝纳斯科尼河供水。

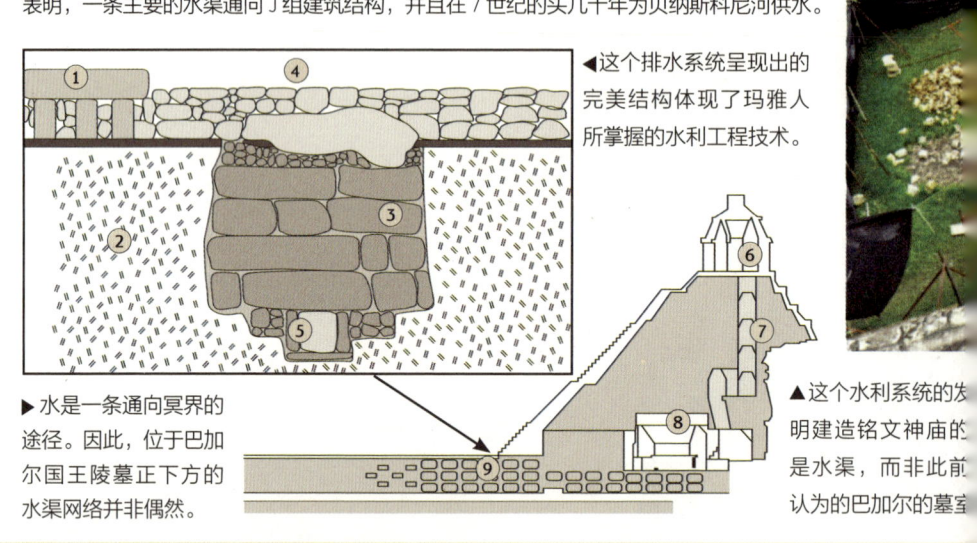

◀这个排水系统呈现出的完美结构体现了玛雅人所掌握的水利工程技术。

▶水是一条通向冥界的途径。因此，位于巴加尔国王陵墓正下方的水渠网络并非偶然。

▲这个水利系统的发明建造铭文神庙的是水渠，而非此前认为的巴加尔的墓室

斯·吕利耶（Alberto Ruz L'Huillier）在铭文神庙中发现的豪华的巴加尔王陵墓进一步巩固了帕伦克的社会等级理论。在这种等级森严的社会中，财富的数量不仅决定了现世生活的阶级差异，而且离世后的殉葬品的价值也根据逝者所属的社会等级而不同。铭文神庙就是一个最显著的例子。它始建于7世纪中叶基尼奇·哈纳布·巴加尔统治期间。这位国王希望他的陵墓是一座隐喻死亡和生存的宏伟建筑，使他的生命和成就永存于世。从这个意义上讲，以铭文神庙为代表的帕伦克的金字塔—神庙—墓穴为一体的建筑群是玛雅社会阶层差异的最好的体现。

▲ 帕伦克考古项目负责人阿诺尔多·冈萨雷斯（Arnoldo Gonzalez）在新闻发布会上介绍了关于这个水利系统的发现。这些水渠的源头仍然存在重重疑团，不过最普遍的一种假设是，它们是以人工方式引来的地下泉水。

① 祭坛
② 基岩
③ 石板层
④ 第一级阶梯
⑤ 水渠
⑥ 小庙
⑦ 内部楼梯
⑧ 墓室
⑨ 泉水位置推测

　　这些庞大建筑的建设工程要求具备合理分工的经济结构和顺从的社会结构，以确保必要的剩余财富，使部分人口能够从事非生产性劳动，并专注于建设神庙的任务。石匠、木匠、泥瓦匠、非专业小工和大批艺术家、雕塑家、画家完全附属于统治阶级。因为虽然他们的作品是用来祭献神明的，但最终还是为了统治者的荣耀服务。

▲ 在巴加尔的石棺下方发现了两个用石灰岩和灰泥制作的人头像。图上的这个头像表现了国王30岁时的面容，另一个表现了他少年时的样子。

考古线索：带孔的石头

　　1952年，阿尔贝托·鲁斯·吕利耶发现并证实了这座神庙的墓葬属性。在勘探过程中，他发现地上有一

261

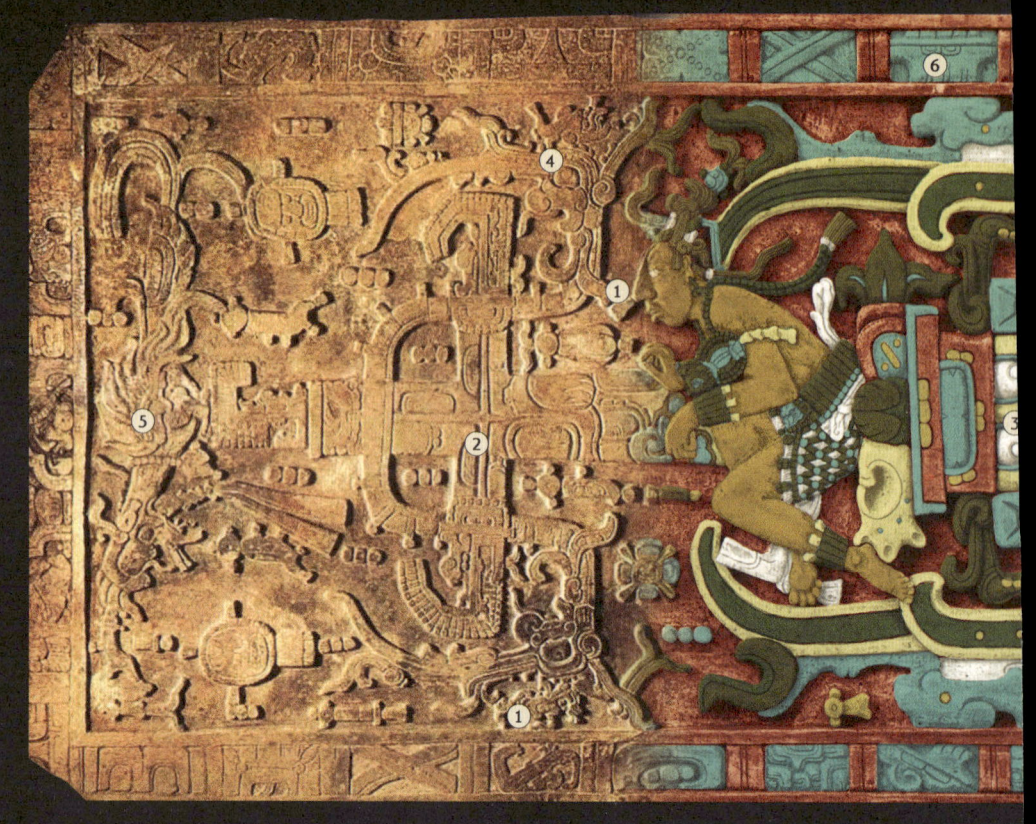

巴加尔棺盖上的隐喻

巴加尔石棺的棺盖堪称世界艺术奇迹。棺盖上复杂的肖像画令人浮想联翩,有些说法非常荒谬,比如认为巴加尔是一个驾驶宇宙飞船的外星人。这当然是不可能的。棺盖上的巴加尔隐喻了死亡和重生。它装扮成玉米神,从大地怪物的口中被吐出,象征着重生。从他的腹部长出一棵世界树(木棉树)。在跟随着太阳进入冥界深渊的路上,巴加尔获得重生并沿着世界树的树干上升,最后到达天神伊察姆纳(Itzamnaaj)居住的上界(天界)。通过这个雕塑主题,巴加尔希望留下一条展望信息,同时强调了他的家族为这座城市带来的繁荣,因为他还在石棺上描绘了自己的祖先,他们的头像与为族群提供食物的果树融为一体。683年8月28日,巴加尔的遗体被安葬在"九领主宫"(墓室的墙壁上描绘了九位冥界领主)。巴加尔的家族史的精华和传奇凝结于此。他的骸骨被染成朱砂红色,鲜活如同世界树的种子,维持着世界的神圣秩序,并庇佑着他的子民的生命和福祉的再生。

❶ **最后一口气** 巴加尔呈仰面半躺姿势，穿着符合他高贵身份的服饰，包括短裙和腰带，并且佩戴了首饰。他的鼻子上有一个表示呼出皮克桑（灵魂）的符号，意思是人死亡前身体呼出的最后一口气。

❷ **圣树** 一棵木棉树（玛雅人的圣树，高大的树枝直通云霄）从巴加尔的腹部长出来。木棉是连接天与地的世界之轴，不同界的神明通过木棉树进行交流。

❸ **重生的表现** 巴加尔被大地怪物（蜈蚣神）萨克·巴克·纳赫·恰帕特（Sak B'aak Naah Chapaat）从口中吐出，是一种重生的表现。跟随太阳的路线进入冥界的深渊之后，巴加尔获得重生，登上了从他腹部长出来的木棉树的树干。

❹ **权力的标志** 天神伊察姆纳被描绘为双头蛇，在他张开的可怕的大口中出现了小丑神和卡维尔神，他们是统治者的束发带和傀儡权杖上的形象，这两样物品是王权的标志。

❺ **丰饶的标志** 伊察姆纳神再次出现，这次的形象是一只长着长长的绿咬鹃羽毛的大鸟，栖息在木棉树上。象征丰饶的 yax 符号在它的翼尖位置多次出现。鸟喙上悬挂着王室宝座的标志。

❻ **关于灵魂的看法** 一条历史主题的天空饰带环绕这张复杂的图像，将画面置于一个充满象征意味的梦幻世界中，以这种方式再现古典时期玛雅人关于灵魂的看法。

◀ 铭文神庙的巴加尔墓穴内，帕伦克考古项目的两名考古学家在研究过程中使用地质雷达。

▼ 棺盖的整体石块厚度大约为 25 厘米。这种厚度为雕刻和绘画提供了一个坚实的基础。

梦幻般的墓穴

墓穴的墙壁上有九个灰泥人像装饰，代表冥界的九位领主。他们守卫着一口重达 7.5 吨，尺寸约为长 3.8 米，宽 2.2 米，厚 25 厘米大型整体石棺，石棺上面覆盖着一块装饰精美的整体棺盖。石棺是玛雅地区的艺术标志之一。石棺内部发现了巴加尔的遗骸，全身覆盖着朱砂，还摆放了一套奢华至极的殉葬品，大部分是美丽的绿色玉珠。除了殉葬物品，还有五名男女的遗骸，他们在封闭墓室时一同被殉葬。阿尔贝托·鲁斯于 1952 年发现了这座墓穴。

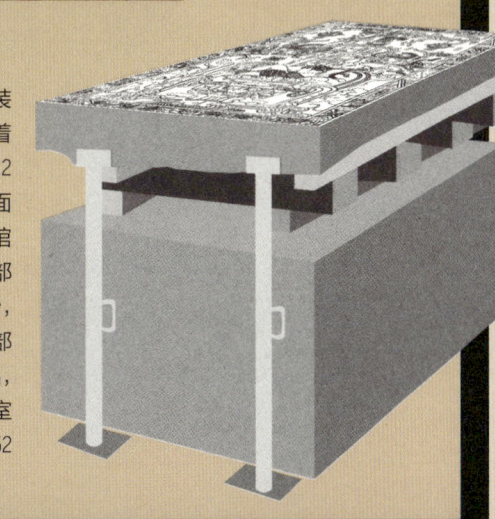

■ 帕伦克

块大石板，上面打了几个孔，以便用绳索把石板吊起来。这位墨西哥考古学家抬起石板后，发现石板下方有一部楼梯通向一个墓穴。对于这一重大发现，鲁斯发表了自己的见解："不夸张地说，迄今为止在整个美洲大陆上，没有发现过任何一座西班牙殖民前时期的墓葬能够与帕伦克铭文神庙的这处墓葬在壮丽程度上相提并论。尽管阿尔万山的 7 号陵墓有美洲大陆其他墓葬无法比拟的华丽祭品，但它在建筑方面的意义相当简单。玛雅地区的瓦哈克通（Uaxactún）、卡米纳尔胡尤（Kaminaljuyú）、蒂卡尔等城市都发现过重要的陵墓，有些墓葬内有非常丰富的祭品，有些带有壁画装饰，科马尔卡尔科（Comalcalco）的墓葬有灰泥浮雕装饰，但上述墓葬中没有一个是帕伦克的金字塔—神庙—墓穴建筑群这样宏伟的建筑—雕塑组合；在任何一个美洲建筑遗址中都没有发现过一个石棺在尺寸和豪华程度上能够与铭文神庙墓室内的这口石棺相提并论。毫无疑问，它是欧洲白人殖民者到来之前，由一个美洲民族建造的最卓越的墓葬建筑。"这位考古学家及他所在的专家小组的工作无疑开启了我们对帕伦克城真正的深入了解。20 世纪 50 年代，他们清除了今天我们所见到的大部分建筑遗迹上的植被、碎石和污垢。

多年以来，人们一直认为最先建造的是整体式石棺以及覆盖石棺的巨型棺盖，因为这样的庞然大物无法通过狭窄的楼梯搬运下来。然而通过墨西哥国家人类学与历史研究所的一些最新发现，今天我们知道，最先建造的是从一处泉眼引水的水渠，它流经神庙的下方，而水渠是巴加尔大帝制订的复杂的象征计划的一部分。在水渠和石棺之后建造了墓室，墓室之上又建造了梯级状的基座和顶部庙宇。基座由九层主体构成，根据玛雅人的信仰，它们象征着冥界的九层。经由庙宇内部的楼梯可向下进入墓穴，这条路线的方向是自东至西，模仿太阳每天东升西落的轨迹，以此为巴加尔的亡灵指引方向。亡灵是存在于逝者头脑中的不朽的魂魄，人死亡之后，亡灵通过逝者的嘴巴、鼻子或者发旋逸出身体。此外，这条路线还强调了巴加尔大帝与太阳的关联，加强了他与神明同步的轨迹，并将他的形象和永生联系在一起。

王宫

王宫位于城市的中心，而且其建筑设计呈现出高度复杂性，由此可以看出它是帕伦克的权力中心。四百年间，它一直是王室的寝宫，并且根据居住在那里的统治者的喜好和需求发生过多次改造。王宫建在一个长100米、宽80米、高10米的大型平台上，那里有一座高耸的四层塔（可能是观象台），仿佛一位哨兵俯瞰着帕伦克城。这个建筑结构逐渐发展成一个大型住宅群，有序而又混乱地分布在庭院和走廊周围。毋庸置疑，王宫内的房间具有居住功能，供统治者及其家人、奴仆居住，那里发现的一间蒸汽浴室和三间厕所证实了这一点。此外它还具有行政功能。主立面拥有一部朝北的大阶梯，是大广场的主角。

431年至565年，帕伦克经历了一次明显的人口增长浪潮，随之而来的是住宅建筑群以及用于行政和仪式事务的大型建筑物数量的增长，特别是在城市的中心区域。这类大型建筑最典型的代表就是王宫，它最初经历了两个建设阶段，都发生在古典时期早期（200—600年）。第一个阶段建造的房间相对简朴，后来建造的建筑物上突然出现了表现卡维尔神的人形面具，神明的额头上有一条蛇张开大口喷出火焰。

7世纪中叶，巴加尔下令掩埋上述结构，并在这个大型平台上实施了他的全新设计。新宫殿围绕内部庭院而建，为王宫的居民提供了此前缺乏的私密性，并通过建筑强调了社会等级差异。

在此前提下，白房子于654年11月落成，这座建筑的主要用途是举办王室精英的最重要的活动。建筑物内部放置了一块美丽的椭圆形石碑，石碑上的雕刻描绘了巴加尔从他的母亲萨克·库克夫人（Señora Sak K'uk）手中接过王权头饰的场景。除了两人的肖像，石碑上还铭刻了他们的名字，这件艺术品成为巴加尔在位时期的第二处铭文。这件美丽的作品的独特之处在于由母亲向儿子交接权力，通常情

■ 帕伦克

况下，父母双方都会出现在加冕仪式上，由父亲交出权力，母亲交出战士徽章。这一事实证明，巴加尔母亲的家族比父亲克安·莫·希克斯（K'an Mo' Hix）的家族地位更高，所以由她将权力移交给继承人。

勇猛好战的神圣国王们

以今天看到的景象推断，王宫以前的装潢一定极其华丽，因为那里的建筑物拥有无数的石刻和灰泥装饰物，巴加尔统治时期尤甚。帕伦克城可能曾经有一所历史悠久的雕塑学校，所以他们的雕塑技艺不断完善，以修饰宫殿结构内的门廊和走廊的挑檐、雕饰带、垂带、壁柱和柱子，其中也不乏表现统治者和其他人物的浮雕，这些人物主持与统治者的权力相关的仪式。所有人物的身份都是可以识别的，这要归功于对人物外貌特征高超的个性化刻画，这是帕伦克艺术独有的技艺。

▶ 王宫的位置不是随意选定的，而是被规划为帕伦克城的神经中枢，整个城市结构以它为中心向外延伸。如此一来，权力中心同时也是连接城市的轴心。

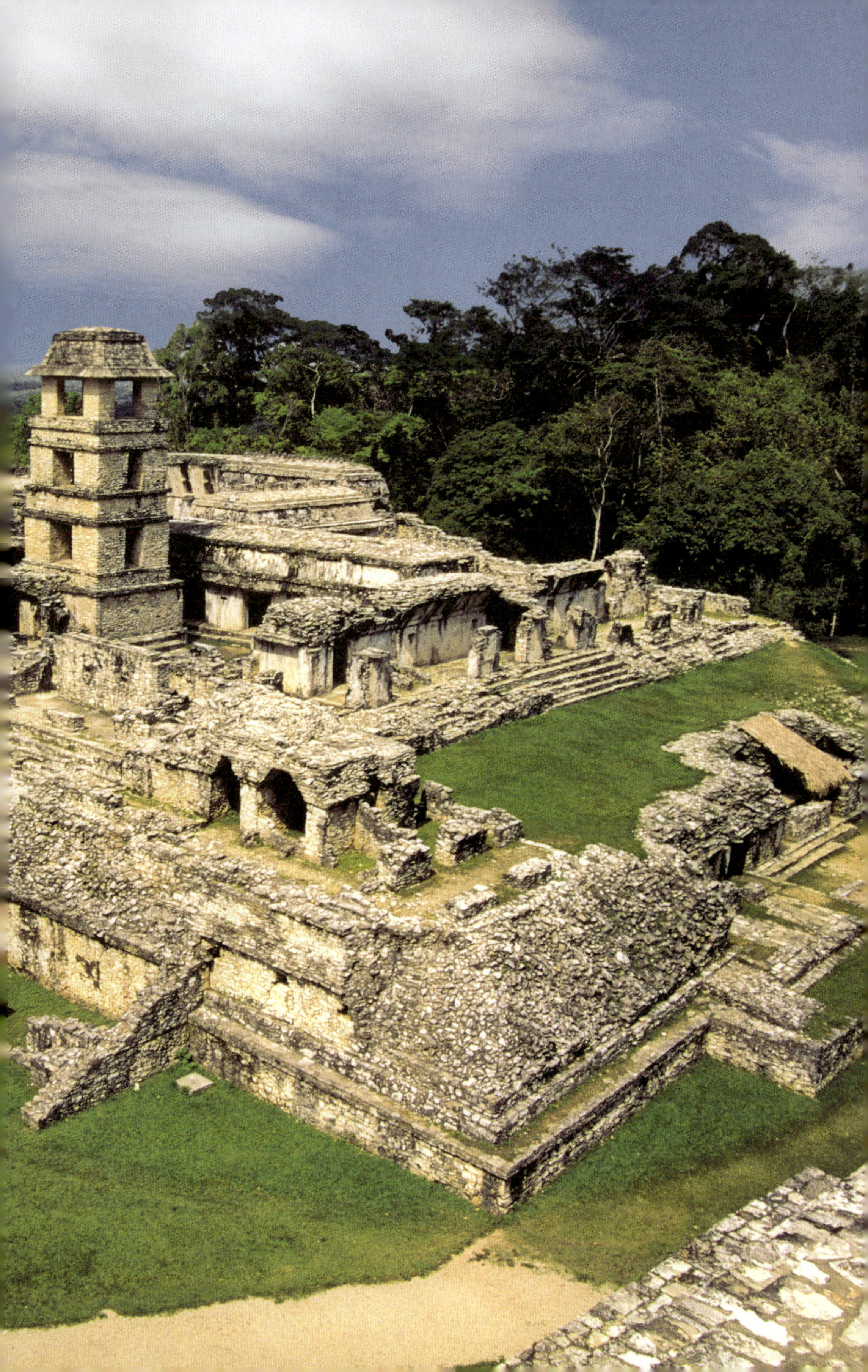

■ 帕伦克

然而这种艺术刻画的不仅仅是国王的成就和功绩。部分墙壁上有令人印象深刻的天空之龙灰泥浮雕装饰，它的形象强大而美丽，从类似蛇的头部喷出一种珍贵的液体（可能是血液或者水），并暗示着神明对光明与黑暗、生与死、白天与黑夜的控制，这就是中美洲思想和玛雅神秘论特有的对立的和谐。

轻型顶冠

即使在危机时期，帕伦克艺术家的精湛技艺也保持着高水准。764年，这座城市日薄西山，然而帕伦克的艺术似乎并未受到末世的影响。或许当时的统治者们失去了建造宏伟建筑的实力和意愿，但是他们没有放弃在其他物品上留下自己的印记。基尼奇·库克·巴赫兰（K'inich K'uk'B'ahlam）用行动证明了这一点。他下令雕刻了一个无与伦比的宝座并放置在王宫的白房子里，就在他父亲定制的两块石板之间。此宝座由四件雕刻精美的石灰岩作品构成。宝座的靠背是创世石

平台四周倾斜的饰带同时充当了排水设施，遇到强降水时可以及时排水，这是热带地区建筑的典型特征。

① 宫廷宅邸 王宫矗立在一个10米高的大型平台上，北、南、西三面都有宽阔的阶梯。这座建筑分为多个建设阶段，其功能是作为统治者的宅邸。

② 塔楼 其功能尚不明确，或许是瞭望塔或者观象台。721年，它在西南庭院拔地而起，由于当时王宫的建筑杂乱无章，限制了塔身在水平方向的扩展。

建筑的顶部是镂空顶冠，并且饰有灰泥雕塑。顶冠的重量非常轻，其重量落在中间的墙体上。

俘虏庭院因 A 号房屋坡面上的浮雕装饰而得名。它的特点是通过描绘手下败将展示军事胜利主题。

王宫的装饰一定非常华美。其挑檐、墙壁、角椽和壁柱因为与统治者的权力相关的装饰图案而熠熠生辉。

子　这座建筑是为了举[行]国王的登基仪式而建造[的。]号子内有多件帕伦克的艺[术品，]比如描绘巴加尔的椭圆[形，]以及石灰岩王座，座面是[由]含 96 个字形的石板。

④ 多个庭院　7 世纪中叶，巴加尔国王在第一期建筑的遗迹上，围绕内部庭院而展开有序的新设计，为王宫的居民提供了户外休闲空间。

■ 帕伦克

王宫大石板——王室荣耀的编年史

◀由美国考古学家默尔·格林·罗伯逊完成的帕伦克城图像拓画，有助于精确地再现像王宫大石板这样的作品。图中由她绘制的这块著名的石板的局部令人印象深刻。

▼俘虏。A号房屋的坡面上有几处俘虏雕像，表现了几位敌方战士，他们的最终命运是被用作人牲。这些雕像具有惊人的表现力。

　　王宫大石板位于 A-D 号房屋中，由三块精美的浅浮雕石碑组成。石碑铭文仅记录了克安·约尔·奇坦（K'an Mo' Hix）统治时期的成就，而故意略去了他曾经被敌对城市托尼纳打败并且遭受监禁的经历。中间石板的黄金位置是他加冕继位的场景。按照玛雅人的传统，统治者继承已经去世的父母的权力。他的父亲巴加尔王把王室头饰交给他，而他的母亲红王后把战争徽章放在一个铺有棉布的托盘上交给他。

　　这位新任国王处于画面的正中位置，他盘腿坐在双头蛇宝座上，身体呈现正面姿势，头部侧向父亲巴加尔大帝一边。三个人物均以传统服饰装扮，父子俩穿着缠腰布，母亲穿着半身裙和网布披肩。当然还有项链、美洲豹形状的胸甲、手镯和脚镯等绿色玉制饰品。巴加尔的背上垂下的玉珠和他头顶精致的头饰引人注目，头饰上还有一朵睡莲。这种致幻植物使统治者能够与他的随身动物（守护动物）交流，对于巴加尔来说，这种动物指的是美洲豹，他身下的宝座上也出现了美洲豹和他的祖先的形象。

碑，座面是一块包含 96 个字形的石板。

外观方面，这些建筑的顶部是镂空并用灰泥雕塑装饰的顶冠，并且涂上了玛雅人特有的鲜艳的蓝色涂料。不同于蒂卡尔等其他玛雅城市的顶冠，帕伦克建筑的顶冠非常轻，而且重量落在中间的墙体上。屋顶部分有因内部拱顶而形成的倾斜的饰带，饰带上有造型美丽精致的灰泥装饰，有些位置还装饰着世俗人物或神明的灰泥像。环绕整座建筑的雕饰带的下半部分形成了一个突出的檐口，在雨季期间暴雨来临时充当收集和输送雨水的排水设施。

▲伯爵神庙是北部建筑群的组成部分，该建筑群位于大广场的北部边界，毗邻王宫的位置。19 世纪上半叶，法国的瓦尔德克（Waldeck）伯爵在帕伦克停留期间曾在此居住，这就是建筑名称的由来。

被丛林吞噬的城市

帕伦克城是如此完美且壮丽，而早期探险家竟然将这座玛雅古城的建筑归功于罗马人！尽管这种假设十分荒唐，但是这座在拉卡德纳丛林中隐匿了几个世纪的城市确实引起了许多冒险家、探险家和学者的兴趣，有些情况下可谓过分的兴趣。

西班牙修士佩德罗·洛伦索·德拉·纳达（Pedro Lorenzo de la Nada）贡献了关于这座城市的最早的书面记录，他于1567年将此遗址命名为"帕伦克"。这位道明会修士认为这座城市曾经有城墙。尽管事实上古老的拉卡姆哈（Lakamha'，帕伦克的原名）并没有城墙，但它确实如同这位修士所想象的那样，是一个雄伟而强大的王国。

此后直到18世纪都没有关于该遗址的记录。后来，由于法政牧师拉蒙·德·奥多涅斯-阿吉拉尔（Ramón de Ordóñez y Aguilar）对帕伦克的兴趣，他的兄弟何塞·德·奥多涅斯（José de Ordóñez）说服危地马拉法院院长何塞·德·埃斯塔切里亚（José de Estachería），1784年批准对帕伦克进行第一次正式勘

▲ 类似上图所示的人头像在帕伦克的考古发现中很常见。
🏠 阿尔贝托·鲁斯·吕利耶遗址博物馆（Museo del sitio Alberto Ruz L'Huillier）

发现者

墨西哥考古学家阿尔贝托·鲁斯·吕利耶于1949年被委任为帕伦克研究项目的负责人。1952年巴加尔国王墓室的发现是他职业生涯的一个转折点。帕伦克的名气此前仅限于学术界，他的发现有助于提高这座玛雅城市的国际知名度。阿尔贝托·鲁斯·吕利耶做了许多重要的工作。他建造了该遗址的第一座博物馆以及一个仓库，为科研人员提供了研究这些考古发现的场所。

▶ 阿尔贝托·鲁斯·吕利耶在著名的巴加尔王的石棺棺盖下摆出休闲的姿势。

探。这次勘探的情况被撰写成一份报告，包括对帕伦克城及其建筑的描述，这份报告目前保存在马德里王宫图书馆。报告的撰写者是帕伦克市的副市长何塞·安东尼奥·卡尔德龙（José Antonio Calderón），报告提到，他们花了三天时间在无情的大雨中走遍了这座城市。然而，这个艰巨的任务是拉蒙·德·奥多涅斯-阿吉拉尔极力促成的，他的名字却没有出现在这份报告上，这对于他是不公平的。

一年后，埃斯塔切里亚院长批准了第二个勘探项目，由建筑师安东尼奥·贝尔纳斯科尼（Antonio Bernasconi）领导。安东尼奥在提交的报告中指出，帕伦克城是由原住民建造的。这一观点与认为玛雅人不具备足够的知识来创造"如此精美的工程"的普遍看

▲ 弗雷德里克·卡瑟伍德的彩色绘画是一部玛雅文明的图像编年史。他的版画作品呈现出浪漫主义唯美风格，比如这幅完成于1844年的帕伦克全景图。这些作品有助于为那些长期鲜为人知的地方确定最早的图像。

法产生了冲突，而这种普遍看法一直持续到19世纪末。

上述报告被交给西印度皇家事务院的秘书何塞·德·加尔韦斯（José de Gálvez），最终幸运地传到了西班牙国王卡洛斯三世（Carlos Ⅲ）的手中。这位国王对"古董"怀有浓厚的兴趣，为此他甚至推动并资助了几次考古探索，比如庞贝古城和赫库兰尼姆古城的考古探索，也资助了几座美洲古城的考古探索。贝尔纳斯科尼的报告得到了历史学家胡安·包蒂斯塔·穆尼奥（Juan Bautista Muñoz）的证实。于是1787年5月3日，安东尼奥·德尔里奥（Antonio del Río）上尉带领绘图员里卡多·阿尔门达里斯（Ricardo Almendáriz）和79名雇工前往帕伦克一探

▶▲ 照片摄于1880年，艾尔弗雷德·莫兹利站在王宫塔楼的高处。这位英国探险家关于帕伦克的研究成果颇丰，包括绘制第一张帕伦克地形图。

▶ 1854年的一幅版画上的恰帕斯丛林。一大片森林环绕着这座神秘的玛雅城市。

▶▶ 一幅19世纪的版画中的帕伦克遗址。随着第一批旅行者和探险家的到来，关于这座城市的艺术复制和再现显著增加。

阿尔门达里斯的绘画

1787年，安东尼奥·德尔里奥在危地马拉绘图员里卡多·阿尔门达里斯的陪同下前往帕伦克探险。事实证明，这位绘图员是一位出色的文献学家，他记录了玛雅人在帕伦克的建筑上雕刻的浮雕。阿尔门达里斯拥有精湛的现实主义技巧，他以惊人的艺术精确度绘制了这些浮雕作品。此外，他还在自己的画作中重现了一些年久失修的浮雕部分。这位绘图员重点关注王宫建筑上的浅浮雕装饰，如右侧的雕塑原件和绘画作品对比图所示。这次旅行结束后，他的画作被用作德尔里奥上尉于1787年6月24日提交的一份报告的插图。

从先驱者到现代发掘

自16世纪开始，冒险家和探险家们就慕名来到帕伦克，然而直到19世纪末，才出现了第一批科学的研究记录。

1567年
城市的命名　西班牙修士佩德罗·洛伦索·德拉·纳达将这个被原住民唤作"奥图姆"（意思是栅栏）的地方命名为帕伦克。

1787年
卡洛斯三世的资助　西班牙国王为安东尼奥·德尔里奥指挥的帕伦克探险队出资。这是该遗址有文献记载的首次发掘。

1889—1902年
第一张地形平面图　艾尔弗雷德·莫兹标志着对帕伦克现开端，他的研究成《中美洲生物学》百

1934—1945 年

修复工作 米格尔·安赫尔·费尔南德斯及其团队勘察、加固和修复了王宫、太阳神庙和十字神庙建筑群等建筑。

1952 年

决定性的发现 阿尔贝托·鲁斯·吕利耶发现了帕伦克最著名的国王基尼奇·哈纳布·巴加尔的墓穴和石棺。

1989—1994 年/1999—2008 年

墨西哥国家人类学与历史研究所的研究 1994 年，墨西哥国家人类学与历史研究所的项目实施过程中发现了 13 号神庙，其内部有保存完好的红王后陵墓。

究竟。这次探险后，德尔里奥上尉坚信帕伦克城是由罗马人建造的，也有"一些腓尼基人和希腊人的影响"。

聚谈会与战胜迦太基人

与此同时，拉蒙·德·奥多涅斯一直没有停止宣传帕伦克的努力。为此，他在危地马拉组织了一场聚谈会，邀请了有兴趣解密伟大的帕伦克城的学者参加。他还写了一本标题为《天地诞生史》的书，并在书中指出，从诺亚到亚述人再到罗马人都干预了伟大的帕伦克城的建造，他们在十字神庙的浮雕上留下了罗马人战胜迦太基人的记录。

19世纪，玛雅大地是许多渴望冒险的欧洲和北美洲公民向往的目的地。然而，这场浪漫的旅行者运动并不是从瓦尔德克伯爵、沙尔奈、斯蒂芬斯与卡瑟伍德等著名的玛雅冒险家开始的。它真正的发起人是持续资助美洲探险之旅的西班牙王室。1807年，卡洛斯四世国王派遣吉列尔莫·杜佩克斯（Guillermo Dupaix）前往帕伦克，由此开启了这场浪漫的运动。继杜佩克斯之后还有几位欧洲访客，比如古怪的让·弗雷德里克·德·瓦尔德克（Jean Frédéric de Waldeck），他在1832年宣布自己是"该考古发现的发起人"。

然而，真正让世人了解危地马拉和尤卡坦地区这些沉寂已久的城市的人是约翰·劳埃德·斯蒂芬斯与弗雷德里克·卡瑟伍德。1840年4月7日，他们两人动身前往帕伦克。此前斯蒂芬斯试图孤注一掷买下这座城市，正如他买下当时属于危地马拉的科潘那样。然而帕伦克属于墨西哥，该国法律禁止任何外国人购买土地。当时还有另一个办法，那就是通过与一位墨西哥女子结婚来获得购买土地的资格。尽管斯蒂芬斯热爱帕伦克城，但是他对单身生活的热爱高于一切。

科学研究

德西雷·沙尔奈为上述冒险阶段画上了句号，而英国考古学家艾尔弗雷德·莫兹利为另一个更追求科学的阶段拉开了帷幕。他于19世纪末到达帕伦克，是对该遗址进行地形研究的第一人。他的研究成果发表在1889至1902年出版的百科全书

《中美洲生物学》上。1895 年，威廉·H. 霍姆斯在《墨西哥古城考古研究》中讲述了他在帕伦克的经历，而且特别强调了帕伦克城的建筑。

个人印象、不可能的主张和大量的绘画使人们得以欣赏已经消失的浮雕和景象，帕伦克由此被载入考古史。1822 年，墨西哥政府通过一系列有意义的研究推动了对古老的拉卡姆哈（帕伦克）的考古研究工作；1922 年，弗兰斯·布洛姆继续开展由艾尔弗雷德·莫兹利启动的工作；1934 年，M. Á. 费尔南德斯（M.Á. Fernández）开始实施修复工作，目的是让帕伦克成为可以参观游览的地方；1940 至 1943 年，海因里希·贝尔林加入了费尔南德斯的团队，继续在主要区域工作。1949 年，墨西哥国家人类学与历史研究所委任阿尔贝托·鲁斯·吕利耶领导该项目。

1967 至 1976 年，豪尔赫·R. 阿科斯塔（Jorge R. Acosta）接任负责人的职务，继续开展工作，他专注于古迹的保护。接下来的 20 世纪 80 年代、90 年代以及 21 世纪的科考工作中，帕伦克不断产生震撼世界的考古发现，比如红王后墓葬等不可思议的朱砂墓葬、十字建筑群的香炉、象形文字石板以及住宅建筑群的复杂工程。这些考古发现提供了许多关于帕伦克人的日常生活、农业系统、信仰以及定居模式的信息。

■ 帕伦克

红王后陵墓

13号神庙位于大广场南部区域的小山坡上，在铭文神庙、12a号神庙和骷髅神庙附近。它还有另一个更为人们熟知的名字：红王后陵墓，因为建筑内部的墓室中有一处不可思议的宝藏，那是一位涂满朱砂的女性的骸骨，她佩戴了首饰，装扮考究，周围摆满了华丽的殉葬品。这处陵墓是墨西哥国家人类学与历史研究所在1994年的挖掘工作中发现的，担任负责人的是考古学家阿诺尔多·冈萨雷斯·克鲁斯（Arnoldo González Cruz）。

那时关于13号神庙的信息寥寥无几。这很可能是因为探险家们开始探索帕伦克的遗迹时，它是保存状况最差的建筑物之一。1889年，艾尔弗雷德·莫兹利绘制了第一张地形图，并将这座建筑命名为13号神庙。1923年，丹麦考古学家弗兰斯·布

▶红王后的石棺被放置在一个带拱顶的狭窄的房间里，是用石灰岩制成的整体石棺，上面覆盖着一块巨大的棺盖，棺盖上有一个葬礼祭司放置的香炉。

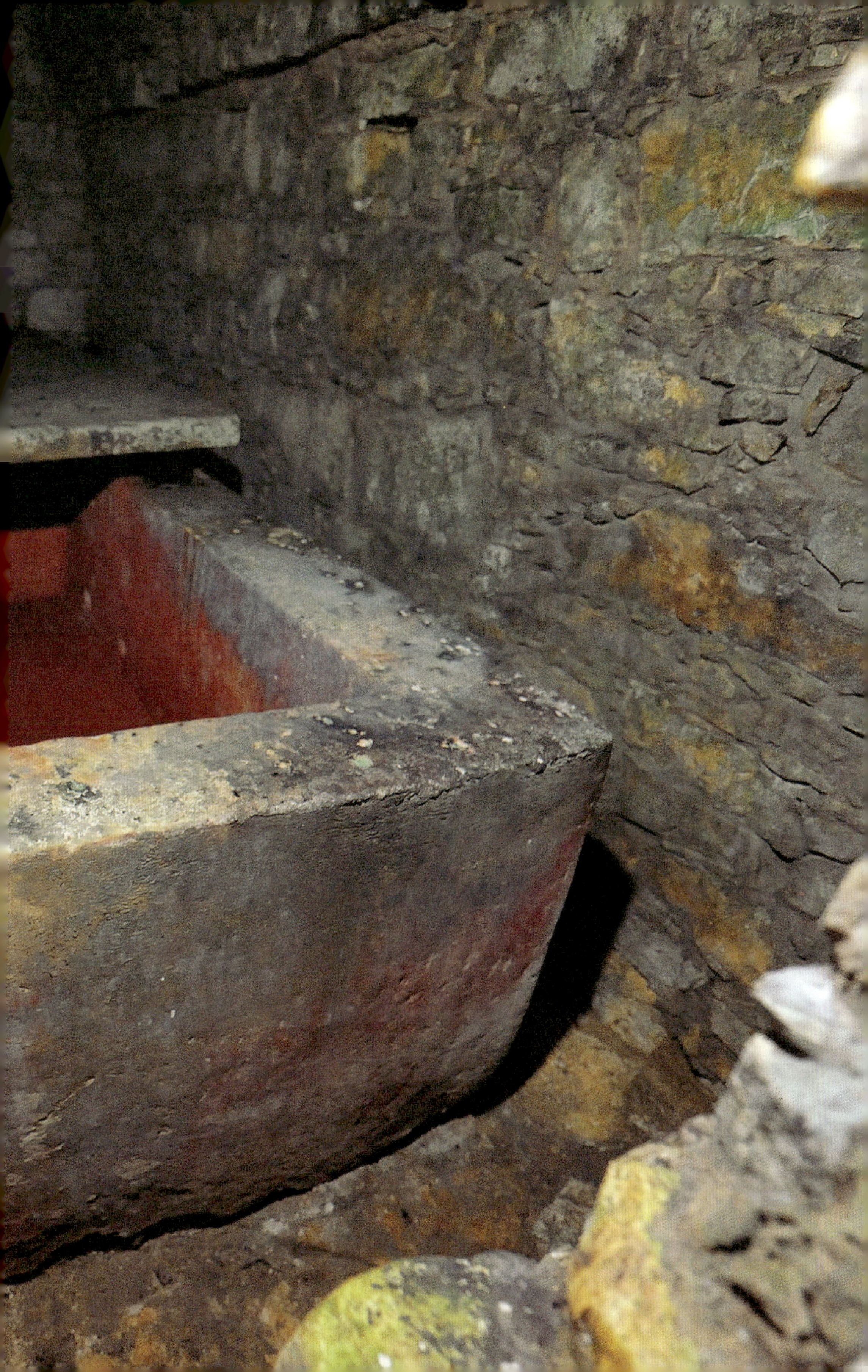

帕伦克

洛姆留下了一小段关于这座神庙的书面记载。他写道，那是一座位于铭文神庙西边的土丘，比铭文神庙矮小。到了 1954 年，阿尔贝托·鲁斯·吕利耶开始在大广场的南部区域工作，他加固了这座神庙，但未检视基座部分。

1973 年，墨西哥考古学家豪尔赫·R. 阿科斯塔在铭文神庙与 13 号神庙相连的部分工作，并且对基座的下面两层主体进行干预。这些工作完成后，一座典型的帕伦克神庙建筑浮现在人们眼前。其特征包括一个梯级状的基座、顶部的长方形的庙宇、入口处的门廊、三个入口、三个内部房间。

门廊处发现了一处陵墓，在西班牙殖民之前被洗劫过，只留下绿色和红色的涂料残迹、一些骨头、牙齿以及 25 颗翡翠珠子。然而基座中隐藏了一处非凡的宝藏。阿科斯塔在加固工作期间发现基座的第二层主体上存在一处阶梯的遗迹。随后考古学家范妮·洛佩斯·希门尼斯（Fanny López Jiménez）在此工作。1994 年 4 月 11 日，她在高出广场地面约 2.8 米的位置发现了一道似乎封死的门。

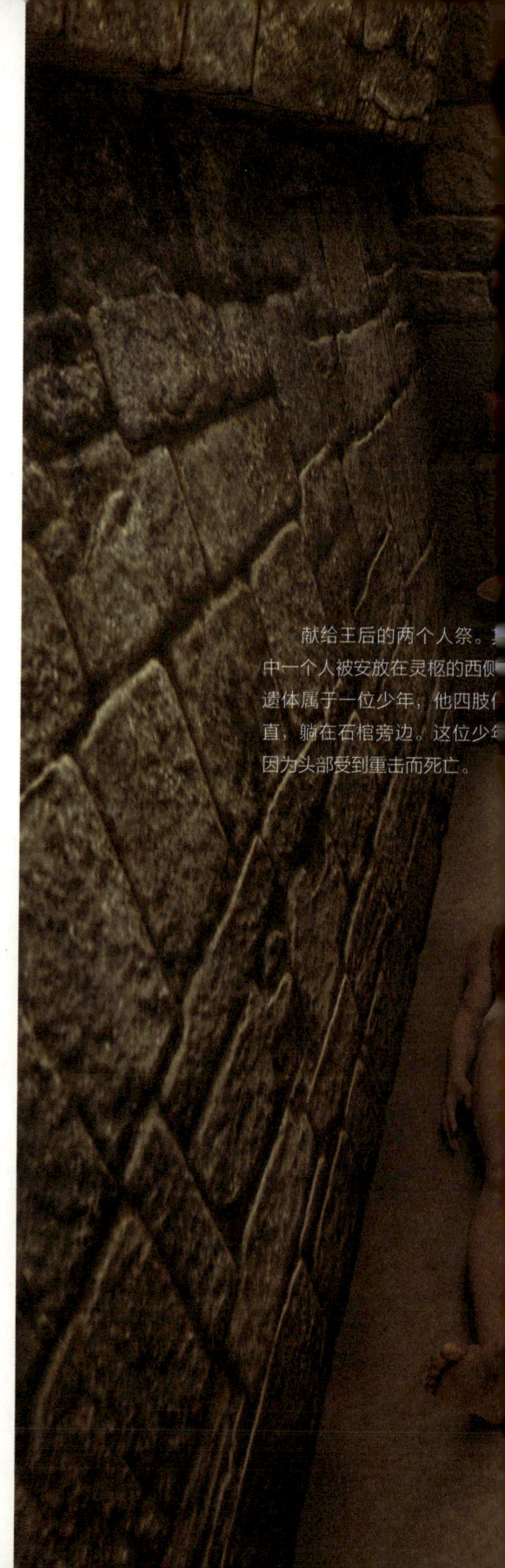

献给王后的两个人祭。中一个人被安放在灵柩的西侧遗体属于一位少年，他四肢直，躺在石棺旁边。这位少因为头部受到重击而死亡。

华丽的覆面是王后的殉葬品中最奢华的饰物。它是由119块孔雀石制成的，还有两块黑曜石当作瞳孔，四块玉石当作虹膜。

王后石棺的棺盖上摆放着一只香炉。这件仪式物品遮盖了一个小小的圆形孔洞，被称为"灵魂通道"，传说逝者的灵魂离开身体后可以通过这个孔进入冥界。

另一个殉葬人祭面朝下趴在灵柩的东侧。她是一名大约35岁的女性，双手被绑在背后，心脏被挖走。

❶ **大型石棺** 王后的墓穴是一个1.2米×2.5米的带拱顶的小房间，几乎被一口长2.4米、宽1.2米的红色整体石棺全部占据。而石棺的棺盖则不同于巴加尔国王的棺盖，上面没有任何装饰。

❷ **华丽的服饰** 红王后可能是巴加尔大帝的妻子。她入殓时佩戴着玉制发冠、孔雀石面具、饰有玉面具的腰带、项链、脚镯，还有珍珠、骨针和黑曜石小刀等殉葬品。她的头部旁边放着一个贝壳，其内部有一个小雕像。

❸ **仪式祭品** 红王后是一位40至45岁的女性。她的陵墓中放置的陶罐和盘子里有一些祭品，比如柯巴脂熏香和食物（玉米粒）。人们希望通过这种方式祭拜并永远铭记逝者。

■ 帕伦克

美丽的孔雀石面具

　　随着墓穴的发现，人们注意到一件华丽的陪葬品。其制作材料除了大量的玉石和翡翠片，还有另一种罕见的矿物，那就是孔雀石。事实上，移开石棺棺盖后，专家在尸体的胸部和头部发现了许多绿色的嵌面石。经过研究，专家们得出的结论是这些碎片来自使用孔雀石制作的精美的逝者面具。这种绿色矿物是从铜矿石与银矿石中获得的。有趣的是，帕伦克并不出产这种矿物，所以为了制作红王后的面具，必然需要从生产或销售这种矿物的其他地区运输至帕伦克。为了确定嵌面石的来源地，专家们不仅使用了X射线和激光，还通过紫外线、红外线以及光学显微镜对其进行了分析，目的是识别具有特定密度的矿物和化学元素。古典时期末期，帕伦克控制着格里哈尔瓦河的西北低地地区，所以应该不难获得这种原料。墨西哥恰帕斯州西北部靠近塔瓦斯科州的圣菲矿区是研究人员假设的头号矿脉。

▼ 面具由119片孔雀石构成，两块黑曜石模仿瞳孔，四块玉石模仿虹膜。陵墓中还发现了另一张更小的面具（如右下图），由106块玉石和两块黑曜石板构成。

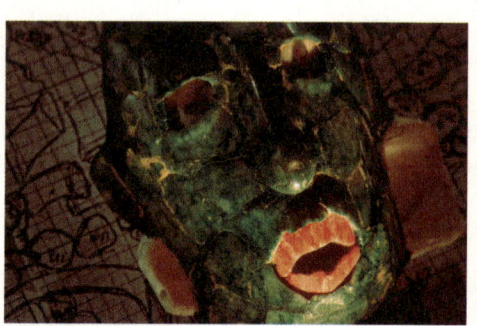

　　移除了挡住入口的大石头之后，工作组发现了一条6米长的狭窄通道，呈南北方向，内部没有碎石障碍物。墙壁表面铺着大块的石灰岩砖，精致的材料和优秀的做工预示着墓葬里的人（如果有）属于帕伦克城的精英阶层。这是一个有拱顶的空间，内部分为三个房间。两边的房间空置，但是中间的房间可疑地用一块大石板封住了，石板的大小正好作为门板，并且涂了黑色的灰泥。这符合一个包含三重墓葬的神庙的结构，尽管此处的两个房间是空置的。

王后的红色石棺

　　这是一处底面为长方形的结构，正面带有挑檐和饰带，一个入口通向上层庙宇，另一个入口通向举行各种仪式庆典的广场。在中间的房间里发现了一个"灵魂通道"（通向外部的小孔），如果死者的灵魂受到威胁可以从这个孔逃脱。考古学

家们正是通过这个小孔激动地发现了一口看起来完好无损的石灰岩石棺。经过15天的努力，他们证实东西两侧有通向顶部庙宇的内部楼梯，但与陵墓不相通，于是他们开始拆除前方的石碑。

　　拆除完成后，他们面前是一口涂成红色的整体石棺，石棺上面覆盖着一块素面棺盖，尺寸为长2.4米、宽1.2米、厚10厘米。一个带盖子的香炉被端正地放在棺盖的正中间，地板上有一个骨制的纺锤。在石棺周围发现了两具保存状况不佳的遗体，一具是11岁的少年，四肢伸直，头骨有变形的痕迹；另一具是大约35岁的女性。他们二人被当作墓葬主人的殉葬人祭。墓室台阶上摆放了一个棕色的大陶盘和两个橘色的陶杯。此外还有一处副墓室，在那里发现了几根长长的骨头和一些镶有玉石的牙齿。

　　经过14个小时细致的工作，考古学家成功地抬起了石棺的盖

▲必须要走下13级大台阶才能到达这个墓穴。然而葬礼结束之后，陵墓的入口就被堵死了。上图中，一位考古学家正在检查石棺。

◀经墨西哥国立自治大学（UNAM）的专家胡安·阿方索·克鲁斯修复后的面具外观。
🏛 阿尔贝托·鲁斯·吕利耶遗址博物馆，帕伦克

283

◾ 帕伦克

板，发现了一名女性的遗体，她面朝北边，身高 1.54 米，年龄介于 40 至 45 岁。她的周围散落着 1140 块玉石，都是从一张面具和各种首饰上脱落的。头骨上有一个翡翠发冠，头饰的一部分以及胸前的饰品上有苹果绿色的孔雀石嵌面石。此外，还发现了四把黑曜石小刀和三把石灰岩小斧头。石棺和骸骨表面都涂着从朱砂中提取的鲜红色涂料（朱砂是一种朱红色的硫化物类矿物）。

巴加尔的妻子？

巴加尔陵墓的发现彻底改变了人们关于玛雅人的丧葬风俗的许多观点。根据玛雅人的传统，逝者通常直接躺在土中被埋葬，或是被安放在殡葬用的石碑上，而巴加尔的陵墓使人们的观点发生了根本性的变化，他是首位躺在石棺中入葬的玛雅人。红王后墓葬的发现进一步证实了这种殡葬方式，因为它提供了另一个特别的案例。这个案例是位于一座祭庙建筑内的精英阶层石棺，包含非常奢华的玉器、覆面等殉葬品，并且所有物品表面都涂了一层朱砂。不过与巴加尔墓葬不同的是，红王后墓葬内没有象形文字来揭示这位贵族女性的身份。由于缺少具体信息，考古学家暂时为她取了"红王后"这个浪漫的名字。

经过各种分析研究，可以确定墓葬内发现的陶器属于古典时期晚期（600—850 年）。而通过骨骼分析研究，可以确定石棺内的人入殓时身着华服，并且根据帕伦克贵族阶层的时尚人为地进行过颅骨塑形。她的上门牙用锉刀修饰过，卫生状况不佳。上述研究还表明，她生前奉行高肉饮食，表现出骨质疏松晚期症状，而且患有退行性关节炎和慢性鼻窦炎。

尸体上的殉葬品包括项链、手镯、发冠和玉石饰品等，为在冥界的生活做足了准备。尤其值得一提的是一张美丽的孔雀石面具。在对覆面进行修复并对比了巴加尔石棺、椭圆形石碑、俘虏大石板上描绘的女性形象之后，玛雅学者薇拉·蒂斯勒（Vera Tiesler）与安德烈亚·库奇纳（Andrea Cucina）得出结论，这张面具是巴加尔大帝心爱的妻子茨阿克布·阿哈乌夫人的肖像。她 13 岁时来到帕伦克，与该地区最强大的男人成婚。另一个重要的冥界仪式物件是海菊蛤（海贝壳），其内部有一个小型女性雕像，很可能表现的是冥界的王后。

关于国王的象形文字

帕伦克统治者的出生、统治年份、逝世等生平大事被书吏严格地记录在遍布这座城市的石碑和石板上,因此帕伦克城是一座真正的"石头图书馆"。

古典时期(200—900年)规模最大、保存最完好的玛雅文字就是在帕伦克发现的,这一事实帮助人们相当准确地还原了其王朝历史次序。几乎所有的文本都遵循相同的格式,并且提供的信息也如出一辙,就像是行政部门创建的正式统一表格。

这种"档案表"包括出生日期、父母姓名、出生地点以及经历过的重要仪式、加冕、胜利、卡盾结束的庆祝活动和死亡日期。有些"档案表"上提及了一座纪念碑

◀ 椭圆形石碑。萨克·库克夫人将权力移交给她的儿子巴加尔,后者坐在双头美洲豹的宝座上。两个豹头的头顶有白色睡莲的叶子,国王们用这种具有致幻作用的花与冥界以及祖先建立联系。

的落成典礼、军事细节以及重要的文官、军官或宗教官职的任命等事件。很多情况下，这些信息中的大多数可以与邻近的其他城市的石刻文本进行对比，譬如与帕伦克存在激烈的竞争关系的两座城市：托尔图格罗与托尼纳。

迟来的记录

帕伦克城的象形文字记录出现的时间相对较晚，直到基尼奇·哈纳布·巴加尔统治时期才出现。最古老的铭文出现在地下王座（652年）E号房屋的椭圆形石碑（654年）和C号房屋（661年）。西蒙·马丁与尼古拉·格鲁贝两位铭文学家在《玛雅国王与王后编年史》（2008年）一书中绘制、收录并翻译了帕伦克的国王名单。本书的下一页展示了这部系统的著作的一部分。

▼ 21号神庙的宝座上的图案，是一位祭司 ① 穿着一件美洲豹皮斗篷 ②，戴着顶部饰有玉米植株的发冠 ③，向国王 ④ 献上一束打了三个结的羽毛 ⑤，这让人联想到自我放血牺牲的习俗。

帕伦克的百年王朝

① 库克·巴赫兰一世
出生日期：397年3月30日
继位日期：431年3月10日
在位时间：431至435年
死亡日期：未记录

② 奇阿？（又称"卡斯珀王"）
出生日期：422年8月8日
继位日期：435年8月9日
在位时间：435至487年
死亡日期：未记录

③ 布特萨赫·萨克·奇克
出生日期：459年11月14日
继位日期：487年7月28日
在位时间：487至501年
死亡日期：未记录

④ 阿赫卡尔·莫·那赫布一世
出生日期：465年7月5日
继位日期：501年6月3日
在位时间：501至524年
死亡日期：524年11月29日

⑤ 克安·约尔·奇坦一世
出生日期：490年5月3日
继位日期：529年2月6日
在位时间：529至565年
死亡日期：565年2月6日

⑥ 阿赫卡尔·莫·那赫布二世
出生日期：523年9月3日
继位日期：565年5月2日
在位时间：565至570年
死亡日期：570年7月21日

⑦ 坎·巴赫兰一世
出生日期：524年9月18日
继位日期：572年4月6日
在位时间：572至583年
死亡日期：583年2月1日

⑧ 约赫·伊克纳尔夫人
出生日期：未记录
继位日期：583年12月23日
在位时间：583至604年
死亡日期：604年11月7日

⑨ 阿银·约赫尔·马特
出生日期：未记录
继位日期：605年1月1日
在位时间：605至612年
死亡日期：612年8月8日

⑩ 穆瓦安·马特
出生日期：未记录
继位日期：612年10月19日
在位时间：612至615年
死亡日期：未记录

⑪ 基尼奇·哈纳布·巴加尔一世
出生日期：603年3月23日
继位日期：615年7月26日
在位时间：615至683年
死亡日期：683年8月23日

⑫ 基尼奇·坎·巴赫兰二世
出生日期：635年5月20日
继位日期：684年1月7日
在位时间：684至702年
死亡日期：702年2月16日

⑬ 基尼奇·克安·约尔·奇坦二世
出生日期：644年11月2日
继位日期：702年5月30日
在位时间：702至720年
死亡日期：未记录

⑭ 基尼奇·阿赫卡尔·莫·那赫布三世
出生日期：678年9月13日
继位日期：721年12月30日
在位时间：721至736年
死亡日期：未记录

⑮ 基尼奇·哈纳布·巴加尔二世
出生日期：未记录
继位日期：未记录
在位时间：736至742年
死亡日期：未记录

⑯ 基尼奇·坎·巴赫兰三世
关于这位国王的唯一的信息出现在751年波莫纳的一段文本中。

⑰ 基尼奇·克乌克·巴赫兰二世
出生日期：未记录
继位日期：764年3月4日
在位时间：764至783年
死亡日期：未记录

⑱ 哈纳布·巴加尔三世
出生日期：未记录
继位日期：799年11月13日
在位时间：未记录
死亡日期：未记录

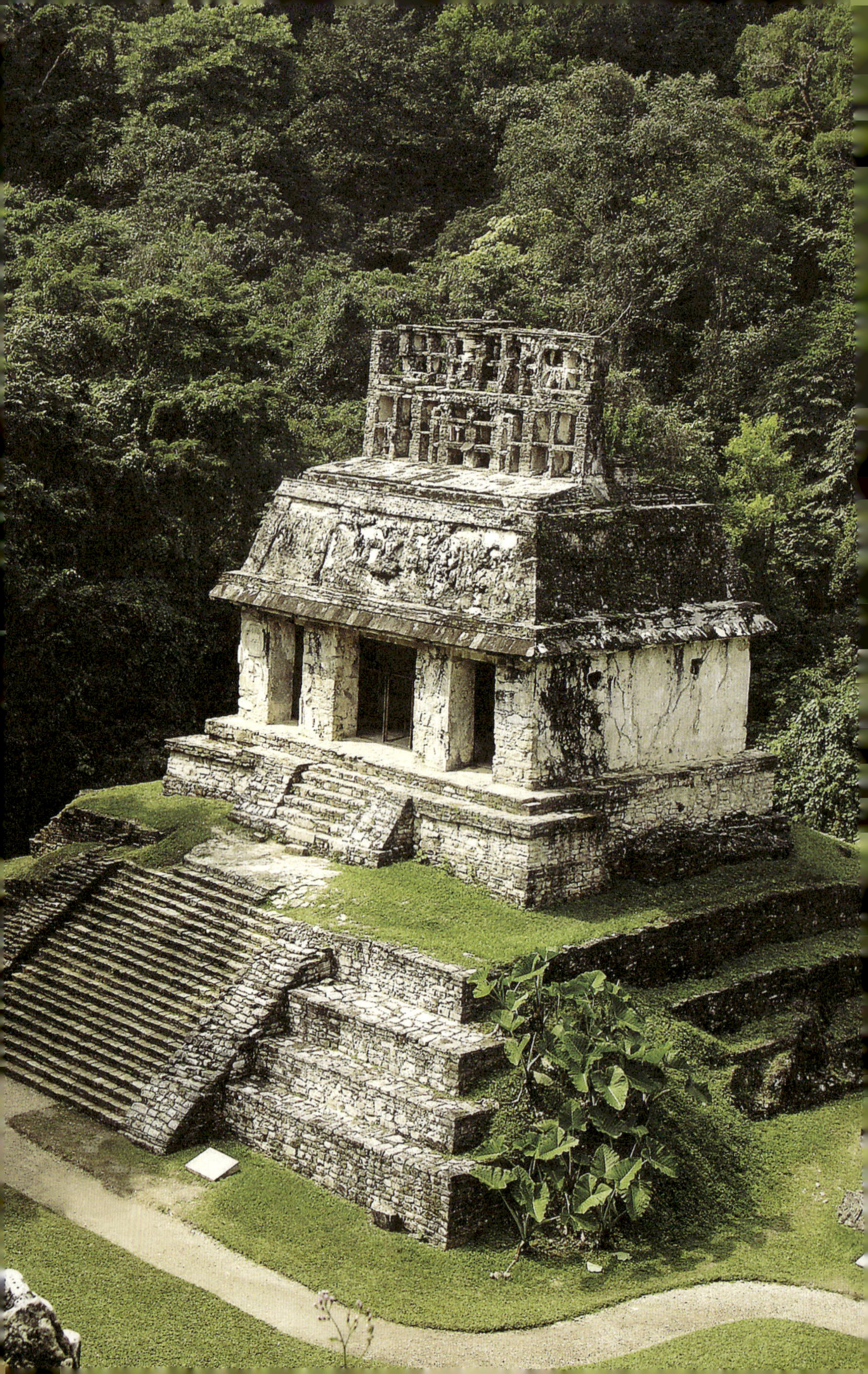

十字建筑群

如果说巴加尔的权力机构集中在王宫大广场上，那么他的儿子们则在他身后的山丘上创造了一个专门供奉神明和祖先的空间，那就是十字建筑群。以此为名是因为在那里的几座神庙中发现了大石板，石板上的场景主角是一棵十字形的巨大的世界树。这是连接三个空间的元素，神明的力量通过世界树流动，统治者通过世界树与神明交流。

这一理念的发起人是巴加尔大帝的儿子基尼奇·坎·巴赫兰，他构思了三座神庙，作为帕伦克宇宙观的完美隐喻。三座建筑，每一座代表一种场景，并且按照历史和宗教内容排序。基尼奇·坎·巴赫兰通过仪式使这些内容得以传承，因此获得了"众神创造者"的别称。基尼奇·坎·巴赫兰于692年1月7日为神明献上了这三座神庙。

十字神庙、叶形十字神庙和太阳神庙遵循同样的建筑样式：一个梯级状的基座（古典玛雅语：kun，意思是"基础"或"平台"）逐级而上，顶部有一座庙宇（玛雅语：pib'-naah）和一间内室圣殿，象征着众神重生的场所。pib'-naah 的字面意思是"蒸汽浴室"，孕妇临盆前沐浴的地方，也指代神殿或祈祷室。每座神庙都供奉着帕伦克的一位主要神明及其统治的领域。十字神庙供奉代表天界的GI神：伊察姆纳；叶形十字神庙供奉统治人间的GⅡ神：乔克·乌嫩-卡维尔（农业神）；太阳神庙供奉代表黑暗的冥界的GⅢ神：美洲豹太阳。

每座神庙的神殿内都放置了一块大石板，石板上的文字、浮雕内容与三位神明相关，作为建筑传递信息的补充。十字神庙的大石板讲述关于出生和即位的事件，因为它是神明诞生的地方，是一个创世空间。石板上出现了基尼奇·坎·巴赫兰和他的父亲，也就是帕伦克最著名的统治者：巴加尔大帝。叶形十字神庙的大石板讲述了代表土地和人类神明的乔克·乌嫩-卡维尔（Ch'ok Unen-K'awiil）的传记，他的圣树是一棵玉米植株，也是农业和丰饶的象征。而太阳神庙的大石板上出现了

▲ 十字建筑群的几座神庙彼此邻近，形成了一个边界明确的神圣区域。

◀ 献给GⅢ神（冥界之神）的太阳神庙是整个仪式建筑群中保存状况最佳的。

象征战争的托克-巴加尔，即GⅢ神的面孔，守卫在这位神明身旁的是基尼奇·坎·巴赫兰和巴加尔大帝。

除了构成十字建筑群的三座神庙，还建造了其他神庙，体现了帕伦克当时发生的深刻的风格变化和社会变化，比如由巴加尔大帝的孙子基尼奇·阿赫卡尔·莫·那赫布建造的19号神庙。该神庙内部有一个宝座和两块雕刻过的石板，两块石板的浮雕上出现了几位强大的社会精英成员陪同着统治者，这一形式打破了此前的石板的人物图案惯例。

① **十字神庙** 这是十字建筑群的三座建筑中最高的一座，朝向北方。这座神庙供奉的是居住在上界（天界）的GⅠ神伊察姆纳。石板上的内容将神庙的基座描述为天空之脸的大平台，明确地象征宇宙的最高层。

② **叶形十字神庙** 它的高度在三座神庙中位居第二，代表位于宇宙中间层的土地，供奉掌管农业的神明，GⅡ神乔克·乌嫩-卡维尔。其基座损毁严重，不过据已完成的研究表明，基座曾经由八或九层主体构成。

③ **太阳神庙** 这座神庙位于十字建筑群的西部。它是三座神庙中最低的，所以代表地下的世界，即GⅢ神居住的玛雅冥界西巴尔巴。其基座分为九层，与到达冥界必须下降的层数一致。

④ **14号神庙** 在这座建筑中发现了几只非常醒目的香炉，因为香炉上的面孔打破了表现神明的常规表现形式。香炉上出现的不是三位神明中的任何一位，而是帕伦克的统治者们。庙宇的大石板描绘了基尼奇·坎·巴赫兰和他的母亲茨阿克布·阿哈乌，他们处于一种超自然的存在状态，因为表现的是他们逝世后的场景。

■ 帕伦克

十字神庙

法国探险家德西雷·沙尔奈在他的《新大陆的古老城市：墨西哥与中美洲的探索之旅》(*Voyages d'exploration au Mexique et dans l'Amérique Centrale*，巴黎，1885）一书中写道："在这些非凡的建筑中散步的感觉无比奇怪。那种荒芜，那种寂静，那种孤独；建筑物和金字塔顶长出的树木投下浓密的树荫，进一步放大了弥漫着遗迹的神秘感，使我们陷入不可名状的悲伤中。"22年后，当他重回帕伦克，想必感到越发悲伤，在现场，他看到这座神庙发生了不可挽回的退化，而这一切都是疏于管理导致的，比如十字神庙正面倒塌这样可怕的损毁，而他曾经在第一次旅行中对这座美丽的神庙赞叹不已。

直到20世纪，专家们才开启了对这个地方的修复工作。20世纪20年代，丹麦考古学家弗兰斯·布洛姆

▶ 虽然十字神庙的建筑设计与该建筑群的其他两座神庙相近，但是它在象征意义上最具重要性，因为它供奉的是帕伦克首要的神明——天界的GI神。

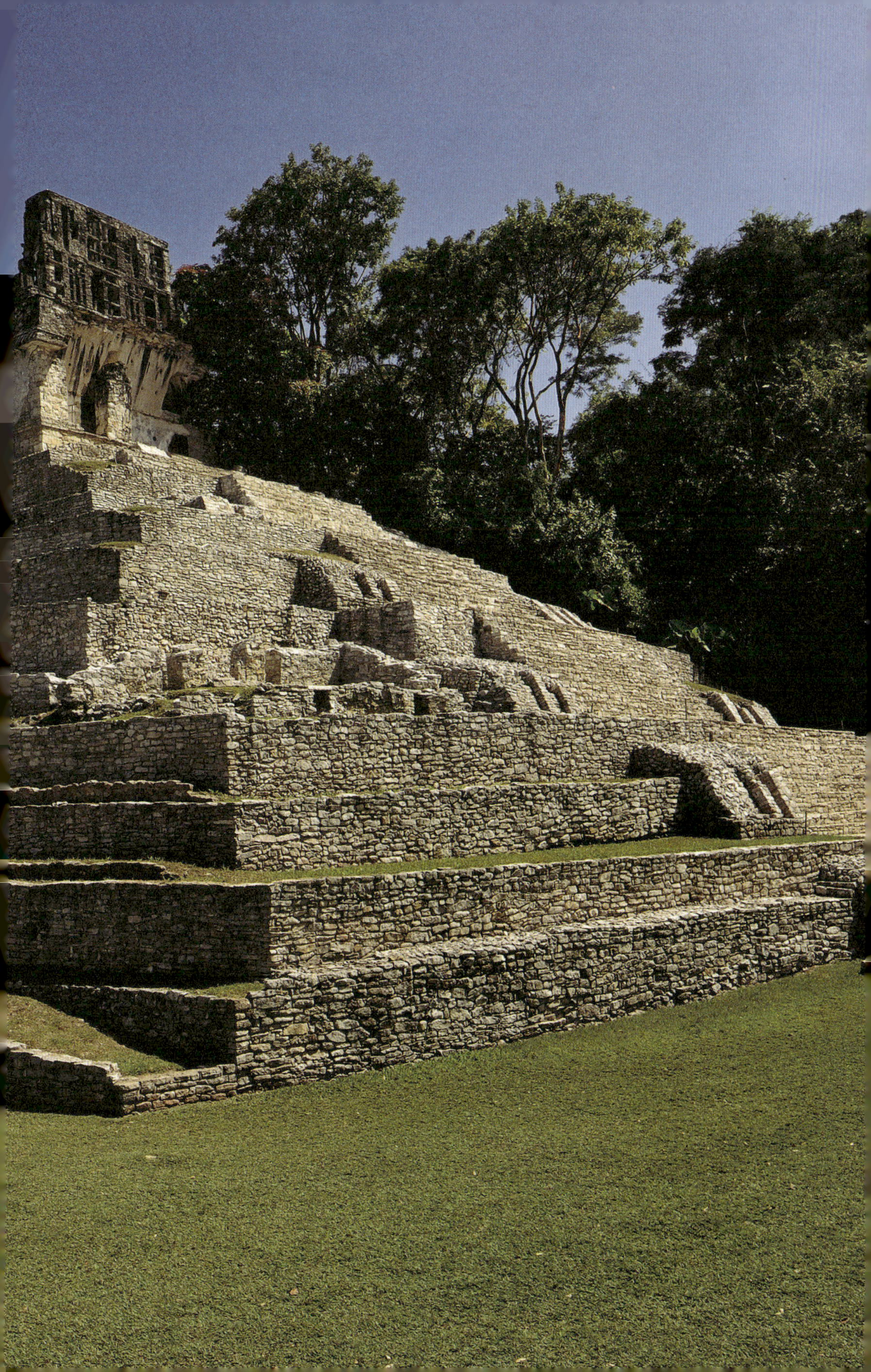

■ 帕伦克

受雇于墨西哥政府，负责安排帕伦克的研究工作，撰写一份关于建筑物保存状况的报告，并查出十字神庙丢失的美丽的浮雕的下落。这个谜团很快就解开了，它就在距离神庙遗址不远的地方。其实，他在附近的帕伦克镇的圣多明各教堂发现了十字神庙被盗走的几块石板，但是他未能让石板物归原位。又过了20年，在1940年至1943年的考古活动中，米格尔·安赫尔·费尔南德斯（Miguel Ángel Fernández）将石板送回原处。确保石板安全后，费尔南德斯开始在十字建筑群开展研究（这位墨西哥研究人员是中美洲考古的先驱，他致力于帕伦克遗址研究长达12年。不幸的是，他在那里感染了黄热病，最终不治身亡）。

多项考古研究表明，位于太阳广场北边的十字神庙是构成十字建筑群的三座建筑之一（另外两座是叶形十字神庙和太阳神庙）。此外，研究还表明这三座神庙不仅在建筑上有相似之处，而且呈现相同的装饰主题。神庙外部，门廊的柱子和屋顶的饰带上布满了美丽的灰泥装饰。神庙内部则有由三块独立的大块石灰岩拼成的大

为了GI神的至高荣耀

十字神庙是该仪式建筑群中规模最大的一座神庙。它的规模与它所代表的神明的地位息息相关：GI神，又名"天界的统治者"，是帕伦克的主要神明。神庙内部的石板写满了神话和历史，使这种神圣的象征意义更加完整。

④ 梯级状的基座在古典玛雅语中叫作kun。这座神庙内的一处象形文字铭文提到，它的kun是由六个名为Wak-Chan-Ajaw（字面意思是"天界第六层的统治者"）的双体结构组成的。

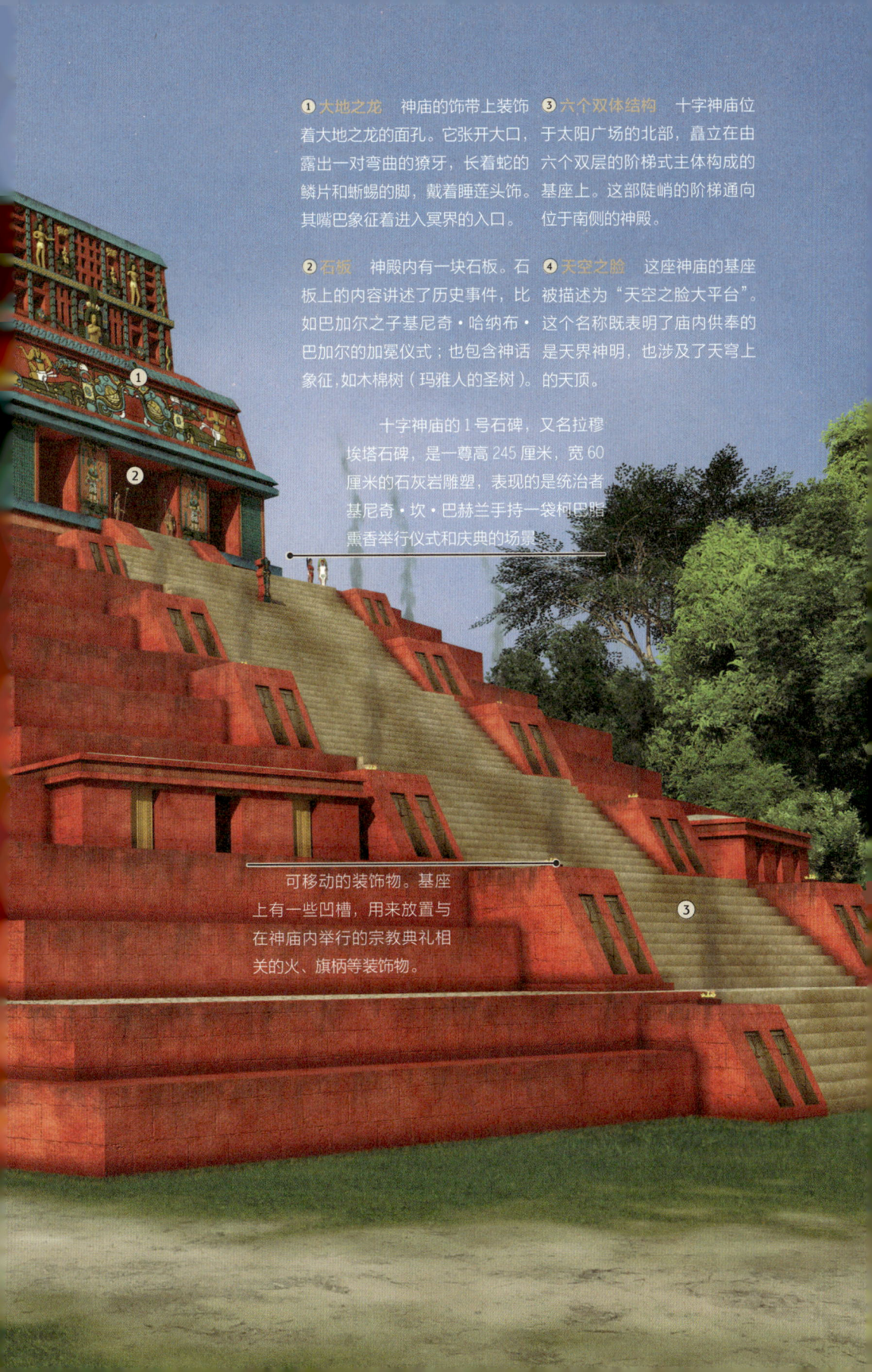

❶ **大地之龙** 神庙的饰带上装饰着大地之龙的面孔。它张开大口，露出一对弯曲的獠牙，长着蛇的鳞片和蜥蜴的脚，戴着睡莲头饰。其嘴巴象征着进入冥界的入口。

❷ **石板** 神殿内有一块石板。石板上的内容讲述了历史事件，比如巴加尔之子基尼奇·哈纳布·巴加尔的加冕仪式；也包含神话象征，如木棉树（玛雅人的圣树）。

❸ **六个双体结构** 十字神庙位于太阳广场的北部，矗立在由六个双层的阶梯式主体构成的基座上。这部陡峭的阶梯通向位于南侧的神殿。

❹ **天空之脸** 这座神庙的基座被描述为"天空之脸大平台"。这个名称既表明了庙内供奉的是天界神明，也涉及了天穹上的天顶。

十字神庙的1号石碑，又名拉穆埃塔石碑，是一尊高245厘米，宽60厘米的石灰岩雕塑，表现的是统治者基尼奇·坎·巴赫兰手持一袋柯巴脂熏香举行仪式和庆典的场景。

可移动的装饰物。基座上有一些凹槽，用来放置与在神庙内举行的宗教典礼相关的火、旗柄等装饰物。

■ 帕伦克

14 号神庙的神话海洋

▲ 原始海洋。14 号神庙的石板上的铭文提到了一个古老的神话时代，当时世界的面貌是一片原始的圣水之海。

　　702 年 5 月 30 日，巴加尔的小儿子，57 岁的基尼奇·克安·约尔·奇坦登上王位。他的第一个建筑工程是位于太阳广场西北角的十字建筑群的 14 号神庙。根据神庙内部的石板内容所述，这座神庙是为统治者和他的母亲茨阿克布·阿哈乌夫人建造的陵墓。在石板上描绘的其中一个场景中，国王的哥哥，前任统治者基尼奇·坎·巴赫兰和他们的母亲出现在神话时代的一些海洋元素上，那是一个水世界占据主导地位的时代。文字写道，帕伦克这片肥沃而美丽的土地曾经是一片汪洋之地，现在由基尼奇·坎·巴赫兰再次统治这片土地，他身旁的母亲给予他权力的标志物。显然，帕伦克人在这座神庙的施工过程中发现了海洋化石，这些化石被用在纪念碑的一些石头上。海洋化石的发现证实了他们的信仰世界，由于化石经历过以前的时代，所以被帕伦克人奉若神物。

石板，上面包含丰富的图像。每座神庙献给一位神明，同样，每块石板也都是献给努门（保护神）的。石板文字叙述的内容分为三个时期：神话时代、过渡时代和历史时代。

献给大地之神和创世者

三座神庙最明显的区别是大小不同，这与神庙对应的神明的等级有关。按照这一规则，十字神庙是最高的一座建筑。它与叶形十字神庙、太阳神庙共同构成一组建筑设计，其中每座神庙供奉帕伦克的三位守护神中的一位，并且神庙的装饰物表现了每位神明掌管的空间。

十字神庙是为了献给GI神而建造的，他是帕伦克众神中最早也是最重要的一位，是创世神，代表创造了玛雅宗教的伊察姆纳。同所有宗教一样，作为首要神明的伊察姆纳掌管天界。神庙内部有几块包含象形文字的石板，文字说明这座建筑的基座分为六个双体结构（玛雅语Wak-Chan-Ajaw，字面意思是"天界第六层的统治者"）。

根据玛雅人的神谱，天界第六层居住着创世神伊察姆纳，又名"天空之龙"，他长着两个蛇头，其形象出现在了神庙的石板上。因此，十字神庙的巨大基座象征着这位神明掌管的区域，即天界。而基座也成为"天空之脸的大平台"，明确地象征着宇宙中最高的地方，神话世界之巅。因此，这座神庙建在广场的北边并非偶然，而是因为这个方向和宇宙的最高处相关。

放血仪式

全面解读这座建筑的关键是读懂庙内大石板上描绘的树。这棵树象征世界之轴，是一个神圣的地方，不仅是神明的能量的流动渠道，也为神明与人类的沟通架起一座桥梁。神明可以通过这根连通天界的轴来接受人类的贡品，

▼国王头像。这尊灰泥半身塑像表现的人物可能是基尼奇·坎·巴赫兰一世。它是在位于十字神庙的对面、太阳神庙的北边的14号神庙中被发现的。
阿尔贝托·鲁斯·吕利耶遗址博物馆，帕伦克

▲帕伦克的浮雕中令人惊讶的一个人被称为吸烟者。他代表L神，与冥界有关联的"老者神"，是十字神庙顶部的神殿侧柱上的装饰浮雕。

并与他们选定的人互动，被选定的通常是社会精英成员。

然而十字建筑群的神庙内的石板不仅描绘了神圣的木棉树，而且还是复杂的玛雅宇宙观的"编年史"。石板上有大量的象形文字铭文，讲述了一些神话事件，比如公元前3120年1月2日帕伦克城的三位守护神之父——创世神伊希姆·穆瓦安·马特（Ixiim Muwaan Ma）的诞生。铭文还阐述了这位创世神的成人仪式，他8岁时举行了自我放血仪式以献祭众神。所有统治阶层的男孩儿都必须经历这个标志着进入少年时代的仪式，一般使用骨头制作的锥子刺破自己的舌头或生殖器，然后用一种神圣的纸收集涌出的血滴，将其投进盛放了柯巴脂熏香的火盆中焚烧，作为献给神明的祭品。这次放血仪式结束两天后，即公元前3112年3月3日，GI神从天界降临人间，并通过北部的"天界第六层的统治者"（双体结构）之家回到了天界，十字神庙就建在双体结构平台上。

石板铭文还讲述了其他神话事件以及统治者乌·考坎·坎（U Kokan Kan）的生平片段。他是一个在神话世界和历史世界之间穿梭的人物，他的事迹发生在公元前993年3月20日至公元前967年4月6日。作为结尾，石板铭文的第8段进入历史时代，这一部分出现了帕伦克早期统治者的生平资料。

一块失而复得的石板

18至19世纪有幸目睹过这块石板的旅行者留下了一些关于它的描述。第一段描述来自1787年安东尼奥·德尔里奥上尉发布的评论，并使用了里卡多·阿尔门达里斯的一幅画作为配图。1807年，吉列尔莫·杜佩克斯上尉也留下了关于这块石板的记录，他确认构成这块石板的三个部分仍然在神庙内部。然而25年后，让·弗雷德里克·德·瓦尔德克报告称，中间部分暴露在河边的露天环境中。1840年，约翰·劳埃德·斯蒂芬斯与弗雷德里克·卡瑟伍德访问帕伦克期间，这块断裂的石板的状况进一步恶化，因为中间部分仍然在神庙外面，右边部分已经碎成几块。两年后，美国领事查尔斯·拉塞尔（Charles Russel）将石板的右边部分运至美国华盛顿特区。它在那里被修复并在美国国家科学促进研究所展出。自1858年开始，它归属史密森尼学会，并于1863年在该学会再次被修复。最终，它在墨西哥国家考古博物馆被重新接合，并经历了又一次修复。修复完成后，石碑上的大部分文字能够被辨识。

而根据几位旅行者的叙述，石板的中间部分一直暴露在户外，后来于1883年和1884年被运往州府，并存放在墨西哥国家考古博物馆。1908年，波菲里奥（porfiriato）统治时期的墨西哥美术部长胡斯托·谢拉（Justo Sierra）就石碑右侧部分的归还进行了谈判，当时石碑位于华盛顿，经过史密森尼学会上一次修复之后状况良好。一年后，为了重新接合十字神庙的石板，胡斯托·谢拉前往帕伦克，亲自办理了留在神庙内的左侧部分的转运。

一块石板上的宇宙

十字神庙的大石板是由帕伦克的神圣领主基尼奇·坎·巴赫兰下令设立的。他的在位时间是 684 年至 702 年，他是建设十字仪式建筑群的伟大倡导者之一。这块石板于 692 年 1 月 10 日落成，表现了一个复杂的图形主题。自从 18 世纪被考古学家发现以来，它就引起了一众探险家、冒险家和学者的兴趣。它在不同的博物馆和机构之间的辗转证明了这一点。人们为它着迷是有充分理由的，因为构成这块石板的三个部分展示了令人惊叹的充满象征意义的图像以及历史事件。中间部分表现的是巴加尔大帝的儿子基尼奇·坎·巴赫兰在 684 年 1 月 7 日的加冕典礼上举行的对最高神 GI 神的感恩仪式。新国王的父亲基尼奇·哈纳布·巴加尔也陪伴着他，实际上巴加尔当时已经去世，但在此画面中参加了仪式。画面下方有一条天空饰带作为画框，将加冕活动置于神话宇宙的上部，对应十字神庙和 GI 神的代表的范围。一个十字形的元素是构图的中心轴，这是一棵世界树，一棵神圣的木棉树。横向的树枝，也就是十字的横木，由一条代表太阳火的双头蛇组成。这种蛇有时被称为"宝石鼻蛇"，而它又是天空之龙（宇宙兽）的一种现形式。树的顶部有一只大鸟，在某种程度上，它也是对代表天界的 GI 神的隐喻。

◀ 石碑左侧部分被放置在十字神庙的侧柱上，表现了基尼奇·坎·巴赫兰模仿传说中的统治者乌·考坎·坎，象征着从神话时期到历史时期的转换。

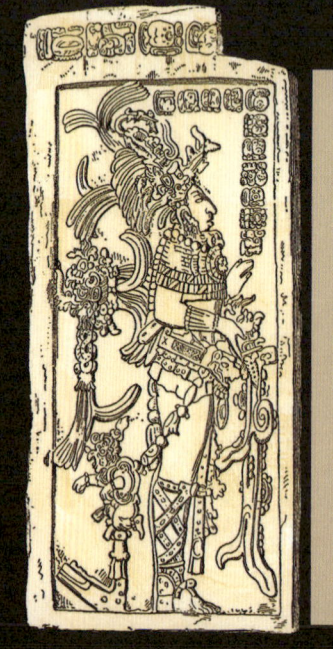

最终修复？

经过艰辛、漫长和曲折的过程，2010 年，墨西哥国家人类学与历史研究所的技术人员终于开启了十字神庙石板的全面修复工作。此次修复工作的目标不仅要串联起不牢固的部分，还要彻底清理附着在石灰岩上的碳酸盐、硝石、植物根须等有害物质的残留物和颗粒，以及此前干预措施留下的残迹等。左侧部分呈现一处由于潮湿而造成的黑色大斑点，因为雨水长期渗漏进十字神庙内。右侧部分曾经在史密森尼学会修复过，修复工作非常出色，不过使用的方法已经过时，材料严重老化，所以也对这部分进行了清洁，去除了上述有害元素，并在较轻的高密度泡沫板支架上进行修补。最后，由铭文学家吉列尔莫·贝尔纳尔（Guillermo Bernal）补全了损坏的字形。

在巴加尔的陵墓中发现他的头▷塑像。传奇统治者巴加尔大帝奠定了宏伟的帕伦克城的基础,他的儿子基尼奇·坎·巴赫兰通过建造神圣的十字神庙进一步扩大了父亲的蓝图。

2010 年修复后的十字神庙石▷板。这项任务并非易事,因为不难想象将三块重达 550 至 750 千克的石板从人类学博物馆的玛雅展厅转移到修复实验室所要付出的辛劳。

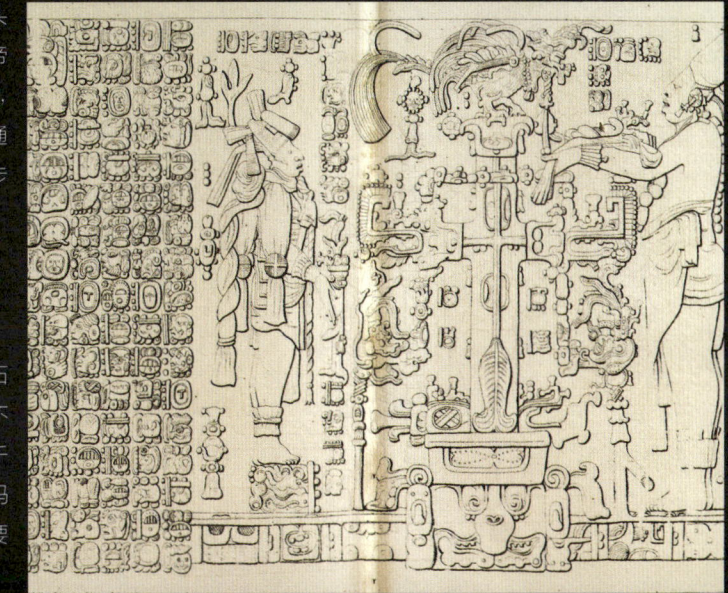

▼ 弗雷德里克·卡瑟伍德在与约翰·劳埃德·斯蒂芬斯一同前往玛雅地区旅行时完成的十字神庙石板的临摹。这两位旅行者对石板的印象收录在他们的著作《中美洲、恰帕斯与尤卡坦旅行记》中,这幅插图也来自此书。

■ 帕伦克

叶形十字神庙

第一批进入帕伦克城的探险家踏上这片土地便立刻着迷于他们眼前的景象。在那些先驱者的眼中，十字建筑群的建筑是拉卡德纳密林乱草丛中的神圣遗迹。它们如此美丽，以至于德尔里奥上尉在1787年的探险之后毫不犹豫地断言，它们"显然是罗马建筑，因为在这些建筑上可以看到罗马神话中的众神之王朱庇特（庄严的痕迹）"。根据德尔里奥的说法，叶形十字神庙尤其明显地表现出"与腓尼基人、希腊人和罗马人相似的偶像崇拜"。

这位西班牙军官所指的神庙位于太阳广场东部，显然没有任何罗马元素，不过它确实非常引人入胜。神庙的名称来源于玉米植株外观的大十字，它是神殿内的大石板上的复杂图

▶ 和这个十字建筑群中相邻的其他建筑一样，叶形十字神庙也让第一批到达帕伦克的西方访客为它着迷。西班牙上尉安东尼奥·德尔里奥甚至认为这座神庙具有"明显的希腊罗马渊源"。

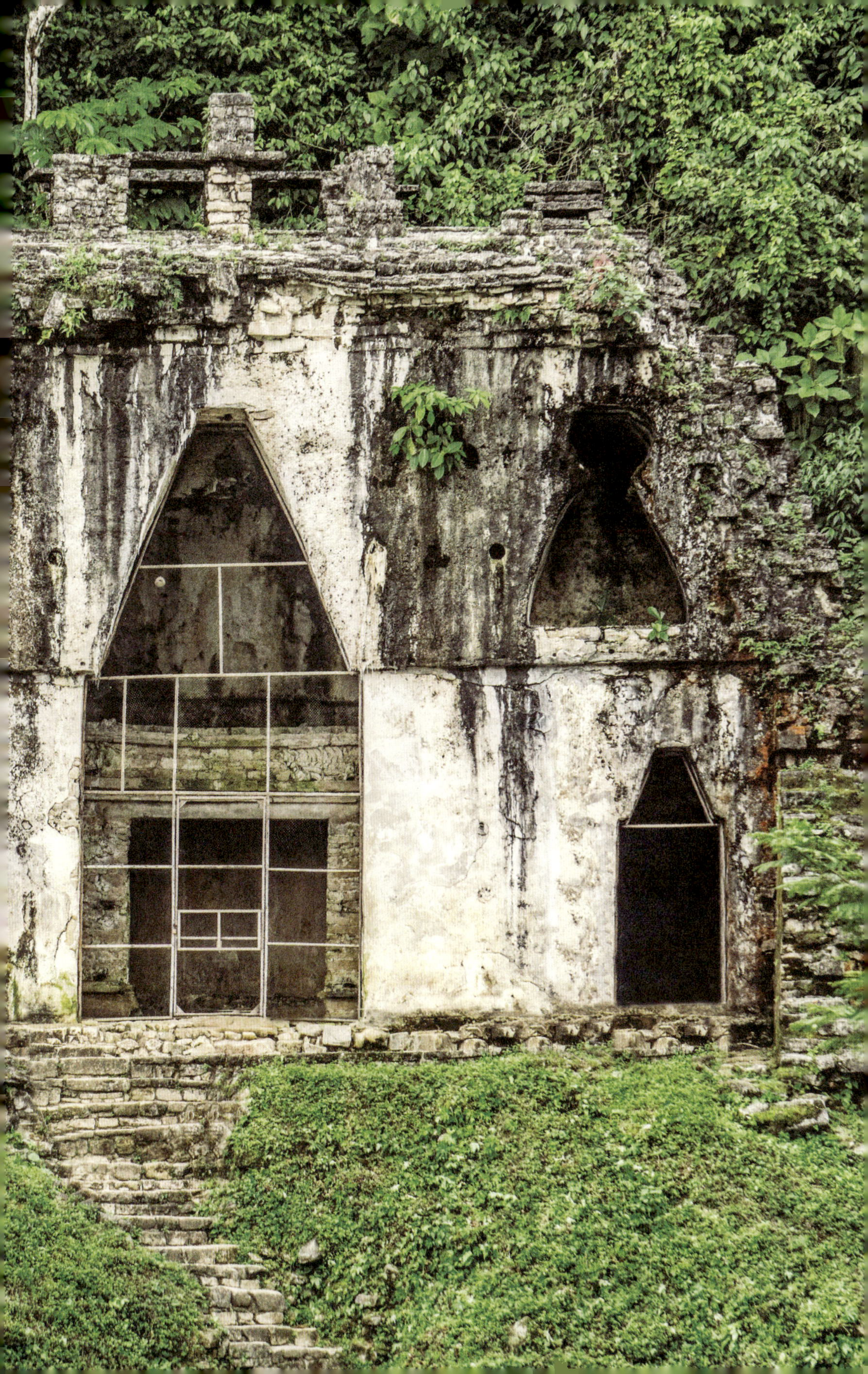

◼ 帕伦克

像的主角。从外观上看，它与组成十字建筑群的另外两座建筑相似，但它的高度居中，低于十字神庙，高于太阳神庙。需要注意的是，这个三庙一组的建筑群具有重要的神圣象征意义。具体来说，叶形十字神庙代表位于宇宙中间的陆地空间，也就是人类活动的地方，也是自然元素诞生、生长和繁殖的地方，尤其是水和玉米，这两种物质是中美洲部落赖以维持生存的首要元素。这座神庙是为了献给帕伦克的第二位守护神，即农业守护神乔克·乌嫩-卡维尔而建造的。

叶形十字神庙和它所在的建筑群的其他建筑一样，都矗立在一个大型建筑平台（基座）上。当地文献表明，它的落成日期是 692 年 1 月 7 日。虽然这座阶梯金字塔目前严重受损，不过根据考古学家塞萨尔·萨恩斯 1954 年研究发现，它最初可能有九层主体。这个数字符合神庙石板上的文字记录，这段文字将神庙称为 kunB'olon Pet? Ha' Naah，意思是"九佩滕河之家"，而顶部庙宇的名字是 K'an Jalal Naah，意思是"黄色（成熟）玉米秆之家"。

献给第二位神明

这座神庙是献给帕伦克的第二位守护神乔克·乌嫩-卡维尔的，他是负责守护农业的神明。在高度方面，它比十字神庙矮，但是比太阳神庙高。建筑大小的差异体现了相关神明在帕伦克众神中位居第二。

门廊的壁柱上装饰着人像，通常描绘的人物是统治者及其家庭成员。

①

❶ **九层主体** 叶形十字神庙坐落在太阳广场最东边的一个山坡上。神庙是金字塔结构，最早有九层主体，根据玛雅文献，其建造时间是 692 年 1 月 7 日。神庙在仪式的中心位置也符合其象征功能。

❷ **一块华丽的石板** 叶形十字神庙内也有一块石板，石板上的图像奇观讲述了神话故事。主要场景的主角是基尼奇·坎·巴赫兰和他的父亲基尼奇·哈纳布·巴加尔，以及变形为玉米植株的乔克·乌嫩-卡维尔。

❸ **和谐的雕像** 帕伦克的雕塑与玛雅地区其他地方的雕塑表现形式有所不同。帕伦克的雕塑作品风格轻盈，表现出一种运动感，与蒂卡尔或乌斯马尔呆板的雕塑有明显的差异。这些和谐的特征在顶冠的装饰雕塑中可以看到。

这座神庙的守护神是 GⅡ 神，正门两侧的垂带上刻着关于他的诞生的铭文。

■ 帕伦克

▲ 在 1787 年出版的这幅叶形十字神庙的版画中，左边的人物是基尼奇·坎·巴赫兰。他站在一个山怪大面具上，手里拿着胡恩神（小丑神）的小雕像。画面右边的人物是他的父亲基尼奇·哈纳布·巴加尔，两人中间有一棵长成乔克·乌嫩-卡维尔神样貌的玉米植株。

这座神庙的石板也是一个真正的图像宝藏，提供了非常丰富的象征意义。这块石板讲述了伊希姆·穆瓦安·马特的第三位神明儿子——乔克·乌嫩-卡维尔神的事迹，其名字的意思是"小婴儿-卡维尔"。这位神明也被称为 GⅡ 神，根据象形文字提供的信息，他的诞辰是公元前 2360 年 11 月 28 日。

与出生相关的三个地点

石板还记录了其他事件作为纪念，包括公元前 2325 年 3 月 9 日举行的一个巴克盾（20 个卡盾）周期的结束仪式。这些仪式是由伊希姆·穆瓦安·马特在与他出生相关的三个地点举行的。石板上的内容描述了这些地方——"新人之山""玉米纯香蜗牛""黄色（成熟）玉米秆之家"。接下来的几个段落描述了历史时代该神庙的仪式活动，比如分别于 690 年 7 月 20 日和 21 日举行的神像—香炉的点火仪式和在"长着太阳面孔的绿咬鹃之家"举行的仪式。

这种仪式为神圣的香炉赋予了生命，正如方济各会修士迭戈·德·兰达所说："他们怀着极大的恐惧去创造神明……祭司以非常庄严和虔诚的祈祷祝福他们……他们创造偶像的时候会禁食……然后由大祭司宣讲创造新神的好处，以及参与创造新神的人如果不遵守禁欲和禁食将会面临的危险。"这一段还记录了基尼奇·坎·巴赫兰的生平信息，比如他的出生日期是 635 年 5 月 20 日，加冕日期是 684 年 1 月 7 日。他是十字建筑群的设计者，并且让该区域成为帕伦克城最重要的仪式地点。

和其他石板一样，画面布局的中轴也是一棵树，那是一个神圣的地方，是连通玛雅宇宙三界的世界之轴。这棵树被描绘为对玛雅人最重要的玉米植株。神明用玉米创造了中美洲人，所以玉米成为生命、农业和丰饶的完美象征。因此这块石板上描绘的乔克·乌嫩-卡维尔，是幼年卡维尔神的形象。带有标志性的太阳神眼睛的大面具代表灌溉玉米的水，因为太阳神的名字纳布·伊希姆·特（Nahb' Ixiim Te）的意思是"玉米植株的美丽湖泊"。高产的植株上长出了玉米棒形状的人头，但特殊的是他们的鼻子上画着最后一口气的标志。植株上还装饰着一块战利品头颅奖章。

上述元素指代的是斩首牺牲，与恢复土壤肥力密切相关。植株茎部有三个人头，两个侧面像在身体两边，一个正面像在中间，其下方出现了一个穗状花纹，象征着男性的性器官。植株的顶部是穆特-伊察姆纳鸟，它象征着乔克·乌嫩-卡维尔。由于在构图中的位置，它在文本中被称为基尼奇·克乌克（K'inich K'uk'），意思是"长着太阳面孔的绿咬鹃"；也就是说，它是天上的太阳。

创世时刻

画面的底部有向左和向右的两条水道，呈现出不同的特点。右边出现了一只海螺，海螺上长出一根玉米茎，上面有玉米棒形状的卡维尔神头像。海螺壳上的两个

▲这座神庙位于太阳广场的东部边缘，利用山丘的斜坡地形而建。在十字建筑群遵循的象征体系中，这座神庙代表的是大地之神GⅡ神，他在帕伦克众神中位居第二，是农业的保护神。字形是"K'an…Ha' Matwiil"，意思是"美丽的……马特维尔河"。浮雕中表现的所有植物元素很可能也出现在了叶形十字神庙正面的装饰物上，因为阿尔贝托·鲁斯·吕利耶在建筑物的碎石中发现了一件灰泥海螺，上面也有马特维尔的字形，和石板上出现的一样。基尼奇·哈纳布·巴加尔站在海螺上。而在石板的左侧部分，山怪大面具下方有河流经过，它空洞的眼眶内写着自己的名字。巴加尔的儿子，统治者基尼奇·坎·巴赫兰站在山怪大面具上方，他穿着玉米神的服装，强化了他的权力形象。

考古学家阿尔贝托·鲁斯·吕利耶在20世纪50年代的发掘工作中发现埋藏在叶形十字神庙内的祭品包含海洋生物化石，比如鲨鱼的牙齿、椎骨以及鳐鱼的刺。这些化石的意义肯定与人们相信存在一个远古的海洋时代有关，在那个时代原始海洋主宰着世界。同时，化石也是海洋时代的证据。献上这些海洋元素物件的场合是为了纪念像卡盾这样的日历周期的结束而举办的仪式，这个时候会对一些基本要素进行更新，其中最重要的就是帕伦克的守护神。这些仪式中的香炉、雕像象征着神明，因此香炉的销毁和更替象征着神明死亡后得到重生。海洋化石被纳入仪式并被赋予重要性，比如GI神和GIII神携带的鲨鱼牙齿，GI神的鱼鳃和贝壳耳饰，划桨神用来刺穿鼻子的鳐鱼刺等。因此追忆原始海洋能够让帕伦克人重温创世的时刻。

巴加尔之孙的加冕仪式

位于南卫城的 19 号神庙在最近的考古研究过程中产生了不少惊喜。这座建于基尼奇·阿赫卡尔·莫·那赫布统治时期的建筑非常引人注意,因为它融合了新颖的建筑样式,比如将典型的带有三个入口的壁柱门廊改为只有一个入口的正面。此外,还融入了新的人物,比如贵族和祭司也出现在了石板浮雕上,陪伴在接受加冕的统治者巴加尔之孙身边,而以前的石板上仅仅描绘三位保护神或者三位统治者(统治者和他的双亲)。建筑上的变化反映了帕伦克社会当时正在发生的变革。在 19 号神庙内发现了一张宝座,宝座包含两块雕刻精美的石板,凭借其品质和象形文字所提供的丰富的历史信息,被视为帕伦克最重要的石板。两块石板中较大的一块位于南平台上,描绘了 721 年基尼奇·阿赫卡尔·莫·那赫布加冕的场景,有多达六个地位略低的人物参加这场仪式。他们呈现坐姿,旁边的方块内注明了他们的名字,而且画面开头和结尾都配有一段较长的文字。另一块石板位于西侧,画面上有三个人物,更符合其他的帕伦克石板秉承的惯例。

❶ **即位** 南平台场景的中间的人物是巴加尔大帝的孙子基尼奇·阿赫卡尔·莫·那赫布。他即位时呈现坐姿,身边共有六个人物,每边三个,他们是参加仪式的祭司和贵族成员。

❷ **表兄弟** 查恩·阿哈乌·阿赫·伊那赫(Chan Ajaw Aj Inaaj),可能是巴加尔大帝的外孙之一)扮演伊察姆纳神,将象征王权的束头带交给他的表亲——统治者基尼奇·阿赫卡尔·莫·那赫布。头带上有小丑神的头像,头像上挂着一朵睡莲。

❸ **最早的日期** 场景周围分布的铭文不仅记录了统治者的登基,而且具有更深刻的意义,因为铭文提供的背景说明,将该场景置于一个始于公元前3309年3月10日的神话框架中,这是已知的帕伦克历史上的最早日期。

❹ **GI 神** 统治者基尼奇·阿赫卡尔·莫·那赫布戴着一顶苍鹭形状的头饰,鸟喙里还有一条象征 GI 神的鱼。文字解释道,"基尼奇·阿赫卡尔·莫·那赫布是 GI 神的化身、树之领主、巴卡尔地区的神圣统治者"。

❺ **祭司** 名叫查恩·阿哈乌·阿赫·伊那赫(Chan Ajaw Aj Inaaj)、约尔·马特·伊奇·巴克(Yohl Mat Ich B'aak)的两位贵族祭司(玛雅语:nahb'at)身披斗篷,在胸前打结,戴着用发带固定的羽毛头饰。第一位祭司有一个日历名字,这是墨西哥中部的习俗。

❻ **战士领袖** 右侧的人物属于除了祭司之外另一个正在发展壮大的社会阶层,他们是战士中的领袖。右侧三个人物中的最后一个是亚克斯·萨哈尔·卡布·亚特(Yax Sajal K'ab Jaat),意思是"第一位贵族、断臂人",画面表现了他右手部位的伤残。

坎托克石板

在 16 号建筑群中发现的文本，特别是坎托克石板上注明的文本，提供了关于帕伦克的政治组织以及它与地方统治者之间关系非常宝贵的信息。

根据考古和铭文资料，可以确定 16 号建筑群是一个行政与住宅区域，供附属帕伦克的地方酋长使用。这个建筑群位于十字建筑群的北边，占地面积约 2400 平方米，由分布在三个露台上的六座建筑物组成。这是一组有拱顶的建筑物，通过庭院和内部楼梯互相连接。

在 2 号建筑内发现了一块支离破碎的大型石灰岩板。石板的修复工作揭示了一些地方统治者的名字、加冕日期以及批准他们加冕的帕伦克国王的名字。记录按照时间顺序排列，从 445 年到 767 年，历史跨度长达 322 年。他们来自一个叫作坎托克（K'an Tok，意思是"宝云之地"）的地方。现在要找到这个曾经的帕伦克附属省的位置是一项挑战。不过，坎托克这个地名也出现在了该地区其他城市发现的铭文中，随着这些铭文的破译，答案浮出水面。人们一致认为坎托克指的是霍努塔（Jonuta）考古遗址，而且霍努塔在建筑和美学方面明显受到了帕伦克的影响。霍努塔出口的优质陶土很可能引起了帕伦克艺术家的兴趣。这种陶土对于模塑小型塑像、美化雕塑作品来说是一个理想之选。

政治任命

坎托克石板是一件图像瑰宝，也是头等重要的信息来源，它揭示了帕伦克的附属城市坎托克的地方领主的继位次序。虽然部分字形已经丢失，石板整体上也不完整，不过研究发现这块石板上有 10 条关于若干位地方首领任命的内容，包括准确的任命日期以及使他们的权力合法化的帕伦克国王的名字。这份文献不仅具有行政功能，而且揭示了特定时期内周边地方统治者们在帕伦克权力体系中的分量。

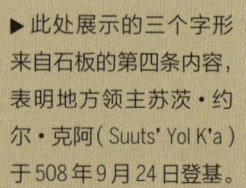

▶ 此处展示的三个字形来自石板的第四条内容，表明地方领主苏茨·约尔·克阿（Suuts' Yol K'a）于 508 年 9 月 24 日登基。

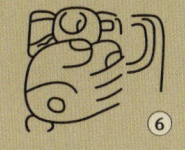

隐藏在 16 号建筑群中的瑰宝

所谓的 16 号建筑群（平面图见下方）位于帕伦克的权力中心附近，距离铭文神庙和王宫仅一步之遥。16 号建筑群的建筑物在东西轴线上相互连接，它们的正面均朝向北边。考古研究已经证实，这个由六座建筑物构成的住宅建筑群充当了帕伦克地区贵族的临时住所。上述考古挖掘工作还发现了分布在该区域的宝贵遗迹，比如布尔托石板、坎托克石板以及仪式石斧。

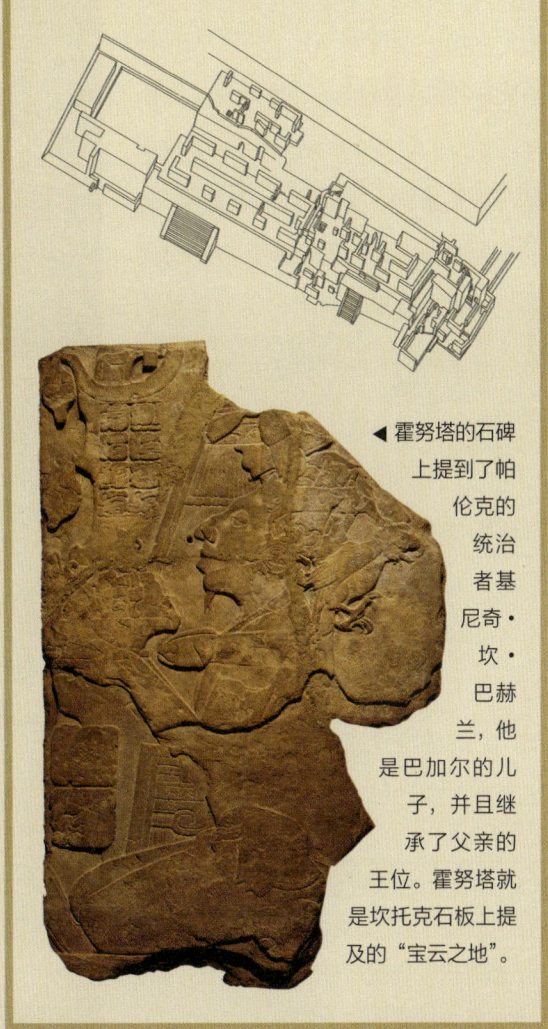

▲ 坎托克石板是在 764 年至 783 年，基尼奇·克乌克·巴赫兰二世统治时期雕刻的，其文字是一份关于帕伦克国王与地方统治者之间建立关系的重要文献，这种关系的建立并不总是顺利。

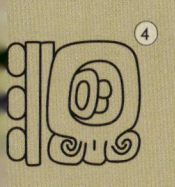

◀ 这三个字形是第九条内容的一部分。由于石板受损，无法确定 767 年 12 月 16 日这一天荣登宝座的这位地方统治者的名字。

◀ 霍努塔的石碑上提到了帕伦克的统治者基尼奇·坎·巴赫兰，他是巴加尔的儿子，并且继承了父亲的王位。霍努塔就是坎托克石板上提及的"宝云之地"。

■ 帕伦克

太阳神庙

太阳神庙被帕伦克当地的玛雅人称为"太阳黎明的九座香炉山"。这个别名或许是对夜太阳的隐喻，因为神庙建在太阳广场的西侧，和旁边的另外两座神庙一起构成象征帕伦克的主要神明 GⅠ、GⅡ、GⅢ 神的三座神庙建筑群。具体来说，太阳神庙供奉的是在帕伦克守护神中位居第三的 GⅢ 神（美洲豹太阳神）。他是夜太阳神，在夜间穿越冥界，每天重生一次，是光明与黑暗之间斗争的象征。美洲豹太阳神也是主宰战争的神明。

十字建筑群内的每座神庙都是对构成玛雅人宗教宇宙的上中下三界的隐喻。太阳神庙又名"九座香炉山神庙"，因其建筑特征而成为它所代表的冥界（西巴尔巴）的完美隐喻。因此，它的基座分为九层，因为那是到达冥界（西巴尔巴）之前需要下降的

▶ 太阳神庙建在太阳广场的西侧，入口朝向东方，也就是王星（太阳）诞生的方位。1939年，墨西哥考古学家米格尔·安赫尔·费尔南德斯首次对这座神庙进行了勘察。

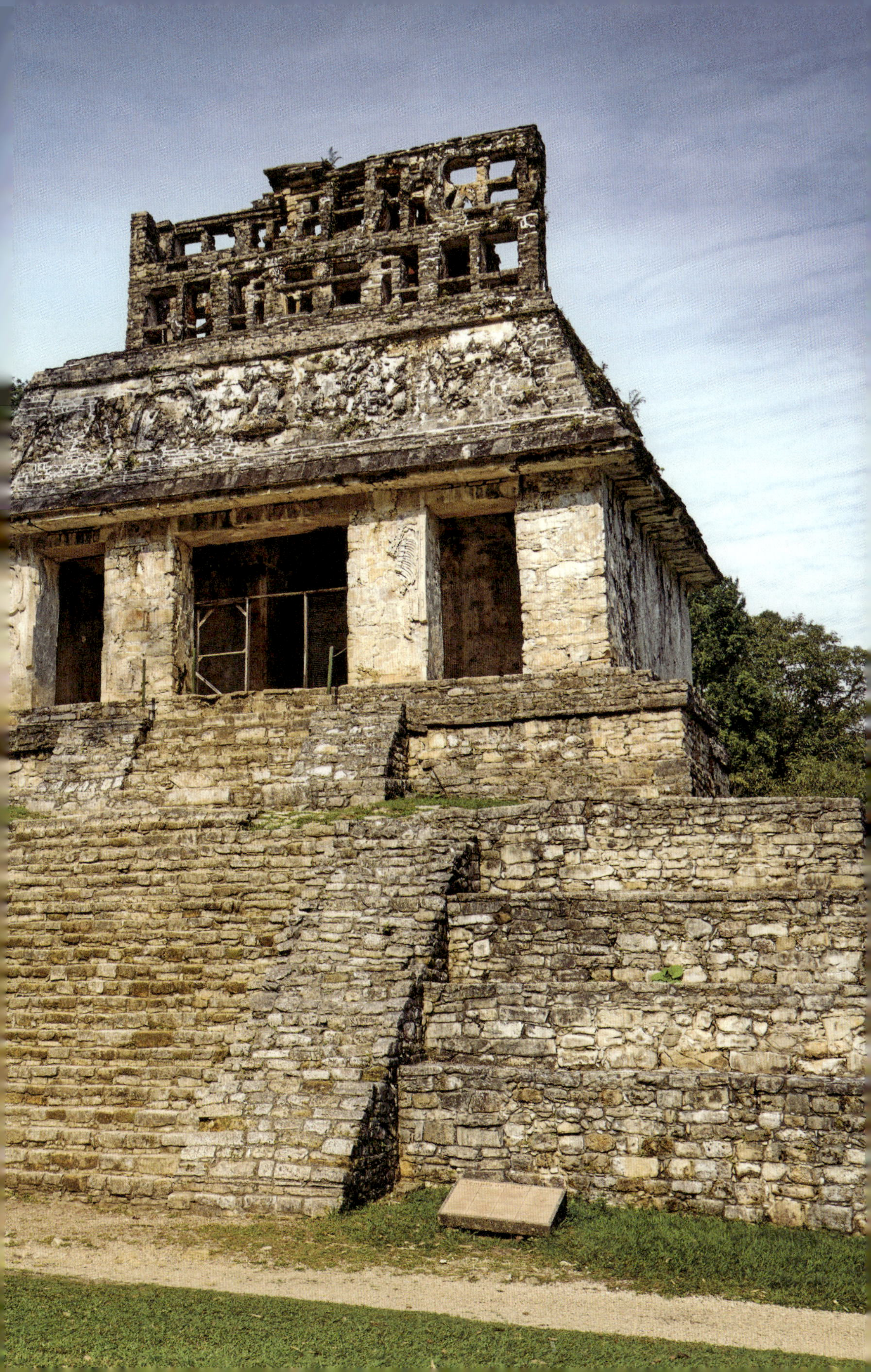

■ 帕伦克

层数。神庙的西立面令人产生一种错觉，仿佛它是从奥图卢姆河上浮现出来的，河水使冥界的场景更加完整。不过除了这一重要差异之外，太阳神庙的结构遵循了在帕伦克占主导地位的典型建筑样式：阶梯式金字塔基座，宽阔的中央楼梯，两侧垂带通常未经装饰，有上层庙宇；一条门廊包含三个入口，通向三个内部房间，通常带有一个叠涩拱顶。神庙建筑的顶部是一个装饰华丽的倾斜的屋顶，还有一个优雅而轻盈的镂空顶冠。室内的装饰遵循一个精心设计的图形主题，其"明星"元素是内室中多块带有浮雕图案的石板。

太阳的变形火炬（GⅢ神）

太阳神庙的选址不仅朝向完美，而且是广场地势最低处，兼顾了象征意义。十字建筑群的三座神庙不同的高度引起了考古学家戴维·斯图尔特（David Stuart）的注意。为什么三座神庙的基座存在如此明显的高度差异，他对此提出了疑问。他的研究结论是，三座神庙遵循了一种事先确定的等级，而这种等级与每位神明在玛雅宇宙中掌管的具体空间有关。

冥界之庙

这座神庙的主神是掌管宇宙最下方空间，就是西巴尔巴或者说冥界的美洲豹太阳神。作为冥界神明，他的另一个身份是战争保护这两个特征在神庙内部的石板上都有所体现。

❶ **建在低处的神庙** 这是十字建筑群中唯一一座从太阳广场的地面开始建造的神庙。其基座是一个包含四层主体的金字塔，朝向广场的一侧有一部阶梯贯通上下。

顶冠由两堵墙体构成，上面有矩形开口镂空，形成一种类似石网的效果。位于神庙顶部的顶冠高度超过 4 米，并且有灰泥装饰。

主雕饰带的主角是坐在中间的人物形象。他的身后有一条双头蛇围绕着他，起伏的轮廓引人注目。

神庙的门廊上设置了三个入口。四根柱子隔开了这三个入口，柱子上刻有象形文字铭文，还有色彩鲜艳的人类和神话人物的灰泥塑像装饰。

❷ **高度更低** 由于太阳神庙的主神地位"较低"，其高度是十字建筑群的三座神庙中最低的一座，从顶冠到建筑物底部的总高度仅 19 米。

❸ **典型布局** 这座庙宇呈现了帕伦克建筑的典型布局，长方形的底面，一个中央房间作为神殿，还有两个侧室或侧翼房间，其中一间是祈祷室（pib'-naah）。

❹ **战争的标志** 神殿内的大石板由三块石灰岩板构成，文字中间的主要画面的主角是战争的标志"托克—巴加尔"，字面意思是"燧石与盾牌"。

■ 帕伦克

有支撑的拱顶

太阳神庙的这张剖面图展示了这些帕伦克建筑的内部结构。两个突出的拱顶②支撑着屋顶，在长方形的底面上形成两个长方形的厅堂④，二者之间由一堵墙（间壁）⑤隔开；其中一个厅堂内部还有神殿（皮布纳）③。建筑物顶部的元素是顶冠①，由两个镂空的部分构成，二者略微向对侧倾斜以抵抗风力。这种布局使两个部分之间形成了一个空心结构。登上通往门洞⑥的阶梯后可以进入庙宇，门洞两侧有装饰壁柱⑦。

① 顶冠
② 突出的拱顶
③ 皮布纳（神殿）
④ 厅
⑤ 间壁
⑥ 门洞
⑦ 壁柱

▲ 太阳神庙的背面视图。这座神庙的结构在很大程度上体现了帕伦克的美洲原住民神庙的样式和布局。

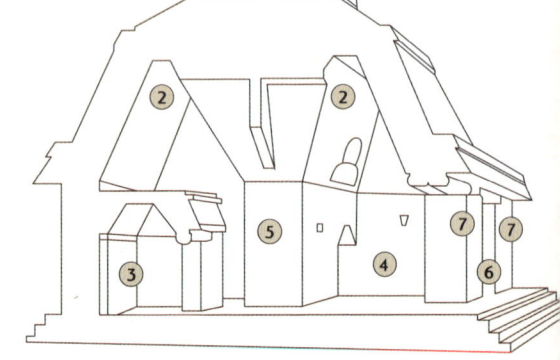

▼ 带有太阳神雕像的玛雅香炉底座。玛雅艺术中的神明的外貌圆润且不合比例。

如前文所述，在这个等级制度中位居第一的是十字神庙，供奉统治天界的 GI 神，而天界是玛雅宇宙中最高、最重要的空间。这位神明不仅是创世神，也是一位文化英雄，他为玛雅人的发展提供了火、农业和文字等重要的知识。这位创世神和文明之神出现在古典时期，他有许多不同的名字（例如天界第六层的统治者、天空之龙、宇宙兽），具有典型的水生动物特征，比如长着鲨鱼牙齿和鱼鳃，这使他与海洋和作为万物起源的原始水域产生了关联。

排名第二的是叶形十字神庙，供奉的是象征人间的 GⅡ 神，又名乔克·乌嫩-卡维尔神。他被描绘为一根小玉米棒的形象。它是生殖力和闪电的化身，同时也是统治者的保护神。

排在最后的太阳神庙供奉的是 GⅢ 神，他掌管宇宙最下方的空间，即冥界（西巴尔巴）。他是以美洲豹太阳神为代表的夜太阳，在每一个黄昏后穿越冥界，战胜黑暗后又在黎明时分重生。

十字建筑群的神庙内部都装饰着由三块大型石灰岩板组成的大石板，太阳神庙也不例外。石板铭文的前两个段落记载了这座建筑的主神，即GⅢ神的诞生。根据文本说明，他出生于公元前2360年12月14日，是第二个出生在黑暗时代的神明。因此，他出生后被命名为"太阳的变形火炬"，表现了他穿越冥界的行为。他的另一个名字是"太阳胸口的美洲豹"，指的是象征他的美洲豹，这个名字也有夜晚的含义。

第三个段落记录了历史时代，提到690年7月20日在制陶窑炉中烧制了一批神像—香炉。第四个段落则讲述了下令建造这些神庙的基尼奇·坎·巴赫兰国王6岁时在一个GI神的神像—香炉前进行的放血献祭仪式。作为结尾的第五个段落介绍了496年11月19日发生在克安·约尔·奇坦一世时期的一个神秘事件：太阳穿越冥界。

夜太阳

第五段记录的主要场景的主角是战争的象征物托克-巴加尔（To'k'-Pakal），其字面意思是"燧石与盾牌"。具体来说，有一只盾牌上描绘了GⅢ神，全面地展示了他的形象特点，结合了人和动物的形态特征，包括环形眼罩、钩状瞳孔、前额的一缕卷发和美洲豹的耳朵。他口中长着一颗鲨鱼牙，两边还有两颗弯曲的獠牙。这是代表夜太阳的午夜美洲豹。此外，两支长矛交叉穿过盾牌，长矛的燧石刀刃从蜈蚣神萨克·巴克·纳赫·恰帕特（Sak B'aak Naah Chapaat）两边冒出来，紧靠一条双头蛇，中间有一只美洲豹的头部。这是对太阳落下地平线，即将开始黑暗国度之旅的那个时刻的隐喻。之所以说太阳向着冥界而去，是因为双头蛇所在地平线是由老者神（L神）组成的，上面装饰着象征政治权利的项链。左边的神明肩上披着美洲豹皮，头上戴着标志性的穆瓦安鸟头饰。二者都坐在双头天空饰带上，清楚地表现了日升日落。这位神明也出现在了十字神庙的侧柱上。

画面右侧出现的是统治者基尼奇·坎·巴赫兰，他穿着短裙，头饰上有白色睡莲，与十字神庙石板上的服装一致，不过此处他脚穿美洲豹皮凉鞋。美洲豹是统治

▲ 太阳神庙的石板草稿图，是弗朗切斯科·C.马里奥基1842年对石板原物真实临摹的一幅绘画作品。不过这位意大利探险家在画作的两边各添加了一个人物，他们实际上是十字神庙侧柱上装饰的人物。右边的是L神（老者神）的化身"吸烟者"，他生活在一个与冥界和萨满教有关的过去的黑暗时代。

者的随身动物，他吃下一种具有致幻作用的植物后会化身为这种动物。基尼奇·坎·巴赫兰手捧着一尊卡维尔神的小雕像，站在一个长着动物头部的跪姿人类的背上。这个神秘人物的背部有一个阿哈乌（领主）符号的字形，所以他的身份可能是被帕伦克领主击败的统治者。基尼奇·坎·巴赫兰对面的人物是基尼奇·哈纳布·巴加尔，他的服装也和另外两块石板上的服装相同；而他站在太阳神的化身的背上。已故的巴加尔手捧的小雕像长着人类的身体和鸟的头部，并且手持盾牌。

每一位伟大的统治者都必须有战士装束的形象，这幅图像展示的所有内容和象征意义让太阳神庙成为十字建筑群的一组三座神庙的终章。统治者首先在第一座神庙（十字神庙）中从祖先手中接过权力，又在最后一座神庙（太阳神庙）中掌管了丰饶、再生和控制战争的力量。

香炉：神圣的化身

十字建筑群内埋藏着大量的香炉。香炉的发现以及对其铭文的解读表明，这些原本用于自我牺牲仪式的火盆的实际功能不止于香炉，它们被统治者的力量转化为神圣的化身，因此香炉也表现了玛雅人的世界树或世界之轴。

在十字建筑群范围内发现的香炉大多是碎片，它们被直立埋藏在此区域的三座神庙的基座西侧；还有一些香炉是在 14 号神庙和 15 号建筑群区域发现的。这些香炉都有一个底座，顶部有一只陶制大碗，用于在自我牺牲仪式上盛放火和鲜血等祭品。

这类仪式包括私人和公开两种类型。在私人仪式中，统治者在火盆前进行自我放血牺牲，并让血液在香炉中燃烧以供养神明。这种祭神活动能够让陶制品变得神圣而有生命力。香炉的使用寿命是 20 年，即一个卡盾。当这个卡盾结束时，香炉被公开埋入神庙的基座，以迎接一个全新的卡盾。与一些香炉寿终正寝的同时，统治者具有创造功能的血液使另一些新香炉做好了接受生命气息的准备。

对石板上的文字的解读有助于理解此仪式复杂的象征意义，这个仪式对于统治者和整个族群来说都至关重要。香炉因王室的鲜

关于祖先的记忆

香炉底座也被用于祖先崇拜。在 4 号建筑群中发现的这个香炉底座上出现了领主阿赫·苏尔（Aj Sul）的面孔，他戴着特拉洛克发冠，这是战士领袖的标志。象形文字所述的多个事件中包含他被任命为武器负责人。

乌龟

这只香炉（火盆）的正面是一位祭司的形象，同时也可能是太阳神的化身。香炉表现了人物的全身像，他站在一只象征陆地的乌龟身上，那里出现了冥界之神依米什兽。构图左侧出现了一个蛇头。

冥界的美洲豹

在叶形十字神庙内发现的这只香炉上有GⅢ神，也就是冥界的美洲豹太阳神的形象。大面具的顶部有一只"蛇鸟"，两侧的圆圈代表pom，也就是与血液一起放进火盘焚烧的柯巴脂块。

血而复活。在这项神圣的活动中，一个神话时代被通过世界树召唤至当下，为人间和居住在这里的人类赐予丰饶和福祉。

从图像上看，香炉是一棵世界树，也是连接三个神圣领域的世界之轴。香炉的底座是中空的树干，宇宙的力量顺着它流动。其装饰图案暗示了以下三个空间：第一个空间是冥界，香炉底部有依米什兽（木棉-鳄鱼的化身）；第二个空间是化身为年轻太阳的GI神大面具，上面是化身为冥界的美洲豹神的GⅢ神；第三个空间是由美洲豹、蝙蝠、热带鸟类、植物和虚构的动物表现的天界。

血液祭品

帕伦克的神圣领主通过自我放血履行职责,即确保世界正常运转,并且保持土地肥沃。为此,统治者的继承人从小就接受了自我牺牲的训练,这种训练指的是刺破身体上多肉的部位,比如耳垂、舌头或包皮。有时候只需要把皮肤刺破或割一个小口,然后用鲜血浸透一张纸,再焚烧这张纸即可。但是有些情况下,必须要钻一个小孔,用打过结的绳子从小孔中穿过,让这些绳子沾上血迹后再焚烧。这种鲜血祭品被称为"皮克"——一种能够产生生命,同时也是生命载体的液体。香炉的使用寿命是 20 年,到期之后,它们就会被埋入土中,回到冥界的深处。

▲ 伊萨帕(Izapa)的 2 号石碑是现存最古老的对玛雅世界树(世界之轴)的描绘。

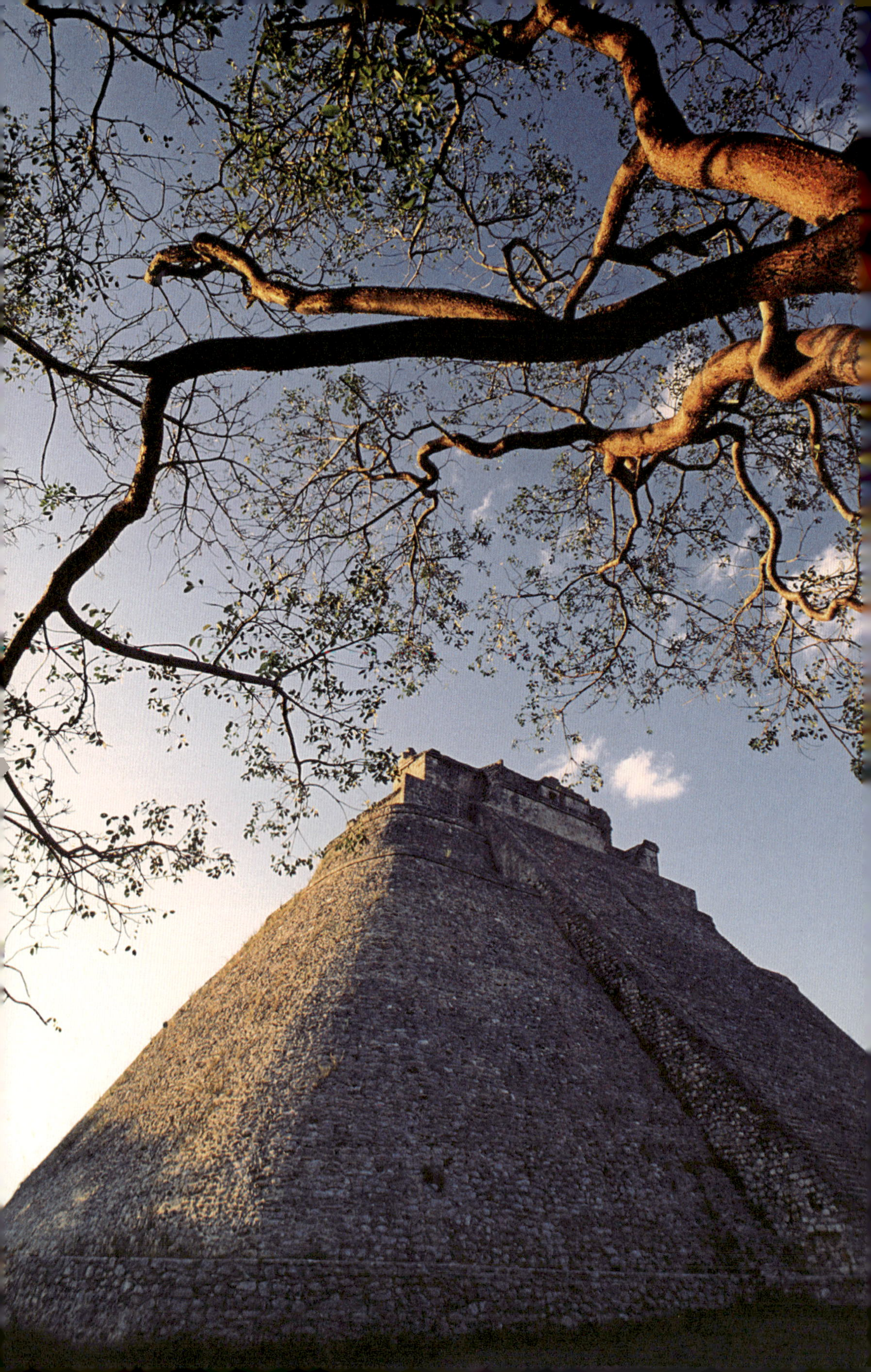

乌斯马尔

乌斯马尔是西班牙殖民前时代的一座美丽、和谐、优雅的建筑艺术宝库。作为普克地区的经济与政治中心，这座城市自7世纪开始成为玛雅社会重要的权力中心之一。

广场之城乌斯马尔

乌斯马尔古城坐落在一个现在叫作圣赫勒拿河谷（Valle de Santa Elena）的地方，它处于丛林地带，周边是连绵的山丘。这座城市的许多建筑群是由四个结构围成的，类似四合院，每边有一座建筑，中间是一个广场。分散居住在郊区村庄的人们在这些广场的空地上集会。四合院结构在整个城市随处可见，然而最突出的要数位于仪式中心和总督宫区域的四合院。前者的用途是举行宗教仪式，后者则用于发展重要的社会关系和商业关系。

1. 巫师金字塔
2. 群鸟四合院
3. 修女四合院
4. 球场
5. 海龟宫
6. 总督宫
7. 老女巫宫
8. 阳具神庙
9. 西建筑群
10. 大金字塔
11. 南部神庙
12. 鸽子宫，又名鸽子四合院
13. 墓园建筑群，又名墓园四合院
14. 石碑平台

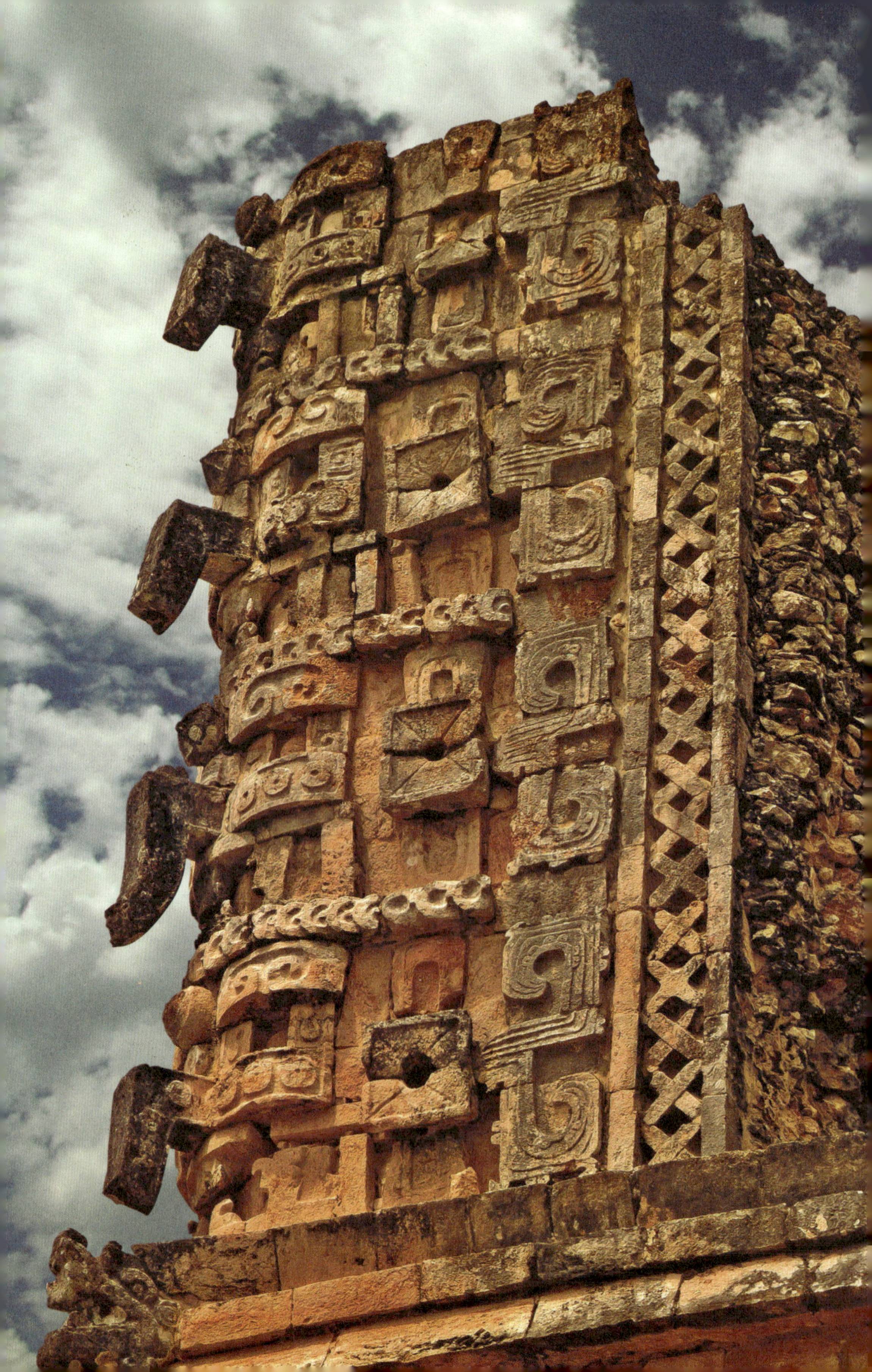

仪式中心

乌斯马尔历史上长期是普克地区最重要的定居点。尽管有证据表明，在公元前500年之前这里就有人居住，但这座城市的辉煌时期是公元600至900年之间的古典时期末期。这一阶段，仪式庆典中心拔地而起，那里汇聚了这座城市最具代表性的建筑，一些城市规划也是这一时期诞生的。

来到中心区域，首先映入眼帘的是雄伟的巫师金字塔。优雅的椭圆形设计使它独树一帜，塔身的两部阶梯近乎垂直的坡度令人眩晕。对玛雅人来说，金字塔是用石头堆砌的天界的象征，是让人类和宇宙的力量以及神明交流的地方。金字塔的前方是美丽的群鸟四合院，由围绕一个中央庭院而建的四栋楼构成。每栋楼的装饰各异，其中最出色的是精美的群鸟神庙，此四合院因它而得名。穿过一个非常宽阔而比例优美的拱门之后进入修女四合院。该庭院建在一个边长约120米的平台上，周围环绕着四座建筑，建筑上的装饰非常和谐，是真正的"石绣"作品。

穿过另一个美丽的拱门后就来到了球戏的场地。球场是所有中美洲城市必不可少的部分。乌斯马尔的这座球场相对简单，论华丽程度和规模远远不及尤卡坦另一座重要的玛雅城市奇琴伊察的主球场。这座简单的球场使用历史长达250多年。

集中在仪式中心的这些建筑的共同作用是举行仪式，通过由全体居民参加的族群仪式来增强社会凝聚力。这些仪式包括牺牲献祭、"推动天体的运行"的球戏等。

■ 乌斯马尔

巫师金字塔

乌斯马尔的主要建筑都位于仪式庆典中心，其中最引人注目的是一座雄伟的金字塔。椭圆形的设计使之成为玛雅建筑中的一处奇珍，它就是巫师金字塔。随着城市的发展，这座建筑经历过五次扩建改造，在这些改造遗迹中能够发现形成于乌苏马辛塔河流域、切内斯地区和普克山区不同的装饰风格。

这座建筑有很多名字，比如巫师金字塔、小矮人金字塔、大奇兰金字塔等。由于美国研究人员约翰·劳埃德·斯蒂芬斯在《中美洲、恰帕斯与尤卡坦旅行记》一书中提到的一个古老的玛雅传说，巫师金字塔成为它最广为人知的名字。斯蒂芬斯与好友、绘图员弗雷德里克·卡瑟伍德一同参观乌斯马尔的建筑遗迹时，一位原住民老人向他们讲述了一个关于从蛋

▶巫师金字塔。乌斯马尔这座雄伟的椭圆形金字塔拥有极其陡峭的阶梯。金字塔的正面朝西，即群鸟四合院的方向，背面朝东。

◀修女四合院的一角，雨神恰克雕像倒钩形的卷曲鼻子伸向天空。

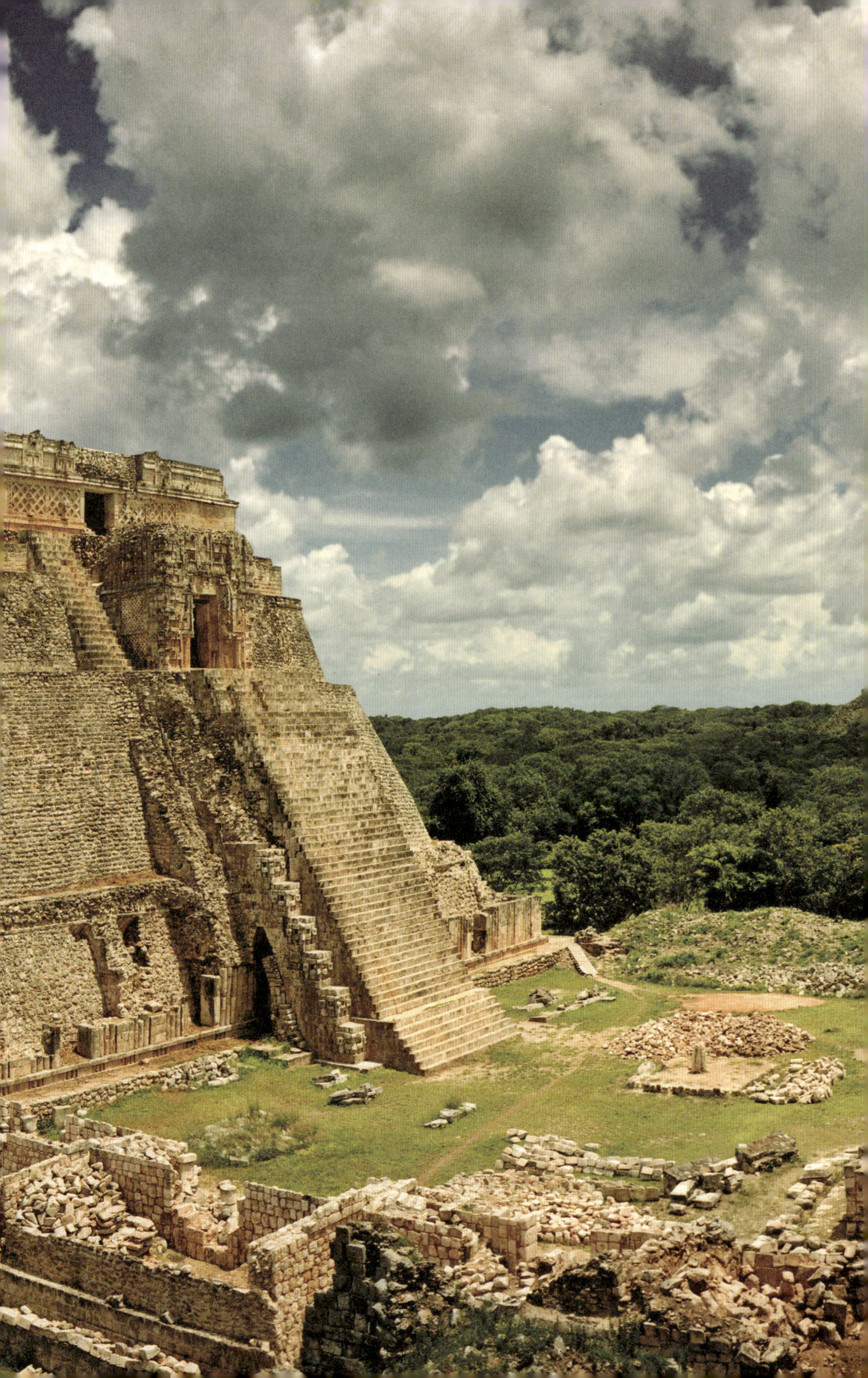

■ 乌斯马尔

壳里生出来的小矮人的故事：住在乌斯马尔的一位老女巫发现了小矮人并抚养他长大。小矮人生来就有占卜的天赋，他与乌斯马尔的统治者打赌，如果自己能够在一夜之间建造一座大金字塔，对方就要让出王位。最后小矮人赢得了赌局并成了乌斯马尔的统治者。

和中美洲所有的金字塔一样，巫师金字塔也象征着一座汇聚了所有宇宙力量的圣山。除了作为特定人类与神明沟通的场所，它还是通向天界和冥界的门户。金字塔的功能似乎体现了玛雅精英阶层对天文的关注，因为建筑物的朝向可以观察金星的运行轨迹。金星在古代玛雅人的生活中具有非常重要的意义，因为它负责控制战争周期，并且揭示宣战或交战的日子是否吉利。玛雅精英阶层丰富的天文学知识有助于治理族群。因为族群的各项活动都依赖于精英阶层的预测，包括战争事件、农业周期、宗教庆典和民间庆祝活动等。

通往天界的门

巫师金字塔又名小矮人金字塔，以独特的椭圆形底面而闻名，是中美洲独一无二的设计。这座纪念性建筑的用途与玛雅精英阶层对天文学的兴趣有关。日落时分光影的对比产生一种缥缈而神秘的气氛，笼罩在这座建筑上。

只有登上金字塔正面或背面的陡峭楼梯才能进入这座庙宇。站在庙宇顶部的位置，这座被丛林包围的城市一览无余。

❶ 彩色壁画 巫师金字塔内部的多座庙宇提供了关于玛雅艺术家装饰建筑外墙和内室时最常用的颜色的信息，主要使用红色，其次是蓝色、绿色、黄色和黑色。

❷ 普克风格 普克地区的建筑特点是外墙分为两个带状部分。这种风格在巫师金字塔的顶部神庙、群鸟四合院、修女四合院的所有建筑上都有明显的体现。

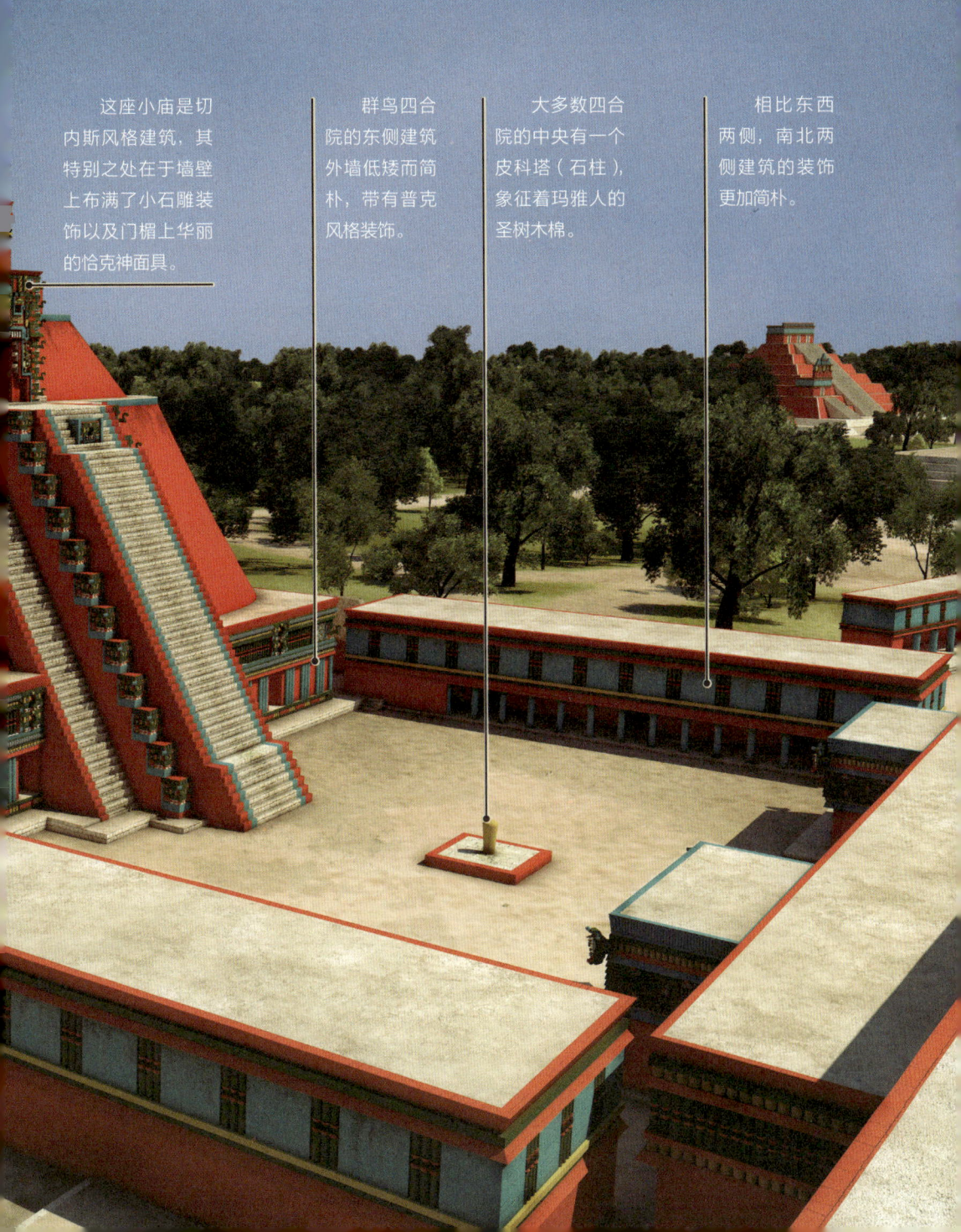

这座小庙是切内斯风格建筑，其特别之处在于墙壁上布满了小石雕装饰以及门楣上华丽的恰克神面具。

群鸟四合院的东侧建筑外墙低矮而简朴，带有普克风格装饰。

大多数四合院的中央有一个皮科塔（石柱），象征着玛雅人的圣树木棉。

相比东西两侧，南北两侧建筑的装饰更加简朴。

■ 乌斯马尔

壮丽的椭圆形建筑

巫师金字塔的下面三层为椭圆形轮廓，第四层和第五层为长方形轮廓。这种大小组合让建筑呈现出一种美丽的韵律感，使建筑完美对称，如果在金字塔中间画一条纵轴，那么轴的左右两边是对称的。

这座金字塔长 80 米，宽 50 米，高 35 米，规模令人震撼。塔身的正面和背面分别有一部阶梯通向塔顶，每部阶梯上的装饰截然不同。金字塔使用石块作为主体的建造材料，屋顶使用植物纤维，装饰部分使用灰泥和涂料。这座建筑物采用了阶坡式工艺建造，即在一面倾斜的墙（坡）上叠加一层平台（阶），如此循环。金字塔经历过五次扩建，分三个步骤实现。第一个步骤涉及椭圆形基座，在这部分堆积石块以降低高度，使它的外形类似一个截头圆锥。第二步是在椭圆形的平台上建造长方形的主体。最后在第三步添加一个顶冠作为装饰元素。在金字塔的内部发现了五座不同阶段叠加的建筑，通过它们可以看到建筑和装饰方面的演变。

五个建设时期

巫师金字塔内部的五个结构建造时期各不相〇象形文字、壁画遗迹和建筑工艺有助于确定每个〇设时期的时间范围。

① **乌斯马尔王后** 在巫师金字塔内部最古老的一座神庙中发现了一尊被称为"乌斯马尔王后"的雕像。名虽如此，但实际上从蛇的嘴巴里冒出来的头像是一位年轻的男性。这是一种美学隐喻，通过肖像来表现一位上层人士的意识状态的变化。

② **无处不在的雨神恰克** 雨神恰克的形象遍布乌斯马尔的建筑物，或许是由于该地区的河流稀少。建筑物从内到外都装饰着这位玛雅雨神兼水神的面具。雨神恰克被表现为普克风格的卷曲鼻子，或者通过他的"同行"特奥蒂瓦坎的雨神特拉洛克来表现。雨神恰克在尤卡坦半岛的大都会乌斯马尔的万神殿中占据主导地位。

2 号神庙，又名下东神庙，是五座内部庙宇中最小的一座，也是一座小型内部金字塔，后来被 3 号神庙的一部分覆盖。

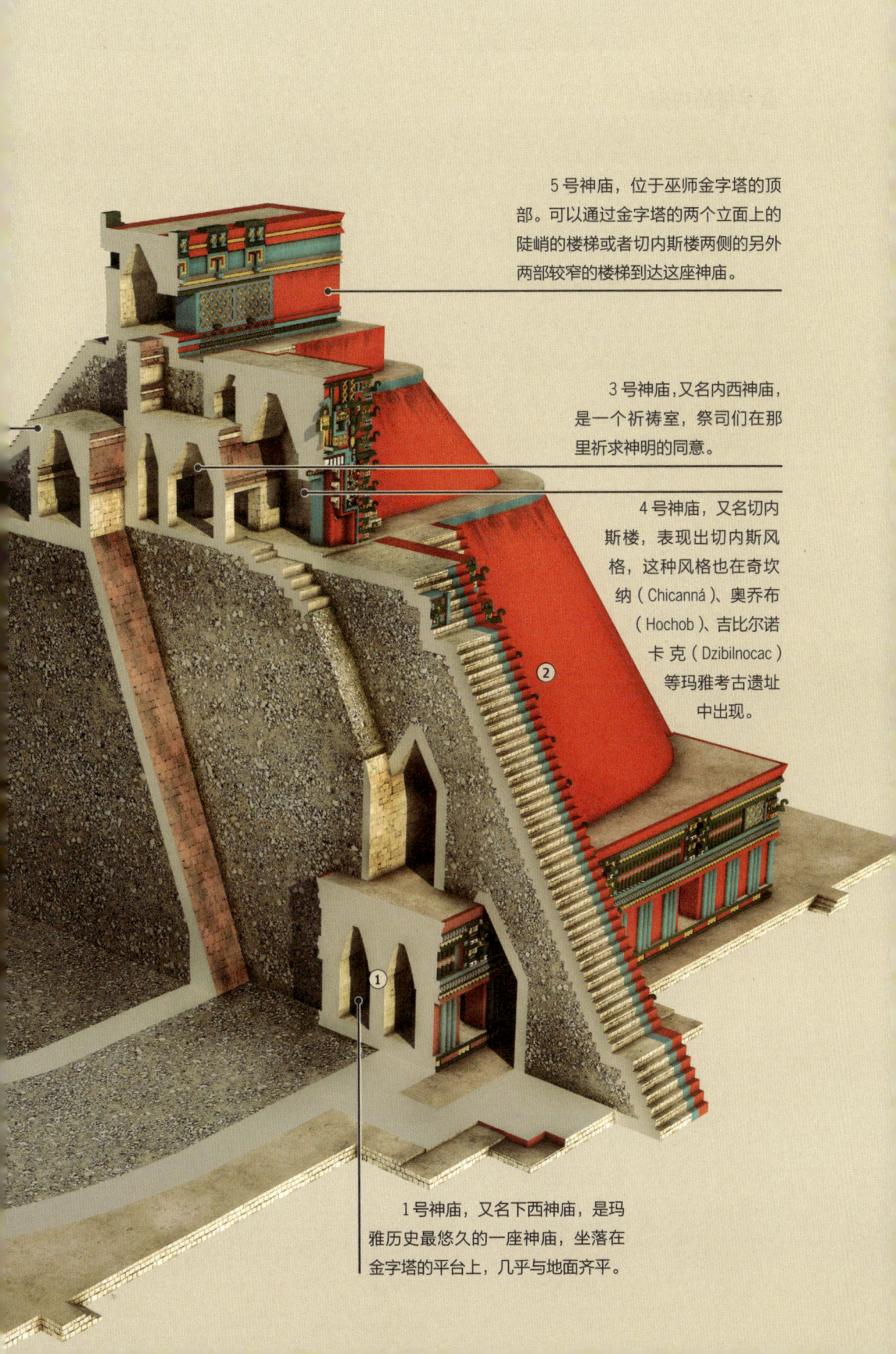

5号神庙，位于巫师金字塔的顶部。可以通过金字塔的两个立面上的陡峭的楼梯或者切内斯楼两侧的另外两部较窄的楼梯到达这座神庙。

3号神庙，又名内西神庙，是一个祈祷室，祭司们在那里祈求神明的同意。

4号神庙，又名切内斯楼，表现出切内斯风格，这种风格也在奇坎纳（Chicanná）、奥乔布（Hochob）、吉比尔诺卡克（Dzibilnocac）等玛雅考古遗址中出现。

1号神庙，又名下西神庙，是玛雅历史最悠久的一座神庙，坐落在金字塔的平台上，几乎与地面齐平。

▎乌斯马尔

金字塔的内部

  金字塔内部的五座神庙中，最古老的是下西神庙（1号神庙）。平行的双通道将内部每边隔成五个厅，两端各有一个独立房间，和其他的房间不相通。在正面的装饰中，柱子与回纹图案、编织图案、天文符号及T形齿交替出现。法裔墨西哥籍考古学家阿尔贝托·鲁斯·吕利耶在底部垂带的东北角发现了一处浅浮雕，上面有两个坐姿的拟人肖像，他们手握一种带有两条鱼的水生植物，两端还有三个日历字形。这座神庙正面的大面具表现的是玛雅雨神恰克，以及特奥蒂瓦坎的雨神特拉洛克。而特拉洛克面具上呈现微笑表情，这是绝无仅有的特殊造型。巫师金字塔内的第一个结构的特征是抽象元素与自然主义相结合，后来它被封死，以开启下一个建设阶段。

  2号神庙又名下东神庙，是墨西哥电影导演曼努埃尔·西雷罗尔·桑索雷斯（Manuel Cirerol Sansores）发现的。这是一座小型庙宇，立面的中间部分有一个门廊，由两根整体石柱、柱头和人心果木制成的过梁构成。庙宇的顶部原有一个顶冠，后来被覆盖，以建造3号神庙。3号神庙又名内西神庙，通往这座神庙的楼梯现在已经被覆盖了。其倾斜的饰带让人联想到中部地区的玛雅建筑。这种风格的存在表明这两个地区之间持续的文化交流由来已久。

  4号神庙又名切内斯楼，也加入了中部地区的建筑元素，尤其是来自坎佩切的切内斯（Chenes）地区的影响。这座神庙最特别的装饰元素是一种腿状灰泥塑，它在建筑两侧重复出现，与其他几何元素融为一体。门洞的上方，又一次突显了一个巨大的雨神恰克面具，面具上张开的大嘴就是神庙入口的门洞。转角处的外墙从底部到顶部都饰有面具，门洞两侧可见包含象形文字标志的长方形嵌板。4号神庙与总督宫和修女四合院是同一时期的建筑。它紧贴着3号神庙的正面。为了进入4号神庙，又建造了一部带有面具装饰垂带的宏伟阶梯。

  5号神庙位于巫师金字塔的顶部，它位于增建的一层金字塔主体上，这层主体覆盖了内部的几座神庙以及4号神庙正面的一部分。除了位于切内斯楼（4号神庙）两侧较窄的楼梯，到达这座新建神庙的方式还有目前在塔身两个立面上可以看到的楼梯。

乌斯马尔王后

　　巫师金字塔最古老的那座神庙中隐藏了一个美丽的秘密——一尊令人惊喜的雕像，它表现出沉静的美丽，因此被命名为乌斯马尔王后塑像。从神庙正门上方脱落的两个雨神恰克大面具的残骸为王后雕像提供了保护。由于下一个建设时期的工匠留下了一条暗道，这尊雕像才有机会被发现。实际上，雕像表现的是一条抽象化风格的蛇，它张开嘴巴，从中冒出一个年轻人的头像。这种肖像是一种美学隐喻，艺术家用这种方式来表现一位上层人士的意识状态变化。这类状态的变化需要借助仪式和自我惩罚来实现，其中不乏自我放血牺牲以及一些致幻植物的使用。仪式的主角通常是政治、宗教或军事领域的精英成员。乌斯马尔王后雕像以精致的工艺而著称。这位能工巧匠通过划痕突出了人物脸颊上的刺青，即玛雅人通过浅层或深层切口的方法在皮肤上产生结痂或疤痕。带有圆盘形玉片的头饰、耳饰和鼻子的精致程度同样出众。在群鸟神庙等地也可以看到类似乌斯马尔王后雕塑作品的遗迹。这尊雕像是古典时期末期（600—900 年）用石灰岩制成的建筑部件。

▶ 乌斯马尔王后是发现于巫师金字塔内的一尊石灰岩雕像。
🏛 墨西哥国立人类学博物馆，墨西哥城

乌斯马尔城的建筑师利用不平整的地形筑造出了更高的建筑。这一方案使乌斯马尔城的建筑看起来异常高大，并且建筑的形状不像玛雅地区其他城市那样传统。巫师金字塔突破性的椭圆形底面，也许是为了适应实际的地形条件，而不是出于设计者特别的意图。在某种程度上，这是乌斯马尔建设者的一项创新。

丰富而朴素

　　在乌斯马尔城可以欣赏玛雅地区最出色的普克风格建筑。这类建筑的特点是外墙横向分成两个带状区域，下区仅有少量装饰甚至没有装饰，而上区则饰有华美的装饰。这类装饰在建筑和雕塑之间达到了很好的平衡，要构思出这一设计，二者缺一不可。至于巫师金字塔，尽管它的装饰比周围其他建筑物的装饰更加朴素，但它仍是乌斯马尔最引人注目的古迹建筑，不仅因为它的建筑规模，也因为它奇特的形状。

◀切内斯楼 这座小庙位于巫师金字塔高处，但是不在顶部，其特点是切内斯风格的装饰。雨神恰克大面具的嘴巴构成了神庙的入口。

　　它的确不是中美洲常见的阶梯金字塔造型，而是仿佛在围绕自身旋转，背面呈现半球形。中美洲任何一座金字塔的台阶都不可能比它的台阶更加狭窄和陡峭，登上这样的台阶是一项艰巨的挑战。

　　但那是它经历了多个建设阶段才形成的外观。在扩建过程中，新神庙一次次覆盖老神庙。通过内部的神庙遗迹，我们现在知道金字塔曾经被涂成以红色为主的鲜艳颜色，同时涂有蓝色、绿色、黄色和黑色。只是它表面的涂料和砂浆饱受岁月的侵蚀，露出了下层的石灰岩。这座金字塔无疑是该地区居民进入城市时远远望见的第一个地标，它就像一个美丽的哨兵。

　　几个世纪之后，这座建筑的保存状况还是相当完好的，人们依然能够欣赏建筑上的装饰物，包括雨神恰克大面具。这座城市几乎所有建筑的外墙上都出现了这种面具。它的图形成为精心设计的光影游戏，将巫师金字塔笼罩在空灵的氛围中，特别是在黄昏中变成了朦胧的金色石块。

■ 乌斯马尔

群鸟四合院

巫师金字塔旁边有一些残垣断壁，那里曾经是美丽的群鸟四合院，一组可追溯至 8 至 12 世纪的建筑群。它由四座宫殿式建筑围成，每座建筑都有多个房间和不同的装饰。庭院的中央有一个方形祭坛，上面竖立的一根圆柱被赋予了多种含义。

和这座城市的标志性建筑巫师金字塔一样，位于金字塔脚下的建筑也见证了不同阶段的变化和重建。经过这些建设阶段，一组建筑物形成了一个四合院，将金字塔嵌入其中，并且提供了一个拱门入口通向金字塔的正面。

庭院的最后一批建筑物的边饰上出现了一些大鸟，已被确认为红色的金刚鹦鹉，所以这组建筑被命名为群鸟四合院。

事实上，乌斯马尔没有任何城市规划可循，它的各种建筑群是根据不

▶群鸟四合院是在不同的城市历史阶段逐渐建成的，很可能是一种祭神空间。祭司们在金字塔上举行公共仪式，这个四合院的居民也参加这些仪式。

❶ **乌斯马尔特有的四合院结构** 乌斯马尔的修族民发明了一种新型纪念性建筑群，将神庙和金字塔于或纳入一个四合院中。这一建设理念需要大量的动力，证实了城市辉煌时期修族强大的社会控制力

群鸟神庙装饰的鸟类是金冈它们的身体和尾巴被涂成红色羽毛被涂成黄色和蓝色。这些饰物是群鸟四合院这个名字的由

金刚鹦鹉：火的象征 红色金刚鹦鹉的尤卡坦玛雅名称是 moo，被视为太阳之火的化身。其彩色的身体尾巴赋予太阳之火一种矛盾的意义：虽然它是大地上命的能量来源，但是过量的投射也会造成破坏。

拱门是通向广场的主要入口，位于巫师金字塔的正前方。人们穿过拱门后欣赏这座金字塔的壮丽景象，并为之陶醉。

庭院中间的石柱象征木棉树，即连接宇宙三界的玛雅圣树。这种树的树根扎在冥界，树干在人间，而树枝伸向天界。

▲乌斯马尔以四合院式的建筑布局而著称。巫师金字塔脚下的群鸟四合院，南楼宽阔的门廊为人们提供了遮阳避暑必需的阴凉空间。

规则的地形条件而修筑的。因此，在研究乌斯马尔地区的城市时，对空间关系和象征关系的理解异常困难。它不像中部高原的其他中美洲礼仪中心那样，一切都围绕着两条主要的轴线或大道规划，完美地界定每个私人空间、公共空间和具体的功能。

乌斯马尔最具代表性的建筑特点是建筑围绕庭院而排布，形成四合院结构。这种空间布局想必体现了玛雅精英的审美、创意和实用设计，自城市的早期建设阶段就出现了这种类型。这些四合院布局中有两种类型的建筑结构，一种是金字塔基座及建在其顶部的神庙，另一种是低矮的建筑，以普克风格标志性的横向线条装饰为主。

建设阶段

群鸟四合院的建筑经历过四个建设阶段，直到形成一个广场，后来小矮人金字塔（巫师金字塔）也被纳入这个广场。

圣树木棉

乌斯马尔的四合院广场中央都有一个小型方形基座，基座的中心放置一根整体石柱，被称为"皮科塔"。曾经有一些解读将石柱与阳具和生殖崇拜联系起来。现在人们摒弃了这种猜想，而是推测出一个宇宙结构，其中表现了大地和四个方位基点，并在宇宙结构的中心树立圣树木棉（玛雅语 ya'axché，意思是绿树）。对古代玛雅人来说，木棉树是坚不可摧的圣树，神明通过木棉树传递能量。它是热带美洲最高大的树木品种之一，其高度可达 70 米，树干直径可达 3 米左右。它不仅连接着天界和冥界，而且与风神和雨神密切相关。石柱象征着一棵神圣的木棉树，通过祭司和大众在仪式和庆典上的供品和牺牲献祭来获得力量。

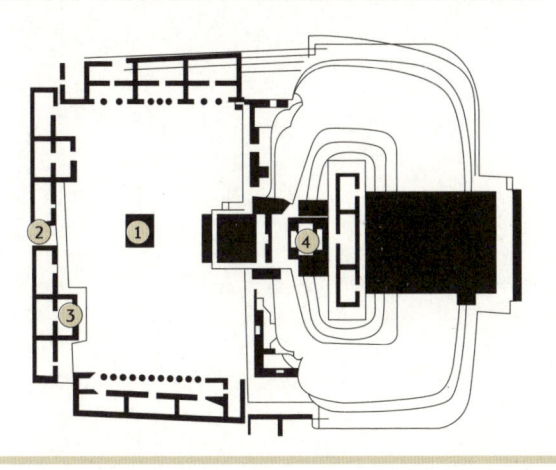

① **皮科塔石柱** 一种象征玛雅圣树木棉的石柱。

② **拱门** 群鸟四合院的主要入口。

③ **群鸟神庙** 神庙的红色金刚鹦鹉装饰为这座四合院赋名。

④ **巫师金字塔** 建在东楼的后方，最终吞并了东楼。

343

群鸟神庙

群鸟四合院得名于院内最后一个扩建阶段建造的西楼附属建筑，也就是群鸟神庙。第三个建设阶段，与围合广场的西楼同时建造的还有巫师金字塔内的第一座神庙。西楼位于金字塔正前方，其特点是拥有一个假拱门，作为从外部进入庭院的入口。四合院西翼的装饰遵循普克风格的规则，装饰图案集中在上方的雕饰带，简单的靠墙联排细柱让人联想到简朴的玛雅茅屋。

最后一个建设阶段，对西楼的两侧进行了扩建，并且在原来的立面两边增加了两个突出的门廊空间。虽然两座附属建筑的装饰如同玛雅茅屋般简朴，但是它们拥有对于玛雅人来说非常宝贵的元素，使建筑更加高贵和华丽。

两座附属建筑的转角处有张开嘴巴的抽象化风格的蛇，瓦檐上栖息着许多优美的鸟，即红色的金刚鹦鹉，该建筑群因此得名。

这些附属建筑的功能难以确定，乌斯马尔所有的建筑都是如此。考虑到装饰物上包含的各种图案，可以推测穿过拱门后会进入一个神圣的庭院，不过可能禁止平民进入。巫师金字塔如此巍峨，从庭院外、甚至从修女四合院或者总督宫都可以看到金字塔的基座，或许是为了让它成为一个神圣的舞台，以便祭司在那里举行全民参与的公共仪式。

▲神庙的右上角可见一条张开大嘴的蛇，与"乌斯马尔王后"雕像上的蛇类似。

▶庙宇屋檐上装饰的每只鸟都形态各异，但表现的都是红色的金刚鹦鹉，那是玛雅人的太阳之火的象征。

精致与神圣

神庙的屋顶仿照简陋的农舍棕榈屋顶，不过上面覆盖的不是植物纤维，而是羽毛，这也是所有中美洲文化都非常珍视的一种元素，只有少数人能够接触到。

哥伦布发现美洲前的文化，是使用色彩鲜艳的羽毛制作嵌饰，并与其他制作仪式服装的材料组合。因此，在宗教画作上，玛雅祭司的服饰以及统治者的羽冠都少不了羽毛装饰。羽毛是财富、权力和美丽的象征，也是族群精英和贵族的身份标志。

总而言之，羽毛的出现不仅突出了神庙的神圣，还产生了奢华和精致的细节特点。所以看似简朴的房屋，屋顶添加羽毛装饰后，就变成了神圣的建筑。

装饰物底部可见一排半月形石雕，与政治贵族和祭司服装上的半月形金饰外观相同，这是玛雅人的仪式装饰物中的另一个常见图案。

■ 乌斯马尔

　　第一个建设阶段建造了东侧的建筑，如今已被金字塔吞并，但是它最初是一栋独立的建筑，因为建造四合院的东翼楼时还不存在金字塔。东楼建在一个宽阔而低矮的平台，具有明显的普克风格特征，立面的下半部分没有装饰，仅有一些靠墙的联排柱为建筑外观带来些许变化。上半部分有一些华丽的饰带，上面有斜纹格子石雕装饰。雨神恰克大面具再次出现在侧面外墙以及正面五个厅和两侧房间的门洞上方。后来由于金字塔工程的施工，这些房间最终都被封闭了。

　　第二个建设阶段扩大了空间范围，在东楼的南北两侧增建了两座建筑，形成一个U形广场。新建的两座建筑规模比东楼更小，装饰也更加朴素。二者都有六个房间和不同的外墙。

　　第三个建设阶段建造了西楼，形成了完整围合的广场。西楼的特点是拥有通往庭院中心的假拱门。

　　第四个建设阶段也是最后一个阶段，为西楼增加了两座附属建筑，并且整个建筑群也因为新建筑的装饰物而得名——群鸟神庙。

被重新发现的尤卡坦

在 19 世纪的探险家到达玛雅人的土地之前，乌斯马尔在历史上的重要性已经不容置疑。然而直到美国人约翰·劳埃德·斯蒂芬斯和英国人弗雷德里克·卡瑟伍德公布了他们探访的多座玛雅古城，各国民众才有机会认识这些城市。他们对乌斯马尔的探访体现在为这座城市的建筑物绘制的画作上。

最早的关于乌斯马尔的记载是远远早于 19 世纪的一些文献记录的。16 至 18 世纪的编年史家、历史学家和神职人员就留下了他们途经乌斯马尔遗址的证据。它是一座庞大的城市，虽然当时已经无人居住。

16 世纪提到乌斯马尔的文献包括《马尼土地条约》（1557 年）、《佩雷斯手抄本》和《契伦巴伦之书》的多段文本。《契伦巴伦之书》涉及乌斯马尔的建立、修族的王室血统和乌斯马尔城的历史事件，以及它与奇琴伊察和玛雅潘的关系。

有证据表明，到访乌斯马尔的第一个西班牙人是费利佩·曼里克（Felipe Manrique），他的任务是划定该遗址的边界。这次参观发生在 1557 年，有一位名叫加斯帕尔·安东尼奥·奇（Gaspar Antonio Chí）的本地人担任他的陪同翻译。因此可以称之为殖民时期对乌斯马尔遗址的第一次参观，并且带着记录度量结果的特殊任务。然而关于乌斯马尔的最早的考古描述要归功于方济各会修士安东尼奥·德·休达·雷亚尔。他担任新西班牙总督区方济各会的总会长阿隆索·庞塞（Alonso Ponce）修士的书吏。在访问乌斯马尔之后，他于 1588 年撰写了《关于伟大的新西班牙的奇闻与博物的论述》（*Tratado curioso y docto de las grandezas de la Nueva España*）。

1688 年，一部人们了解古代玛雅文化必读的著作问世。这是由迭戈·洛佩斯·德·科戈柳多修士撰写的《尤卡坦的历史》（*Historia de Yucatán*）。关于这部作品最值得一提的是，作者不仅描述了一些建筑，而且还为它们命名。实际上，他书中的建筑命名正是我们今天沿用的名称。所以在其他玛雅城市受到关注的 19 世纪之前，各种原住民和西班牙人的文本中已经存在关于乌斯马尔的文献和信息。

19世纪浪漫的旅行者

19世纪，欧洲和北美的富裕阶层形成了一种惯例，即年轻人在安定下来并接手家族企业之前会去国外旅行。他们习惯于去像埃及或以色列这样人尽皆知的目的地，但是很快他们就把目光转向了名气更小的地方，因为这些地方能够提供更刺激的感受。这个神奇而完美的地方就是古老的玛雅大地，传说中那里有被淹没在绿色丛林海洋里的伟大城市。不久后

▲ 弗雷德里克·卡瑟伍德绘制的插图，1844年发表在《中美洲、恰帕斯与尤卡坦的古代遗迹图鉴》上。卡瑟伍德与约翰·劳埃德·斯蒂芬斯一同记录并描绘了19世纪初乌斯马尔古城的景象。

沉睡的城市

在16至17世纪第一批西班牙人访问之后的近150年间，乌斯马尔是一座被遗忘的城市。自19世纪40年代起，这座城市再次被发现并呈现在世人面前，这主要归功于探险家斯蒂芬斯与卡瑟伍德。

1557年

遗址划界 费利佩·曼里克是第一个踏入乌斯马尔城的西班牙人，他参观该遗址的目的是准确地度量其地理边界。

1688年

建筑物的名称 迭佩斯·德·科戈柳多在其著作《尤卡坦史》中为遗址的建筑物命名，这些名称沿用至今

废墟与原住民族群

19世纪，富有的探险家和肆无忌惮的冒险家在中美洲的丛林中找到了取之不尽的宝藏，实现了他们探索古代文明的强烈愿望。他们中的许多人出版了书籍和画册，也在知名杂志上发表了文章。上述出版物向欧洲和北美社会的民众普及了一些新知识。一方面，揭示了这些壮观的前西班牙殖民时期的城市遗址的存在；另一方面，也揭示了原住民族群的存在，这些民族的后人仍然保留着许多古老的传统，比如服饰和日常用品。

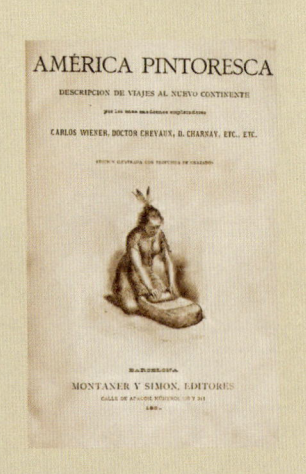

◀▲《风景如画的美洲》是1884年出版的一本文章汇编，讲述了原住民文化的状况。这本书配有插图，如左侧照片所示，它描绘的对象是乌斯马尔的总督宫。

1840—1843年
一对探险家好友 斯蒂芬斯与卡瑟伍德一起造访乌斯马尔。他们研究、描绘了乌斯马尔，并通过他们的书籍向西方世界宣传了这座城市。

1860—1885年
摄影记录 摄影师C.J.德西雷·沙尔奈与勒普朗根夫妇参观该遗址并通过摄影记录。

19世纪末
爱德华·泽勒、西尔韦纳斯·莫利、托马斯·甘恩（Thomas Gann）、塔季扬娜·普罗斯库里亚科夫等科考人员也访问了乌斯马尔。

1940年
政府接管 墨西哥政府机构负责乌斯马尔的管理与考古研究。

就有传言说,这些探险家开启了一场疯狂的比赛,看谁先发现最耀眼的宝藏。在这种冒险、竞争还有些浪漫的精神推动下,他们的足迹遍及伯利兹、危地马拉和墨西哥的主要考古遗址,并且收集了考古学、民族学和历史学方面的信息。尽管他们提出的许多观点如今已被摒弃,但是他们的功劳在于引起了人们对这些地方的关注,而且为后人留下了非常宝贵的摄影和绘画资料。因为他们记录过的许多建筑物和雕塑现在已经消失或者因为严重受损而无法进行研究。

这些冒险家之中,有一对好友格外出色,他们是美国人约翰·劳埃德·斯蒂芬斯和英国人弗雷德里克·卡瑟伍德。斯蒂芬斯曾经因为健康原因游历欧洲,在此期间他在伦敦偶

▲ 原住民。19世纪的探险家们到达玛雅古城时遇见了居住在古城附近的原住民。多数情况下,原住民的指引是寻找废墟的关键,但更重要的是,他们作为劳动力承担了最繁重的工作。

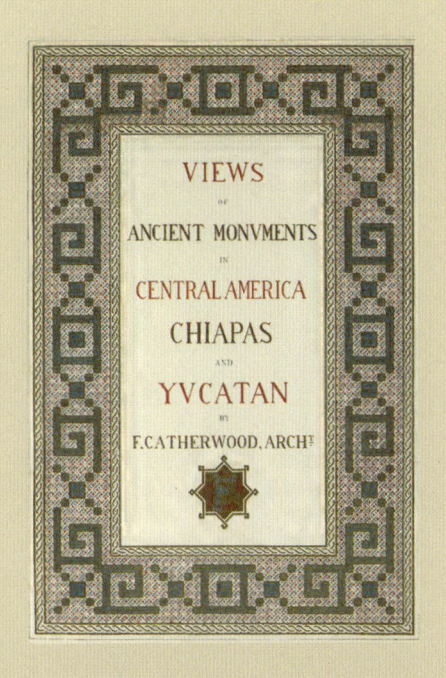

◀1844 年出版的《中美洲、恰帕斯与尤卡坦的古代遗迹图鉴》的封面。这是一份卓越的公有领域文献，可通过在线图书馆查阅。此书包含卡瑟伍德的插画，他带着热情为尤卡坦半岛东部地区最重要的建筑物绘制了精美的图像。

铭文学家爱德华·泽勒精美的钢笔画

爱德华·泽勒是一位非常重要的德国民族历史学家、人类学家、语言学家和铭文学家，被称为德国前西班牙时期研究的奠基者。他的作品聚焦前西班牙时期的手抄本和中美洲文化，包含非常详细和精致的绘画。其作品与他的妻子、同为美洲学者的采齐利·泽勒-萨克斯（Caecilie Seler-Sachs）有关。

◀▲爱德华·泽勒所著的《乌斯马尔遗迹》于 1917 年出版。此书囊括了许多乌斯马尔遗址的线性插图，里面的高精度图是由泽勒本人和图形艺术家威廉·冯·登施泰嫩（Wilhelm von den Steinen）绘制的。

然间认识了卡瑟伍德。两人志同道合，于是在1839年10月3日一同抵达伯利兹。

斯蒂芬斯研究了关于玛雅主题为数不多的作品来为这次旅行做准备。他对自己的探险事业充满信心，他放弃了成功律师的工作和舒适的生活，开始探索被遗忘的异国世界。斯蒂芬斯当时已然是一位成功的作家，他所著的一本关于埃及、佩特拉和圣地之旅的书籍成了畅销书。所以他凭借这些资源和自己的政治人脉开始了这次冒险之旅。他成功地被任命为美国驻中美洲大使，并且为卡瑟伍德安排了一个职务，负责建筑师、设计师、测绘员和绘图员的工作。

两人都明白，首次旅行最重要的是通过手头有限的信息找到那些传说中的城市。这次旅行的目的之一是绘制一张地图来定位这些城市。就这样，他们重新发现了科潘、帕伦克、基里瓜、奇琴伊察和乌斯马尔等古城。斯蒂芬斯还以"50美元不可思议的价格"买下了科潘。

他们于1840年6月1日离开帕伦克，前往墨西哥湾地区，决定要记录乌斯马尔古城。斯蒂芬斯此前在纽约认识了一位名叫西蒙·佩翁（Simón Peón）的尤卡坦地主，他是乌斯马尔遗址所在庄园的主人。他们到达了乌斯马尔，然而由于卡瑟伍德感染了疟疾，两人只好于1840年6月24日离开了尤卡坦半岛。但是他们坚信，一旦健康状况允许并且获得新的经费，他们一定会再来。

到达纽约后，斯蒂芬斯整理了这次旅行的所有资料，并出版了《中美洲、恰帕斯与尤卡坦旅行记》（1841年），这本书取得了空前的成功。他们在书中以独特的风格讲述了旅途的所有经历。中美洲神奇环境中的一座座未知而迷人的城市令当时的人们十分向往。

后来卡瑟伍德的身体康复，并且这本书的销售带来了丰厚的收入，他们二人于1841年10月9日再次启程。他们在这次旅途中记录了尤卡坦北部的城市，比如阿克、奇琴伊察、吉比尔诺卡克、伊萨马尔、拉布纳、玛雅潘、图卢姆（Tulum）、乌斯马尔。这一次与他们同行的还有博物学家塞缪尔·卡伯特（Samuel Cabot），目的是研究尤卡坦野生动物。这次旅行的成果收录在《中美洲、恰帕斯与尤卡坦的古代遗迹图鉴》中，包含弗雷德里克·卡瑟伍德的插画，这本书于1844年在纽约出版。

◀ 卡瑟伍德以精湛的画技描绘了总督宫入口处的拱门。图片展示了早期探险家参观这些遗迹时的状况，后来建筑物部分倒塌，被丛林植被吞噬。

在乌斯马尔停留期间，他们住在总督宫，克服了茂密的植被、虱子和蚊子叮咬等困难，充分、仔细地研究了这座城市。他们绘制了一张乌斯马尔地图，帮助宣传了一夜之间建成金字塔的小矮人巫师的传说，还贡献了大量的图片和重要理论，其中许多理论后来也得到了证实。

法国探险家让·弗雷德里克·瓦尔德克比他们早几年参观了乌斯马尔，而且留下了非常细致的画作。另一位法国探险家兼摄影师 C.J. 德西雷·沙尔奈由于受到斯蒂芬斯与卡瑟伍德的故事的启发，在 1860 年和 1882 年两次游览乌斯马尔，并且用他的照相机记录了遗址。还有许多旅行者和探险家跟随他们的脚步而来，不过随后乌斯马尔引起了真正的科学家的关注，他们想要从学术角度研究和保护遗址。

19世纪政府的支持

到19世纪末,这些旅行者让位于更准确、更具方法论的科学研究者。最早对乌斯马尔感兴趣的与科研机构合作的个人,如德国人类学家爱德华·泽勒、美国考古学家西尔韦纳斯·莫利和俄裔美国铭文学家塔季扬娜·普罗斯库里亚科夫等人都贡献了关于玛雅古城的新知识。20世纪40年代,墨西哥科研机构最终接管了该遗址。墨西哥机构的专家中,最突出的一位是法裔考古学家阿尔贝托·鲁斯·吕利耶。

◀由德西雷·沙尔奈拍摄的这张照片发表在《美洲城市遗址》上,展示了1860年摄影师参观乌斯马尔总督宫的状况。

▼由英国绘图员、建筑师兼摄影师弗雷德里克·卡瑟伍德绘制的巫师金字塔顶部神庙的西立面视图。格纹雕饰带上曾经有裸体的男性雕像,表现了玛雅人为了取悦神明而进行的自我牺牲。

立体摄影：勒普朗根夫妇的遗产

　　法国人德西雷·沙尔奈于 1860 年、1882 年两次携带照相机访问乌斯马尔，可谓考古摄影的发起人。尽管也必须承认，弗雷德里克·卡瑟伍德早前使用过的银版摄影法是照相机的前身，然而为考古摄影领域带来彻底变革的人是奥古斯塔斯·勒普朗根和他的妻子艾丽斯·狄克逊。他们采用了一种新方法在乌斯马尔拍摄了大量照片，这种方法后来成为 3D 摄影的雏形。此外，他们设计了一种可移动的暗房，让携带摄影器材和冲洗照片变得更容易。他们计划非常准确地记录遗址，因此需要拍摄数百张照片。立体摄影就是他们要找的方法。勒普朗根之后的许多考古学家使用了立体摄影法，因为它可以忠实地再现拍摄物，并产生尺寸准确的纸质副本。奇琴伊察"教堂"的顶冠被一道闪电击毁后，幸亏勒普朗根在 1875 年完成的立体摄影，才能绘制出等比例的建筑图用于修复顶冠。由于巫师金字塔出现结构问题，为了开展修复工作，也使用了同样的方法和摄影设备拍摄了立体照片。卡瑟伍德 19 世纪 40 年代绘制的乌斯马尔插图和沙尔奈 20 年后拍摄的照片引领勒普朗根夫妇找到这种更精确的记录方法。近两个世纪后的今天，尤卡坦州政府恢复了这种三维摄影方法，以保存留存下来的宝贵遗产。

▲奥古斯塔斯·勒普朗根与妻子艾丽斯·狄克逊拍摄了大量的立体摄影作品。这种方法是现在的 3D 摄影的雏形。上图为奥古斯塔斯·勒普朗根。

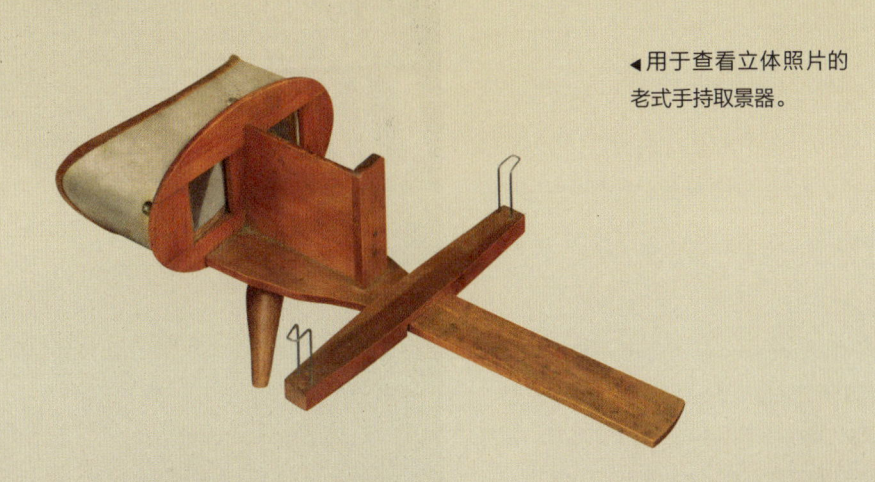

◀用于查看立体照片的老式手持取景器。

■ 乌斯马尔

修女四合院

巫师金字塔的前方矗立着修女之家，又名修女四合院，是乌斯马尔第二壮观的结构。该结构由四座建筑物组成，它们形成了一个长方形的大广场。广场的入口是位于南侧走廊中间的一个假拱门，与总督宫的拱门工艺相似。

在方济各会修士迭戈·洛佩斯·德·科戈柳多的率领下，第一批西班牙人到访乌斯马尔。这个带有中央庭院的建筑布局让他们联想到一座修道院，同样是由多座建筑围成的封闭结构，包含数不清的房间。该建筑群因此被命名为修女四合院。

这个复杂的建筑群由四座美丽的建筑物构成，很难准确地说明每一座的具体功能。一些理论认为，上述建筑可能是仓库，用来存放玛雅人的各种仪式和众多庆祝活动中所使用的各种物品。这个四边形的大型广场确实

▶修女四合院是一个大型空间，中间的广场长达120米。北楼似乎是这四座建筑中的主楼，因为它拥有两座小庙和最高大的阶梯，并且正面的装饰最复杂、位置最高。

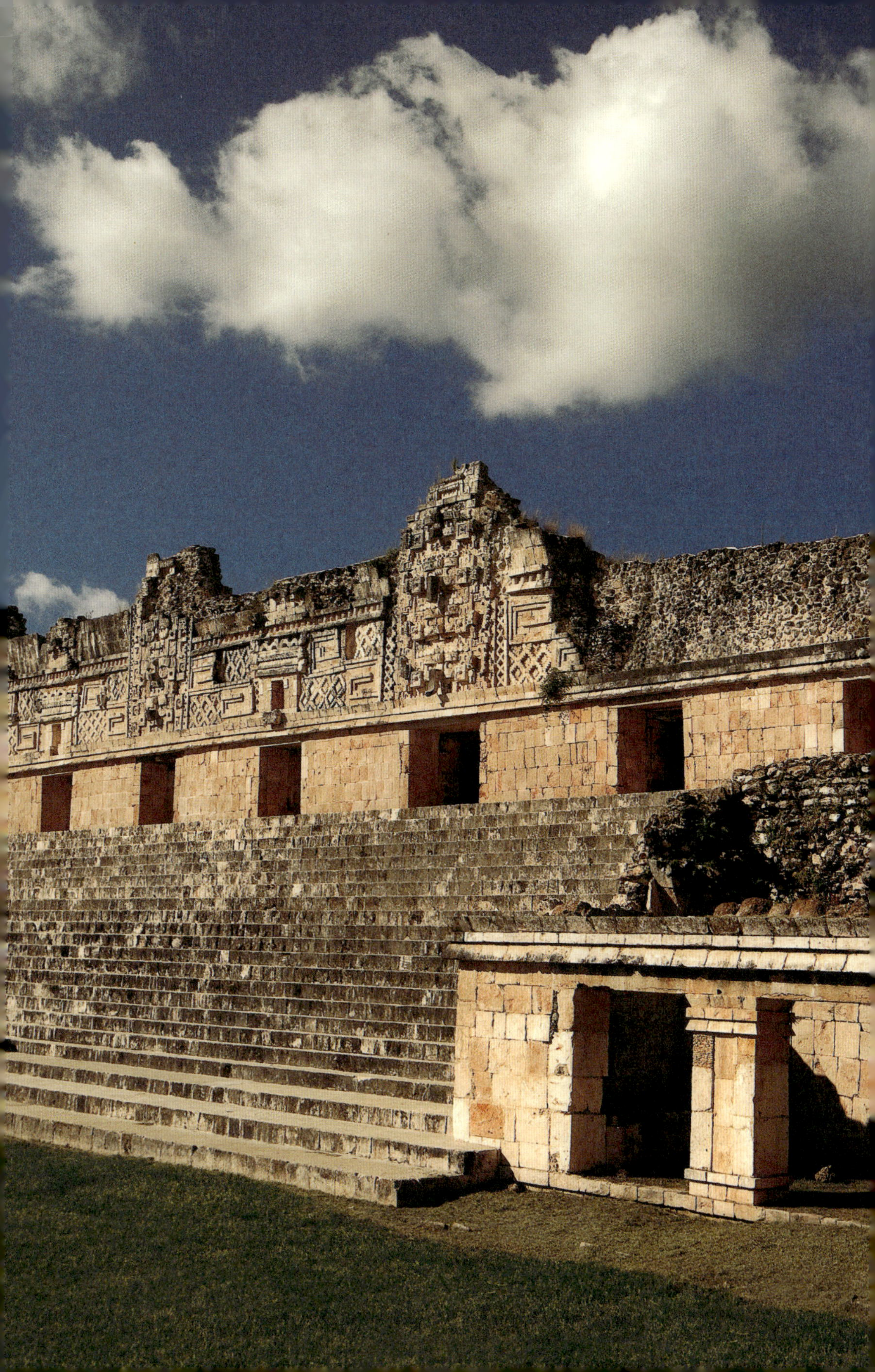

■ 乌斯马尔

是举办这类庆典活动的理想场所。此外，一些殖民时期的文献证实，观众被安排在平台上，广场的中心则是表演场地，可供800多名舞者和祭司同场表演。

与乌斯马尔的其他大型建筑群一样，修女四合院的建造者也利用了不平整的地形来扩大其建筑作品的规模。该建筑群由位于四个方位基点的四座建筑组成，并且因所在的方位被命名为东楼、南楼、西楼、北楼。它们建在一个边长约120米、高4米的方形平台上。每座建筑的入口上方曾经有木制门楣。通过放射性碳定年法（碳-14）对这些门楣的遗迹进行分析，确定了该建筑群的建造时间在公元653至885年。北楼似乎是这四座建筑中的主楼，因为它的阶梯两侧都设有带门廊的小庙，相较其他三座建筑，北楼的阶梯和立面也更高且更复杂。

北楼阶梯两侧的小型建筑是两座小庙。右边名为Y楼的建筑规模较小，

城市-宗教中心

外墙的装饰物包含许多神明和其他神圣的元素，据此推测那里是举行宗教仪式的场所。对玛雅人来说，这些动物象征着宇宙，所以他们通过动物元素来表达对神明的崇拜。雨神恰克面具和裸体男性像增强了仪式的这一特性。

左侧的神庙是为了纪念金星而建造的。玛雅人是伟大的金星运动研究者，他们甚至根据自己对金星的观察来规划战争和其他事件。

立面的下半部分没有装饰图案和浮雕，所以更加突显了上半部分装饰之精致，其中包含多个雨神恰克面具，雨神恰克是乌斯马尔地区最受喜爱的玛雅神明。

阶梯中间曾经有一块石碑，上面很可能有一些讲述乌斯马尔统治者功绩的文字。玛雅诸城的石碑风格迥异。乌斯马尔的17号石碑上有几行和几列字形，但是难以解读。

❶ **玛雅人的自我牺牲** 修女四合院北楼和西楼的外墙上有一些裸体男性雕像。这些形象表现的是自我牺牲，这是玛雅人的一种常见行为，其他中美洲文明也开展这项活动。

❷ **雨神恰克面具** 北楼在四座建筑中最为高大，而且拥有四组表现雨神恰克的面具。这位玛雅神明不只是雨神，同时还主宰着水、雷和闪电，这些元素都是权力和破坏性能量的象征。

北楼正面的中央入口比其他十个入口更加突出，因为它最为宽敞，而且拥有规模最大的一组面具装饰。它可能是专门为统治者进入建造的入口。

有些理论认为四合院内的房间是用来存放仪式用品的。鉴于房间内部没有装潢痕迹，这座建筑有可能曾被用作仓库。

这部阶梯是整个修女四合院梯中最大的，曾经充当城市精们的"红地毯"。这是观看表和仪式的一个优越位置。

■ 乌斯马尔

露天竞技场

西班牙方济各会修士迭戈·洛佩斯·德·科戈柳多为乌斯马尔的这组建筑取了现在的名字，即修女四合院，因为他认为那些建筑里曾经居住着献身玛雅神明的圣女。然而人们现在认为这是不可能的，因为古代的玛雅女性并不主持宗教仪式。构成这个建筑群的四座大型建筑的具体功能不详。尽管存在不同的观点，但它们都一致认为修女四合院的广场是宗教和娱乐庆典期间民众集会的理想场所。四座建筑可能充当玛雅社会特权阶层的包厢以及观众的看台，而中间的广场则充当舞台或竞技场。根据这些理论，可以说这个广场像一座大剧院，玛雅人最崇拜的天空和星星构成了这座剧院的拱顶。

① 中央小庙
② 金星神庙
③ 北楼
④ Y 楼
⑤ 东楼
⑥ 南楼
⑦ 拱门
⑧ 西楼

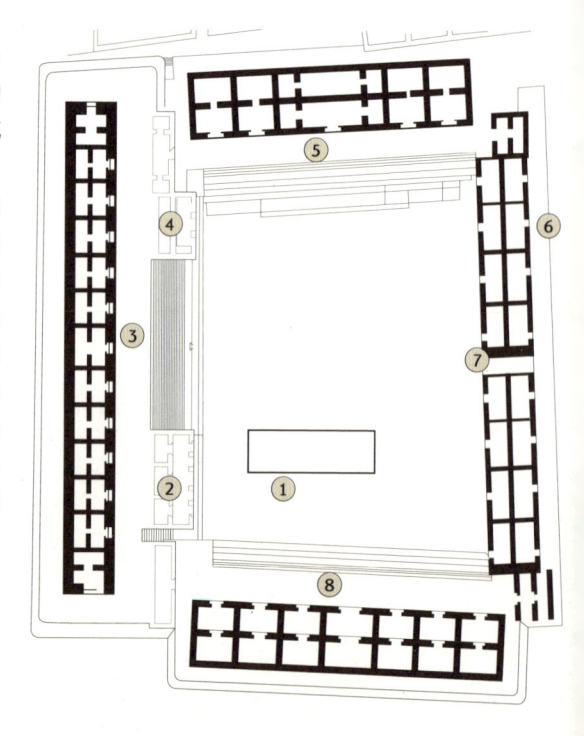

▼ 东楼的外墙上有六组梯形雕塑，每组包含八条双头蛇，中间探出一颗猫头鹰的头，而猫头鹰被玛雅人视为冥界的信使。

没有装饰，只有两根柱子支撑。左边的小庙因其装饰图案而被命名为金星神庙，而且有四根柱子。大广场中央曾经有一座小庙，它和金星神庙之间还有一道近16米长的石坎。这两处结构所在的位置如今仅剩几块碎石。

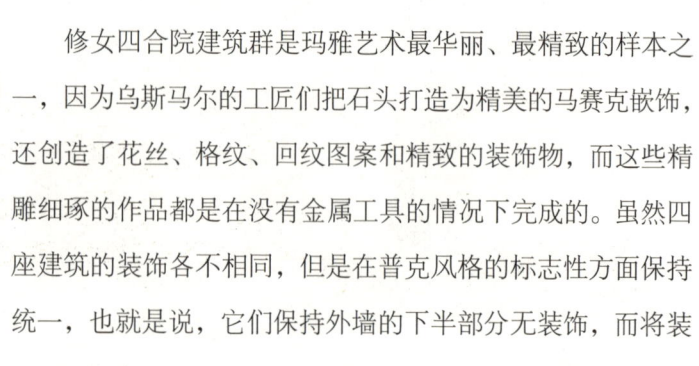

修女四合院建筑群是玛雅艺术最华丽、最精致的样本之一，因为乌斯马尔的工匠们把石头打造为精美的马赛克嵌饰，还创造了花丝、格纹、回纹图案和精致的装饰物，而这些精雕细琢的作品都是在没有金属工具的情况下完成的。虽然四座建筑的装饰各不相同，但是在普克风格的标志性方面保持统一，也就是说，它们保持外墙的下半部分无装饰，而将装

饰集中在上半部分。饰带上连续交替出现几何形状和交织在一起的双头蛇，有的蛇口中吐出人脸。转角处不乏羽毛和标志性的雨神恰克大面具装饰，同样必不可少的还有美洲豹、猫头鹰和另一位古老的中美洲雨神特拉洛克的形象。

四合院内的动物装饰

修女四合院西楼的中心人物不是别人，正是小矮人巫师，那个声称一夜建成椭圆形金字塔传说的主角。与这个神秘人物相关的雕塑长着乌龟的身体。由于位置靠近海龟宫，它象征的可能是纳瓦尔（巫师或者能够变成动物形态的超自然生物），或是在乌斯马尔建立的政

▲ 在玛雅文化中，蛇是一种被赋予神圣性质的动物。乌斯马尔人用几何图案来表现蛇身体上的鳞，有时还用珠宝加以装饰。

361

雨神恰克：雷和闪电的主宰者

修女四合院的北楼上的几尊面具装饰重点表现了雨神恰克。作为玛雅万神殿最重要的神明之一，他不仅是雨神，而且是水、雷和闪电的主宰者。

玛雅人对恰克神的虔诚崇拜与农业生产、收成对水的需求有关。在尤卡坦半岛，水资源尤为重要，因为这里缺乏地表河流，必须通过修建水利工程才能获得这种生命之源。水资源问题的解决方案是通过楚尔通——一种收集和储存雨水的蓄水池蓄水。

恰克，或者特拉洛克（特奥蒂瓦坎的雨神的名字），居住在洞穴和溶井中。他常常被描绘为一位老者，长着爬行动物长而弯曲的鼻子。他手拿一把斧头作为标志，斧头象征着雷和闪电的力量，而雷和闪电又象征着权力和破坏性的能量。

四个方位基点上都有这位神明，每个方位对应一种颜色。北方的雨神恰克为白色，南方的为黄色，东方的为红色，西方的为黑色。仪式日历上精心规划了纪念雨神恰克的各种仪式，因为触怒他可能会有致命的后果，并且引发冰雹、干旱、洪水或者火灾而摧毁收成。

▶ 对于玛雅人来说，猫头鹰代表了玛雅神圣领土玛雅布的智慧，涉及《波波尔·乌》中的一则传说。这本书是现存最重要的关于玛雅文化的文本，传说猫头鹰与玛雅人的百鸟之王孔雀发生了冲突，因此受到了众神的惩罚。"它无法说出任何一个字，并永远地陷入了它所处的绝望和黑暗之中。"修女四合院的雨神恰克面具旁边有像这样的猫头鹰形象。

石头马赛克

　　普克艺术的一个显著特征,是用石头马赛克工艺制作的覆盖外墙的雨神恰克大面具。修女四合院的北楼的一处很好的大面具巧妙地融合了建筑元素与雕塑元素。

❶ **卷曲的鼻子**　或朝上或朝下的长而卷曲的鼻子是雨神恰克最典型的特征。他的形象是立面的焦点,但是主要出现在建筑物的侧面。如果鼻子向上,说明他的嘴巴是张开的。鼻子上装饰着涡螺和植物符号。如图所示,有时用圆圈表示水和玉等珍贵的元素。

❷ **嘴巴和下颚**　在他张开的口中,可以看到锯齿形的牙齿,有时上唇下方也会有一颗大獠牙。当然还有不可或缺的弯曲的獠牙,这清楚地表现了蛇的特征。

❸ **眼睛**　一个大正方形代表眼睛,这种形状也与蛇有关。瞳孔的设计呈螺旋形,下眼睑的曲线向太阳穴的方向上升。

❹ **回纹图案**　雨神恰克肖像的辅助元素包括斧头和间隔布置的回纹图案。前者象征闪电,后者是闪电和起伏运动中的蛇的抽象图案。

▲一处已经消失的特拉洛克或雨神恰克的石制面具的复制图。在这张复制图上可以看到他的圆形眼眶,以及太阳穴和嘴巴下方的梯形符号;嘴巴上方的横条作为鼻子,还有弯曲的八字胡。此图参考了爱德华·泽勒 1917 年发表在《乌斯马尔遗迹》上的一幅画作。

普克之路：别具风格的城市

在尤卡坦玛雅语中，"普克"一词指丘陵地理特征。然而在考古领域，普克指代分布在尤卡坦半岛特定地区的一种建筑与装饰风格。

❝普克之路"上的主要城市有乌斯马尔、卡巴（Kabah）、萨伊尔（Sayil）、西拉帕克（Xlapac）、拉布纳（Labná）以及洛尔通岩洞（Grutas de Loltún）。因为上述定居点的科学研究意义，普克一词后来也被用来定义一种古代玛雅艺术风格。

从文化角度来看，普克风格在古典时期末期（600—900年）达到了顶峰，其标志是形成了一种非常独特的建筑与装饰风格，这种风格的特征在该地区之外非常少见。

研究人员已经成功区分出普克风格装饰的变体，以及普克风格与该地区另外两种相近风格——里奥贝克（Río Becyel）与切内斯（Che-nes）的相互关系。普克风格的特点是建筑、雕塑以及建筑构件的融合。比如砖石拱顶这样的建筑构件，有精心加工过的石头护面和更宽敞的内部空间。

装饰物集中在立面的上半部分，而下半部分留空。石头马赛克是最常用的装饰工艺之一，用于制作几何构图、格纹、齿状石，甚至是占据建筑物转角的雨神恰克大面具。

1 乌斯马尔 乌斯马尔的重要地位明显地体现在它对劳动力的控制方面，他们建造了像巫师金塔、总督宫、大金字塔、修女四合院这样宏大的建筑群。这些建筑物的外墙上布满了普克风格的装饰。

2 卡巴 卡巴位于乌斯马尔的东南方向，拥有一座极为复杂和华丽的普克风格建筑，即科兹波普（Codz Poop），也叫作面具宫殿。这座城市曾被长期占领，因此拥有出色的建筑，比如特奥卡利宫殿（palacio de Teocalli）、大金字塔、拱门等。

3 萨伊尔 这座城市位于距离乌斯马尔 33 千米处。古典时期末期（600—900 年）结束时，其人口达到 1.7 万，分布在 5 平方千米的范围内。萨伊尔在玛雅语中的意思是"蚂蚁之地"，其重要建筑有大宫殿、瞭望台以及一座市场。

4 西拉帕克 这个遗址在古典时期末期有人居住，很可能曾经处于乌斯马尔的统治之下。它最著名的建筑是小宫殿，单层设计，包含九个房间。正面的装饰物有回纹图案、小型柱子以及伸出长而弯曲鼻子的雨神恰克大面具。

5 拉布纳 这个小型遗址位于距离乌斯马尔 42 千米处。它著名的拱门美丽而和谐，并且至今屹立在原地。它的另一处优秀建筑是宫殿，那是建在平台上的一座大型的 L 形两层建筑物。下层共有 40 个房间，东翼有雨神恰克大面具装饰。

6 洛尔通岩洞 它实际上是一个巨大的洞穴，包含若干个天然的"房间"，是玛雅人取水的地方。这里还出产上佳的黏土作为制作陶器的原料，同时是一个举行仪式和庆典的理想场所。在岩洞内发现了包含文字、动物和人物的壁画以及几何图形。

权，又或是编席（象征权威的垫子）。

不管怎样，神话故事通常暗含一些真实的历史事件。这个传说可能反映了两个家族之间的王位之争，具有道德说教的性质。小矮人的传说很可能源于两个贵族家族为了争夺乌斯马尔的王座而展开的斗争，这段历史被永远地记录在了修女四合院的西楼。

修女四合院的建筑外墙上的另一个装饰元素是蛇，尽管相比格纹、几何装饰和雨神恰克面具，蛇的形象在乌斯马尔称不上首要的装饰图案。总体而言，蛇的形象具有现实风格，尽管以羽蛇的形象出现，几何图案又赋予它超自然的外观。有些饰带上的羽蛇似乎是后来添加的，也许是为了表明托尔特克—尤卡坦对玛雅潘和奇琴伊察的重要影响，而这两座城市与乌斯马尔有着密切的联系。

蒂卡尔、帕伦克、亚斯奇兰和科潘的建筑上都出现了猫头鹰栖息在蛇身上的形象。猫头鹰和雨神有关，在乌斯马尔也是重复出现的装饰元素。然而整个尤卡坦半岛只有乌斯马尔的修女四合院东楼和奇琴伊察的猫头鹰神庙出现了这种鸟的形象。猫头鹰在古典时期的特奥蒂瓦坎和雨神特拉洛克有关，而在乌斯马尔，它是玛雅雨神兼水神恰克的同伴。

茅屋： 玛雅建筑的基础

建筑石刻上描绘的玛雅小茅屋引人注意。修女四合院北楼上的茅屋图案与拉布纳拱门的正面以及周边其他城市建筑正面出现的茅屋非常相似。玛雅茅屋是一种适合当地气候的建筑，也是玛雅居民的住所。玛雅文明的其他建筑类型都是以茅屋为原型演变形成的。茅屋通常是方形或椭圆形的，下方有一个小型石头平台，能够隔绝潮湿和旱季的燥热。芦苇墙便于空气流通，从而保持室内干燥卫生。芦苇的固定方式是用藤条或棕榈制成的绳子捆绑，有时也采用泥土或砂浆黏合。这种建筑方法卓有成效，在玛雅人的土地上沿用至今。这种用芦苇秆建造的建筑在乌斯马尔城的海龟宫和群鸟四合院等其他建筑群中也可以看到。

球场

每座伟大的中美洲大城市都有至少一座球场。阿兹特克人所称的"特拉奇特利"（Tlachtli），或者玛雅人所称的波塔波，是西班牙殖民前时期中美洲的全民运动，民众为这项运动下赌注，并且拥有他们的球队。另外，球戏具有神秘的宗教内涵，球场是人们的集会场所。

从修女四合院的拱门出来，在总督宫的大露台方向有一处小型球场的遗迹。这座球场呈现传统的外观，即两堵平行的墙，底部带有斜坡和小型长凳。界墙的长度为34米，两堵墙之间划定的空间范围是球场，也就是举行球赛的场地。每堵墙的中间设置了一个石环，实心橡胶球需要通过石环。

墙的背面有楼梯，通过楼梯可以进入上层的建筑物。乌斯马尔球场的每堵墙上都有一座细长的建筑，作为政治和宗教精英的包厢，目前只留下一些废墟。 这些包厢的入口处有带柱子的门廊，作为一个小型观礼厅。考古工作者在清理古迹的过程中发现楼梯两侧各有一堵墙，可能是为了加固墙体结构而建的。在碎石中还发现了许多装饰物的痕迹。

上层的建筑饰带上的图形主题与修女四合院南楼和北楼饰带上现存的图案相似，以"石绣"形成的精致格纹为主。格纹与无装饰的空间以及柱组交替出现，使整座建筑充满动感。球场的界墙上有逶迤前行的羽蛇。在石环上发现了包含日期的象形文字铭文，但是难以准确地破译，尽管有些研究人员认为这些文字所指的日期是公元649年。

双胞胎英雄神明

球戏不仅是一项运动，也是一项被宗教意识形态神圣化的事务。它象征着玛雅神话中的众神之间的比赛。参加第一场宇宙比赛角逐的是神圣的双胞胎兄弟伊克斯

乌斯马尔

巴兰奎（年轻的美洲豹太阳神）与胡纳普（带着吹箭筒的神），他们向冥界（西巴尔巴）的领主赌上了自己的生命。兄弟二人获胜后变成了太阳和月亮。橡胶球的运动象征着太阳和月亮的运动，球员用臀部把球从场地的一边送到另一边。

球戏在玛雅文化中具有重要的作用，因为他们的意识形态使这种运动充满了象征意义，代表着太阳的运动、抗争、光明战胜黑暗。此外，这也是一种聚集人群的可靠方法，便于展示阿哈乌（统治者）的权力。乌斯马尔虽然是该地区最重要的普克文化中心，但只有一座规模较小的球场。

艰难且危险的比赛

球赛对抗发生在两支球队之间，他们需要让球保持在空中。球员们用臀部击球，利用球场倾斜的墙壁使球反弹，但不能用手触碰球。球采用天然橡胶（实心橡胶）制成，重量至少

▶ 球戏既是一项运动，也是一项宗教仪式。这种大受欢迎的活动吸引了狂热的民众，他们为自己喜爱的球队下赌注。

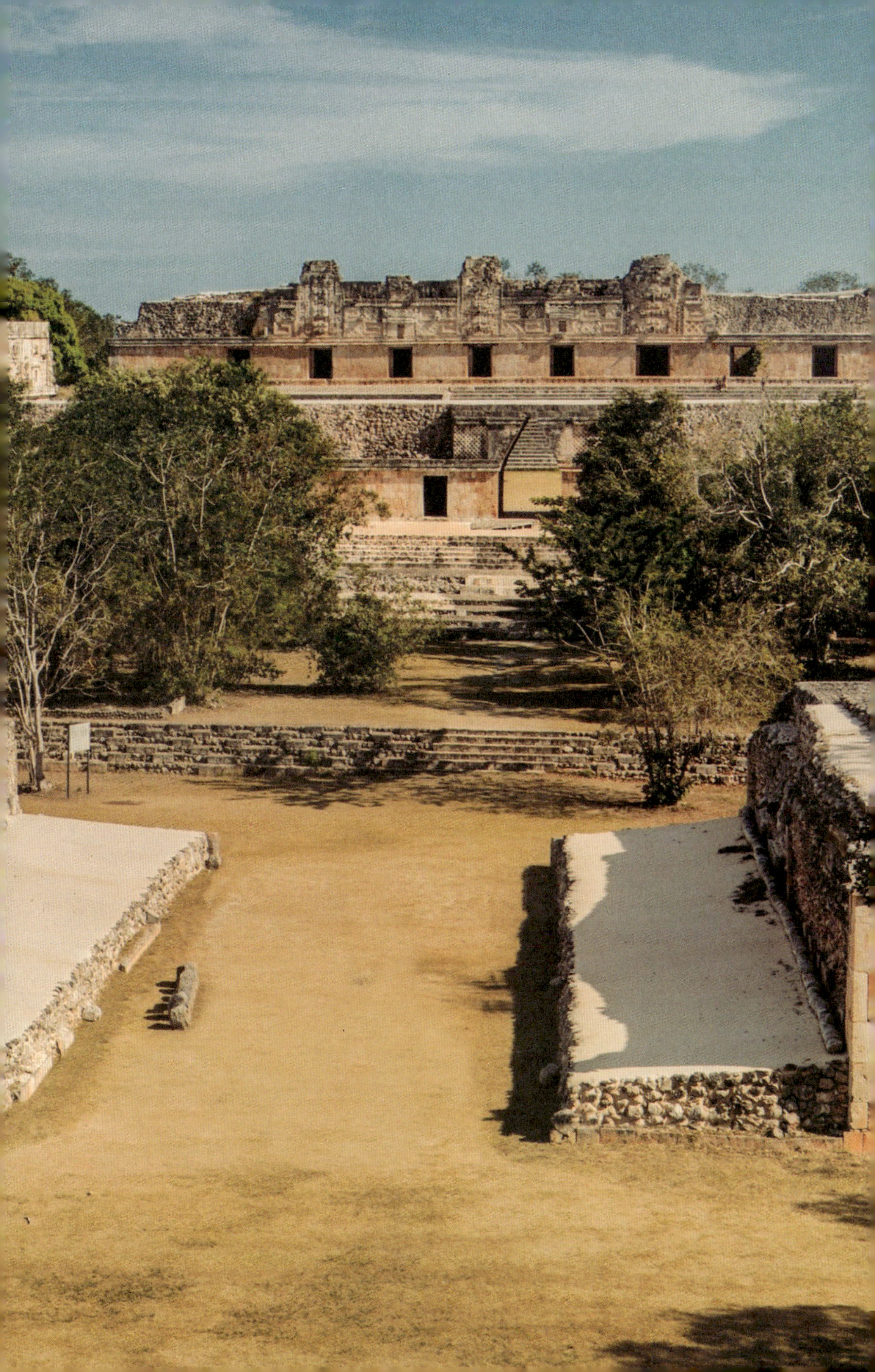

乌斯马尔

有 3 公斤，因此球员需要保护自己，避免被球击伤。球员们用动物皮革或者棉垫制成的护臂和护膝覆盖四肢，臀部也会穿上护具，有时甚至会戴头盔和手套。当球穿过石环或者在场地的另一侧落地时得分。

球戏的历史非常悠久。据推测，它是由奥尔梅克人在公元前 1200 年左右发明的。16 世纪西班牙人到达美洲时，这项运动仍然存在。

传统运动

中美洲的球戏运动还具有宗教色彩。据信，它是由奥尔梅克人在大约公元前 13 世纪发明的。近 30 个世纪后，西班牙征服者到达中美洲时，仍然有人从事这项运动。

球场围墙的长度为 34 米。实际上，这座球场相对较小，规模不及其他的球场，比如附近的奇琴伊察城的球场。

❶ **两堵长墙** 同所有的球场一样，乌斯马尔的球场也以两堵长长的高墙为界。这种结合了宗教和休闲的仪式运动就在这两堵墙之间的场地上展开，这项运动也有助于形成社会凝聚力。民众为了球赛下赌注，并且拥有他们喜欢的球队。这种宗教仪式象征着太阳的运动，以及光明与黑暗之间的对决。

❷ **权贵们的看台** 球场两边的墙头建有包厢，以容纳乌斯马尔的政治和宗教精英代表。他们坐在包厢里下赌注并观赏比赛。不过只有特权阶层可以进入包厢，其他观众在下方观看比赛。

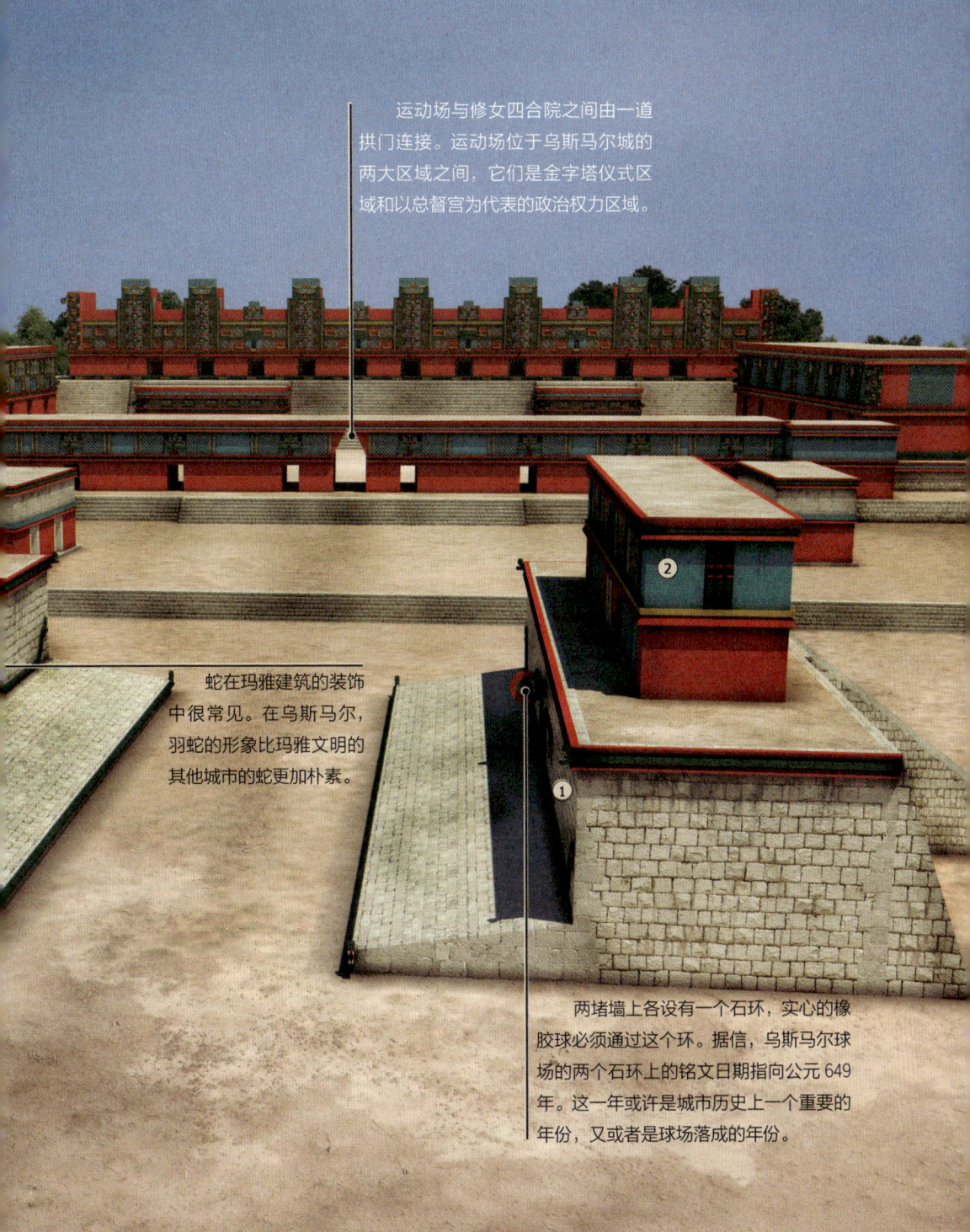

运动场与修女四合院之间由一道拱门连接。运动场位于乌斯马尔城的两大区域之间，它们是金字塔仪式区域和以总督宫为代表的政治权力区域。

蛇在玛雅建筑的装饰中很常见。在乌斯马尔，羽蛇的形象比玛雅文明的其他城市的蛇更加朴素。

两堵墙上各设有一个石环，实心的橡胶球必须通过这个环。据信，乌斯马尔球场的两个石环上的铭文日期指向公元649年。这一年或许是城市历史上一个重要的年份，又或者是球场落成的年份。

玛雅拱及拱顶

虽然玛雅人不同地区和时代的建筑差异很大，但是拱和拱顶在他们的建筑上常常出现。绝大多数建筑古迹拥有一些假拱，而房间的天花板通常也有拱顶。

虽然玛雅建筑未使用半圆拱，但是使用了通过砖石层向内合拢而筑造的多种类型的拱。玛雅拱也被称为"假拱"或者"隅撑"。这种构造是通过在一个门洞的两侧放置均匀交错的石块来实现的，两侧的石块持续靠拢，最后在中间位置连接。由假拱又产生了各式各样的假拱顶。

这种拱的推力和支撑原理不同于半圆拱。尽管比起仅使用门楣，玛雅拱的使用是一种进步，但是它的效力有限。约翰·劳埃德·斯蒂芬斯19世纪游览玛雅地区时，记录了令他惊讶的卡巴拱门，因为它呈现的"孤独的宏伟"让他联想到罗马人的凯旋门。等待他的还有另一个美丽的惊喜，那就是无人知晓或探索过的拉布纳遗址及其拱门，这令他不禁感叹："虽然我们已经见过许多遗迹，但它唤醒了一种新的感觉和惊叹……它是一个比例和谐、装饰恰如其分、非常美丽的拱门。"

① **卡巴** 此拱门是一条萨克贝（白色道路）的入口标志，这条道路长20千米，连接卡巴与乌斯马尔。

② **乌斯马尔** 此拱门是群鸟四合院右侧的修女四合院的附属建筑。

③ **拉布纳** 此拱门的两边各有一个房间，外观更像一个拱顶门廊，而不是拱门。

④ **科潘** 这个隅撑结构位于球场建筑上。

⑤ **乌斯马尔** 此拱门位于巫师金字塔脚下的群鸟四合院的入口。

多种拱顶

玛雅建筑中最常用的拱顶是带有加固墙面的经典拱顶（①②③④⑤）。其次是凹陷拱顶（⑥），以及少见的三叶形拱顶（⑦）和瓶形拱顶（⑧）。与玛雅拱和假拱顶类似的构造也出现在了埃及的胡夫金字塔、柬埔寨的吴哥窟和希腊迈锡尼的阿伽门农墓等世界其他地区的不同时代的建筑中。

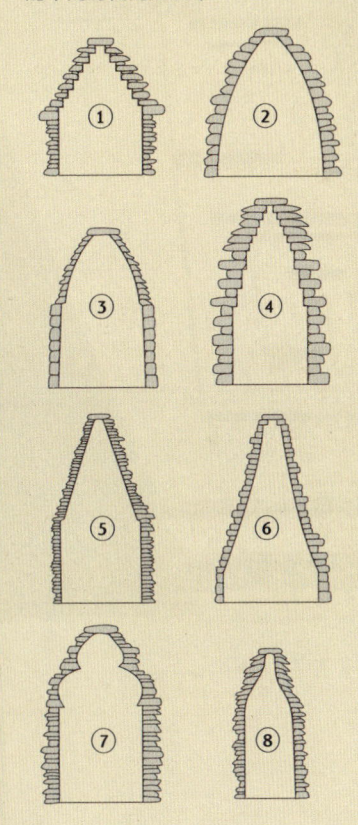

① E-X 号建筑，瓦哈克通。② 壁画神庙，图卢姆。③ 拉布纳拱门。④ 球赛场地，科潘。⑤ 秘密墓穴，帕伦克。⑥ 总督宫，乌斯马尔。⑦ A 号房屋，帕伦克的宫殿。⑧ A-5 号建筑，瓦哈克通。

373

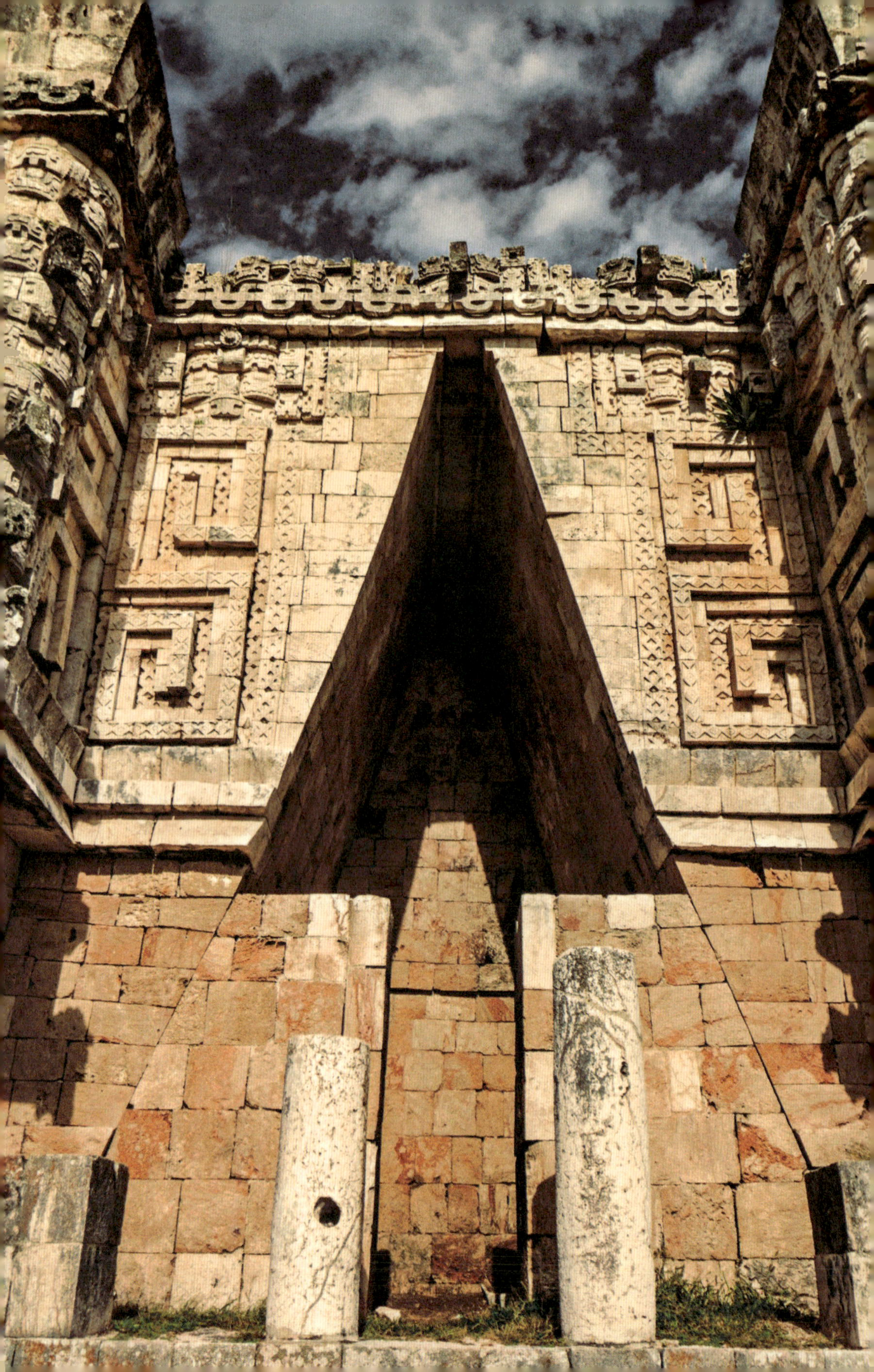

总督宫区域

总督宫区域由三座平台构成，在平台上建造的各种建筑以宫殿式结构为主，呈现突出的横向布局。该区域最重要的建筑是总督宫。这座雄伟的建筑矗立在一个巨型天然基座之上，那里有乌斯马尔最迷人的饰带之一。其装饰物是石头马赛克，当然也少不了雨神恰克大面具和曲折的蛇。它所在的基座是乌斯马尔最大的一座，被称为大平台。同一个平台上还有海龟宫，因为环绕建筑物上半部分的小海龟而得名。

总督宫前方有一个宽阔的广场，是举行盛大的庆祝活动的场所，广场上还有一尊双头美洲豹雕塑。连接乌斯马尔和卡巴的主要萨克贝（意思是"白色道路"）就始于这个广场。这些古老的道路是一种封闭的矮墙，墙体内部装填大石块作为地基，表面铺上砾石，最后涂上一层灰泥。这条长度为18千米的萨克贝仍在使用中。萨克贝反映了存在于普克地区各中心城市之间的区域等级关系。

总督宫正面的另一侧可见一条通往一座大金字塔脚下的大道，只能看到金字塔的北面。这座"圣山"有九层，与玛雅人的西巴尔巴（冥界）层数一致。其顶部的金刚鹦鹉神庙还有一部分依然屹立，而金刚鹦鹉是备受玛雅人崇拜的鸟类。

在大金字塔的顶部可以看到一幅壮阔的全景画卷，包括鸽子四合院（鸽子宫），其特点是梯级状的顶冠；墓园建筑群（四合院），目前仅保留了少量遗迹，那里曾经还有另一座金字塔。在金字塔的小平台上发现了一些象形文字和戴着头饰的头骨浮雕，他们张开嘴巴，用空洞的眼眶望向西巴尔巴（冥界）。

■ 乌斯马尔

总督宫

大约 11 世纪，乌斯马尔的鼎盛时期，当时的城市统治者卡克·普拉赫·查恩·查克（K'ahk'P'ulaj Chan Chaahk）下令建造一座宏伟的宫殿作为他本人的寝宫。这是乌斯马尔的第三大建筑古迹。它建在一块巨大的高台上，那里还建造了其他建筑，比如海龟宫。宫殿的基座由三个平台组成，其中第一个平台因体积庞大而格外突出，其长 187 米、宽 170 米、高 12 米。这座宫殿被视为普克建筑中一个美丽的典范。其底面是一个长 98 米、宽 12 米的矩形，内部被一堵横墙隔为两排。

正反两个立面的图形设计相同，外墙下半部分没有装饰，一条贯通所有入口上方的窄檐作为边框，框内是美丽而复杂的雕饰带。装饰物采用石头马赛克工艺。工匠们不仅用马赛克

▶ 总督宫的具体功能目前未知，不过根据推测，它可能是供贵族和祭司使用的建筑。建筑内部疑似统治者卡克·普拉赫·查恩·查克（"天空冒烟者"）的形象或许支持了这一假设。

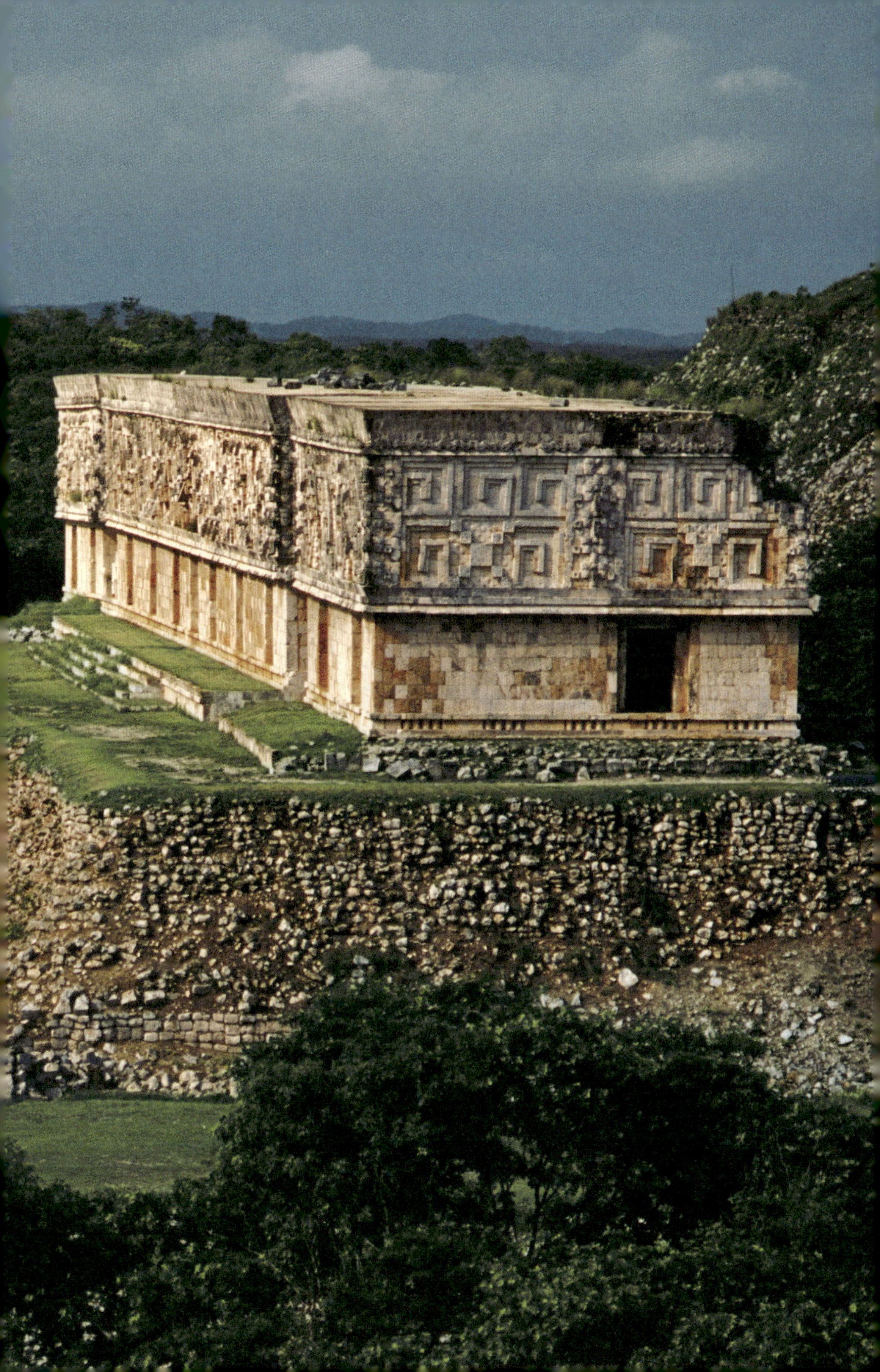

乌斯马尔

打造了蛇和天文元素，还在每个转角处添加了巨大的雨神恰克面具，分别代表土地、宇宙和水。将这些元素联系起来形成一种富有生殖力的融合，表现了生命的循环。

建筑物的饰带中央有一处雕像，表现了一个坐在宝座上的拟人化的形象。他可能是统治者卡克·普拉赫·查恩·查克，穿着华丽的服装，周围是缠绕的蛇。这位统治者是乌斯马尔少数几个为自己留下石刻印记的国王之一，乌斯马尔的一块石碑上也提到了他。

值得一提的是，位于立面上的两个非常特别的拱顶。这两处结构曾经被砌墙堵死。1951 年，考古学家阿马利娅·卡多斯（Amalia Cardós）对这种有趣的结构的原貌产生了兴趣。她移除了填充的石块，使这两个拱顶重见天日。它们的工艺优美，因箭头形状而呈现出修长的结构。

内部的房间无法从外部直接进入，必须穿过朝向正面的厅堂，因为建筑物的背面未设门洞。内室的门楣

官邸

这座普克风格的建筑是由乌斯马尔的统治者卡克·普拉赫·查恩·查克下令建造的。据推断，这座宫殿被用作官邸。从建筑脚下的大广场来看，它也可能是举行庆祝活动的场所。

宫殿外有 26 级台阶，建在重叠的平台上。对于那些有权进入寝宫或者希望近距离欣赏其外墙装饰的人，这些台阶是他们的必经之路。

为了突出这座建筑的重要性，宫殿的中央门洞上方有一尊显眼的雕像，那是玛雅统治者卡克·普拉赫·查恩·查克，他的头顶有双头蛇装饰。

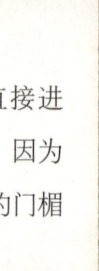

❶ **大平台** 目前还不清楚这座大平台的用途,不过它可能是一个举行社会、行政和经济活动期间的聚集地点。鉴于它是统治者宫殿的基座,所以人们推测它的用途更偏向民事活动,而不是宗教活动。

❷ **雕饰带** 总督宫的雕饰带十分壮观,是最和谐、最复杂的玛雅几何艺术典范之一。这条石头马赛克雕饰带一定是由多位玛雅工匠花费数月合力打造的。

除了备受尊敬的雨神恰克,建筑物外部的装饰元素还包括蛇、金星周期和玛雅星座的图形。

大金字塔虽然紧邻总督宫,但并不在总督宫的平台上,而是与鸽子宫和南部神庙共用一个平台。

美洲豹宝座

探险家约翰·劳埃德·斯蒂芬斯说过,他们第二次访问乌斯马尔时,曾经借助总督宫前方的土丘来放置银版照相设备以记录这座建筑。在强烈的好奇心的驱动下,他们对那个高台进行挖掘,并在那里发现了"一种猫或猞猁的双头动物肖像。雕像的保存状况基本完好,除了一只脚有轻微破损外。这件雕塑粗糙而沉重,我们无法将它从原地移走"。这位探险家继续说,"我们把它从土丘上拿了下来,以便卡瑟伍德先生为它绘制图片,那尊雕塑可能还在原地"。斯蒂芬斯提到的这尊雕塑是由两只美洲豹背对背相连形成的一个宝座,宝座上曾经应该铺着一张美洲豹皮。宝座位于总督宫广场中心的一个方形平台上,四边都有楼梯。

关于它的宗教属性,一些艺术史学家表示,从中美洲的母文化——形成于塔瓦斯科地区的奥尔梅克文化开始,美洲豹的形象逐渐演变,最终和雨神产生了关联。美洲豹是一种夜行性的猫科动物,在穿越黑暗世界的路途中,与黑夜和冥界关联。国王和贵族被视为美洲豹的后裔,随后,战士和祭司也因为美洲豹身体蕴含的力量、智慧和男子气概而崇拜它。

1951年,考古学家阿马利娅·卡多斯修复了这个宝座,并将它放回原来的位置。此前的50多年,它一直是乌斯马尔庄园楼梯栏杆的一部分。

双头美洲豹的形象也出现在修女四合院的北楼以及奇琴伊察、帕伦克等其他玛雅城市。帕伦克的统治者巴加尔大帝就坐在一个与乌斯马尔这个一模一样的双头美洲豹宝座上。

美洲豹与蛇形成了一个完美的二元组合,将丰收、生命和冥界结合在一起。美洲豹的力量并没有随着古城的废弃而消失,而是永远存活在现代玛雅人的集体想象中。

◀ 修女四合院中也有一尊两只相连的美洲豹雕像，它们的尾巴互相缠绕。红色涂料代表洒在宝座上的鲜血，作为献祭众神的祭品。

▲ 美洲豹宝座与石柱位于同一座广场，后者曾经是玛雅圣树木棉的祭坛。

美洲豹：权力的象征

在美洲，最强大、最受人崇拜和敬畏的猫科动物就是美洲豹。因此，玛雅艺术家将美洲豹作为威慑和尊敬的象征以及深厚的宗教信仰的隐喻。他们将其上升到神圣的级别，并且作为政治权力的象征，类似欧洲或中东文化中狮子的象征作用。美洲豹对玛雅文化的影响如此之深，许多玛雅统治者甚至在自己的头衔或名字中使用巴兰（美洲豹的玛雅名称）这个词。它也出现在了一些地名中，并且至今仍在使用，比如埃克巴兰（意思是"黑美洲豹"）考古遗址。

▲ 玛雅语的巴兰（意思是"美洲豹"）一词对应的字形。

上刻有象形文字，斯蒂芬斯注意到了这些象形文字，并将它们与他在帕伦克和科潘见过的象形文字联系了起来。2014年，墨西哥国家人类学与历史研究所（INAH）的考古学家们在这座建筑内发现了一处新结构。挖掘过程中，他们在宫殿加固物上凿开了一个检视孔，看到了一个早期普克风格的拱门。这个拱门与建筑物的入口处的拱门对齐，也许属于该建筑的第一个建设阶段。

石柱与平台

宫殿阶梯的前方、平台脚下有一个广场。那里的地上钉了一根被截断的独石柱，以一个台基和低矮的石制方形护栏为界。

石柱表面起初可能用灰泥粉刷过，并且有字形装饰，或许是一处简单的木棉树的象征。木棉树是玛雅人的圣树，也是他们心中宇宙的中心。又或者如考古学家阿尔贝托·鲁斯·吕利耶所说，那根石柱是一个巨大的阳具。

在广场中央、总督宫的阶梯前方、靠近石柱的位置，有一座边长4.8米，高1.2米的方形平台。平台的中央摆放了一尊双头美洲豹雕塑。在修复平台过程中发现了一份盛大的祭品，包含多达913件祭品，其中有陶器、美洲豹骨、耳饰、玉珠、贝珠、一个乌龟形珠子的手镯、燧石与黑曜石刀片和矛头等。

大金字塔

总督官所在的平台的正西南方向有一座巨大的金字塔,其规模肯定接近巫师金字塔。目前只能看到金字塔的北面,因为其余几面仍然被植被覆盖,有待研究。

该结构也被称为马约尔神庙,是一座阶梯式的无头金字塔,由九层主体叠加构成。金字塔的顶部有一座庙宇,被命名为金刚鹦鹉神庙。神庙的名称源于其装饰图案上被确认为金刚鹦鹉的鸟类。此外还有回纹图案、方形格纹和缠绕的蛇。

20世纪70年代,考古专家修复了金字塔的北面,从而露出了65级台阶。登上这些台阶可以到达顶部庙宇的入口,那里是观赏庙宇装饰以及城市和周边丛林全景的最佳视角。

这座庙宇于7至8世纪建在一个小型石头基座上,主要特点是水平线条和美丽的外墙。

中央门洞内可见一个巨大的雨神恰克面具,它卷曲的大鼻子可以充当座位或台阶。庙宇两侧的其余房间都被回填封闭了。有一种假设提出,古代玛雅人原本计划开展一次新的扩建,并打算将这座建筑作为新建筑的基础,但是最终未能实现。

金刚鹦鹉神庙

这座神庙的装饰完全体现了普克风格,出现了乌斯马尔所有饰带上共同的图案:格纹、回纹、交叉带、花卉、芦苇以及建筑物侧面或门洞上方的雨神面具,还有被确认为金刚鹦鹉的鸟类。这种鸟与太阳有关,也是这座建筑名称的由来。

古代玛雅人认为红色金刚鹦鹉是神明,是太阳的化身,他们把这位神明命名为Kinich Kak Moo。对于他们来说,金刚鹦鹉红色和黄色的羽毛代表太阳的火焰和光芒,而蓝色的羽毛则象征它飞越的苍穹。

因此金刚鹦鹉图案常见于绘画、雕塑和石碑,它们的羽毛被用于制作权贵阶层的服装和羽冠。位于巫师金字塔前方的群鸟神庙的屋顶上雕刻的鸟类也是金刚鹦鹉。

■ 乌斯马尔

这种鸟还与长寿关联，因为它的寿命可达 70 年以上。

意外发现

2009 年 2 月，墨西哥国家人类学与历史研究所（INAH）的研究人员在大金字塔内取得了一项重大发现。他们原本打算更换电力系统使其更加现代化，同时解决此前报告的渗水问题。为此，他们拆除了在 1972 年的修复工作期间铺设的水泥地板，将其更换为更符合古迹外观，同时解决潮湿问题的新地板。就在掀起一部分地板时，他们发现了一面古老的外墙。

这面古老的外墙是普克建筑历史无声的见证，而它还只是大金字塔内的一个子结构。

这种重叠结构也存在于巫师金字塔和其他的中美洲城市建筑中，它们遵循覆盖而不拆毁的原则而建。因此，建筑内部隐藏着等待发现的真正宝藏。

▶大金字塔的北立面有一个65级台阶的阶梯，顶部是金刚鹦鹉神庙。这是金字塔唯一可见的立面，其余几面均有植被覆盖。

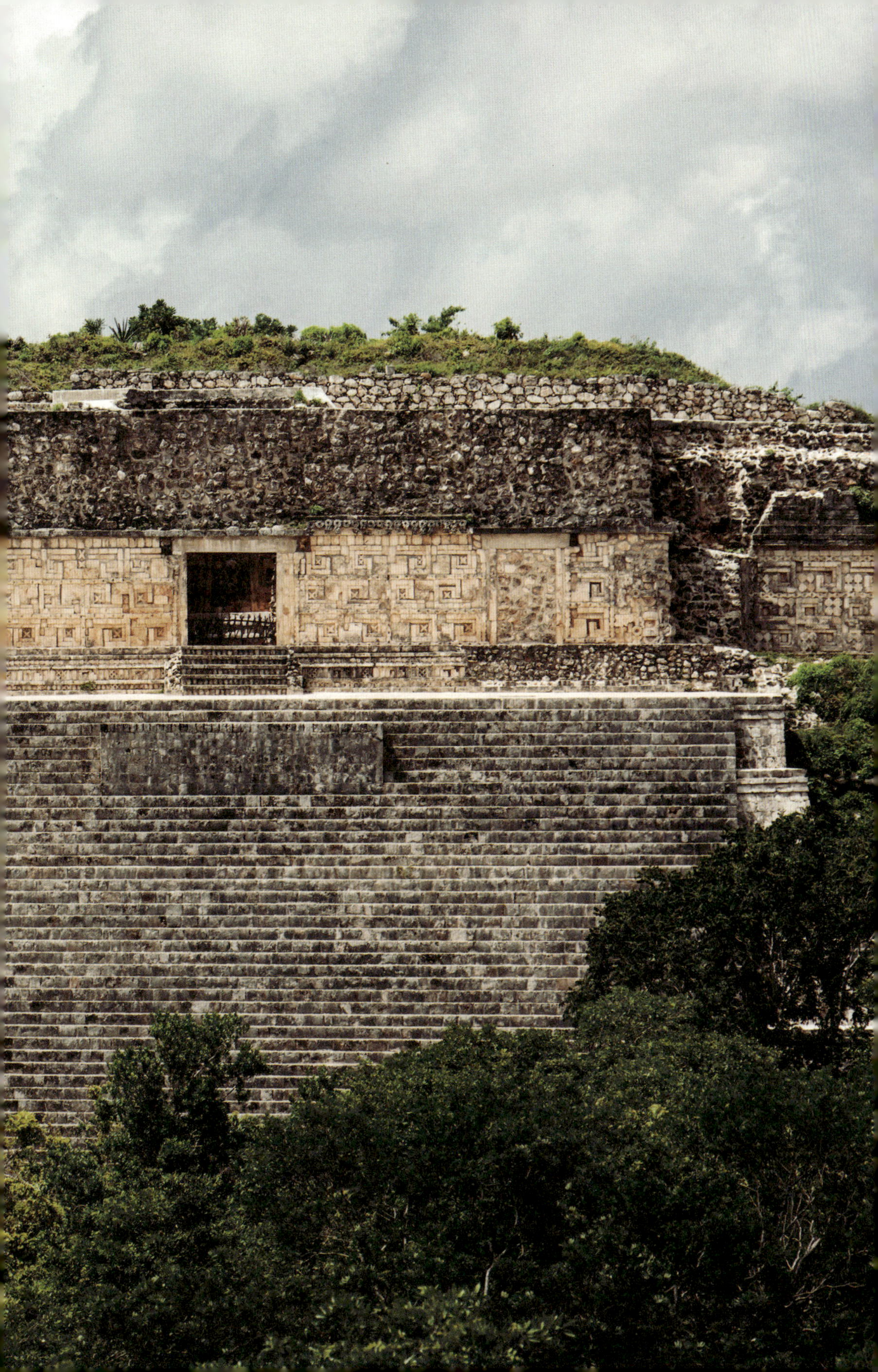

■ 乌斯马尔

通过这个偶然发现，墨西哥国家人类学与历史研究所（INAH）的研究人员确定了普克风格完整的演化模式。普克风格的第一个阶段是古典时期早期（200—600 年），通过涂上一层厚厚的灰泥来平整墙面。这种灰泥是用石灰生产的。

据信，这些灰泥应该是扩建工程期间脱落的。以前的建造者在为新的金字塔筑墙之前收集了这些灰泥。同样引人注意的一点是，这些残片上保留的涂料痕迹，主要为红色，也有少量蓝色和黑色。后来，到了古典时期末期（600—900 年），艺术家们能够加工出更加精确和规则的石料，然后粉刷一层薄薄的灰泥，最后在灰泥之上排布精美的马赛克嵌饰，也就是用切割成矩形的窄条创造出的神奇的石绣作品。

植被的入侵

热带雨林是一个肥沃的生态系统，其湿度和降雨周期促使植物奇迹般地持续再生。这对生态环境大有裨益，但是对玛雅古城的考古来说是真正的噩梦。植被迅速侵入建筑结构，大大提高了维护成本，因为它们需要

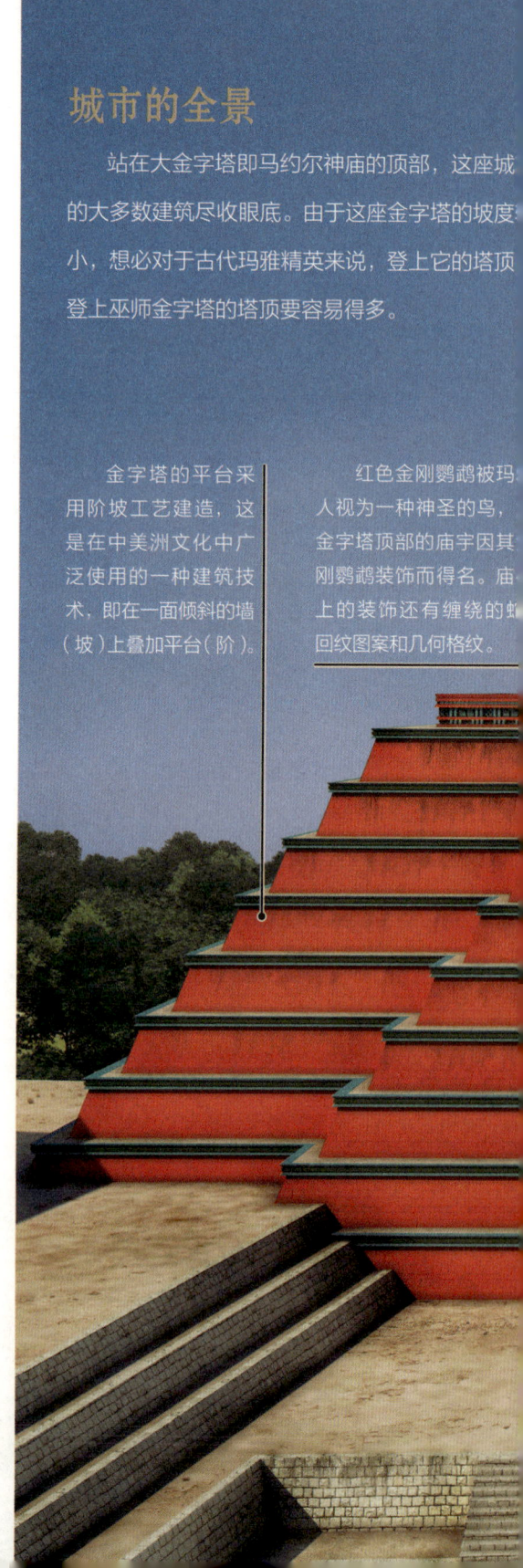

城市的全景

站在大金字塔即马约尔神庙的顶部，这座城的大多数建筑尽收眼底。由于这座金字塔的坡度小，想必对于古代玛雅精英来说，登上它的塔顶登上巫师金字塔的塔顶要容易得多。

金字塔的平台采用阶坡工艺建造，这是在中美洲文化中广泛使用的一种建筑技术，即在一面倾斜的墙（坡）上叠加平台（阶）。

红色金刚鹦鹉被玛人视为一种神圣的鸟，金字塔顶部的庙宇因其刚鹦鹉装饰而得名。庙上的装饰还有缠绕的蚰回纹图案和几何格纹。

❶ **仪式空间的全景** 站在这座建筑的顶部，祭司拥有一个全景视角，能够看到乌斯马尔的整个礼仪空间以及总督宫。但是他需要先攀登阶梯上的 65 级台阶，再经过庙宇基座平台上的最后 4 级台阶，才能到达塔顶。

❷ **连接天与地** 玛雅金字塔的功能之一是充当庙宇的基座，目的是缩短天地之间的距离。这些阶梯式的结构便于祭司登上最高层，同宇宙中的神明交流，此外也可以与先祖交流，因为这种结构将建造金字塔的统治者与神明联系在一起。

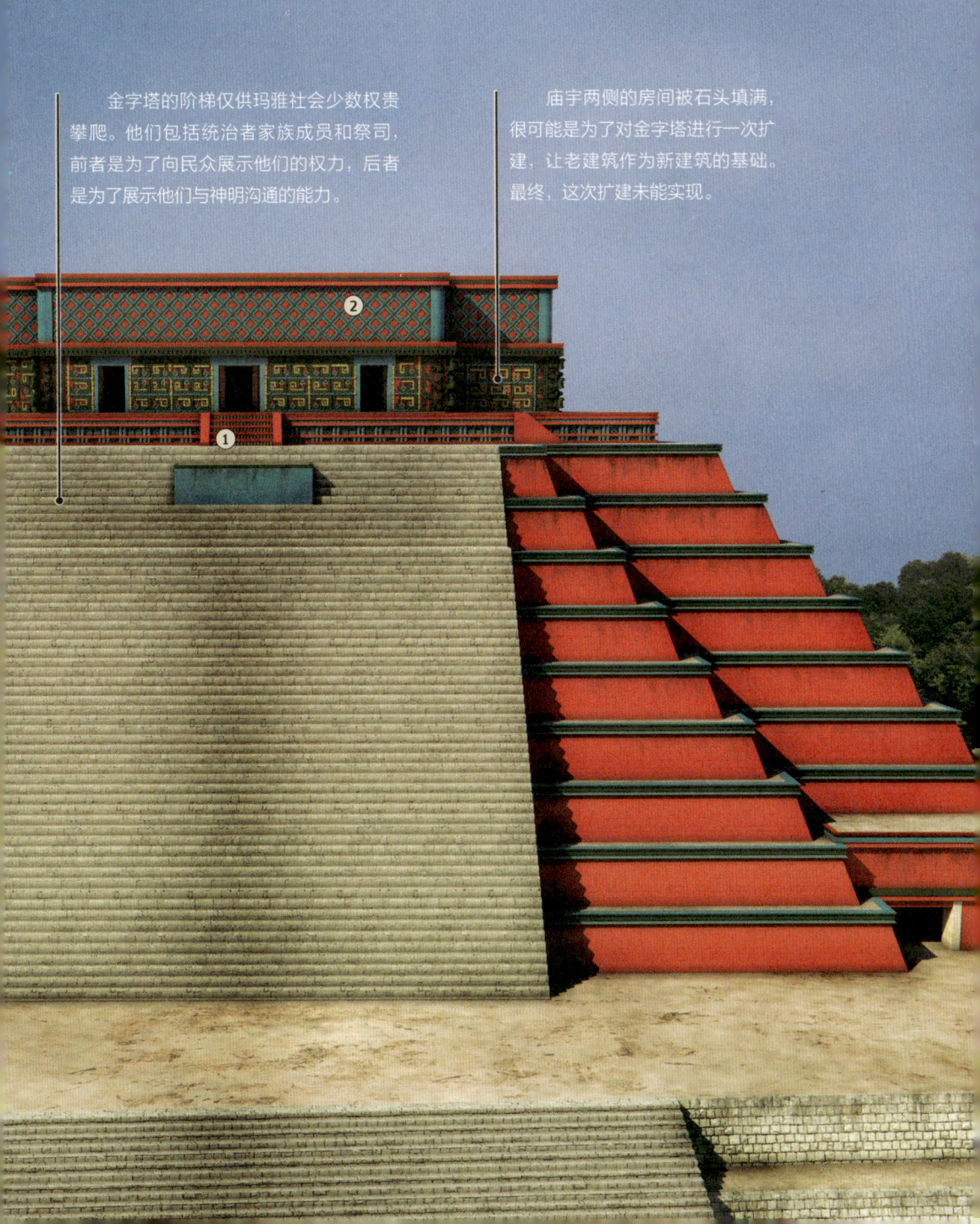

金字塔的阶梯仅供玛雅社会少数权贵攀爬。他们包括统治者家族成员和祭司，前者是为了向民众展示他们的权力，后者是为了展示他们与神明沟通的能力。

庙宇两侧的房间被石头填满，很可能是为了对金字塔进行一次扩建，让老建筑作为新建筑的基础。最终，这次扩建未能实现。

在石灰岩中开凿的雨水池

红色金刚鹦鹉象征了玛雅文化中生命的两个重要元素——火和阳光，而水也是一个重要元素。水是诞生和延长生命必需的能量来源，因此也备受崇拜。

由于尤卡坦半岛含水层结构的特点，那里的水源不是地表河流，而是在地下形成的溶井，这是一种具有新鲜淡水的天然洞穴。然而乌斯马尔的玛雅人还发明了人工溶井楚尔通，一种雨水池。楚尔通的制作方法是在石灰岩上凿一个瓶状的洞，这种形状可以防止水分蒸发，然后用灰泥粉刷以防止渗漏。

此外，在乌斯马尔还发现了用来收集雨水的另一种人工结构：水塘（玛雅语：buk'te，布克特）。这种系统利用地形的高度差异，改造集水位置的边沿，并在水塘底部的黏土层下方放置石头而不使用砂浆。这样一来，石头就像一个过滤器，过滤后的水会填满水塘。

▶ 楚尔通的内部形状类似陶瓶，其作用是储水并保持水源清洁。它是一种开口与地面齐平的雨水池。

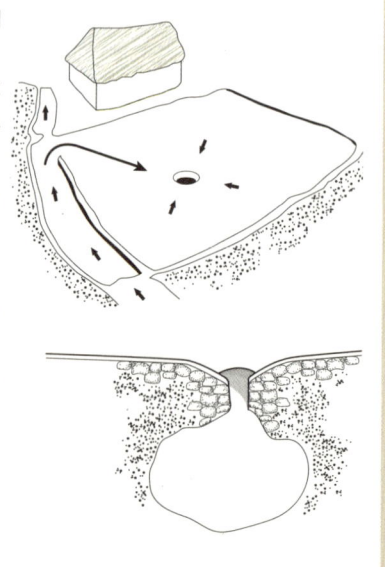

持续的维护和大量的经济投入。长在建筑古迹上的树木和杂草的根导致了建筑物变形，使修复过程越发复杂。

因此，在有些情况下，相比修复，考古学家更倾向于让丛林来"保护"建筑物（有时树根可以防止建筑物倒塌，虽然杂草遮挡了建筑物的外观），而只去清除那些能够被修复的建筑物上的植被。

大金字塔就是这种情况，考古学家们决定维持现状，所以目前只能欣赏金字塔的北立面。不过，虽然尚未深入研究整座金字塔，但我们已经知道它的内部包含建造时间覆盖整个古典时期（200—900 年）的多个子结构。

▲ 红色金刚鹦鹉遍布乌斯马尔的图像装饰。金刚鹦鹉神庙的名字正是源于这种鸟，它装饰着大金字塔顶部这座神庙的立面。这种鸟也出现在群鸟四合院的庙宇和修女四合院北楼的装饰中。

取悦神明的自我牺牲仪式

尤卡坦北部的几座玛雅古城的建筑物外墙上有裸露生殖器的男性雕像以及阳具形状的独石柱。这些表现形式与宗教仪式有关。玛雅人在这类仪式中奉献各种祭品，包括人祭，以取悦神明、祈求恩惠。

▲位于修女四合院北楼南立面的一处雕塑表现了直立的阳具。关于性器官的自我牺牲经常以暗示的方式表现，而不是明确地表现出来。从手上的捆绑物来看，这个作为祭品献给神明的人物可能是一名奴隶。

乌斯马尔的多座古迹建筑上出现了男性性器官的元素。有的是人体雕塑的一部分，有的是建筑装饰，还有些是礼仪洞穴内部墙壁上的岩画。在一些神庙附近还发现了独立的大型雕塑群。

起初，人们为此感到震惊，因为中美洲民族（奥尔梅克人、阿兹特克人、玛雅人、托尔特克人、萨波特克人等）在性方面一直表现出羞耻感。因此，研究人员得出结论，这些表现形式不是关于性的，而是关于仪式的。在此需要说明的是，中美洲的神明并不以全能神自诩，他们需要人体祭品以维持生存。为此，玛雅人通过各种仪式向他们的神明奉献自己的血液，为族群祈求雨水和丰收。这些血液取自不同的身体部位，尤其以男性居多，因为男性的身体蕴含更多的生殖能量。在这些族群中，阳具象征着具有创造力的精液，是和雨水一样的生命源泉。

阳具神庙

乌斯马尔阳具神庙内的一处阳具雕塑再次证实了上述内容。它一种阳具形状的排水管道或者滴水嘴，从檐口位置凸出，属于"水旋涡"的类型。这种排水管有一个凹槽，水流经过凹槽后被排出，就像具有创造力的精液，带有明确的象征和仪式含义。

整个北尤卡坦地区总共记录了 47 处独立式或整体式的阳具雕塑，其中乌斯马尔

◀这些独石阳具表面很可能用血液涂抹过。血液是玛雅人最珍视的祭品之一,他们认为血液能够提高土地的肥力,所以使用血液祭神。

▼让·弗雷德里克·瓦尔德克绘制的发现于巫师金字塔5号神庙的裸体男性雕像。

遗址的数量最多。根据2000年的统计,乌斯马尔共有12处阳具雕塑,有些散布在老女巫宫和阳具神庙之间,另一些散布在海龟宫的废墟中,其余的保存在乌斯马尔遗址博物馆和梅里达地区人类学博物馆。

那些大型独石阳具上不仅有排水孔,而且侧面还有凹槽,便于用绳子或棍子在石头上重现牺牲场景。

裸体男性

除了这些阳具形状的独立雕塑,乌斯马尔还有一些穿着特定服装裸露着性器官的男性雕塑。比如巫师金字塔、修女四合院的北楼和西楼的建筑外墙上都有类似的形象。其中一处是在巫师金字塔的5号神庙中发现的。考古学家让·弗雷德里克·瓦尔德克于1835年绘制了一尊雕像,如右图所示。他是一名年轻的男性,双臂交叉在胸前,腰部以下的身体赤裸。他手中握着的物品被解释为牺牲用具。

修女四合院的裸体男性形象与上述形象类似,但更加粗糙。那里的人物手中也有类似棍子或者刺的物品。这些工具用于刺破阳具进行自我放血牺牲。其中有些人物形象的双手交叉在胸前,并且被绑住。他们会是俘虏吗?自愿行为和被迫行为对于神明来说是否具有一样的价值?或者这种形象是否具有另一种象征意义?

墓园四合院

乌 斯马尔城的西北部，距离球场200米处有另一个四合院，被命名为墓园建筑群。1951年12月10日，考古学家阿尔贝托·鲁斯·吕利耶启动在乌斯马尔的工作季，为以后的研究做准备。第一个工作季的目标之一是清理通向主要建筑古迹的道路。阿尔贝托·鲁斯·吕利耶的团队开展了一次全面的清理工作。他们首先清除了建筑物外墙和屋顶的植被以及乌斯马尔主要建筑物的碎石，包括墓园区域。

这座四合院建于公元800至1000年，由四座建筑构成，它们围成了一个庭院，也就是广场。整个建筑群损毁严重，但是值得前去欣赏其独特的头骨和胫骨装饰，这在整个乌斯马尔城是绝无仅有的。

该建筑群的四个结构中，北侧的结构是一座金字塔—神庙，然而目前神庙几乎完全损毁了。西楼是保存状况最好的一座建筑，并且拥有一个镂空顶冠。而在鸽子宫和墓园建筑群、巫师金字塔的下东神庙、老女巫宫等建筑上也存在顶冠，这似乎表明两种艺术流派在乌斯马尔共存。人们试图在南部的玛雅传统和中部的本地特色之间保持某种平衡。

四合院形成了一个广场，广场的中心仍有四个小型平台或是祭坛的遗迹，上面有非常精致的浮雕。

神庙：一座带有顶冠的建筑

墓园四合院西侧的建筑是保存状况相对最好的，据信，它曾经是一座庙宇。现在这座摇摇欲坠的建筑下方的土墩曾经是一个坚固的平台，支撑着一座包含三间厅堂的朴素庙宇，其入口面向广场，并且有一个豪华的顶冠。后来，必须封闭侧门以防止庙宇建筑倒塌。

和该区域的大多数建筑物一样，其外墙没有装潢，即使原本应该是饰带的位置也一样朴素。仅有的例外是一处挑檐以及屋顶上的镂空顶冠的遗迹，顶冠上的十个孔依然可见，让人联想到鸽子宫的顶冠。立面的墙面上有一些突出的石制穗状花纹，表明那里曾经有一些独立的装饰物，然而现在已经消失了。根据爱德华·泽勒的说法，这座建筑的表面曾经覆盖着"红色的灰泥"。

◀▶ 这座庙宇位于墓园四合院的西侧，是其中唯一得以保存的建筑。庙宇附近的头骨和叉形骨头浮雕仍然幸存。

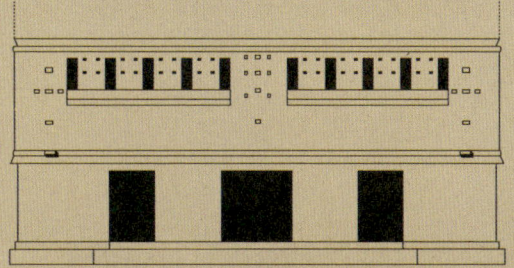

浮雕的内容是象形文字、骷髅和骨头，因此这个区域被称为墓园。这些建筑的用途未知，但是据推测，它并不像现在的坟墓那样用于安放尸体，它也不是头骨祭台，因为此区域内没有发现任何骸骨或者人类的头骨。头骨祭台是一种功能类似祭坛的结构，用于摆放人类的头骨。这些头骨可能来自敌人，作为战争的战利品展示；也可能来自人牲，作为献给神明的祭品。

墓园建筑群的浮雕与乌斯马尔其他区域的浮雕迥然不同。这里的浮雕包含些许托尔特克—尤卡坦风格的影响，这种风格在尤卡坦半岛北部的其他城市，比如奇琴伊察占据优势地位。然而，普克地区受到北方潮流的影响非常微弱。也许因为这个原因，墓园庭院的四个平台或祭坛上的头骨及交叉的胫骨浮雕，是这种风格特征在乌斯马尔仅有的表现。

▲ 玛雅人相信人死亡后其身体还有另一种存在形式，而且将继续侍奉神明。根据死亡方式，被牺牲者去往天界，溺亡者去往木棉天堂，其余的人去往冥界。

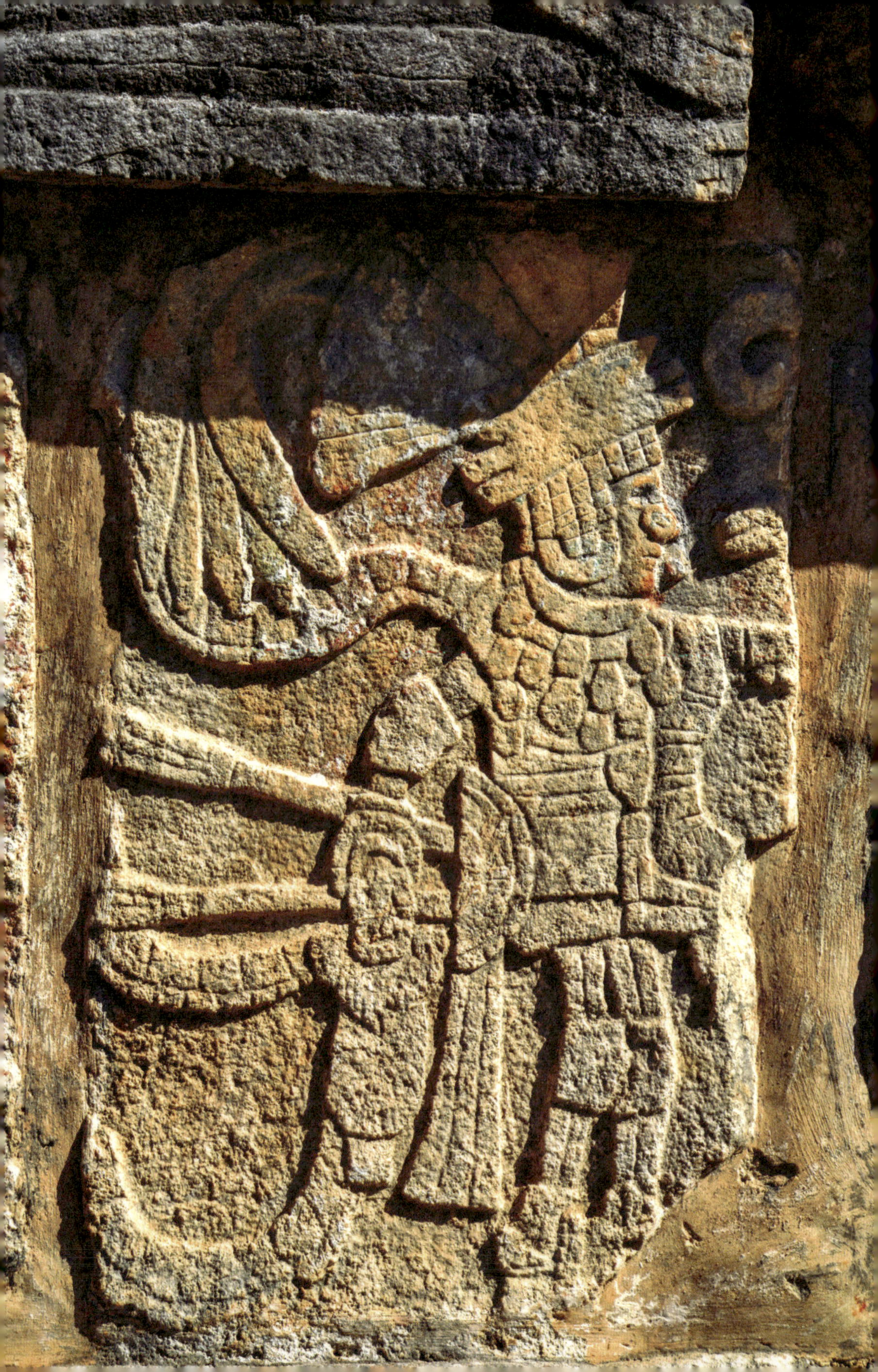

附 录

坎昆玛雅博物馆 396

蒂卡尔遗址博物馆 399

科潘雕刻博物馆 402

阿尔贝托·鲁斯·吕利耶遗址博物馆 407

乌斯马尔遗址博物馆 413

漫步奇琴伊察 416

◀鹰与美洲豹平台上的一位
身穿战斗服装的战士浮雕,
奇琴伊察,11世纪。

坎昆玛雅博物馆

城市	坎昆
开馆年份	2012

1982 年，第一座玛雅考古博物馆在坎昆（Cancún）开馆，然而由于遭受多次飓风的严重破坏，这座博物馆于 2004 年永久关闭。经历过严重的灾难后，今天所见的坎昆玛雅博物馆（El Museo Maya de Cancún）新馆建设工程于 2010 年启动，并于 2012 年 11 月 2 日开放。这是一个尊重环境的宏伟的项目，并且包含圣米格利托考古遗址（一座在 1250—1550 年达到鼎盛的玛雅城市的所在地），因此可以同时参观该遗址和新馆。

新馆建筑是建筑师阿尔韦托·加西亚·拉斯库赖因（Alberto García Lascurain）的作品。其前卫的设计将光线充足的内部大开间与户外空间相结合，使游客能够感受坎昆宜人的气候。该建筑采用高强度玻璃打造，不仅能够抵抗飓风，而且透过玻璃可以欣赏圣米格利托（San Miguelito）的丛林与尼丘普特（Nichupté）

① 包含美洲豹图案的石板，蛇头、猫头鹰和乌龟雕塑。这些物品是发现于奇琴伊察的建筑组成部分。

② 穿着贵族服装的猴子。石灰岩雕塑。

③ 刻有金星符号的石板。来自奇琴伊察。

▲三个站姿人物。这些浮雕人物发现于奇琴伊察，它们被雕刻在一块石灰岩嵌板上。

潟湖，后者是一处由七个湖泊组成的自然天堂。玛雅人的土地曾经被称为寂静之地，而这座空灵的建筑也散发出同样的氛围。其栅格设计让人联想到老奇琴建筑物顶部的普克风格的顶冠。

尤卡坦玛雅地区之旅

经由螺旋坡道进入展厅的方式让我们感受到玛雅人对迷宫的喜爱。

1号展厅展示了金塔纳罗奥州（Quintana Roo，墨西哥东南部州）的考古成果。参观路线按照年代顺序展开，从在沿海地区的水下洞穴中发现的最古老的墓葬开始，然后走遍该地区的主要古迹，直到西班牙殖民者的殖民时期。通过这些展品，可以了解多座城市的起源和发展、丧葬仪式以及金塔纳罗奥州的玛雅人2000年来使用的仪式用品和家庭用品。此展厅的最后一个部分概述了西班牙人的征服、总督时代和种姓战争的历史。

■ 附录

　　2号展厅重点介绍了玛雅社会经济结构的特征，比如玛雅人与自然的关系、经济活动、统治精英的特征、战争、文字、历法、球戏以及城市的衰落等。展出的作品来自考古挖掘以及科马尔卡科遗址博物馆（Museo de Sitio de Comalcalco）、恰帕斯地区博物馆（Museo Regional de Chiapas）、帕伦克遗址博物馆（Museo de Sitio de Palenque）和尤卡坦帕拉西奥坎顿地区博物馆（Museo Regional del Yucatán Palacio Cantón）出借的藏品。其中最后两家博物馆提供了关于奇琴伊察非常重要的展品。大多数展品具有重要的意义并且保存状况良好，比如金星浮雕和旁边表现52年时间单位的日历仪式雕塑。还有其他包含复杂图像的物品，比如奥萨里奥神庙上方的石板，石板上描绘了一个被玉米棒围绕的人物，他张开双臂，手臂露出羽毛和一条侧面的蛇。他穿着华丽的服装，戴着头饰和一张鸟面具，右手握着的物品也许是一根权杖或者一个铃铛。这个人物重复出现了16次，仿佛在跳一种促进可可豆丰收的舞蹈。这种表现形式也出现在了奇琴伊察的阳具庭院的南北嵌板上。在同一个区域还发现了与可可豆有关的蜘蛛猴的形象。

　　博物馆的陈列柜中自然少不了水巫师之城（奇琴伊察）无处不在的保护神奎扎科特尔-库库尔坎（羽蛇神）张开的大嘴以及来自奇琴遗址的人像柱。

蒂卡尔遗址博物馆

城市	坎昆
开馆年份	1964

在蒂卡尔考古遗址的入口处,除了位于一栋现代化建筑中的游客中心,还可以参观两个博物馆,即石碑博物馆(Museo Lítico o de las Estelas)和西尔韦纳斯·G. 莫利遗址博物馆 (Museo de Sitio S.G. Morley)。

西尔韦纳斯·G. 莫利遗址博物馆是蒂卡尔国家公园标志性的博物馆。这座博物馆以 20 世纪上半叶重要的考古学家西尔韦纳斯·G. 莫利的名字命名,是该地区开设的第一家博物馆。20 世纪 60 年代初,受宾夕法尼亚大学博物馆赞助的一组研究人员,包括莫利本人在内,表达了建立一个符合标准的储物空间的迫切需要,以容纳他们的各种考古发现和积累的大量文物。为了保存在考古活动中获得的文物以及展示珍贵的藏品,在危地马拉政府和外国资本的资助下,这座博物馆于 1964 年开馆。

① **116号墓葬** 蒂卡尔最杰出的国王之一哈萨乌·查恩·卡维尔陵墓的复制品。

② **香炉盖** 表现了一个坐姿的人形肖像，双手捧着王室的标志物 pop（编席）。这件彩色陶制品是在32号神庙区域内发现的。

③ **用蛇纹岩制成的覆面** 眼睛和牙齿部位镶嵌着海菊蛤贝壳。面具来自85号墓葬，长度为12.7厘米，在墓葬中替代了死者的头骨。

④ **雨神恰克雕像** 表面覆盖灰泥的木制雕像（木头部分已消失），表现的是玛雅雨神恰克，来自195号墓葬。

蒂卡尔出土的陶器使人们能够发现陶艺的演变过程，并欣赏越来越优雅和精致的陶艺作品。该博物馆的藏品由古典时期（200—900年）的盘子、碗和杯子等家用陶器组成，既有单色陶器，也有装饰丰富的彩色陶器。装饰的图案有自然元素、人形和动物形的肖像，包括神明在内虚构的和超自然的生命体。

该博物馆还展出了若干件艺术价值很高的骨刻作品。古代玛雅人用动物和人的骨头作为载体，通过雕刻精细的切口来表现他们的世界。这些展品来自1号神庙（大美洲豹神庙）的116号陵墓，博物馆也展出了陵墓及其随葬品的复制品。

在蒂卡尔考古遗址的多个地点发现的玉器也在博物馆

内展出。蒂卡尔出土的玉石是通过玛雅人的贸易渠道运抵这座城市的。这些玉石很可能来源于危地马拉南部的莫塔瓜河谷（valle del Río Motagua）。玉石是中美洲民族非常珍视的奢侈品。作为一种昂贵而特别的物品，玉石仅供贵族享用。他们用玉石制作了最美丽的饰品，比如精心雕刻的耳饰、由球形或管状的玉石珠子串成的项链以及富有表现力与震慑力的人形面具，面具的眼睛和牙齿部位镶嵌贝壳和珊瑚。珍珠与海菊蛤贝壳来自太平洋，这是不同地区的玛雅人之间存在贸易交流的证据。

矿物在蒂卡尔人的生活和仪式中也很常见，这个细节体现在他们用黑曜石、玄武岩和燧石制成的物品中。燧石是一种产自佩滕、伯利兹和尤卡坦当地的颜色多样的原料。这些矿物是中美洲民族制作家用工具、农具、防御武器时最常用的材料，例如刀、掷矛器、斧头、石碾盘，还有一些作为宗教仪式祭品的"古怪"物件。

这座博物馆还展出精选的雕塑作品，其中最引人注目的是连续统治蒂卡尔一千多年的王室人物的石碑，石碑上展示了他们的服装、头饰和装饰物，呈现出许多奢华的细节。29号、31号石碑因提供大量的信息而被认定为最重要的石碑。

科潘雕刻博物馆

城市	科潘
开馆年份	1996

科潘雕刻博物馆（Museo de la Escultura de Copán）是玛雅地区所有的考古遗址中最引人入胜、最全面的博物馆之一，于1996年开馆，也就是在科潘古城被联合国教科文组织列为世界文化遗产的第16年。博物馆的建立要得益于洪都拉斯政府通过洪都拉斯人类学与历史研究所以及外国人士与机构的帮助，他们包括科潘考古项目的成员，如威廉·法什（William Fash）和芭芭拉·法什（Barbara Fash），科潘协会执行主管里卡多·阿古尔西亚·法斯克列（Ricardo Agurcia Fasquelle）以及哈佛大学皮博迪考古与民族学博物馆。

科潘雕刻博物馆的主要任务不仅在于保存科潘古城多次考古活动发掘的文物，还有一个重要任务是维护在"科潘马赛克项目"中获得的材料。

① 罗莎莉拉神庙结构的等比例复制品。
② 科潘雕刻博物馆内一间大厅的全景。
③ 博物馆内的波波尔纳神庙复制品。
④ 科潘城的 P 号石碑被转移至博物馆内以便维护。

复原遗迹

该项目由威廉·法什担任负责人，受到洪都拉斯政府的共同资助。其主要目标是对超过 2.8 万块加工过的石头碎片进行收集、保存、分析并通过接合技术拼装。这些碎片是在科潘的核心区域与周边地区的建筑废墟中发现的，曾经是科潘的建筑外墙上的装饰物。

上述分析工作要求建造一个专门的场所，用于存放、清理、维护和处理这些石头材料，以便逐步组合这些"拼图"，而许多情况下，科潘建筑物的外墙已被改造过。

该项目启动之初的目标只是抢救这些遗迹，避免发生进一步的恶化。但是后来它成为一个长期计划，旨在重现雕塑马赛克。为此，研究人员创建了一份清单，包含每块石头碎片的尺寸、图案、照片和出处等信息。出处的确定有时并非易事，因为在许多早期考古探险中，几座建筑物的石头残片被收集并统一堆放在特定的位置，并未对其来源、破损部分的复原、相邻部分的分配进

▼ 一个石刻字形，表现了一幅侧面像。

■ 附录

科潘的石头面孔雕塑

科潘的许多艺术作品中包含人类、动物、神明及超自然的空间,这些石头面孔表现出了每个真实人物或神话人物的性格特征。

令人生畏的战利品

一张没有肉的面孔,可能代表一个在战斗中死去的敌人。统治者经常将敌人的头颅作为战利品随身携带,这既是装饰品,也起到了震慑敌人的作用。

宇宙的支柱

玛雅老者神帕赫顿(Pauahtun)的面孔,此神明共有四位,以四根人像柱的方式支撑着宇宙的四个角落。这件雕塑发现于11号神庙,头饰上的布袋莲已被修复,这种植物常常作为帕赫顿的象征。

山的面孔

其眼睛上方有一个长条形的宝座。在这张面孔上可以看到一些大獠牙和牙齿,它们实际上是钟乳石。石头上的痕迹揭示了它的地质学来源。

冥界的入口

这件蝙蝠雕塑来自20号结构，是在科潘发现的五件蝙蝠雕塑中尺寸最大的一件。玛雅文化将这种在夜间活动的动物与冥界的入口联系起来，正如《波波尔·乌》中的一则故事所述。这则故事讲到，死亡蝙蝠在西巴尔巴（冥界）的蝙蝠之屋内，砍下了双胞胎英雄中一个的头颅。

王室头饰

一位戴着包头巾的贵族的面孔。包头巾是科潘地区的典型头饰，除了由贵族成员佩戴，还在许多科潘统治者的形象中出现过。

玉米发型

玉米神的头像呈现了玉米神标志性的发型，顶部修剪过，试图表现玉米成熟时的玉米穗。

405

> 附录

行记录。

可以说自从约翰·劳埃德·斯蒂芬斯和艾尔弗雷德·P. 莫兹利最早参观科潘遗址时起，科潘雕塑家们的精湛技艺就得到了人们的赞赏。他们的作品表现出非凡超群的逼真和活力，因为科潘的石碑不是简单的长方体，而是以其丰富的图像为特征的三维雕塑。

位于考古遗址内的博物馆有利于保护这些脆弱的文化元素，同时展示了科潘最美丽、最特别的雕塑艺术范例。参观者可以通过雕塑展品想象科潘王朝末期时这座城市壮丽的景象，当时大多数建筑物上都装饰着反映玛雅宇宙观的雕塑和装饰图案。

博物馆设施占地面积1.4万平方米。其设计旨在减少博物馆结构对科潘古城建筑场景的破坏，因此博物馆的一楼模仿土丘的形状而建，类似古代结构形成的土墩。此外，博物馆被植被环绕，自然地融入了周边环境。而博物馆入口的形状是一张带有牙齿的大嘴，玛雅人用这种形状象征通向大山内部的洞穴。

穿越历史之旅

博物馆的入口处有一条地道，参观者可以由此进入山的内部。这条通道的尽头是一座名为罗莎莉拉的建筑的精美复制品。该建筑是整个科潘遗址保存状况最好的建筑物。展品按照实物的颜色进行了复制，尽可能地忠实于古建筑的原貌，使参观者身临其境。复制工程历时三年，借助了陶土模具和在原建筑地道中完成的绘画。

后来，科潘城的七座重要建筑的外墙以及一些纪念碑实物由于保存状况欠佳被移至博物馆内收藏，包括A号、P号和2号石碑、Q号祭坛、22号神庙的门、16号神庙内的头骨、球场的金刚鹦鹉形状的标记物以及9N-82号结构的下部壁龛。

为了照亮分布在博物馆不同展厅的所有展品，主要采用自然光线照明。光线通过屋顶上设置的巨大的天窗进入室内，使展品整体上看起来接近遗址原地的外观。

科潘雕刻博物馆提供了历史上一些关键文物的忠实图像，是参观考古遗址的完美补充。

雕刻博物馆旁边的玛雅地区考古博物馆（Museo Regional de Arqueo-logía Maya），则是对科潘遗址参观的另一个重要补充。

阿尔贝托·鲁斯·吕利耶遗址博物馆

城市	帕伦克
开馆时间	1958

帕伦克遗址阿尔贝托·鲁斯·吕利耶遗址博物馆（Museo del sitio Alberto Ruz L'Huillier）是玛雅地区的主要博物馆之一。馆内收集了来自帕伦克不同地区的 200 多件文物，成为这座城市的统治者王朝历代所产生的艺术表现形式的宝贵样本。此博物馆位于帕伦克遗址内，于 1958 年 9 月 28 日开馆。然而，鉴于巴加尔大帝所统治的城市的重要性，用于展览的空间小于预期。1991 年，馆方提出有必要建造一座更大、更现代化的博物馆。在墨西哥联邦政府和恰帕斯州政府以及私营部门的支持下，1993 年 5 月 15 日，新建的博物馆在考古区入口处（原酒店旧址）重新开馆。

自 1958 年首次开放以来，该博物馆的目标并不囿于展示遗址内发现的文物，而是一直致力于让研究人员拥有进行分析和研究工作的个人空间。

这座遗址博物馆的馆藏由许多不同主题的物件构成，它们来自帕伦克所有被考古研究过的地区。多样的元素和地点充分地展示了城市的各个方面，从纯粹的美学表达到复杂的意识形态主题，其中后者体现了帕伦克的政治和宗教精英的绝对权力。博物馆的陈列柜展示了各种各样的物品，有简单而精致的小型陶土塑像，比如那些生动的小塑像，有些是可以拆卸的；还有极具表现力和心理特征的石雕肖像，这些大型石灰岩雕塑体现了帕伦克的印记，其影响辐射至其他的玛雅城市。

① 遗址博物馆展出的巴加尔的石棺的精确复制品。

② 中间饰有大面具的香炉底座。其顶部有 GⅡ 神的雕像。

③ 叶形十字神庙南北楼梯垂带上的石板。

④ 两端有装饰线条的长条形耳坠。

从简陋的仓库到博物馆

这座博物馆的雏形是一个用原木和棕榈搭建的小型空间，用于存放考古现场挖掘出的所有物件，主要作为仓库使用。然而这个空间很快就捉襟见肘，因为要容纳大量的考古活动产生的文物，尤其是1923年弗兰斯·布洛姆的活动和1933至1942年米格尔·安赫尔·费尔南德斯的活动。博物馆的雏形木屋被收录在1899年艾尔弗雷德·莫兹利绘制的地图上，不过正式博物馆的建立要归功于1949至1958年阿尔贝托·鲁斯·吕利耶完成的工作及个人贡献。这位法裔墨西哥籍考古学家结合先前的发现和他自己的发现，确立了涵盖帕伦克各个时期的博物馆内容。他设计了三个空间，第一个用于展示具有教学和展览意义的物件，第二个用作仓库，第三个用作研究人员的办公室和实验室。1958年，博物馆落成，鲁斯·吕利耶的梦想成为现实。

然而，持续的考古发现，尤其是巴加尔陵墓的这一重大惊喜发现，使帕伦克考古遗址成为学者和好奇的民众关注的焦点。人们热切希望了解这座神奇的玛雅古城，因此有必要新建一座具备安全和保护措施的博物馆来展示文物。新馆项目包括一个可容纳120人的礼堂、工作坊教室、咖啡厅、图书馆、书店、工艺品和复制品商店、停车场、售票亭、管理工作区域和卫生间。三座相似的明亮的建筑矗立在绿地之间，和谐地融入环境，该项目于2002年竣工。

然而这次改革并不是最后一次。2008年新增了一个展厅，专门用于摆放铭文神庙内的陵墓的复制品，将最新的技术融入了博物馆服务。由于帕伦克是一个活跃的遗址，仍然在源源不断地产生大量的文物，为了存放不计其数的最新挖掘的文物，2009年启用了一个新仓库。仓库有两层楼，为以后的需求做好了准备。

六个展厅

博物馆分为六个展厅。通过参观这些展厅，人们可以享受帕伦克古城之旅。每个展厅涉及一个特定的建筑空间，展示这个区域内发现的文物，并提供背景信息说明以帮助参观者了解精英阶层的意识形态、仪式活动和战争活动以及曾经为帕伦克城注入活力的民众的日常生活。

附录

杰出的作品

战士石板

　　石板上的文本记载了 490 年 8 月 25 日将首都从托克塔恩（Tok Tahn）搬迁至"水塘之都"拉卡姆哈（帕伦克）的事件，并证明这一决定是由统治者布特萨赫·萨克·奇克及其继承人阿赫卡尔·莫·那赫布一世作出的。图上出现的基尼奇·坎·巴赫兰穿着他的战斗服装，手持长矛。他面前跪着一位名叫博隆·尤赫（B'olon Yooj）的俘虏。这块大石板曾经位于 17 号神庙内。

人与动物

　　帕伦克考古遗址出土了数百个小型陶土塑像，其中大多数是人形塑像。这些塑像使人们得以了解帕伦克城居民的外貌和习俗。同时也出土了大量结合人与动物特征的塑像，比如图中这个头部可能是鳄鱼的人。

410

小塑像的模具

这个陶塑模具发现于帕伦克的16号建筑群。此模具是在600至900年制作的，模具上的形象是一位戴着高耸头饰的贵族，头饰上有伊察姆纳神的面具。右上角突出的部分是宇宙兽（"天空之龙"）的头部正面像，这种动物结合了鹿与鳄鱼的特征，身体由一条天空饰带组成，包含"天空"（chan，查恩）和"金星"（ek'，"星"）的符号。

火鸡头盔

这尊坐姿人形陶土塑像表现了一个打扮过的人物，或许是一位地位显赫的高级官员。他的服饰包括短裙、项链和护腕。但这尊塑像作品最引人注目的是遮盖人物头部的眼斑火鸡形状的头盔面具。头盔是可拆卸的，考古学家发现头盔部分时，它与塑像的身体部分处于分离状态。这尊塑像是在B组建筑群3号建筑的1号陵墓中发现的。

头像

帕伦克的雕塑家们掌握了高超的技艺，能够忠实地用灰泥制作出逼真的塑像。这些头像一般是从外墙脱落的人物全身像的一部分。这个头像是帕伦克遗址博物馆的永久藏品，于古典时期晚期（600—850年）雕塑成型。

附录

  1号展厅的作用是展品基本介绍和对来到帕伦克的访客表示欢迎；2号展厅展出了来自南卫城的大量文物，包括18号、19号神庙的美丽雕塑；3号展厅的主题是十字建筑群，解释帕伦克的宗教信仰和习俗，包括丧葬习俗；4号展厅展示了陵墓和重生；5号展厅的主题是王宫，通过宫殿场景和讲述统治者生活的铭文来表现宫廷环境；最后的6号展厅展示了各种住宅类型以及在住宅内发现的物件，这些物件有助于重建"水塘之都"帕伦克城的普通人的日常生活。

  帕伦克是一个活跃的考古遗址，每项考古活动结束后，都在继续提供大量丰富的信息，促进玛雅历史这道难题的整合与更新。

乌斯马尔遗址博物馆

城市	乌斯马尔
开馆年份	1987

乌斯马尔遗址博物馆（Museo de sitio de Uxmal）位于乌斯马尔考古遗址的入口附近。这座小型博物馆于1987年3月开馆，馆内收藏了许多文物。这些文物是多年来各种考古项目遗迹修复的成果。这些文物很好地展示了乌斯马尔古城的日常生活和仪式以及城市是在怎样的环境中发展起来的。

博物馆共有三个展厅，展品主要是考古文物，介绍了庙宇、雕饰带、石碑、字形和石雕等建筑遗迹，并且附有图片和其他教学材料作为补充说明信息。

1号展厅介绍了乌斯马尔的周边环境与建筑风格。介绍内容涉及尤卡坦半岛的各种生态位和气候类型，重点介绍了乌斯马尔政权所在的山区，即普克地区的环境情况。

① **一位玛雅精英的雕塑形象** 其脸颊上有蛇形的划痕，与被称为乌斯马尔王后的雕塑上的划痕类似。

② **壁龛中的雕像** 其周围环绕的象形文字仍未被破译。发现于群鸟四合院的中央庭院。

③ **特拉洛克浮雕石板** 这块石板是在巫师金字塔内发现的，其特殊之处在于特拉洛克的微笑表情。

同时，该馆重点介绍了水资源对于普克地区生活的重要性，用图片展示了古代玛雅人各种获取水资源的人工技术：楚尔通（地下蓄水池），布克特（水塘），哈尔通（玛雅语：jaltun，洼池）。洼池是干旱时土地上形成的裂缝，或者水蒸发后留下的凹坑或洼地。

2号展厅介绍了乌斯马尔的历史进程，展示了当地居民的物质遗产以及与玛雅地区其他地方的差异。此外，还有乌斯马尔完成的多项考古研究的背景资料，正是通过这些研究，才得以阐明城市的历史进程。陈列柜中的石碾盘（长

▲一件来自海龟宫的海龟雕塑，目前是乌斯马尔遗址博物馆的展品。

方形的石臼）、使用燧石制作的工具、陶罐和盘子等家用物品，展示了乌斯马尔普通居民的日常生活，同时还展示了一些仪式物品，让人们近距离地了解为精英阶层赋予权力的仪式。

3号展厅的主角是纯正的普克风格雕塑。人们不但可以在这里看到普克艺术风格的演变，还可以通过欣赏雕塑作品了解乌斯马尔的众多神明和社会精英。比如，在巫师金字塔的下西神庙中发现的著名的特拉洛克浮雕之一就位于这个展厅。这位在墨西哥中部备受崇拜的雨神在乌斯马尔的形象也包含他的全部特征：标志性的环形眼罩看起来像一副时髦的圆形太阳镜，头上的曲线，长条形的鼻坠等。此外，因为嘴角露出的独有的微笑而使这处浮雕与众不同。

在3号展厅还可以欣赏2号和14号石碑，这两块石碑的雕塑家们遵循古典传统，描绘了一个装扮奢华的人脚踩几名俘虏，以此象征力量和权力。石碑上还有一些文字，提供了日期和人物信息。该展厅内的另一尊美丽的雕塑来自群鸟四合院，是一名年轻男子的形象。他盘腿而坐，带有雨神恰克的标志，肩膀上的披风与让·弗雷德里克·德·瓦尔德克绘制的裸体雕像上的披风一致。

这座博物馆最重视的也许是雕塑艺术，重点展示了使本地雕塑别具一格的地区特征的作品。

> 附录

漫步奇琴伊察

奇琴伊察有两个时代的建筑，即古典时期末期（600—800/900年）的普克传统建筑，和后古典时期早期（900—1200年）的托尔特克-玛雅风格建筑。这两个时代都在这座城市的诸多建筑上留下了自己的印记。

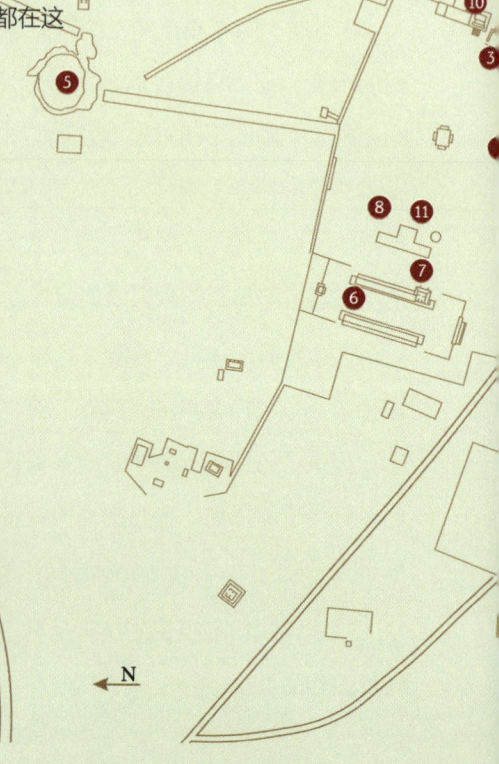

- ● 普克风格的传统建筑和结构
- ○ 托尔特克-玛雅风格的传统建筑和结构

大广场

- ❶ 库库尔坎金字塔（上图上）
- ❷ 千柱建筑群
- ❸ 勇士庙
- ❹ 市场
- ❺ 圣井
- ❻ 主球场
- ❼ 美洲豹神庙
- ❽ 头骨祭台（上图下）
- ❾ 雕刻柱宫殿
- ❿ 梅萨斯神庙（上图）
- ⓫ 鹰与美洲豹平台
- ⓬ 阿卡布-蒂兹布

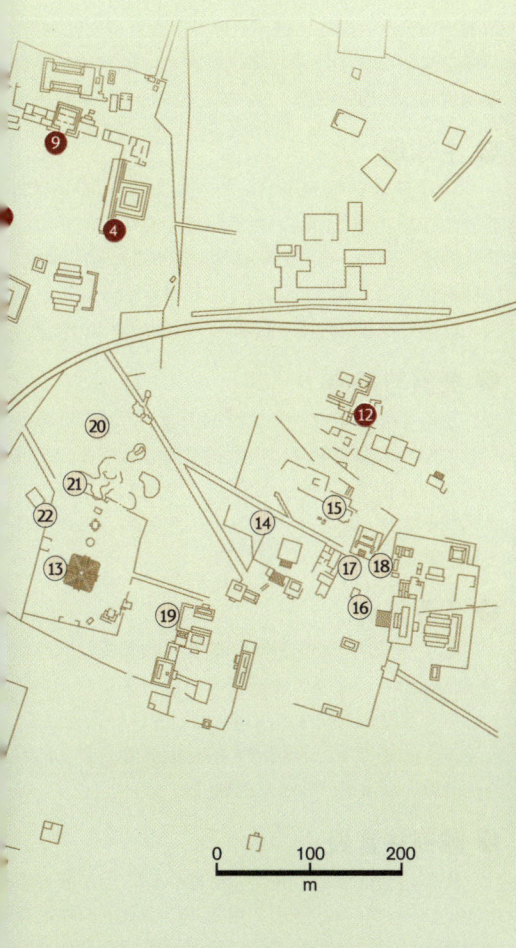

⑮ 雕刻石板神庙　　　⑯ "教堂"

⑰ "修女院"建筑群　　⑱ "修女院"建筑群附属建筑（上图）

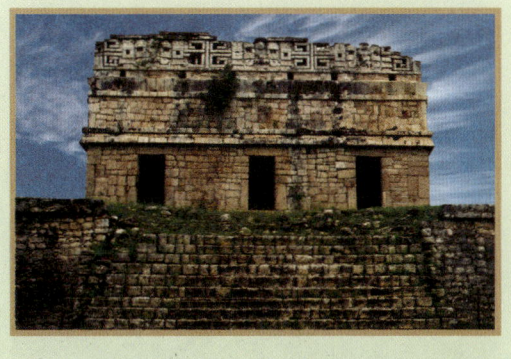

⑲ 红房子（上图）　　⑳ 赫托洛克神庙与溶井

老奇琴

⑬ 奥萨里奥神庙（上图）　⑭ 蜗牛观象台　㉑ 墓葬平台　㉒ 金星平台（上图）

附录

大广场

❶ 库库尔坎金字塔
城堡金字塔是奇琴伊察的标志性建筑。它位于城市的主广场,是政治和宗教中心。它是一座美丽而装饰简单的阶梯式金字塔,顶部是一座小庙,可以通过四部阶梯到达。其中一部阶梯上饰有羽蛇形的库库尔坎神。

❷ 千柱建筑群
这个空间由大量的柱子界定,包含不同的结构。圆柱和方柱交替出现,柱身有战士浮雕。还有一座彩色祭坛,祭坛上的人物在焚烧柯巴脂熏香。东南柱廊很可能用于行政活动,而西北柱廊有一条65米长的排水沟,是奇琴伊察城规模最大的排水系统。

❸ 勇士庙
方柱、圆柱和长凳上饰有多个穿着华丽服装的人物,大多数是戎装的战士,曾经呈现出鲜艳的颜色。这座神庙拥有一个内部子结构,名为恰克摩尔神庙,那里的浮雕保留了原来的颜色。两根响尾蛇形状的柱子守卫着门廊。

❹ 市场
市场是位于柱廊尽头的一座宏伟的建筑,它拥有一个华丽的门廊,门廊的柱子带有装饰图案。门旁边的走廊上曾经有一座祭坛,上面有人物装饰,并且涂有鲜艳的颜色。市场建筑的门廊有整个奇琴伊察最高的柱子,支撑着长度宽度最大的一处拱顶。

❺ 圣井
尤卡坦半岛的地表为石灰岩,能够吸收水分并形成地下水流。有时因地面塌陷而露出溶井,后来人们就围绕这些水井建立了城市。奇琴伊察共有三处溶井,其中最大的一个用于祭拜水之众神。人们向这些神明献祭供品,包括人牲。

❻ 主球场
这座球场的场地长168米、宽70米,是中美洲最大的球场。球场由两堵高墙组成,墙中间的两个石环作为球门使用。石环上刻有两条交织在一起的羽蛇,因此象征着进入冥界的入口,这与球戏的仪式意义有关。球场界墙底部的浅浮雕描绘了球赛和斩首的场景。

❼ 美洲豹神庙
这座小型庙宇位于主球场的东墙上。尽管它体积不大,但其装饰之复杂与丰富程度却令人称道,装饰图案与球戏相关。神庙分为两层,上层的两根张开大嘴的蛇形大柱子守卫神庙的入口,神庙内部饰有战争主题的壁画。

❽ 头骨祭台
这个空间用于展示被献祭的敌人的头骨。这种做法是在宣示对所占领市镇的权力,同时威慑敌人。祭台结构的墙壁上刻着许多头骨,曾经的色彩已经褪去。在玛雅人的想象中,斩获敌人的首级能够产生一种特殊的能量,而且是一种权力的象征。

❾ 雕刻柱官殿
虽然这座建筑处于完全损毁的状态,但是考古学家还是决定对其进行修复。宫殿入口中间的一尊恰克摩尔雕像,有一些残留的涂料痕迹。可以看到他的面部有一张黑色的面具,臂铠上有一把刀,还戴着有两根羽毛的头饰。内部柱子上有雕刻精美的战士和祭司,还有两座祭坛。

❿ 梅萨斯神庙
勇士庙旁边矗立着另一座美丽的神庙。神庙的台座上有战士和统治者浮雕。在神庙内部还发现了另一个结构,其原始装饰的保存状况非常好。逶迤的巨蛇穿过其拱顶,而内部房间的柱子上还装饰着真人大小的战士。

⓫ 鹰与美洲豹平台
此平台用于举行宗教仪式。它位于主球场附近,不过这类平台通常位于广场中央。它们共同的建筑特征是设有四部包含垂带的阶梯。

⑫ 阿卡布-蒂兹布

阿卡布-蒂兹布（Akab Dzib）在玛雅语中的意思是"黑暗中的文字"。这是一栋比例和谐的单层建筑物。其中一道门的门楣上有一个雕刻精美的人物形象。人物坐在一个类似龟壳的宝座上，并且被铭文包围。此处的铭文中出现了这座建筑物的名称"阿卡布-蒂兹布"。

老奇琴

⑬ 奥萨里奥神庙

它是奇琴伊察城最神秘的建筑之一，因为它建在一个洞穴之上，可以从顶部庙宇内部进入洞穴。它会是通向冥界的入口吗？它一定具有重要的仪式意义，因为在奇琴伊察成为废都几个世纪之后，仍然有人在此摆放仪式香炉。

⑭ 蜗牛观象台

这座建筑因其内部的螺旋形状楼梯而被称为蜗牛观象台，可能曾经被用于进行天文观测。圆形设计使它成为玛雅建筑中的一个独特结构。目前的外观是经过几次改造得到的，改造期间在其周围增建了蓄水池、一间蒸汽浴室，并且在通往建筑的萨克贝（白色道路）上修建了一道拱门。

⑮ 雕刻石板神庙

这座神庙位于蜗牛观象台和"修女院"建筑群之间，与战士神庙非常相似，因为它的结构也是一个有柱子的门廊和一个位于基座上的庙宇。其名称的由来是两块石板，上面有以人类、鸟、蛇和树木为主的神话场景。

⑯ "教堂"

"修女院"建筑群所在的小广场上有一座被称为"教堂"的美丽的建筑。尽管建筑物的规模小，但是其非凡精致的普克风格装饰令人眼前一亮，雨神恰克大面具以及许多几何元素使立面充满活力。

⑰ "修女院"建筑群

这组建筑被西班牙人命名为"修女院"，因为那里有许多个狭小而黑暗的房间，让他们联想到修道院的样子。这是奇琴伊察最大的结构，除了宫殿，还有一座球场、几座附属建筑和一堵低矮的围墙。考古学家已经研究过该建筑群的六个建设阶段，其结构和装饰逐步改变，结合了托尔特克-玛雅风格与普克风格。

⑱ "修女院"建筑群附属建筑

虽然它现在被命名为"修女院"建筑群附属建筑，但是它最初是一座独立的建筑，在"修女院"建筑基座的一次改造中被合并。其立面布满了雨神恰克大面具，其卷曲的鼻子形成了门框。

⑲ 红房子

这座建筑的玛雅语名称是"奇昌乔布"，意思是"小洞"，可能是指顶冠上的镂空雕花。后来，由于人们在房屋内部发现了红色涂料的残留物，所以将它命名为红房子。它坐落在一个大型基座上，融合了城市发展的两个历史阶段的风格。

⑳ 赫托洛克神庙与溶井

奇琴伊察共有三处溶井，赫托洛克溶井的重要性位居第二。老奇琴围绕它而建，并因它提供的水源而走向繁荣。溶井旁边建造了一座同名的神庙，其入口柱子上装饰着战士和祭司，内部装饰着植物、鸟类和神话场景。

㉑ 墓葬平台

这座建筑又名 3C4 号结构，位于老奇琴，邻近大祭司陵墓。它可能是一处公墓，因为在研究过程中发现了两间墓室，内部有多个墓葬以及供逝者来世使用的殉葬品。

㉒ 金星平台

金星也被称为晨星，与库库尔坎神有关。平台上的装饰图案包括关于金星的象征以及用人、猫、鹰和蛇的一部分创造的神话生物。

419

图书在版编目（CIP）数据

重返玛雅 / 西班牙RBA传媒公司著；胡文雅译. -- 北京：现代出版社，2024.6
（RBA环球考古大系）
ISBN 978-7-5231-0763-8

Ⅰ.①重… Ⅱ.①西… ②胡… Ⅲ.①玛雅文化－通俗读物 Ⅳ.①K731.2-49

中国国家版本馆CIP数据核字（2024）第039501号

版权登记号：01-2022-2693

©RBA Coleccionables, S. A. 2020
©Of this edition: Modern Press Co., Ltd. 2024
由北京久久梦城文化发展有限公司代理引进

重返玛雅（RBA环球考古大系）

著 者	西班牙RBA传媒公司
译 者	胡文雅
责任编辑	刘 刚
策划编辑	张 霆
特约编辑	邓 翃 张 瑾
内文排版	北京锦创佳业文化传播有限公司

出 版 人	乔先彪
出版发行	现代出版社
地 址	北京市安定门外安华里504号
邮政编码	100011
电 话	（010）64267325
传 真	（010）64245264
网 址	www.1980xd.com
印 刷	北京新华印刷有限公司
开 本	710mm*1000mm 1/16
印 张	26.5
字 数	408千
版 次	2024年6月第1版 2024年6月第1次印刷
书 号	ISBN 978-7-5231-0763-8
定 价	158.00元

版权所有，翻印必究；未经许可，不得转载